©

DICTIONNAIRE NATIONAL

auquel les pages 5 — 8.

DICTIONNAIRE NATIONAL

DE DROIT FRANÇAIS.

Imprimerie de Cosson, rue du Four-Saint-Germain, 47

DICTIONNAIRE

NATIONAL

DE DROIT FRANÇAIS,

EN MATIÈRE CIVILE,

COMMERCIALE, ADMINISTRATIVE ET POLITIQUE,

SUIVI

DU TARIF DES PATENTES,

AUGMENTÉ DES NOUVEAUX DÉCRETS RENDUS PAR L'ASSEMBLÉE
NATIONALE, ET DE LA CONSTITUTION DE 1848.

PAR

M. DUVERGER, avocat.

PARIS

A LA LIBRAIRIE SCIENTIFIQUE,

5, RUE DE MADAME.

—

1849.

DES DIFFERENTES

SORTES D'ACTES.

ACTE.

Pris dans un sens général, ce mot signifie tout fait quelconque de l'homme, toute manière d'agir; le législateur l'emploie souvent dans cette acception; d'autres fois il signifie un fait, comme acte d'héritier, acte contraire aux lois : tantôt il désigne l'écrit qui constate un fait quelconque, comme acte de l'état civil, acte de décès, etc.

On divise les actes en deux grandes catégories : les uns sont publics, et sous ce nom on désigne tous ceux qui sont du domaine des officiers publics, tels que les notaires, les officiers de l'état civil, les administrateurs, etc.; les autres sont privés : ils émanent de simples particuliers, et ne présentent pas la même garantie que les premiers. En effet, les actes publics font foi jusqu'à inscription de faux : les autres, au contraire, ne font foi qu'autant qu'ils sont reconnus émanés de la justice à laquelle on les oppose.

§ Ier.

Rédaction des actes.

Les actes doivent être rédigés avec clarté et précision, car leur obscurité devient souvent funeste aux parties, et donne naissance à la plupart des procès.

Les actes qui sont rédigés par les officiers publics, doivent être écrits en français. (Ordonnance de 1539, arrêté u 24 prairial an xi.)

Les actes sous seing-privé peuvent être rédigés dans l'idiôme qui convient aux parties. (Art. 3 du même arrêté.)

Les officiers publics et les commerçants doivent exprimer ans leurs actes : 1° les poids et mesures par les dénominations légales ; 2° la numération décimale ; 3° et les indications du calendrier grégorien.

§ II.

Exécution des actes.

Les actes ont entre les parties le même caractère et la même force que la loi. Cependant il existe une grande différence entre les actes authentiques et les actes sous seing-privé. Aux premiers, reçus par des fonctionnaires publics, et qui portent le même intitulé que les lois et qui sont terminés par un mandement aux officiers de justice, est attachée ce qu'on appelle l'exécution parée, c'est-à-dire qu'à la seule présentation de l'acte, les officiers de justice sont obligés de prêter leur ministère pour son exécution, aux seconds n'est attachée que la voie d'une simple action, encore faut-il que l'écriture ne soit pas déniée par la partie à qui on l'oppose.

Les jugements et les actes passés en pays étrangers n'ont en France que l'effet de simples promesses. Pour que les jugements et les actes passés en pays étrangers soient susceptibles d'exécution en France, il faut que les tribunaux français les aient rendus exécutoires, et la cour suprême a décidé que les juges français devaient rendre un nouveau jugement. (Arrêt du 19 avril 1849.)

Il en est autrement si les traités autorisent de plein droit cette exécution.

§ III.

De la preuve de l'existence des actes.

L'art. 1341 du code civil porte : Il doit être passé acte devant notaire, ou sous signature privée, de toutes choses excédant la somme ou valeur de cent cinquante francs, même pour dépôt volontaire. Il n'est reçu aucune preuve par témoins contre et outre le contenu aux actes, ni sur ce qui serait allégué avoir été dit avant, lors ou depuis les actes, encore qu'il s'agisse d'une somme ou valeur moindre de cent cinquante francs; le tout, sans préjudice de ce qui est prescrit dans les lois relatives au commerce.

Le législateur s'est toujours défié de la preuve testimoniale; l'expérience a démontré combien il était facile de trouver des gens qui ne craignent pas d'attester sous la foi du serment des faits qu'ils ignoraient complètement. Il n'y a d'exception à la règle posée par l'art. 1341, que lorsqu'il existe un commencement de preuve par écrit.

On appelle ainsi tout acte par écrit qui est émané de celui contre lequel la demande est formée, ou de celui qu'il représente, et qui rend vraisemblable le fait allégué : comme, par exemple, lorsque je ne puis présenter le titre original de notre obligation, mais que je présente une copie, ou bien la transcription de mon titre au bureau de l'enregistrement, avec le répertoire du notaire contenant mention de l'acte.

La loi fait encore une exception à la règle posée par l'art. 1341, pour ce qui regarde les dépôts nécessaires faits en cas d'incendie, ruine, tumulte ou naufrage, et à ceux faits par les voyageurs en logeant dans une hôtellerie : le tout suivant la qualité des personnes et les circonstances du fait ; aux obligations contractées en cas d'accidents imprévus, où l'on ne pourrait pas avoir fait des actes par écrit ; enfin, lorsque le créancier a perdu le titre qui lui servait de preuve littérale, par suite d'un cas fortuit, imprévu et résultant d'une force majeure.

§ IV.

Nullité des actes.

En général la nullité des actes ne peut être prononcée qu'autant qu'elle a été attachée formellement par la loi à l'omission de telle ou telle formalité. Cependant la cour de cassation a jugé plusieurs fois qu'un acte à l'égard duquel une formalité substantielle avait été omise, n'en devait pas moins être déclaré nul, bien que la loi n'eût pas pour ce cas prononcé la nullité, ou qu'elle eût prononcé une amende. (Arrêt du 5 juin 1823.)

Les actes contraires aux lois, aux bonnes mœurs et l'ordre public, sont entachés d'une nullité radicale.

L'acte annulé fait preuve néamoins contre les parties qui l'ont souscrit, des faits qu'elles ont reconnus. (Cour de cassation, arrêt du 29 floréal an VII.)

ACTE AUTHENTIQUE.

L'acte authentique est celui qui a été reçu par des officiers publics ayant le droit d'instrumenter dans le lieu où l'acte a été rédigé, et avec les solennités requises.

Sont actes authentiques :

1° Les actes du pouvoir législatif;

2° Les arrêtés des autorités administratives;

3° Les jugements et actes de l'autorité judiciaire ;

4° Les procès-verbaux des gardes forestiers ou des préposés de l'administration des douanes, des contributions indirectes, etc., auxquels la loi a donné le droit d'être crus jusqu'à inscription de faux;

5° Les actes notariés;

6° Les registres de certaines administrations publiques, comme ceux des conservateurs des hypothèques, etc.;

7° Les registres de l'état civil.

L'acte qui n'est point authentique, par l'incompétence ou l'incapacité de l'officier, ou par un défaut de forme, vaut comme écriture privée s'il a été signé des parties.

Effets et exécution des actes authentiques.

L'acte authentique fait pleine foi de la convention qu'il renferme entre les parties contractantes et leurs héritier ou ayant-cause. Néanmoins, en cas de plainte en faux principal, l'exécution de l'acte argué de faux sera suspendue par la mise en accusation; et, en cas d'inscription de faux faite incidemment, les tribunaux pourront, suivant les circonstances, suspendre provisoirement l'exécution de l'acte.

Les actes authentiques sont exécutoires sans avoir besoin d'aucune autre formalité. et les officiers publics sont obligés de prêter leur ministere sur le vu de l'acte lui-même.

ACTE CONSERVATOIRE.

On appelle ainsi la mesure que l'on prend pour empêcher le droit que l'on a de péricliter.

Ainsi, par exemple, sont de cette nature d'actes, les inventaires, les appositions de scellés.

Comme il nous serait impossible, dans cet article, d'énumérer tous les cas où il est nécessaire de faire des actes conservatoires, nous nous bornerons à spécifier les principaux.

Voici des exemples cités par la loi :

1° L'héritier peut, dans l'intérêt de la succession, et sans que l'on puisse lui opposer qu'il a pris qualité, faire tous les actes conservatoires; — Voyez *Acte d'héritier.*

2° La femme, pendant le procès en séparation de biens, peut également faire les actes conservatoires.

3° Ce droit est accordé aux hospices, en attendant l'autorisation du Gouvernement pour accepter les dons et legs.

4° En cas de présomption d'absence, les parties intéressées peuvent demander de faire des actes conservatoires des intérêts de l'absent.

ACTE DE COMMERCE.

Il est très-important de connaître ce que l'on doit entendre par acte de commerce, d'abord parce que toutes les contestations qui s'y rapportent sont du ressort du tribunal de commerce, ensuite parce que la contrainte par corps est en général attachée aux obligations qui ont des actes de commerce pour objet.

Un acte est commercial, soit à raison de sa nature, soit à cause de la qualité des personnes qui figurent dans l'opération.

La loi répute acte de commerce, tout achat de denrées et marchandises pour les vendre, soit en nature, soit après les avoir travaillées et mises en œuvre, ou même pour en louer simplement l'usage; — toute entreprise de manufactures, de commission, de transport par terre ou par eau ; — toute entreprise de fournitures, d'agences, bureaux d'affaires, établissements de ventes à l'encan, de spectacles publics ; — toute opération de change, banque et courtage; — toutes les opérations de banques publiques; — toutes obligations entre négociants, marchands et banquiers ; = entre toutes personnes, les lettres de change ou remises d'argent faites de place en place.

La loi répute pareillement acte de commerce, toute entreprise de construction, et tous achats, ventes et reventes do bâtiments pour la navigation intérieure et extérieure; = toutes expéditions maritimes; = tout achat ou vente d'agrès, apparaux et avitaillements, etc.

ACTE D'HÉRITIER.

C'est toute action, tout fait de la part d'un héritier qui fait supposer son intention d'accepter la succession. L'acceptation peut être expresse ou tacite : elle est expresse, quand on prend le titre ou la qualité d'héritier dans un acte authentique ou privé; elle est tacite, quand l'héritier fait un acte qui suppose nécessairement son intention d'accepter et qu'il n'aurait droit de faire qu'en sa qualité d'héritier.

Les actes purement conservatoires, de surveillance et d'administration provisoire, ne sont pas des actes d'addition d'hérédité, si l'on n'a pas pris le titre ou la qualité d'héritier.

La donation, vente ou transport que fait de ses droits successifs un des cohéritiers, soit à un étranger, soit à tous ses cohéritiers, soit à quelques-uns d'eux, emporte de sa part acceptation à la succession. Il en est de même 1° de la renonciation, même gratuite, que fait un des héritiers au profit d'un ou de plusieurs de ses cohéritiers; 2° de la renonciation qu'il fait même au profit de tous ses cohéritiers indistinctement, lorsqu'il reçoit le prix de sa renonciation. Dans tous les cas cités par cet article, l'habile à succéder a agi comme propriétaire, puisqu'il a donné ou vendu ses droits à la succession.

La cour de Caen a décidé, le 17 janvier 1824, que le paiement des droits de mutation de la part du successible entraîne la qualité d'héritier.

Il est très-important pour l'héritier qui n'a pas encore accepté, de bien réfléchir à la nature de l'acte qu'il se propose de faire, qui peut avoir pour lui des suites très-graves, puisqu'il peut le priver du bénéfice d'inventaire, et mettre à sa charge toutes les dettes de la succession, même celles qui excèderaient son actif.

ACTE DE L'ETAT CIVIL.

Les actes de l'état civil ont pour objet de fixer, d'une

manière certaine, l'état des personnes ; ils sont destinés à constater les naissances, adoptions, mariages, décès.

Trois principaux événements signalent le passage de l'homme sur la terre : sa naissance, son mariage, sa mort. Par sa naissance, l'homme prend rang dans la société où il a reçu le jour, et dans la famille qui le lui a donné. Pour que son état ne soit point exposé aux chances du hasard, il est de la plus grande importance de constater authentiquement le fait de la naissance et de la filiation ; l'un attribue à l'individu la qualité de Français, et l'autre lui assure tous les droits de famille.

A mesure que l'homme parcourt le chemin de la vie, il éprouve le besoin de laisser après lui des descendants qui perpétuent son nom ; il se choisit une compagne : cette union qu'il va former doit être soumise à des règles fixes qui lui impriment un caractère légal pour en assurer les effets.

Enfin, la mort arrive, elle vient rompre tous les liens qui attachaient l'homme à ses semblables ; mais en cessant de vivre, il transmet des droits à d'autres individus qui sont appelés à le remplacer. Cet événement doit aussi être constaté d'une manière solennelle.

Toute personne a le droit de se faire délivrer une expédition des actes de l'état civil. Ces expéditions sont délivrées par les maires, d'après un tarif réglé par le décret du 12 juillet 1807 ; les droits dus sont déterminés d'après le tableau d'autre part.

	Dans les communes au-dessous de 30,000 âmes.	Dans les communes au-dessus de 30,000 âmes.	A PARIS.
Naissances...... Publications..... Décès.....	30 centimes.	60 centimes.	75 centimes.
Adoptions........ Mariages........	60 centimes.	1 franc.	1 fr. 50 cent.

Indépendamment de ces frais d'expédition, il doit être remboursé, pour frais de timbre, 1 fr. 25 c.

ACTE EN FORME EXÉCUTOIRE.

On appelle ainsi l'acte qui est revêtu de la formule d'exécution ; cette formule est celle qu'on trouve à la fin de tous les actes, exprimée en ces termes : *Mandons et ordonnons*, etc.

ACTE

JUDICIAIRE ET EXTRA-JUDICIAIRE.

L'acte judiciaire est celui qui a pour objet la décision d'une contestation, et qui émane directement du juge. Ainsi un jugement est un acte judiciaire.

L'acte extra-judiciaire est celui qui n'a pas immédiatement pour objet la décision d'un différent, par exemple celui qui détermine un partage de succession, etc.

ACTE NOTARIÉ.

L'art. 1er de la loi du 28 ventôse an XI, sur le notariat,

le définit ainsi : tous les actes et contrats auxquels les
parties doivent ou veulent faire donner le caractère d'authenticité aux actes de l'autorité publique.

§ I.

De la forme des actes notariés et des formalités à observer dans leur rédaction.

Les actes notariés se divisent en originaux et en copies :
les originaux prennent le nom de *minutes-brevets;* ils
doivent être reçus par deux notaires, ou par un notaire
et deux témoins.

L'art. 13 de la loi du 25 ventôse an xi veut que les actes
des notaires soient écrits en un seul et même contexte,
lisiblement, sans abréviation, blanc, lacune, intervalle.
Ils énonceront en toutes lettres les sommes et les dates;
le tout à peine de cént francs d'amende contre le notaire
contrevenant.

Les renvois et apostilles ne pourront, sauf l'exception
ci-après, être écrits qu'en marge; ils seront signés ou
paraphés, tant par les notaires que par les autres signataires, à peine de nullité des renvois et apostilles. Si la
longueur du renvoi exige qu'il soit transporté à la fin de
l'acte, il devra être non-seulement signé ou paraphé,
comme les renvois écrits en marge, mais encore express-
sément approuvé par les parties, à peine de nullité du
renvoi.

Il n'y aura ni surcharge, ni interligne, ni addition dans
le corps de l'acte; et les mots surchargés, interlignés ou
ajoutés seront nuls. Les mots qui devront être rayés le
seront de manière que le nombre puisse en être constaté à la marge de leur page correspondante, ou à la fin

de l'acte, et approuvé de la même manière que les renvois écrits en marge ; le tout à peine de 50 fr. contre le notaire.

Les actes doivent énoncer en outre :

1º Le lieu où ils sont passés, sous peine de nullité;

2º L'année et le jour où l'acte est passé, sous la même peine ;

3º La lecture qui a été faite de l'acte aux parties, à peine de 100 fr. d'amende et de la nullité dans certains cas, comme s'il s'agit d'un testament;

4º La signature des parties, ou la cause qui les empêche de signer.

Un acte notarié ne doit pas non plus contenir de conventions usuraires.

§ II.

Nullité des actes notariés et des actes imparfaits.

Tout acte fait en contravention des dispositions des articles 6, 8, 9, 10, 14, 20, 52, 64, 66, 67 et 68 de la loi du 25 ventôse an XI est nul.

Cependant l'acte qui n'est point authentique, par l'incompétence et l'incapacité de l'officier, ou par un défaut de forme, vaut comme écriture privée s'il a été signé des parties.

Pour les actes restés imparfaits, la partie qui voudra en obtenir la copie, présentera requête au président du tribunal. La délivrance sera faite, s'il y a lieu, en exécution de l'ordonnance mise à la suite de la requête, et il en sera fait mention au bas de la copie délivrée.

ENREGISTREMENT ET TIMBRE.

Les actes notariés sont assujétis au timbre et à l'enregistrement, qui varie suivant les différentes natures d'actes.

*Les actes imparfaits sont soumis aux mêmes droits, à moins que
l'imperfection ne résulte du défaut de signature des parties ; dans
ce cas, il n'est dû qu'un droit fixe de 1 fr.*

ACTE DE NOTORIÉTÉ.

C'est celui par lequel on établit qu'un fait est notoire
et constant.

Il est certain cas où la loi exige des actes de notoriété,
et en général les parties peuvent s'en faire délivrer pour
constater des faits qui les intéressent.

Ces actes sont rédigés par les notaires ou par les juges-
de-paix. En général, deux témoins suffisent ; il existe cependant certains cas où la loi en exige un plus grand
nombre. Les témoins appelés à ces actes peuvent être du
sexe féminin et même étrangers, à la différence des témoins appelés pour un testament, pour un acte notarié, etc.

Dans l'acte de notoriété, les témoins viennent attester
un fait, tandis que, dans les actes ordinaires, les témoins
viennent donner à l'acte qu'ils signent une sorte de so-
lennité.

Nous allons énumérer les différentes circonstances dans
lesquelles les actes de notoriété sont nécessaires.

1° Lorsque celui qui veut contracter mariage se trouve
dans l'impossibilité de se procurer son acte de naissance,
il pourra y suppléer par un acte de notoriété délivré par
le juge-de-paix du lieu de sa naissance, ou celui de son
domicile.

Cette déclaration est faite par sept témoins de l'un ou
de l'autre sexe.

Le but principal de cette déclaration est de constater l'âge des époux.

L'acte de notoriété, relativement au majeur, peut être suppléé par la déclaration des aïeuls ou aïeules, qui attestent le décès des pères et mères des futurs mariés. (Avis du conseil d'État, du 23 juillet 1805.)

2° Lorsque l'État est appelé à une succession par droit de déshérence.

3° En cas d'adoption, il peut être nécessaire de faire constater que celui qui se propose d'adopter a donné, pendant un certain temps, des soins à l'adopté.

4° Lorsqu'un militaire a disparu de son corps, un acte de notoriété peut être utile pour constater sa disparition.

L'acte de notoriété doit être présenté au tribunal de première instance du lieu où doit se célébrer le mariage, et le tribunal, après avoir entendu le procureur du Roi, donnera ou refusera son homologation, selon qu'il trouvera suffisantes ou insuffisantes les déclarations des témoins.

FORMULE
D'ACTE DE NOTORIÉTÉ.

L'an mil huit cent quarante, et le six du mois de juillet, sont comparus devant nous.... juge-de-paix du canton de..., arrondissement de..., département de..., A..., Q..., T..., D..., L..., S...., T..., (*noms, prénoms, âges, professions et domiciles des sept témoins de l'un et de l'autre sexe, parents ou non parents*), lesquels nous ont dit qu'ils sont appelés à la réquisition du sieur G... (*nom, prénoms, profession et domicile du futur époux*), aussi comparant, pour donner des renseignements sur l'époque de la naissance dudit G..., et les causes qui l'empêchent de rapporter son acte de naissance, à l'effet de parvenir au mariage par lui projeté; qu'en

effet ils connaissent parfaitement ledit G... pour être le fils de:...
(*noms, prénoms et domicile des père et mère*), né au lieu de....,
commune de..., canton de.[3]... (*il faut faire ici la désignation, au
moins approximative, de l'époque de la naissance, ou, ce qui est
la même chose, de l'âge actuel de l'époux; il faut en outre indiquer les causes qui empêchent de rapporter l'acte*); desquelles déclarations nous avons dressé le présent acte de notoriété, pour
servir et valoir ce que de raison, et ont, les comparants susnommés, signé avec nous. (*Il doit être fait mention des témoins qui ne
peuvent ou qui ne savent signer.*)

DROITS DE CET ACTE.

Savoir : 1° *au juge-de-paix, à Paris,* 5 *fr.; où il y a un tribunal
de première instance,* 3 *fr.* 75 *c.; et dans les villes et cantons ruraux,* 2 *fr.* 50 *c.;* 2° *au greffier, les deux tiers;* 3° *enregistrement,*
2 *fr.;* 4° *le décime par franc;* 5° *papier de minute et celui d'expédition;* 6° *droit d'expédition à raison de* 50 *c. par rôle, à Paris;
et de* 40 *c. partout ailleurs.*

ACTE RESPECTUEUX.

C'est la démarche que font les enfants de famille, auprès de leurs parents, avant de contracter mariage, pour
obtenir leur consentement.

L'âge de majorité fixé pour le mariage est de vingt-cinq
ans accomplis pour les fils, et de vingt-un ans accomplis
pour les filles. Jusqu'à cet âge, ils ne peuvent contracter
mariage sans le consentement de leurs père et mère, ni
faire aucun acte respectueux.

Les fils ayant atteint vingt-cinq ans accomplis, et les
filles vingt-un ans accomplis, sont tenus, avant de contracter mariage, de demander, par un acte respectueux
et formel, le consentement de leurs père et mère, ou ce-
aïeuls ou aïeules, lorsque leurs père et mère

sont décédés, ou dans l'impossibilité de manifester leur volonté.

Depuis l'âge de vingt-cinq ans jusqu'à trente, pour les filles, et de vingt-un ans jusqu'à vingt-cinq, pour les fils, l'acte respectueux doit être renouvelé deux autres fois, de mois en mois.

Les fils qui ont passé l'âge de trente, et les filles qui ont passé celui de vingt-cinq, n'ont besoin que d'un acte respectueux, mais ils ne peuvent se dispenser d'un acte respectueux, quel que soit leur âge. Ces dispositions s'appliquent également aux enfants naturels légalement reconnus.

L'acte respectueux doit être fait par deux notaires, ou par un seul en présence de deux témoins ; le procès-verbal de notification qui doit être dressé, doit contenir la réponse.

L'enfant peut se faire représenter par un fondé de pouvoirs. (Arrêt de la cour d'Amiens, du 17 frimaire an XII.)

L'acte respectueux doit être fait en termes révérentiels, et non pas comme une sommation ordinaire ; aussi la cour de Bordeaux a-t-elle déclaré nul, par arrêt du 12 fructidor an XIII, un acte par lequel une fille avait *requis et sommé* son père et sa mère qu'elle était dans la *ferme résolution* d'agir malgré leur refus, et qu'elle *protestait*, etc.

L'art. 1033 du code de procédure ne s'applique pas aux actes respectueux ; le jour de la notification et celui de l'échéance sont compris dans le délai général. (Cour de Paris, 19 octobre 1809.)

Il ne peut être procédé au mariage qu'un mois après le dernier acte respectueux, et l'officier de l'état civil qui aurait fait la célébration en l'absence d'actes respectueux, oans le cas où ils sont proscrits, encourt une amende qui peut aller jusqu'à 300 fr., et un emprisonnement qui ne peut être moindre d'un mois.

Les actes respectueux doivent-ils précéder les publications de mariage? Un acte respectueux, dit M. Chavillac, dans son traité du *Guide des officiers de l'état civil*, page 81, fait après des publications, me semblerait un outrage; il aurait le caractère du mépris et n'offrirait plus l'hommage du respect. Je dois indiquer ici un arrêt de la cour d'Agen, du 11 juillet 1806, confirmé par celui de la cour de cassation, du 10 décembre suivant, qui ont décidé que le consentement du conseil de famille n'est pas nécessaire pour le mariage.

ENREGISTREMENT.

L'enregistrement des actes respectueux est de 1 fr. de droit fixe.

ACTE SOUS SEING-PRIVÉ.

Sous le nom d'acte sous seing-privé, on comprend toute écriture privée emportant obligation ou décharge; il y en a de plusieurs sortes :

1° L'acte sous seing-privé proprement dit;

2° Les registres des marchands ;

3° Les registres et papiers domestiques des personnes non marchandes ;

4° L'écriture mise au dos, à la marge ou à la suite d'un titre ou d'une quittance;

5° Et enfin les quittances.

L'art. 109 du code de commerce porte que les achats et ventes se constatent par la correspondance des parties.

Dans ce chapitre, nous traiterons d'abord l'acte sous seing-privé en général, de ses effets par rapport aux parties, leurs héritiers et ayant-cause; de l'époque où ces actes ont une date certaine à l'égard des tiers.

SECTION PREMIÈRE.

§ I.

De l'acte sous seing-privé en général, et de ses effets entre les parties et leurs héritiers et ayant-cause.

Comme son nom l'indique, l'acte sous seing-privé est celui qui a été passé entre les parties, sans le ministère d'un notaire ou d'un officier public.

Suivant l'art. 1322 du code civil, l'acte sous seing-privé reconnu par celui à qui on l'oppose, ou légalement tenu pour reconnu, a, entre ceux qui l'ont souscrit et entre leurs héritiers et ayant-cause, la même foi que l'acte authentique.

Lorsque l'acte sous seing-privé est légalement reconnu, c'est-à-dire si, au jugement, après une instruction qu'on nomme vérification d'écriture ou sous-vérification, le défendeur ne dénie pas l'acte ou ne comparaît pas, il sera décidé que cet acte a réellement été fait par telle personne; on doit y ajouter la même foi qu'à l'acte authentique. En effet, l'authenticité ne sert qu'à prouver qu'un acte a été consenti par la personne qui a comparu devant l'officier public; si cette personne reconnaît cet acte, ou si un jugement déclare qu'il est émané d'elle, il devient aussi certain que l'acte lui appartient, que si un officier public l'eût attesté.

L'acte sous seing-privé comme l'acte authentique, fait

egalement foi contre les tiers, non pas à l'effet de les obliger, car les conventions n'obligent que les parties et les héritiers, mais en ce sens qu'il prouve, à compter du jour où il a acquis date certaine, le fait même de la convention; il prouve aussi *rem ipsam*, comme l'acte authentique; il peut, comme lui, servir de base à la prescription de dix et vingt ans.

Celui auquel on oppose un acte sous seing-privé, est obligé d'avouer ou de désavouer formellement son écriture ou sa signature.

Ses héritiers ou ayant-cause peuvent se contenter de déclarer qu'ils ne connaissent point l'écriture ou la signature de leur auteur.

Dans le cas où la partie désavoue son écriture ou sa signature, et dans le cas où ses héritiers ou ayant-cause déclarent ne les point connaître, la vérification en est ordonnée en justice.

Il est parlé, dans l'article, de l'écriture *ou* de la signature, parce qu'il est des cas où l'écriture seule a effet : tels sont les registres et papiers domestiques, et les écritures mises au dos, à la suite ou à la marge d'un titre ou d'une quittance; et, d'autres fois, il n'y a que la signature de celui à qui l'acte est opposé, l'écriture du corps de l'acte étant de la main d'un autre.

Le porteur d'un acte sous signature privée peut assigner en reconnaissance de l'écriture ou de la signature, même avant l'échéance de la dette. Le code de procédure, article 193, lui donne le droit d'assigner sans permission du juge, à trois jours, pour avoir acte de la reconnaissance, ou pour faire tenir l'écrit pour reconnu. Cet article ajoute que si le défendeur ne dénie pas la signature, tous les rais relatifs à la reconnaissance ou à la vérification, même ceux de l'enregistrement de l'écrit, sont à la charge du demandeur.

De ce que l'art. 193 du code de procédure met à la charge du demandeur les frais relatifs à la reconnaissance et à la vérification, ainsi que ceux de l'enregistrement de l'écrit, dans le cas où le défendeur ne dénie pas sa signature, il n'en faut pas conclure, *contrario*, que le défendeur doit les supporter dans tous les cas où il y a eu vérification, et que cette vérification a été favorable au demandeur ; il faut d'abord distinguer si cette vérification a eu lieu en vertu d'un écrit attribué au défendeur lui-même, ou bien à son auteur.

Lorsqu'il s'agit d'un écrit attribué au défendeur lui-même, qui a dénié son écriture, ou sa signature, tous les frais sont à sa charge, encore que la demande ait été formée avant l'échéance ou l'exigibilité de la dette.

Mais si, au contraire, il s'agit d'un écrit attribué non au défendeur lui-même, mais à son auteur, si le défendeur a été simplement assigné en reconnaissance d'écriture avant l'échéance, et, qu'usant de la faculté qui lui est accordée par l'article 1323 du code civil, il déclare qu'il ne connaît point l'écriture ou la signature de son auteur, les frais de la vérification ne sont point à sa charge, non plus que ceux de l'enregistrement de l'écrit

Si l'assigné en reconnaissance de l'écrit ne comparaît pas, l'écrit doit être tenu pour reconnu, sauf au défendeur à former opposition. S'il reconnaît l'écrit, le jugement donne acte de la reconnaissance au demandeur.

Si le défendeur dénie la signature à lui attribuée, ou déclare ne pas reconnaître celle attribuée à un tiers, la vérification peut en être ordonnée, tant par titres que par experts et par témoins.

La vérification peut même être faite par témoins, pour une somme excédant 150 francs, l'article ne distinguant pas quant à la somme.

Si celui auquel est attribué l'écrit l'a reconnu dans un acte authentique, ou même dans un acte sous signature priv'? qu'il ne désavoue pas, cet écrit fait désormais foi contre lui, comme un acte authentique.

Mais par la même raison que l'exécution de l'acte authentique est suspendue par la plainte en faux suivie de la mise en accusation, de même l'acte sous seing-privé reconnu est suspendu par la plainte en faux que peut former la partie, si la mise en accusation est prononcée.

On peut pareillement, d'après l'article 214 du code de procédure, s'inscrire en faux incident civil contre un acte sous seing-privé, encore que l'acte ait été vérifié en justice, être de la partie ou de son auteur.

§ II.

La loi ne prescrit, en général, aucune formalité particulière pour les actes sous seing-privé.

Le législateur ne prescrit, en général, aucune formalité particulière pour les actes sous seing-privé, sauf ce qui est établi aux articles 1325 et 1326, dont nous parlerons bientôt, la loi n'exige pas que ces actes contiennent la mention du lieu où ils ont été passés, ni même qu'ils soient datés, quoique la date eût été une formalité très-utile, afin qu'en cas de procès on pût savoir le lieu où l'acte avait été souscrit.

Il est à remarquer que les actes sous seing-privé peuvent être écrits non-seulement par les parties ou des tiers, mais encore par des notaires ou autres officiers publics. Cela résulte d'un arrêt de la cour de cassation, en date du 30 novembre 1807, et d'un avis du conseil d'État, en date du 28 mars 1808.

SECTION DEUXIÈME.

§ III.

De, quelle époque les actes sous seing-privé ont date à l'égard des tiers.

L'acte sous seing-privé pouvant facilement s'antidater pour frauder les droits acquis des tiers, on a établi en principe que ces actes n'ont de date certaine, à l'égard des tiers, que du jour seulement où ils sont enregistrés, ou du jour de la mort de celui ou de l'un de ceux qui les ont souscrits, ou du jour où leur substance a été constatée dans des actes dressés par des officiers publics, tels que procès-verbaux de scellés ou d'inventaire.

Sans ces précautions, on n'aurait aucun moyen de parer à la fraude; on pourrait facilement s'entendre afin d'antidater un acte. Je vous vends aujourd'hui une maison; je pourrai demain faire un autre acte en faveur d'une autre personne, et le dater de l'année dernière. Si vous n'avez pas fait enregistrer votre contrat, le dernier acquéreur pourra vous déposséder, sauf votre action en garantie contre moi, car son titre porté une date antérieure au vôtre; et comme ni l'un ni l'autre n'est revêtu des formalités qui lui donnent une date certaine, on est obligé de suivre l'ordre des dates. Si au contraire, vous avez fait

enregistrer votre acte, cette formalité, qui lui donne une
date certaine, préviendra la fraude, et le titre du second
acquéreur n'ayant pas de date certaine, sera présumé an-
tidaté.

Les actes sous seing-privé, qui ont acquis date certaine
de l'une de ces manières, font foi aussi à l'égard des tiers,
du fait même de la convention; ils prouvent *rem ipsam*,
comme les actes authentiques; et, en conséquence, ils
peuvent servir de base à la prescription de dix et vingt ans
à partir du jour où ils ont acquis date certaine; et celui
qui aura acheté un immeuble par acte sous seing-privé,
ayant acquis date certaine de l'une des manières exprimées
ci-dessus, sera préféré à un acquéreur par acte authentique du même immeuble, auquel la même personne l'aurait vendu postérieurement.

Le législateur n'a pas dû s'intéresser bien vivement au
sort des actes sous seing-privé, quand il s'agit surtout de
l'intérêt des tiers, si l'on songe que ceux qui ne font point
enregistrer ces actes ont le plus souvent en vue d'éviter
les droits qui sont perçus en faveur du fisc, et qu'ils exposent ainsi ces mêmes tiers à contracter avec des individus qui ne peuvent plus disposer de ce qu'ils vendent,
parce qu'ils en ont déjà disposé en faveur d'autres personnes. La loi a eu raison d'attacher peu de faveur à ces
sortes d'actes; ils sont peu dignes de faveur lorsqu'ils sont
opposés aux tiers; celui qui les produit doit s'imputer la
faute de ne leur avoir pas assuré une date qui pût attester
leur existence à telle époque, puisque la loi lui en offrait
les moyens.

Nous devons faire observer que l'art. 1328 n'est généralement point applicable aux créanciers d'un failli, qui se

présentent pour être admis à participer aux distributions du dividende commun, ou pour concourir au concordat; s'il y a lieu d'en faire un avec le failli. On ne peut point exclure les créanciers sur le seul fondement que leurs titres n'ont point acquis une date certaine, antérieurement l'ouverture de la faillite · ce serait anéantir la confiance nécessaire au commerce.

Ordinairement, parmi les créanciers, il n'y a que ceux qui ont été obligés de faire protester pour défaut de paiement leur effet de commerce, qui aient fait enregistrer leurs titres. Ceux dont les titres n'étaient pas encore exigibles, n'ont pas eu de motif pour remplir cette formalité. Or, si les autres créanciers étaient en droit de les exclure sur le seul prétexte que leurs titres n'ont pas acquis de date certaine au moment de l'ouverture de la faillite, que ces actes ont pu être antidatés par le failli depuis sa faillite, le dividende commun n'appartiendrait qu'à un petit nombre de créanciers.

On est dans l'usage de les admettre au passif de la faillite, sauf au tribunal, s'il s'élève des contestations sur la sincérité de leurs créances, à apprécier les circonstances de la cause, et à rejeter la créance, s'il apparaît qu'elle n'est point légitime.

ADJUDICATION.

C'est un marché fait aux enchères publiques et avec concurrence. Les adjudications sont volontaires, judiciaires ou administratives.

§ I.

Adjudications volontaires.

Les adjudications volontaires sont celles que les parties ajeures, capables de contracter, font devant un notaire.

Elles ne sont soumises par la loi à aucune règle spéciale ; appartient aux parties d'en régler les conditions et les formes comme elles l'entendent. (Arrêt de la cour de cassation, du 24 janvier 1814.) Cependant elles sont définitives comme les autres, car il y a contrat entre l'acheteur ou l'adjudicataire et le vendeur. L'acte étant passé devant notaire, il a force exécutoire entre les parties.

Les formes de l'adjudication volontaire n'ont pas été réglées par la loi ; mais, par analogie, l'on suit les règles de l'adjudication judiciaire. Ainsi elles sont précédées d'affiches et d'un cahier des charges, pour faire connaître les clauses et conditions de la vente.

Le mode d'adjudication se fait à *l'extinction des feux,* en usant des bougies dont la durée doit être d'une minute au moins. Le nombre des feux nécessaires pour l'adjudication est réglé d'avance par le cahier des charges.

§ II.

Adjudications judiciaires.

Ce sont celles qui ont lieu par suite d'une décision de la justice, soit devant le tribunal qui les a ordonnées, soit devant un notaire nommé à cet effet.

Elles ont lieu dans le cas d'expropriation forcée, ou quand il s'agit de biens appartenant à des incapables, tels que les mineurs les absents, les interdits; ou dépendan.

des successions vacantes, en déshérence, ou de faillites.

Au mot *Vente judiciaire*, nous développerons les principes qui se rapportent à cette sorte d'adjudication.

§ III.

Adjudications administratives.

Ce sont celles qui sont faites par l'autorité administrative.

Elles ont pour objet :

1º Les ventes d'immeubles appartenant à l'État, aux départements et aux communes;

2º Les ventes de coupes de bois royaux et communaux;

3º Les fournitures, travaux publics, et les travaux des communes et établissements publics ;

4º Les ventes de fruits et les baux de fermage et de loyer des propriétés communales.

Toutes les ventes ou adjudications de fournitures ou de travaux doivent être précédées d'affiches apposées, un mois à l'avance, dans les différentes communes du ressort, et indiquant les objets à vendre, la nature des travaux et la mise à prix. Cette publication est constatée par un certificat du maire, mis au bas de l'affiche.

Les cahiers des charges et les devis, s'il s'agit de travaux, restent déposés, pendant le même temps, au secrétariat du siège où doit se faire l'adjudication, pour que chacun puisse en prendre connaissance.

S'il s'agit de travaux à exécuter, chaque enchérisseur doit déposer, au même secrétariat, une soumission cachetée indiquant sa mise à prix.

Le jour indiqué pour l'adjudication préparatoire, le

président de l'adjudication, assisté des différentes personnes intéressées, et en présence des soumissionnaires, procède à l'ouverture des soumissions, se fait remettre par eux le double certificat de solvabilité et de capacité pour l'exécution des travaux, et proclame le contenu des soumissions.

Celle qui présente les prix les plus avantageux sert de base à la mise à prix.

L'adjudication définitive est ensuite indiquée, à moins qu'il ne soit convenu d'y procéder immédiatement entre toutes les parties intéressées; c'est même ce qui a lieu le plus ordinairement. Dans ce cas, les enchères sont ouvertes entre les soumissionnaires seulement

La durée, soit provisoire, soit définitive, des feux, et le montant des enchères, sont fixés, séance tenante, par le président.

L'adjudication est ensuite tranchée après l'extinction des feux définitifs.

L'adjudicataire proclamé est tenu de présenter sa caution dans les vingt-quatre heures, sous peine d'être déchu de son adjudication et de payer son enchère.

Pour les coupes de bois, le code forestier porte, art. 24, que, faute par l'adjudicataire de fournir les cautions exigées par le cahier des charges, dans le délai prescrit, il sera déclaré déchu de l'adjudication par un arrêté du préfet, et il sera procédé à une nouvelle adjudication de la coupe à sa folle-enchère. — L'adjudicataire déchu sera tenu, par corps, de la différence entre son prix et celui de la revente, sans pouvoir réclamer l'excédant, s'il y en a.

Les adjudications sont données, 1° devant les préfets, lorsqu'il s'agit de fournitures ou de travaux départementaux, ou de travaux communaux au dessus de 20,000 fr. ;

2° Elles sont données devant le sous-préfet, lorsque le montant de l'adjudication ne s'élève pas à 20,000 fr., et devant les maires des communes rurales, lorsqu'elles sont au-dessous de 1,000 fr.

Les travaux et fournitures sont préalablement autorisés par les préfets, ministres, ou par le Roi.

Les ventes de bois sont faites par le sous-préfet, pour les bois de l'arrondissement ; le sous-préfet est assisté des agents forestiers, des receveurs des finances et des domaines, et enfin du maire, s'il s'agit de bois communaux.

§ IV.

De ceux qui peuvent se rendre adjudicataires.

Toute personne peut se rendre adjudicataire, si elle a la capacité de contracter, et si d'ailleurs elle remplit les conditions de solvabilité et les connaissances spéciales exigées en certains cas par les cahiers des charges, surtout en matière de travaux et de fournitures.

Cette double capacité, indépendante de la capacité civile, doit être prouvée avant les enchères.

Ne peuvent se rendre adjudicataires :

1° Les tuteurs, des biens dont ils ont la tutelle ;

2° Les mandataires, des biens qu'ils sont chargés de vendre ;

3° Les administrations, des biens confiés à leur surveillance ;

4° Les magistrats de l'ordre judiciaire, des biens contentieux qui s'adjugent dans l'étendue de leur ressort ;

5° Les officiers publics, des biens nationaux dont les ventes se font par leur ministère

§ V.

Des entraves apportées à la liberté des enchères.

Ceux qui, dans les adjudications de la propriété, de l'usufruit ou de la location des choses mobilières ou immobilières, d'une entreprise, d'une fourniture, d'une exploitation ou d'un service quelconque, auront entravé ou troublé la liberté des enchères ou des soumissions, par voies de fait, violences ou menaces, soit avant, soit pendant les enchères ou les soumissions, seront punis d'un emprisonnement de quinze jours au moins, de trois mois au plus, et d'une amende de cinq francs au moins et de cinq mille francs au plus. — La même peine aura lieu contre ceux qui, par dons, promesses, auront écarté les enchérisseurs.

AFFOUAGE.

C'est le droit qu'ont les habitants d'une commune ou d'une section de commune, de prendre dans une forêt le bois de chauffage qui est nécessaire à leur usage.

L'affouage, comme l'indique son nom, tient au foyer ; il a pour objet de satisfaire au besoin du chauffage de chaque ménage. C'est pour cela qu'une des conditions substantielles de ce droit est, d'une part, la résidence, et, d'autre part, le feu et le ménage séparés.

S'il n'y a titre ou usage contraire, le partage des bois d'affouage se fera par feux, c'est-à-dire par chef de famille ou de maison ayant domicile réel et fixe dans la commune.

Sous le nom des *feux*, on ne doit pas seulement entendre un ménage de gens mariés, mais encore un ménage de célibataire, et il a été cité comme exemple, lors de la discussion de la loi, qu'un curé, un desservant, ont droit, comme les autres habitants, à l'affouage; mais il faut que ce ménage soit séparé, qu'il ait enfin, selon l'expression vulgaire, son pot-au-feu à part. Ainsi, les ouvriers qui travaillent à l'année chez un maître qui les nourrit, n'ont aucun droit à l'affouage, parce qu'ils ne sont pas considérés comme chefs de maison; mais si l'ouvrier tient un ménage pour son compte, et de manière qu'on ne puisse pas le regarder comme étant sous la dépendance absolue du propriétaire, il a droit à l'affouage.

Les coupes à partager en nature, pour l'affouage des habitants, ne peuvent être opérées qu'après que la délivrance en aura été préalablement faite par les agents forestiers.

Cette délivrance est faite au maire, auquel est confié le soin d'en effectuer le partage aux habitants. La coupe est faite par un entrepreneur spécial nommé par les habitants et agréé par l'administration forestière.

Le droit d'affouage ayant été établi spécialement pour les besoins et les usages des habitants, la loi a défendu que l'on fît spéculation des bois reçus à ce titre; et l'art. 52 du code forestier interdit aux usagers, sous peine de 10 à 100 fr. d'amende, de vendre ou d'échanger les bois de chauffage qui leur sont délivrés.

Le rôle de répartition, arrêté par le conseil municipal, doit être approuvé par le préfet, qui le rend exécutoire.

ALIGNEMENT.

§ I.

C'est le tracé donné par l'autorité compétente des limites, des constructions et des reconstructions faites sur la

voie publique. L'alignement a pour objet de maintenir la
largeur et la régularité des rues et chemins publics.

Nous allons faire connaître les règles qui sont relatives
à l'ouverture, à l'alignement et au pavé.

L'art. 52 de la loi du 16 septembre 1807 est ainsi conçu : « Dans les villes, les alignements, pour l'ouverture des
» nouvelles rues, pour l'élargissement des anciennes qui
» ne font pas partie d'une grande route, ou pour tout au-
» tre objet d'utilité publique, seront donnés par les maires,
» conformément au plan dont les projets auront été
» adressés aux préfets, transmis avec leur avis au minis-
» tre de l'intérieur, et arrêtés au conseil d'État. En cas de
» réclamation de tiers intéressés, il sera de même statué,
» en conseil d'État, sur le rapport du ministre de l'inté-
» rieur. »

Lorsqu'il s'agit de l'ouverture d'une rue ou d'un chemin vicinal, elle ne peut avoir lieu qu'autant que, préalablement, l'utilité publique a été reconnue, et que l'expropriation en a été faite dans les formes prescrites par la loi
du 7 juillet 1833. Il faut encore remarquer aussi que ce
n'est pas seulement quant aux rues à ouvrir, mais encore
quant aux rues déjà existantes, que le plan d'alignement
doit être arrêté par le conseil d'État ; d'où il résulte que
les propriétaires riverains, même des rues qui ne font pas
partie de la grande route, sont assujettis, dans les villes,
à l'obligation de demander l'alignement, lorsqu'ils veulent faire de nouvelles constructions ou rebâtir les anciennes ; et comme ils peuvent être tenus à reculer ou
à avancer, ils ne doivent faire aucune réparation à leurs
maisons, sans en avoir obtenu l'autorisation de l'administration.

§ II.

Autorisation nécessaire pour construire, reconstruire et
réparer.

L'administration doit toujours intervenir pour empêcher que l'on empiète sur la voie publique, car si chacun
était libre de bâtir à sa volonté, sans observer d'alignement,
bientôt on verrait des rues, dans les villes et les bourgs,
former des enfoncements nuisibles à la sûreté et à .a salubrité publiques.

C'est pour obvier à cet inconvénient, qu'il a été dressé
un plan d'alignement général pour toutes les routes royales
et départementales.

Tout particulier qui veut construire sur le bord d'une
grande route, soit dans l'intérieur des villes, bourgs et
villages, soit même en pleine campagne, doit obtenir un
plan d'alignement qui lui est donné conformément au plan
général, à peine, porte l'arrêt du conseil du 27 février
1768, de démolition des ouvrages, de confiscation des
matériaux et de 300 livres d'amende ; et, pour mieux assurer l'exécution de cette obligation, l'arrêt étend la condamnation de l'amende aux maçons, charpentiers et autres ouvriers employés à la construction.

Il est donc fort important de connaître quelle est l'autorité à laquelle on doit s'adresser pour demander l'alignement; car, s'il était donné par une autorité incompé-
tente, il serait nul et n'empêcherait pas les condamnations.

L'alignement est donné par le préfet, lorsqu'il s'agit
des routes royales ou départementales, quand même elles
traverseraient des villages et des villes.

Aux termes de l'ordonnance du bureau des finances de

Paris, du 29 mars 1754, les alignements, en matière de grande voirie, sont donnés sans frais.

L'arrêté du préfet peut être attaqué devant le ministre de l'intérieur et devant le conseil d'État. La répression des contraventions à ces arrêtés est soumise, en première instance, au conseil de préfecture; et en appel, au conseil d'État.

Dans les villes, les alignements sont donnés par les maires; mais ceux-ci doivent se conformer ponctuellement au plan adopté à l'avance, s'il en existe un.

Les arrêtés des maires peuvent être attaqués successivement devant le préfet, le ministre de l'intérieur et le conseil d'État.

Si l'alignement n'est pas suivi, le maire doit dresser un procès-verbal de la contravention, et le contrevenant est poursuivi devant le tribunal de simple police.

Si l'état n'exécute pas les plans d'alignement aussitôt qu'ils sont arrêtés, c'est par un motif d'économie; car si l'administration voulait exécuter sur-le-champ les plans d'alignement, elle serait obligée d'exproprier les propriétaires, ce qui entraînerait des dépenses considérables. On obtient le même résultat avec moins de frais, en attendant que la vétusté oblige les propriétaires à démolir leurs édifices; ils sont forcés alors à céder une partie de leur terrain, moyennant une indemnité qui ne représente plus que la valeur du terrain devenu vacant, et l'indemnité est réglée aujourd'hui par la loi.

La loi exige que les propriétaires, dont les maisons sont en dehors de l'alignement, ne puissent faire aucune construction jusqu'à ce qu'elles tombent de vétusté; de là l'obligation imposée à tous les propriétaires de n'opérer,

dans la façade des maisons qui sont sujettes au reculement, aucune réparation, sans en avoir obtenu l'autorisation du préfet, pour les constructions bordant les grandes
routes, sous les peines portées par l'arrêt du conseil de 1765.

L'autorisation ne doit être accordée, pour les bâtiments
sujets à reculer ou à avancer, qu'autant que les réparations
n'ajouteront rien à leur solidité. On doit par conséquent
toujours prohiber les réparations confortatives des fondations et du rez-de-chaussée d'une maison ; tout au plus
peut-on autoriser les peintures et badigeonnages qui n'augmentent en rien la solidité. Lorsque les fondations et le
rez-de-chaussée sont en bon état, on doit autoriser la
reconstruction des étages supérieurs. (Arrêts du conseil
d'État, des 22 février 1821, 2 août 1826, 4 juillet 1827,
26 octobre 1828, 14 juillet 1831.)

L'obligation de demander l'autorisation n'est imposée
aux propriétaires riverains que pour les constructions qui
bordent la route. Ils sont parfaitement libres de faire dans
l'intérieur toutes les constructions qu'ils jugent convenables, sans que ce droit puisse être modifié par les projets
de l'administration. La cour de cassation a jugé, le 25 juillet 1829, « qu'aucune autorisation préalable n'a besoin
» d'être requise pour construire ou réparer, dans l'*inté-*
» *rieur*, des portions qui n'auraient pas pour objet de
» consolider le mur de façade ou qui ne toucheraient pas à
» la *voie publique actuelle*, lors même que les propriétés
» seraient destinées, par des plans arrêtés au conseil d'État,
» à faire, dans un temps plus ou moins long, partie de la
» voie publique future. » Le conseil d'État, à l'instar de
la cour suprême, a décidé, le 1er septembre 1832, « qu'au-
» cune loi ne défend aux propriétaires des maisons su-

» jettes à reculement, de faire des travaux dans l'*intérieur*
» desdites maisons, *même sur la partie retranchable*, pour-
. vu que les travaux n'aient pas pour objet de réconforter
» le mur de face. »

Telle est la jurisprudence sur cette importante question.

Il en résulte que le principe général est qu'un propriétaire peut, sans autorisation, réparer les constructions
déjà existantes, lors même que le terrain est désigné par
un nouveau plan d'alignement pour faire partie de la route;
mais, à côté de ce principe, se trouve l'obligation imposée
par l'arrêt du conseil de 1765, de ne pouvoir ni construire
ni réparer le mur de face sans autorisation.

ALLUVION.

L'alluvion est un amas de terre qui se forme par la vase
ou le sable que la mer ou les rivières apportent le long des
rivages. L'alluvion profite au propriétaire riverain, soit
qu'il s'agisse d'un fleuve ou d'une rivière navigable, flottable ou non, à la charge, dans le premier cas, de laisser
le marchepied ou chemin de halage, conformément aux
réglements.

L'alluvion n'a pas lieu à l'égard des lacs et étangs, dont
le propriétaire conserve toujours le terrain que l'eau cou-
vre quand elle est à la hauteur de la décharge de l'étang,
encore que le volume de l'eau vienne à diminuer. Réciproquement, le propriétaire de l'étang n'acquiert aucun
droit sur les terres riveraines que son eau vient à couvrir
dans les crues extraordinaires.

Si un fleuve ou une rivière navigable ou non enlève par
une force subite une partie considérable et reconnaissable
d'un champ riverain, et la porte vers un champ inférieur

ou sur la rive opposée, le propriétaire de la partie enlevée peut réclamer sa propriété, mais il est tenu de former sa demande dans l'année. Après ce délai, il ne sera plus recevable, à moins que le propriétaire du champ auquel la partie enlevée a été unie, n'eût pas encore pris possession de celle-ci. Les îles, îlots, atterrissements qui se forment dans le lit des fleuves ou des rivières navigables ou flottables, appartiennent à l'Etat, s'il n'y a titre ou prescription contraire.

Les îles et atterrissements qui se forment dans les rivières non navigables et non flottables, appartiennent aux propriétaires riverains du côté où l'île est formée. Si l'île n'est pas formée d'un seul côté, elle appartient aux propriétaires riverains des deux côtés, à partir de la ligne qu'on suppose tracée au milieu de la rivière.

Si une rivière ou un fleuve se forme un nouveau lit, c'est au propriétaire dont l'héritage fournit le nouveau lit que la loi attribue l'ancien. Mais il faut que l'abandon se fasse d'une manière sensible et prompte, car s'il était lent et successif, on pourrait le regarder comme une alluvion. L'alluvion profite à l'usufruitier ainsi qu'au fermier.

ARRHES.

Les arrhes sont ce qui est donné pour assurer la conclusion ou l'exécution d'une convention, d'un marché.

Il y a des arrhes qui se donnent avant que la convention proposée soit bien arrêtée et acceptée par les parties.

1° Dans le premier cas, chacun des contractants est maître de se départir de la convention, celui qui les a données en les perdant, et celui qui les a reçues en restituant le double.

Si c'est d'un consentement unanime que les parties rompent la convention, celui qui a reçu les arrhes les rend sans rien payer de plus.

2° Les arrhes données après la conclusion du marché sont données comme preuve de la convention du marché.

Si elles sont données en argent, elles sont, en général, regardées comme un à-compte sur le prix dû par l'acheteur. Dans ce dernier cas, il n'est plus permis aux parties de rompre le contrat, soit en renonçant aux arrhes, soit en restituant le double.

Lorsqu'il est difficile de savoir si les arrhes ont été données pour une vente projetée ou arrêtée, les juges doivent décider la question d'après leurs lumières et les circonstances de la cause. On est dans l'usage de donner des arrhes dans les contrats de vente et de louage.

ARBRES.

La loi s'occupe des arbres sous plusieurs points de vue différents, selon qu'ils sont placés sur les propriétés particulières, les grandes routes et les bois de l'État. Nous ne parlerons ici que de ceux plantés sur les propriétés particulières et sur les grands chemins.

D'après les articles 553 et 554, les arbres sont censés la propriété de celui sur le terrain duquel ils sont plantés. Celui qui plante sur son terrain un arbre appartenant à autrui, ne peut être forcé à l'arracher, mais seulement à en payer la valeur.

Chacun est libre de faire sur sa propriété les plantations qu'il juge nécessaires; mais si ces plantations sont contiguës à une autre propriété, la loi alors, pour empêcher le préjudice que ces plantations pourraient causer par leurs racines ou par la projection de l'ombre, a prescrit une servitude de distance.

Il n'est permis de planter des arbres à haute tige, qu'à la distance prescrite par les réglements particuliers actuellement existants, ou par les usages constants et reconnus; et à défaut de règlements et usages, qu'à la distance de deux mètres de la ligne séparative de deux héritages; pour les arbres à haute tige, à la distance d'un demi-mètre pour les autres arbres et haies vives.

On entend, en général, par arbres de haute tige, ceux qui s'élèvent ordinairement à une hauteur assez considérable, comme les chênes, les cerisiers, les noyers, les saules, les peupliers, les mûriers, etc.

Le voisin peut exiger que les arbres et haies plantés à une moindre distance soient arrachés. Celui sur la propriété duquel avancent les branches du voisin, peut contraindre celui-ci à les couper; mais il ne peut se faire justice à lui-même en les coupant. (Arrêt de la cour de cassation, du 15 février 1811.)

Ce droit existe encore, quand le voisin serait dans l'usage, depuis un temps immémorial, de s'introduire sur le fonds du voisin, pour y ramasser les fruits qui tombent de l'arbre qui avance sur ce fonds. (Arrêt de la cour de cassation, 13 novembre 1810.)

Ce droit appartient également au fermier qui peut l'exercer personnellement. (Arrêt de la cour de cassation, du 9 décembre 1817.)

Les arbres qui se trouvent dans la haie mitoyenne sont mitoyens comme elle, et chacun des deux propriétaires a le droit de requérir qu'ils soient abattus; dans ce cas, le produit des arbres doit être partagé.

Les arbres peuvent faire l'objet d'une action possessoire devant le juge-de-paix, lorsque le trouble ou l'usurpation ne remonte pas à plus d'un an. Passé ce délai, la demande doit être portée devant le tribunal de première instance.

La destruction ou mutilation des arbres, de manière les faire périr, est punie d'un emprisonnement de six jours à six mois pour chaque arbre abattu ou mutilé, sans toutefois que cet emprisonnement puisse excéder cinq ans.

On a ensuite établi des régles spéciales pour les arbres plantés au compte de l'État sur les grandes routes, et au compte des particuliers sur les bordures de ces routes. Les premiers sont la propriété de l'État; les seconds restent la propriété des particuliers, mais ceux-ci ne peuvent en disposer et les abattre sans en avoir obtenu l'autorisation du préfet. Ils peuvent cependant les élaguer sans son autorisation.

Ce même décret prescrit en outre, dans l'intérêt de la conservation des routes, une distance d'un mètre au moins du bord extérieur des fossés pour les plantations nouvelles.

Les contraventions à ces dispositions et les détériorations commises sur les arbres des grandes routes, sont jugées par les conseils de préfecture.

AVOUÉ.

Les avoués sont des officiers chargés de représenter et défendre les parties devant les tribunaux auxquels ils sont attachés.

D'après cette définition, on voit que les avoués ont deux fonctions principales: la première, ou la représentation des parties, comprend le droit de postuler et de conclure.

Postuler, c'est faire tout ce qui est nécessaire à l'instruction d'un procès. Conclure, c'est présenter au tribunal les diverses questions sur lesquelles il doit prononcer.

La seconde fonction des avoués est la défense des plaideurs. Cette défense résulte, ou des parties de l'instruction confiées à l'avoué, ou des plaidoiries et mémoires qui exposent spécialement les moyens de la cause.

Dans les tribunaux où le nombre des avocats inscrits au tableau est suffisant pour la plaidoirie et l'expédition des affaires, il est interdit aux avoués de plaider, si ce n'est les demandes incidentes de nature à être jugées sommairement.

Ils ne peuvent refuser leur ministère, à moins qu'il ne s'agisse de former des demandes contraires aux lois ou évidemment mal fondées ; et, en cas de refus mal motivé, il peut leur être enjoint par le tribunal de le prêter.

Tous les avoués sont tenus d'avoir un registre coté et paraphé par le président ou par un juge commis, sur lequel ils doivent inscrire eux-mêmes, par ordre de date et sans aucun blanc, toutes les sommes qu'ils reçoivent des parties.

Ils doivent représenter ce registre toutes les fois qu'ils en sont requis et qu'ils forment des demandes en condamnation de frais ; faute de représentation ou de tenue régulière, ils doivent être déclarés non recevables.

Ils ne peuvent réclamer que ce qui leur est alloué par le tarif, et les tribunaux ne peuvent leur accorder des droits à titre d'indemnité, de vacations, de peines ou de soins extraordinaires. (Cour de cassation, 25 janvier 1813.)

Les parties qui trouveraient les réclamations d'honoraires, de la part de l'avoué, trop élevées, peuvent lui demander son mémoire, et le faire taxer par le président du tribunal civil, ou par un juge commis à cet effet.

L'action des avoués, pour le paiement de leurs frais salaires, se prescrit par deux ans, à compter du jugement du procès ou de la conciliation des parties, ou depuis la révocation de leurs pouvoirs à l'égard des affaires non terminées. Ils ne peuvent former des demandes pour leurs frais et salaires qui remonteraient à plus de cinq ans.

De leur côté, les avoués sont déchargés des pièces qui leur ont été confiées cinq ans après le jugement du procès.

AYANT-CAUSE

On est ayant-cause, lorsque l'on représente les droits d'une personne, soit à titre universel, soit à titre singulier. Ainsi, un héritier est ayant-cause à titre universel parce qu'il tient la place même de la personne dont il a hérité, tandis qu'un acquéreur, un donataire, un légataire, un créancier, ne sont que des ayant-cause à titre singulier, parce qu'ils ne représentent leurs actes que pour une partie seulement. Cet distinction est fort importante, parce qu'elle sert à savoir l'étendue des droits et des devoirs des ayant-cause.

Par exemple, les ayant-cause à titre universel sont tenus de toutes les obligations de leur auteur; il n'en est pas de même des ayant-cause à titre singulier.

ABSENTS.

S'il y a nécessité de pourvoir à l'administration de tout ou partie des biens laissés par une personne présumée absente et qui n'a point de procureur fondé, il y sera statué par le tribunal de première instance, sur la demande des parties intéressées.

Le tribunal, à la requête de la partie la plus diligente

commettra un notaire pour représenter les présumés absents, dans les inventaires, comptes, partages et liquidations dans lesquels ils seront intéressés.

Le procureur du Roi est spécialement chargé de veiller aux intérêts de la personne présumée absente : il sera entendu sur toutes les demandes qui le concernent.

De la déclaration d'absence.

Lorsqu'une personne aura cessé de paraître au lieu de son domicile ou de sa résidence, et que depuis quatre ans on n'en aura point eu de nouvelles, les parties intéressées pourront se pourvoir devant le tribunal de première instance, afin que l'absence soit déclarée.

Pour constater l'absence, le tribunal, d'après les pièces et documents produits, ordonnera qu'une enquête soit faite contradictoirement avec le procureur du Roi, dans l'arrondissement du domicile et celui de la résidence, s'ils sont distincts l'un de l'autre.

Le tribunal, en statuant sur la demande, aura d'ailleurs égard aux motifs de l'absence et aux causes qui ont pu empêcher d'avoir des nouvelles de l'individu présumé absent.

Le procureur du Roi enverra, aussitôt qu'ils seront rendus, les jugements tant préparatoires que définitifs, au ministre de la justice, qui les rendra publics.

Le jugement de déclaration d'absence ne sera rendu qu'un an après le jugement qui aura ordonné l'enquête.

Des effets de l'absence, relativement aux biens que l'absent possédait au jour de sa disparition.

Dans le cas où l'absent n'aurait point laissé de procuration pour l'administration de ses biens, ses héritiers présomptifs, au jour de sa disparition ou de ses dernières nouvelles, pourront, en vertu du jugement définitif qui aura déclaré l'absence. se faire envoyer en possession provisoire des biens qui appartenaient à l'absent au jour de son départ ou de ses dernières nouvelles, à la charge de donner caution pour la sûreté de leur administration.

Si l'absent a laissé une procuration, ses héritiers présomptifs ne pourront poursuivre la déclaration d'absence et l'envoi en possession provisoire, qu'après dix années révolues, depuis sa disparition ou depuis ses dernières nouvelles.

Il en sera de même si la procuration vient à cesser, et, dans ce cas, il sera pourvu à l'administration des biens de l'absent.

Lorsque les héritiers présomptifs auront obtenu l'envoi en possession provisoire, le testament, s'il en existe un, sera ouvert à la réquisition des parties intéressées ou du procureur du Roi près le tribunal, et les légataires, les donataires, ainsi que tous ceux qui avaient, sur les biens de l'absent, des droits subordonnés à la condition de son décès, pourront les exercer provisoirement, à la charge de donner caution.

L'époux commun en biens, s'il opte pour la continuation de la communauté, pourra empêcher l'envoi provisoire et l'exercice provisoire de tous les droits subordonnés à la condition du décès de l'absent, et prendre ou conserver par préférence l'administration des biens de l'absent. Si l'époux demande la dissolution provisoire de la communauté, il exercera ses reprises et tous ses droits légaux et conventionnels, à la charge de donner caution pour les choses susceptibles de restitution.

La femme, en optant pour la continuation de la communauté, conservera le droit a y renoncer ensuite.

La possession provisoire ne sera qu'un dépôt qui donnera à ceux qui l'obtiendront l'administration des biens de l'absent, et qui les rendra comptables envers lui, en cas qu'il reparaisse ou qu'on ait de ses nouvelles.

Ceux qui auront obtenu l'envoi provisoire, ou l'époux qui aura opté pour la continuation de la communauté, devront faire procéder à l'inventaire du mobilier et des titres de l'absent, en présence du procureur du Roi près le tribunal de première instance, et d'un juge-de-paix requis par ledit procureur du Roi.

Le tribunal ordonnera, s'il y a lieu, de vendre tout ou partie du mobilier. Dans le cas de vente, il sera fait emploi du prix, ainsi que des fruits échus.

Ceux qui auront obtenu l'envoi provisoire, pourront requérir, pour leur sûreté, qu'il soit procédé, par un expert nommé par le tribunal, à la visite des immeubles, à l'effet d'en constater l'état; son rapport sera homologué en présence du procureur du Roi. Les frais en seront pris sur les biens de l'absent.

Ceux qui, par suite de l'envoi provisoire ou de l'administration légale, auront joui des biens de l'absent, ne seront tenus de lui rendre que le cinquième des revenus, s'il reparaît avant quinze ans révolus depuis sa disparition; et le dixième, s'il ne reparaît qu'après les quinze ans.

Après trente ans d'absence, la totalité des revenus leur appartiendra.

Tous ceux qui ne jouiront qu'en vertu de l'envoi provisoire, ne pourront aliéner ni hypothéquer les immeubles de l'absent.

Si l'absence a continué pendant trente ans depuis l'envoi

provisoire, on depuis l'époque à laquelle l'époux commun aura pris l'administration des biens de l'absent, ou s'il s'est écoulé cent ans révolus depuis la naissance de l'absent, les cautions seront déchargées, et tous les ayant-droit pourront demander le partage des biens de l'absent, et faire prononcer l'envoi en possession définitive, par le tribunal de première instance.

La succession de l'absent sera ouverte du jour de son décès prouvé, au profit des héritiers les plus proches à cette époque, et ceux qui auraient joui des biens de l'absent seront tenus de les restituer, sous la réserve des fruits par eux acquis.

Si l'absent reparaît ou si son existence est prouvée pendant l'envoi provisoire, les effets du jugement qui aura déclaré l'absence, cesseront, sans préjudice, s'il y a lieu, des mesures conservatrices.

Si l'absent reparaît, ou si son existence est prouvée, même après l'envoi, il recouvrera ses biens dans l'état où ils se trouveront, le prix de ceux qui auraient été aliénés, ou les biens provenant de l'emploi qui aurait été fait du prix de ses biens vendus.

Les enfants et descendants directs de l'absent pourront également, dans les trente ans, à compter de l'envoi définitif, demander la restitution de ses biens, comme il est dit en l'article précédent.

Après le jugement de déclaration d'absence, toute personne qui aurait des droits à exercer contre l'absent, ne pourra les poursuivre que contre ceux qui auront été envoyés en possession des biens, ou qui en auront l'administration légale.

*Des effets de l'absence, relativement aux droits éventuels
qui peuvent compéter à l'absent.*

Quiconque réclamera un droit echu à un individu dont
l'existence ne sera pas reconnue, devra prouver que ledit
individu existait quand le droit a été ouvert ; jusqu'à cette
preuve, il sera déclaré non-recevable dans sa demande.

S'il s'ouvre une succession à laquelle soit appelé un individu dont l'existence n'est pas reconnue, elle sera dévolue
inclusivement à ceux avec lesquels il aurait eu le droit de
concourir, ou à ceux qui l'auraient recueillie à son défaut

Les dispositions des deux articles précédents auront lieu
sans préjudice des actions en pétition d'hérédité et d'autres
droits, lesquels compéteront à l'absent ou à ses représentants ou ayant-cause, et ne s'éteindront que par le laps de
temps établi pour la prescription.

Tant que l'absent ne se représentera pas, ou que les
actions ne seront pas exercées de son chef, ceux qui auront recueilli la succession gagneront les fruits par eux
perçus de bonne foi.

Des effets de l'absence, relativement au mariage.

L'époux absent dont le conjoint a contracté une nouvelle union, sera seul recevable à attaquer ce mariage par
lui-même, ou par son fondé de pouvoirs muni de la preuve
de son existence.

Si l'époux absent n'a point laissé de parents habiles à
lui succéder, l'autre époux pourra demander l'envoi en
possession provisoire des biens.

*De la surveillance des enfants mineurs du père qui a
disparu.*

Si le père a disparu, laissant des enfants mineurs issus

d'un commun mariage , la mère en aura sa surveillance ,
et elle exercera tous les droits du mari, quant à leur éduca-
cation et à l'administration de leurs biens.

Six mois après la disparition du père , si la mère était
décédée lors de cette disparition , ou si elle vient à décéder avant que l'absence du père ait été déclarée, la surveillance des enfants sera déférée, par le conseil de famille, aux ascendants les plus proches , et, à leur défaut,
à un tuteur provisoire.

Il en sera de même dans le cas où l'un des époux qui
aura disparu laissera des enfants mineurs issus d'un mariage précédent.

BAIL.

DÉFINITION.

Le bail est un contrat par lequel une personne qui
s'appelle *bailleur* ou *locateur*, transfère à une autre, que
l'on nomme *preneur* ou *locataire*, la jouissance d'une chose
pour un temps convenu, et moyennant un certain prix.

DIVISION.

§ I. Nature du contrat de bail. — § II. Quelles personnes peuvent
louer. — § III. Forme des baux. — § IV. Durée des baux. —
§ V. Du bailleur, ses obligations, ses droits. = § VI. Du preneur, ses obligations, ses droits. — § VII. Cessation et résolution des baux. — § VIII. Droits d'enregistrement sur les baux.
— § IX. Formules de différents baux.

§ I.

Nature du contrat de bail.

Le bail diffère de la vente. en ce qu'il n a rapport qu'à

la jouissance, tandis que la vente, au contraire, transfère à l'acquéreur tous les droits de propriété sur la chose.

Comme dans le contrat de vente, le bail n'a lieu qu'avec le concours de trois circonstances substantielles : 1° l'existence d'une chose louée; 2° un prix ou fermage, 3° le consentement mutuel.

On peut donner à bail toutes sortes de choses, soit meubles, soit immeubles. Quant aux choses fongibles qui se consument par l'usage, la restitution doit avoir lieu en choses de même nature ou qualité, et en même quantité.

§ II.

Quelles personnes peuvent louer.

Pour pouvoir donner valablement à titre de bail, il faut avoir la capacité de contracter; celle qui est nécessaire pour aliéner n'est pas requise, car le contrat de louage, renfermé dans certaines limites, se range au nombre des actes de simple administration.

Le mineur émancipé, le tuteur, la femme séparée de biens ou simplement non commune, les envoyés en possession provisoire à qui la loi ne permet que des actes d'administration, ont la faculté de louer et d'affermer leurs propres biens, ou ceux dont la gestion leur est confiée; cependant, la durée des baux faits par ces personnes ne peut excéder neuf ans.

Les biens de l'interdit doivent être affermés par le curateur chargé de gérer sa fortune.

Celui dont la propriété a été saisie, ne pouvant plus en disposer librement et l'aliéner, ne pourrait non plus se louer au préjudice du saisissant. Pour qu'il pût avoir su exécution, le bail devrait avoir date certaine avant le commandement tendant à l'expropriation.

§ III.

Forme des baux.

Le code n'impose aucune forme particulière pour la rédaction des baux, comme il a fait à l'égard de certains contrats. On peut louer ou par écrit ou verbalement.

Toutefois, si le bail fait sans écrit n'a reçu aucune exécution, et que l'une des parties le nie, la preuve ne peut en être reçue par témoins, quelque modique qu'en soit le prix, et quoiqu'on allègue qu'il y a eu des arrhes données. Le serment peut seulement être déféré à celui qui nie le bail.

Quand l'existence du bail est admise, ou qu'il y a commencement d'exécution, on ne serait pas non plus recevable à faire la preuve par témoins, des clauses et conditions qui le constituent. Le propriétaire devrait alors être cru sur son serment, si mieux n'aime le locataire recourir à une estimation par experts. Dans le cas où des quittances seraient représentées, elles feraient foi du prix convenu.

Comme tous les contrats synallagmatiques, le bail doit être fait en autant de doubles qu'il y a de parties ayant un intérêt distinct.

§ IV.

Durée des baux.

En général, la durée des baux dépend entièrement de la convention et de la volonté des parties.

La durée est quelquefois incertaine, en ce sens, qu'elle est laissée à la volonté du bailleur ou du preneur : si on

4

stipule, par exemple, qu'il sera permis à chacune des parties de résoudre le bail après l'expiration des trois ou six premières années.

Si dans les conventions on n'a pas désigné l'époque à laquelle finirait le bail, il faut distinguer suivant la nature des immeubles affermés.

Le bail d'un fonds rural est censé fait pour le temps qui est nécessaire afin que le preneur recueille tous les fruits de l'héritage affermé.

Ainsi le bail d'un pré, d'une vigne, et de tout autre fonds dont les fruits se recueillent en entier dans le cours de l'année, est censé fait pour un an.

Le bail des terres labourables, lorsqu'elles se divisent par soles ou saisons, est censé fait pour autant d'années qu'il y a de soles.

En ce qui touche les maisons, la loi renvoie aux usages locaux.

Si, à l'expiration du bail écrit, le preneur reste ou est laissé en possession, il s'opère un nouveau bail dont la durée se règle comme pour le cas où il n'y a point d'écrit. Il résulte alors, du consentement réciproque et tacite des parties, un bail nouveau qui se trouve sans écrit ; on le nomme *tacite reconduction*. Mais il faut que le séjour du preneur, après l'expiration du bail, ait duré assez de temps pour faire présumer le consentement respectif des parties de continuer le bail : c'est aux tribunaux à apprécier ce point.

§ V.

Du bailleur : ses obligations, ses droits.

Par la nature du contrat, et sans qu'il soit besoin d'au-

cune stipulation particulière, le bailleur est obligé : 1° de
délivrer au preneur la chose louée, et cela en bon état de
réparation de toute espèce ;

2° Il doit y faire, pendant la durée du bail, toutes les
réparations qui peuvent devenir nécessaires, autres que
les locatives ;

3° D'en faire jouir paisiblement le preneur pendant la
durée du bail, et le garantir des troubles qu'il pourrait
éprouver de la part des tiers, par suite d'une action concernant la propriété du fonds ;

4° De garantir le preneur de tous les vices ou défauts
de la chose louée, qui empêchent l'usage, quand il ne les
aurait pas connus hors du bail ;

5° De ne pas changer, pendant la durée du bail, la
forme de la chose louée ;

6° L'obligation de délivrer la chose s'étend à ses accessoires. C'est aux frais du bailleur que la délivrance doit
avoir lieu, parce qu'ayant contracté l'obligation de livrer
la chose, il doit supporter les frais nécessaires pour remplir cette obligation ;

7° Le bailleur est tenu de faire toutes les réparations
nécessaires, pour que la chose louée remplisse sa destination ; si les réparations durent plus de quarante jours, le
locataire est fondé à demander des dommages-intérêts,
ou même la résiliation du bail.

Droits du bailleur. — Il peut, dans certains cas, exercer
la contrainte par corps contre le preneur ; mais il a de
plus un privilège sur tous les objets mobiliers et les fruits
qui garnissent l'immeuble affermé.

Le bailleur est en droit d'exiger que les lieux soient suf-
f. ...m nt garnis de meubles, bestiaux ou ustensiles.

§ VI.

Du preneur : ses obligations, ses droits.

Le preneur doit garnir les lieux de meubles, bestiaux ou ustensiles suffisants pour répondre des loyers et fermages;

N'user de la chose que suivant sa destination ;

Jouir en bon père de famille ;

Payer le prix du bail ;

Supporter certaines charges.

Telles sont les obligations principales du preneur.

Jouir en bon père, c'est avoir le même soin pour conserver la chose louée, qu'un bon et soigneux père de famille aurait pour la sienne propre.

S'il s'agit de terres labourables, le fermier est tenu de les labourer, fumer, cultiver et ensemencer selon l'usage du pays.

Il lui est défendu d'employer les pailles, fumiers, à d'autres usages qu'à l'engrais des terres.

Il doit veiller à ce que, durant le cours du bail, on n'usurpe pas les terres qu'il doit cultiver; ainsi, dans le cas où un tiers acquerrait une possession d'un an et un jour, il serait tenu, à cet égard, de dommages-*intérêts* envers le bailleur; il est juste qu'il soit responsable du préjudice que sa négligence a occasioné.

Lorsque la maison vient à être incendiée, le preneur en est responsable, s'il ne justifie que l'incendie est arrivé par cas fortuit, ou que le feu a été communiqué par une maison voisine.

S'il y a plusieurs locataires, tous so

l'incendie, jusqu'à ce qu'ils aient prouvé sur qui cette responsabilité doit peser exclusivement.

A défaut de conventions particulières, le prix du bail est exigible au terme où il est d'usage dans le pays de payer les fermages.

Il doit être payé au domicile du preneur, à moins que les parties n'aient fixé un autre lieu.

Les impositions foncières, à moins de conventions expresses, demeurent à la charge du bailleur.

Le preneur doit remettre les choses dans le même état qu'elles lui ont été remises ; il est de son intérêt de faire signer, par le propriétaire, un état, pour justifier des choses qui manquent ou qui exigent des réparations. A défaut d'état des lieux, il serait présumé les avoir reçus en bon état de réparations locatives, et devrait les rendre tels sauf la preuve contraire.

Toutes les contestations qui s'élèvent entre le propriétaire et le locataire, au sujet des réparations locatives, ou des dégradations alléguées par le bailleur, sont du ressort du juge-de-paix.

Droits du preneur. — Il a le droit de percevoir tous les produits et avantages de la chose louée.

Il a le droit de sous-louer, et même de céder son bail, si cette faculté ne lui a pas été formellement interdite. Elle peut l'être pour le tout ou partie, et cette clause est toujours de rigueur.

Si, par suite de cette dernière disposition, le preneur, nonobstant la prohibition, sous-loue, le bailleur peut demander la résiliation du bail, et le juge doit la prononcer sans pouvoir accorder un délai.

Lorsque les réparations nécessaires durent plus de qua-

rante jours, le preneur a droit à une diminution du prix
du bail, à proportion du temps et de la partie de la chose
louée dont il a été privé, et cela, à compter du jour où les
réparations ont été commencées.

Il est des cas où le preneur a le droit de demander la
remise des fermages, en tout ou en partie :

1° Dans le cas où, par suite d'un accident imprévu, il
a souffert dans sa jouissance une altération ou une diminution très-considérable, il peut demander qu'on lui diminue proportionnellement son fermage ;

2° Si, pendant la durée du bail, la totalité ou la moitié
d'une récolte au moins est enlevée par des cas fortuits, le
preneur a aussi droit à une remise proportionnelle de ses
fermages.

Le fermier ne paie le prix du loyer que pour recueillir
les fruits ; il doit avoir le droit de demander une diminution dans le prix, si la plus grande partie des fruits lui
est enlevée sans qu'il y ait de sa faute : par exemple, si un
froid imprévu gèle les raisins et diminue la récolte de plus
de moitié.

Pour fixer la quotité de l'indemnité, on doit attendre la
fin du bail. Si la perte d'une année se trouve compensée
en tout ou en partie par l'abondance des autres, qui se détermine en comparant le produit effectif de la chose louée
avec celui qu'il y avait lieu d'espérer vraisemblablement,
le preneur n'a plus de recours à exercer, on doit restreindre ses prétentions.

Le preneur peut être, par une stipulation expresse, chargé
des cas fortuits, ce qui ne s'entend que des cas fortuits ordinaires, tels que grêle, feu du ciel, gelée, etc., et non des
cas extraordinaires, tels que les ravages de la guerre ou

une inondation, à moins que le preneur n'ait été chargé de tous les cas fortuits, prévus ou imprévus.

§ 1.

Cessation et résolution des baux.

Le bail fait sans écrit ne cesse qu'autant que l'une des parties a donné congé à l'autre, en observant les délais fixés par les usages des lieux.

Pour plus de régularité, le congé doit être signifié par huissier.

Lorsque le bail a été fait par écrit, il n'est pas nécessaire de donner congé; la jouissance du preneur cesse de plein droit à l'expiration du terme fixé.

Le bail peut être résilié sur la demande de l'une des parties, lorsque l'autre ne remplit pas ses engagements.

Le bailleur peut demander la résolution du bail, lorsque le locataire ou le fermier ne garnit pas les lieux de meubles et effets suffisants pour répondre des loyers et fermages.

Le bailleur peut encore faire résilier le bail si le locataire emploie la chose louée à un autre usage que celui auquel elle a été destinée, ou dont il puisse résulter un dommage pour lui.

La résolution du bail peut surtout être demandée lorsque le preneur ne remplit pas la première de toutes ses obligations, celle de payer le prix du bail; cependant un seul terme sans paiement ne suffirait pas pour demander la résolution : il faut au moins deux termes. Cette règle, admise dans notre ancien droit, est toujours suivie depuis le code civil.

La résolution du bail doit être demandée en justice, et

les tribunaux ont la faculté d'accorder des délais , même quand ils jugent la cause suffisante pour la faire prononcer. Ils peuvent, en la prononçant, allouer des dommages-intérêts.

Si le bailleur se réserve la faculté d'expulser le preneur en cas d'aliénation de la chose louée, cette stipulation profite à l'acquéreur, quoiqu'il n'en ait point été fait mention dans l'acte de vente.

Quand l'acquéreur use de la faculté d'expulser le fermier ou locataire, il doit préalablement donner congé à ce dernier, en observant les délais et les usages des lieux ; il doit avertir le fermier des biens ruraux au moins un an d'avance, et cela, lors même que le bail serait verbal.

A moins de stipulation contraire, il est tenu d'indemniser le preneur avant de pouvoir prendre possession.

Le preneur, en quittant, doit les rendre dans l'état où il les a pris, si cet état a été constaté ; sinon, en bon état de réparations, qui est celui dans lequel il est censé les avoir reçus.

Le fermier sortant doit aussi laisser les pailles et engrais de l'année, s'il les a reçus lors de son entrée en jouissance; et quand même il ne les aurait pas reçus , le propriétaire pourrait les retenir suivant l'estimation.

§ VIII.

DROITS D'ENREGISTREMENT.

« Les baux à ferme ou à loyer des biens meubles ou immeubles » ne sont maintenant soumis qu'au droit de 20 centimes par 100 » francs, sur le prix cumulé de toutes les années; le droit de cautionnement de ces baux n'est que de moitié.

« Les baux de biens immeubles dont la durée est illimitée, paient
« un droit de 4 pour 100; ceux de biens-meubles ne paient que 2
« pour 100.

« Les locations verbales ne sont pas assujetties au droit d'enregistrement. (Arrêt de cassation des 12, 17 et 24 juin 1841.)

« Les baux à ferme ou à loyer, sous-baux de biens immeubles.
doivent être enregistrés dans les trois mois de leur date. Passé ce
délai, il y aurait lieu au double droit. Quant aux baux de biens-
meubles, ils peuvent toujours être présentés à l'enregistrement,
sans être soumis à cette peine. »

§ II.

FORMULE

DE BAIL A LOYER OU LOUAGE DE MAISON.

Entre les soussignés,

M. Jacques Revol, propriétaire d'une maison située à Grenoble,
rue de   n°   y demeurant;

Et M. François Brun, peintre, demeurant à Lyon;

A été faite la convention suivante :

M. Revol donne à loyer pour trois, six ou neuf années consécutives,
au choix des parties, et en s'avertissant réciproquement par écrit
          mois d'avance avant l'expiration des trois ou six premières
années, qui commenceront à courir le premier juillet mil huit cent
quarante,

A M. Brun qui accepte :

Une maison située à Grenoble, consistant (*indication*), avec toutes
    dépendances;

Pour en jouir, par M. Brun, pendant ledit temps.

Ce bail est fait aux conditions suivantes, que M. Brun, preneur,
s'oblige d'exécuter et d'accomplir, savoir.

1° De garnir ladite maison de meubles meublants ou autres effets,
en quantité et qualité suffisantes pour répondre en tout temps desdits loyers;

2° De l'entretenir et de la rendre à la fin du dit bail, en bon état
de réparations locatives;

3o De payer l'impôt des portes et fenêtres, et de satisfaire à toutes les charges de ville et de police dont les locataires sont ordinairement tenus;

4o De ne pouvoir céder son droit au présent bail, en tout ou en partie, ni même sous-louer sans le consentement exprès et par écrit du bailleur (1);

5o En outre, ce bail est fait moyennant le prix et la somme de   que M. Brun s'oblige de payer par chaque année à M. Revol, en sa demeure ci-dessus indiquée, en quatre paiements égaux, aux quatre termes ordinaires de l'année, dont le premier, de la somme de   sera fait le   ; le second, etc., pour ainsi continuer à être fait de trois mois en trois mois, jusqu'à l'expiration du présent bail.

M. Brun a présentement payé à M. Revol, qui le reconnaît, la somme de   pour six mois d'avance desdits loyers, imputables sur les six derniers mois de jouissance du présent bail, pour ne pas intervertir l'ordre des paiements établis.

Fait double à Grenoble, le quatre mai mil huit cent quarante.

(Signatures des parties.)

Nota. Ce bail est susceptible de recevoir un très-grand nombre de clauses; les principales sont celles qui ont pour objet; 1o la résiliation à la volonté des deux parties ou d'une seule, en s'avertissant dans un temps d'avance que l'on détermine; 2o l'engagement que prend le preneur de faire obliger solidairement sa femme à l'exécution du bail, dans le cas où il se marierait; 3o la réserve, par le bailleur, de résilier le bail, en cas de vente de la maison, en prévenant un temps d'avance; 4o de faire un état des lieux lors de l'entrée en jouissance, etc.

Il arrive souvent que pour l'exécution du bail, le propriétaire exige l'intervention d'une caution qui s'oblige pour le preneur.

(1) Si cette clause n'était pas insérée; le preneur aurait le droit de céder ou sous-louer sans le consentement du propriétaire.

Est intervenu au présent contrat, M. Louis Guy, propriétaire à Châlons-sur-Saône, lequel, après avoir pris communication du bail ci-dessus, a déclaré se porter caution de M. Brun envers M. Revol qui accepte, pour paiements des loyers et de l'exécution des autres clauses du dit bail.

(Il doit signer avec les autres parties.)

FORMULE

DU BAIL A FERME.

Entre les soussignés,

M. Pierre Luc, propriétaire, domicilié à

Et Jacques Vignes, agriculteur, domicilié à

A été faite la convention suivante :

M. Luc donne, à titre de bail à ferme, pour   années consécutives, pour la récolte entière et dépouillée de tous les fruits et produits qui pourront être perçus et recueillis pendant lesdites   années, qui commenceront au   au sieur Vignes qui accepte,

Les biens ci-après désignés, savoir :

Un corps de ferme, situé à   quartier de   consistant en une maison d'habitation pour le fermier, étables, remises, grenier à foin, prés, vignes, terres labourables, bois taillis et autres dépendances ; le tout tenant du levant à   du couchant à du nord à   du midi à   sans exception ni réserve, et tel que le bailleur en jouit et le possède actuellement.

Ce bail est fait aux charges, clauses et conditions suivantes :

1° De garnir et de tenir garnie ladite ferme de meubles, grains et fourrages, chevaux, bestiaux et autres effets exploitables et suffisants pour répondre des fermages ;

2° D'entretenir les bâtiments de toutes réparations locatives, et de les rendre, à l'expiration du bail, en bon état de réparations, conformément à l'état qui en sera dressé entre les soussignés, avant l'entrée en jouissance dudit preneur ;

3° De souffrir les grosses réparations qu'il conviendra de faire, et de fournir les voitures et charriats pour transporter les matériaux qui seront nécessaires pour faire ces grosses réparations ;

4° De cultiver les terres, vignes, prés, dans les saisons convenables, en bon père de famille, et suivant l'usage des lieux, pour tout ce qui ne sera point prévu aux présentes ;

5° De ne couper au pied aucun arbre vert ni sec ; il pourra seulement les émonder à l'époque habituelle ; il en sera de même des haies qui bordent les pièces ;

6° De convertir toutes les pailles en fumier pour l'engrais des dites terres, sans pouvoir en distraire ni vendre aucune partie, et de laisser, à la fin de son bail, toutes celles qui s'y trouveront ;

7° D'écheniller les arbres toutes les fois qu'il en sera besoin, et de replanter d'autres arbres à la place de ceux qui mourraient ;

8° De payer, sans aucune imputation sur le fermage, l'impôt foncier, pendant la durée dudit bail ;

9° De ne pouvoir céder ni transporter son droit au présent bail, sans le consentement exprès et par écrit du bailleur.

En outre, ce bail est fait moyennant le prix de   de fermage annuel, que le preneur s'oblige de payer par chaque année, en espèces métalliques ayant cours, audit bailleur, en sa demeure, à   en   paiemens égaux, aux époques ordinaires (indiquer les époques), dont le premier, de la somme de sera fait à   prochain ; le second, etc., pour ainsi continuer à être payé d'année en année, aux mêmes époques.

Fait double à   le   mil.....

(*Signatures des parties.*)

Nota. *Ce bail, comme le premier, est susceptible d'un grand nombre de clauses, telles que caution, obligation solidaire de la femme après le mariage du preneur, résiliation, etc.*

FORMULE

Entre les soussignés,

(*Le préambule des formules précédentes.*)

A été faite la convention suivante :

Le bail fait par M. Pierre Louis, à M. Jules, pour   années
consécutives, qui ont commencé le   pour finir le
à raison de   francs, par chacune desdites années.

D'une maison située à   suivant acte sous-seing privé, en
date   à   du

Sera continué pour   années, qui commenceront à
courir du   pour finir à pareil jour de l'année.

Cette continuation de bail est consentie moyennant pareille somme
de   que le preneur s'oblige de payer au bailleur,
pour chacune desdites années continuées, aux lieux, époques et
de la manière convenue au bail susdaté, et aux charges et conditions
qui y sont portées.

Fait double à   le   mil.....

(*Signatures.*)

BAIL A CHEPTEL.

Le bail à cheptel est un contrat par lequel l'une des
parties donne à l'autre un fonds de bétail pour le garder,
le nourrir et le soigner, sous les conditions convenues
entre elles.

Il y a plusieurs sortes de cheptel : le cheptel simple ou
ordinaire, le cheptel à moitié, le cheptel donné au fermier
ou au colon partiaire.

On peut donner à cheptel toute espèce d'animaux susceptibles de croît ou de profit pour l'agriculture ou le
commerce.

Du cheptel simple.

Le bail à cheptel simple est un contrat par lequel on donne à un autre des bestiaux à garder, nourrir et soigner, à condition que le preneur profitera de la moitié du croît, et qu'il supportera aussi la moitié de la perte.

L'estimation donnée au cheptel, dans le bail, n'en transporte pas la propriété au preneur ; elle n'a d'autre objet que de fixer la perte ou le profit qui pourra se trouver à l'expiration du bail ; car l'on ne fixe pas le prix du troupeau dans le but de le vendre, mais seulement pour connaître, à la fin du bail, quel est le gain ou la perte que l'on a eus.

Le preneur doit le soin d'un bon père de famille à la conservation du cheptel. Si, par sa faute, il arrive quelques dommages à quelque bête, il devra des dommages-intérêts au bailleur.

Il n'est tenu du cas fortuit que lorsqu'il a été précédé de quelque faute de sa part, sans laquelle la perte ne serait pas arrivée. Si donc le troupeau vient à périr en totalité par cas fortuit, il périt pour le propriétaire ; mais s'il y a de sa faute, comme si le troupeau périt d'une maladie, et que le propriétaire prouve que cette maladie ne l'aurait pas attaqué sans une faute commise par le preneur, il devra des dommages-intérêts au bailleur.

En cas de contestation, le preneur est tenu de prouver le cas fortuit, et le bailleur est tenu de prouver la faute qu'il impute.

On ne peut stipuler que le preneur supportera la perte totale du cheptel, quoique arrivée par cas fortuit et sans faute ; ou qu'il supportera dans la perte une part plus forte que dans le profit.

Le preneur ne pourra tondre sans en prévenir le bailleur, parce que les laines doivent être partagées.

S'il n'y a pas de temps fixe par la convention du cheptel, il est censé fait pour trois ans.

Le bailleur peut en demander plus tôt la résiliation, si le preneur ne remplit pas ses obligations.

A la fin du bail, ou lors de sa résiliation, il se fait une nouvelle estimation du cheptel. Le bailleur peut prélever des bêtes de chaque espèce, jusqu'à concurrence de la première estimation : l'excédant se partage. S'il n'existe pas assez de bêtes pour remplir la première estimation, le bailleur prend ce qui reste, et les parties font raison de la perte.

FORMULE

D'UN BAIL A CHEPTEL SIMPLE

Entre les soussignés,

M. Antoine Brote, propriétaire, demeurant à

Et le sieur Joseph Vernier, fermier, demeurant à

Ont été faites les conventions suivantes :

M. Brote donne, à titre de cheptel simple, pour trois années consécutives, à partir du premier octobre mil huit cent quarante, au sieur Vernet, qui accepte, le fonds de bétail ci-après désigné :

1° Trente-quatre brebis, distinguées par la marque AB;

2° Trois vaches laitières, distinguées aussi par la marque AB;

Pour en jouir par le dit sieur Vernet qui reconnaît que lesdits bestiaux lui ont été livrés, et sont en sa possession à titre de preneur à cheptel, pendant ledit temps sus-énoncé; profiter seul des laitages et du fumier; et partager par moitié, avec le bailleur, le croît qui en proviendra pendant le même temps.

Ce bail est fait aux charges, clauses et conditions suivantes :

1° Le preneur sera tenu de nourrir à ses frais tous lesdits bestiaux, de les garder, gouverner et héberger comme il convient, et de prendre, pour leur conservation, le soin qu'en prendrait un bon père de famille;

2° Le preneur ne pourra faire aucune tonte sans en prévenir le bailleur;

3° Il ne pourra disposer d'aucune bête du cheptel, soit du fonds, soit du croît, sans le consentement du bailleur, qui lui-même n'en pourra disposer sans le consentement du preneur;

4° Le fond du cheptel est estimé, par les parties, valoir la somme de   sur laquelle seront réglés, à l'expiration du bail, le profit ou la perte à partager ou à supporter par moitié, entre le bailleur et le preneur;

5° Pour constater le profit ou la perte du fonds du cheptel, à la fin du bail, il en sera fait, à cette époque, une nouvelle estimation par experts, dont les parties conviendront;

6° Si quelques-unes des bêtes du cheptel venaient à périr sa qu'il y eût de la faute du preneur, elles seront d'abord rempla par le croît : le surplus sera partagé entre les parties;

7° Mais si quelques-unes périssent ou se perdent par la faute ou la négligence du preneur, il sera payé sur-le-champ, par le preneur, au bailleur, la somme de   pour chaque brebis; la somme de   pour chaque vache; celle de   si c'est la totalité du bétail; et enfin la somme de   pour dommages-intérêts.

Fait double, à   le   mil.....

(*Signatures des parties.*)

NOTA. *Les autres baux à cheptel sont dans une forme analogue.*

FORMULE

D'UN BAIL A MOITIE FRUITS.

Entre les soussignés,

M. Louis Bonnet, propriétaire, domicilié à Vienne, d'une part;

Et François Bon, cultivateur, domicilié à Bourgoin, d'autre part;

Ont été faites les conditions suivantes :

Ledit M. Bonnet donne à ferme, à moitié fruits, pour six années entières et consécutives, qui commenceront au premier novembre mil huit cent quarante,

Audit Bon, acceptant :

1° Le domaine du Mas, situé dans la commune de la Tour-du-Pin, quartier de consistant en une maison d'habitation pour le colon, écurie, remise, grenier à foin et hangar;

2° Vingt-sept hectares de terres labourables;

3° Cinq hectares trois centiares de prés;

4° Trois hectares de vignes.

Le tout contigu, ayant pour confins, au levant, etc.

Le présent bail est fait aux conditions suivantes :

1° Le colon sera tenu de demeurer dans le domaine, de labourer les terres qui en dépendent, de les ensemencer, de faire tous les travaux de moisson et de récolte, pour le tout être partagé comme il sera dit plus bas;

2° Le colon sera tenu de travailler les vignes et les provigner selon l'usage du pays; la vendange sera ramassée à frais communs, pour être ensuite partagée par moitié;

3° Les fourrages ainsi que les pailles seront exclusivement employés pour la nourriture des bestiaux, et, dans le cas d'insuffisance, le supplément sera fourni à frais communs;

4° Tout le fumier qui sera fait servira à l'engrais des terres, sans que le preneur puisse lui donner une autre destination.

Il laissera dans le domaine, à la fin du bail, tous les fumiers qui s'y trouveront;

5° Le preneur ne pourra couper au pied aucun arbre vert ni sec, sans le consentement du bailleur, mais il devra tailler tous les ans ceux qui ont coutume de l'être; les fagots ne seront point partagés;

6° Il curera les fossés et entretiendra les rigoles pour l'écoulement des eaux;

7° Il ne pourra faire aucune journée de labour pour autrui, sans la permission du bailleur;

8° La semence en blé et en seigle sera fournie par moitié;

5

9° Les blés, seigles et autres grains, ainsi que les pommes de terre, seront partagés par moitié (prélèvement fait de la semence fournie); la portion du bailleur sera portée par le colon dans les lieux qu'il désignera;

10° Il sera tenu de bien nourrir les troupeaux; les laines et les croîts seront partagés par moitié; les pertes seront également supportées par moitié, entre les parties, à moins qu'elles ne proviennent de la faute du preneur;

11° Le bétail sera estimé lors de l'entrée en jouissance; le preneur remboursera au bailleur la moitié de cette estimation; moyennant ce, il acquerra la propriété de la moitié des bestiaux.

Fait double à   le   mil.....

(Signatures des parties.)

BÉNÉFICE D'INVENTAIRE.

On appelle ainsi le droit qu'a tout héritier de faire dresser un état de l'actif et du passif d'une succession, pour savoir s'il est plus avantageux pour lui de l'accepter ou d'y renoncer.

La déclaration d'un héritier, qui entend ne prendre cette qualité que sous bénéfice d'inventaire, doit être faite au greffe du tribunal de première instance dans l'arrondissement duquel la succession est ouverte; elle doit être inscrite sur le registre destiné à recevoir les actes de renonciation.

Il est nécessaire que l'acceptation sous bénéfice d'inventaire soit faite publiquement, de même que la renonciation, afin que les créanciers soient avertis qu'on ne s'engage à payer les dettes que jusqu'à concurrence des biens de la succession.

Cette déclaration n'a d'effet qu'autant qu'elle est précédée ou suivie d'un inventaire fidèle et exact des biens de la succession. Des inexactitudes, des omissions dans l'inventaire feraient déclarer l'héritier responsable de toutes les dettes, à moins cependant que les inexactitudes ne fussent pas de son fait : par exemple, le fait du notaire qui a inventorié.

L'inventaire est fait par un ou deux notaires, assistés d'un ou de deux experts.

L'héritier a trois mois pour faire inventaire, à compter du jour de l'ouverture de la succession. Il a de plus, pour délibérer sur son acceptation ou sur sa renonciation, un délai de quarante jours, qui commenceront à courir du jour de l'expiration des trois mois donnés par l'inventaire, s'il a été terminé dans les trois mois.

Pendant la durée des délais, pour faire inventaire et pour délibérer, l'héritier ne peut être contraint à prendre qualité, et il ne peut être obtenu contre lui de condamnation ; s'il renonce, lorsque les délais sont expirés ou avant, les frais, par lui faits légitimement jusqu'à cette époque, sont à la charge de la succession. Ce n'est pas cependant que les créanciers ne puissent, pendant ce temps, exercer leurs droits contre la succession ; ils le peuvent, et il est de leur intérêt de le faire; mais l'habile à succéder ne sera pas tenu de prendre qualité et défendre à leurs poursuites ; il les fera suspendre en présentant une exception dilatoire, c'est-à-dire une exception qui a pour but de demander un délai.

L'héritier qui s'est rendu coupable de recèl, ou qui a omis sciemment et de mauvaise foi de comprendre dans l'inventaire des effets de la succession, est déchu du bénéfice d'inventaire.

L'effet du bénéfice d'inventaire est de donner à l'héritier l'avantage : 1° de n'être tenu du paiement des dettes de la succession que jusqu'à concurrence de la valeur des biens qu'il a recueillis, même de pouvoir se décharger du paiement des dettes, en abandonnant tous les biens de la succession aux créanciers et aux légataires; 2° de ne pas confondre ses biens personnels avec ceux de la succession et de conserver contre elle le droit de réclamer le paiement de ses créances.

BILAN.

C'est l'état de l'actif et du passif d'un commerçant en faillite, dressé par lui-même ou par les syndics.

L'intérêt du failli exige qu'il rédige lui-même son bilan, qui devra être certifié véritable, daté et signé par lui.

S'il ne savait pas signer, il pourrait le faire rédiger par un notaire ou par un tiers.

Le bilan est un tableau qui doit contenir, depuis le jour où le débiteur a commencé le commerce, l'énumération et l'évaluation de tous ses effets mobiliers et immobiliers, l'état de ses dettes actives et passives, le tableau de ses profits et pertes, et celui de ses dépenses.

On y doit mentionner la cause des dettes, le nom des créanciers, si quelque propriété est douteuse, si quelque créance est difficile à recouvrer; enfin, tout ce qui peut éclairer sur les causes et les circonstances de la faillite.

Si le failli a fait lui-même son bilan avant la déclaration de sa faillite ou la nomination des agents, il doit le remettre lui-même à ceux-ci dans les vingt-quatre heures de leur entrée en fonctions.

Lorsque le bilan n'a été rédigé ni par le failli ni par un fondé de pouvoirs, il doit l'être par les agents de la faillite, qui, dans tous les cas, doivent le remettre au juge-commissaire, lequel doit lui-même ensuite faire la liste des créanciers et les convoquer.

« Il est soumis au droit fixe d'un franc. Il doit être rédigé sur
» papier timbré.

BIENS MEUBLES ET BIENS IMMEUBLES.

Tous les biens sont meubles ou immeubles ; telle est la première distinction dont les biens sont susceptibles; et il était fort important de la faire, car il est une foule de cas où il est nécessaire de bien connaître ce qu'on entend par meubles ou immeubles. Ainsi les meubles tombent dans la communauté des époux, les immeubles n'y tombent pas. Ainsi, par exemple, les immeubles sont susceptibles d'hypothèques, et non les meubles. Mais cette division des biens n'est pas la seule; ils se divisent en *corporels et incorporels*.

Les biens corporels sont ceux qui tombent sous les sens, comme une maison, une voiture ; les biens incorporels, ceux qui n'existent que moralement, qui ne tombent pas sous les sens, une créance, une servitude.

§ I.

Des immeubles.

Les biens sont immeubles, ou par leur nature, ou par leur destination, ou par l'objet auquel ils s'appliquent. Les fonds de terre et les bâtiments sont immeubles par leur nature. Les moulins à vent ou à eau, fixés sur piliers et faisant partie du bâtiment , sont aussi immeubles par leur nature.

Les récoltes pendantes par les racines et les fruits des arbres, non encore recueillis, sont pareillement immeubles. Dès que les grains sont coupés et les fruits détachés, quoique non enlevés , ils sont meubles. Si une partie seulement de la récolte est coupée , cette partie seule est meuble.

Les coupes ordinaires de bois taillis ou de futaie mises en coupes réglées, ne deviennent meubles qu'au fur et à mesure que les arbres sont abattus.

Les animaux que le propriétaire du fonds livre au fermier ou au métayer, pour la culture, estimés ou non, sont censés immeubles tant qu'ils demeurent attachés au fonds par l'effet de la convention ; ceux qu'il donne à cheptel à d'autres qu'au fermier ou métayer , sont meubles.

Les objets que le propriétaire d'un fonds y a placés pour le service et l'exploitation de ce fonds, sont immeubles par destination. Ainsi sont immeubles par destination , quand ils ont été placés par le propriétaire pour le service et l'exploitation de ce fonds , les animaux attachés à la culture , les ustensiles aratoires, les semences données aux fermiers ou colons partiaires, les pigeons des colombiers , les lapins des garennes, les ruches à miel, les poissons des étangs, les pressoirs , chaudières , alambics , cuves et tonnes ; les ustensiles nécessaires à l'exploitation des forges , papeteries et autres usines ; les pailles et engrais. Sont aussi immeubles par destination tous les effets mobiliers que le propriétaire a attachés au fonds à perpétuelle demeure.

Sont immeubles, par l'objet auquel ils s'appliquent, l'usufruit des choses immobilières ; les servitudes ou services fonciers ; les fonctions qui tendent à revendiquer des immeubles.

Toutes ces choses ne sont pas plutôt meubles qu'immeubles, car ce sont des choses incorporelles ou des droits ; mais le législateur, pour tout comprendre dans sa division, s'est attaché à un principe : il a rangé dans la classe des immeubles toutes les choses incorporelles qui s'appliquent à des immeubles, et dans celle des meubles, les mêmes choses ayant des meubles pour objet ; en d'autres termes, toute chose corporelle qui a pour objet un immeuble, est immeuble ; et toute chose incorporelle qui a pour objet un meuble, est meuble.

§ II.

Des meubles.

On divise les choses mobilières en choses fongibles et choses non fongibles. Les premières sont celles qui sont parfaitement représentées par d'autres, de telle sorte que, pour acquitter les obligations dont elles forment l'objet, les unes puissent être données en paiement pour les autres. Les choses non fongibles, au contraire, sont celles qui, ne pouvant être exactement représentées par d'autres, doivent être rendues identiquement ; c'est particulièrement d'après l'intention des parties qu'une chose est réputée fongible ou non fongible.

Les biens sont meubles par leur nature, ou par la détermination de la loi.

Sont meubles par leur nature, les corps qui peuvent se transporter d'un lieu à un autre, soit qu'ils se meuvent par eux-mêmes, comme les animaux ; soit qu'ils ne puissent changer de place que par l'effet d'une force étrangère, comme les choses inanimées.

Sont meubles par la détermination de la loi, les obligations et actions qui ont pour objet des sommes exigibles ou des effets mobiliers, les actions ou intérêts dans les compagnies de finances, de commerce ou d'industrie, encore que les immeubles dépendant de ces entreprises appartiennent aux compagnies. Ces actions ou intérêts sont réputés meubles à l'égard de chaque associé seulement, tant que dure la société. Sont aussi meubles par la détermination de la loi, les rentes perpétuelles ou viagères, soit sur l'État, soit sur les particuliers.

. Les bateaux, bacs, navires, moulins et bains sur bateaux, et généralement toutes usines non fixées par des piliers, et ne faisant pas partie de la maison, sont meubles. La saisie de quelques-uns de ces objets peut cependant, à cause de leur importance, être soumise à des formes particulières ; en effet, le code de procédure civile, art. 620, porte : «S'il s'agit de barques, chaloupes et autres bâtiments de mer, du port de dix tonneaux et au-dessous, bacs, galiotes, bateaux et autres bâtiments de rivières, moulins et autres édifices mobiles assis sur bateaux ou autrement, il sera procédé à leur adjudication, sur les ports, gares ou quais où ils se trouvent. Il sera affiché quatre placards au moins, et il sera fait, à trois différents jours consécutifs, trois publications au lieu où sont lesdits objets.

Les matériaux provenant de ʼa démolition d'un édifice, ceux assemblés pour en construire un nouveau, sont meubles jusqu'à ce qu'ils soient employés par l'ouvrier dans une construction, peu importe la destination. Tant que ʼédifice n'est pas construit, on peut donner un autre emploi aux matériaux ; mais les matériaux qu'on a détachés d'un bâtiment pour le réparer, et qu'on va y replacer, sont immeubles par destination.

Le mot meuble, employé seul dans les dispositions de la loi ou de l'homme, sans autre addition ni désignation, ne comprend pas l'argent comptant, les pierreries, les dettes actives, les livres, les médailles, les instruments des sciences, des arts et métiers, le linge de corps, les chevaux, équipages, armes, grains, vins, foins et autres denrées; il ne comprend pas aussi ce qui fait l'objet du commerce.

Les mots meubles meublants ne comprennent que les meubles destinés à l'usage et à l'ornement des apparte-ments, comme tapisseries, lits, sièges, glaces, pendules, tables, porcelaines et autres objets de cette nature. Les ta-bleaux et les statues qui font partie du meuble d'un ap-partement y sont aussi compris, mais non les collections de tableaux qui peuvent être dans les galeries ou pièces particulières. Il en est de même des porcelaines : celles seu-lement qui font partie de la décoration d'un appartement sont comprises sous la dénomination de meubles meublants.

L'expression biens-meubles, celle de mobilier ou d'effets mobiliers, comprennent généralement tout ce qui est censé meuble, d'après les règles ci-dessus établies.

La vente ou le don d'une maison meublée ne comprend que les meubles meublants.

La vente ou le don d'une maison, avec tout ce qui s'y trouve, ne comprend pas l'argent comptant ni les dettes actives et autres droits dont les titres peuvent être déposés dans la maison; tous les autres effets mobiliers y sont compris.

BILLET A ORDRE.

Le billet à ordre est un engagement par lequel une personne s'engage à payer une somme déterminée au créancier dénommé, ou à quiconque en sera porteur légitime par l'effet de l'endossement.

Il se fait ordinairement sous seing-privé, mais il peut avoir lieu devant notaire. (Arrêt de cassation du 17 janvier 1812.)

Ce billet doit être daté; il doit énoncer la somme à payer, le nom de celui à l'ordre de qui il est souscrit, l'époque à laquelle et le lieu où le paiement doit s'effectuer, la valeur qui a été fournie en espèces, en marchandises, en compte, ou de toute autre manière.

Le billet qui ne réunit pas ces conditions doit être assimilé à une simple promesse.

Il doit être écrit en entier de la main du souscripteur, ou exprimer l'approbation de la somme en toutes lettres. (Arrêt de cassation du 27 janvier 1812.)

La prescription de cinq ans éteint les actions relatives aux billets à ordre souscrits par des commerçants et à ceux qui, étant souscrits par des non-commerçants, ont pour objet des dettes de commerce.

TIMBRE ET ENREGISTREMENT.

« Depuis le 1er janvier 1836, le timbre est gradué à raison de 50 c. par 1,000 fr.

» Les billets de 500 fr. et au-dessous sont assujettis au timbre de 25 c.; ceux de 500 à 1,000 fr., à celui de 50 c. L'amende de contravention a été portée à 6 pour 100 du montant des sommes exprimées dans les billets.

» Les simples billets pour prêt d'espèces sont passibles d'un droit
» de 1 pour 100.

» Les droits sur les transports ou cessions sont les mêmes. Il n'y
» a pas de délai de rigueur pour remplir la formalité de l'enregis-
» trement, et par conséquent pas de double droit à encourir. »

FORMULE.

(Droit d'enregistrement : 50 c. pour 100 fr.)

A six mois de date, je paierai à M. Bouvier, ou à son ordre, la
somme de *mille francs*, valeur reçue comptant dudit...

A Lyon, le quatre mai mil...

B. P. 1,000 fr.

BILLET DE BANQUE.

Les billets de la Banque de France ont été créés par la
loi des 12-24 avril 1803 ; leur moindre coupure est de
500 fr. Ces billets sont payables au porteur.

L'article 139 du code pénal punit de la peine des travaux forcés à perpétuité la contrefaçon ou l'usage fait
sciemment des billets de banque contrefaits.

BILLET SIMPLE.

Le billet simple est une promesse ou reconnaissance, un
écrit par lequel quelqu'un reconnaît devoir telle somme,
et promet la payer.

On le nomme sous-seing-privé, parce qu'il n'est signé
que du débiteur et fait sans notaire.

Il doit être écrit en entier de la main de celui qui l'a
souscrit, ou du moins il faut, qu'outre sa signature, il ait

écrit de sa main un *bon* ou *approuvé*, portant en toutes lettres la somme ou la quantité de la chose.

Les marchands, artisans, laboureurs, vignerons, gens de journée et de service, sont exceptés de cette disposition.

Lorsque la somme exprimée au corps de l'acte est différente de celle exprimée au *bon* ou *approuvé*, l'obligation n'est présumée que de la somme moindre.

La forme de ces billets est très-simple; en voici le modèle:

FORMULE

DU BILLET SIMPLE.

Je reconnais devoir à M. Antoine la somme de *quatre cents francs*, que je promets lui payer le premier juillet prochain, pour telle chose (*expliquer la cause du billet, si c'est en argent prêté, marchandises, ou valeur reçue comptant ou en compte.*)

Fait à   le   mil....

Le billet simple est passible du droit de 1 fr. pour 100 fr.

BILLET

SOUSCRIT PAR LE MARI ET SA FEMME, SOLIDAIREMENT.

Le billet souscrit solidairement par un mari et sa femme est nul à l'égard de cette dernière, s'il ne contient pas de sa part un *bon* ou *approuvé*, en toutes lettres, de la somme. (Cour royale de Paris, arrêts des 16 mai 1812 et 21 février 1815.)

L'enregistrement de ce billet est le même que le précédent.

FORMULE

DU BILLET SOLIDAIRE.

Nous, Paul et Agathe, mon épouse, propriétaires, demeurant à   cette dernière procédant de mon autorité et de moi autorisée, reconnaissons devoir à M. Martin, la somme de pour telle chose, que nous nous obligeons solidairement à payer le

Fait à   le   mil

BILLET

SOUSCRIT PAR DES MINEURS ÉMANCIPÉS.

Les billets faits par des mineurs émancipés sont bons s'ils n'excèdent pas les revenus dont ils peuvent disposer.

BILLETS AU PORTEUR.

Les billets au porteur qui avaient été proscrits, ensuite autorisés même par l'art. 1er, titre vii de l'ordonnance de 1673, ne sont point prohibés par le code de commerce; ils ne sont assujettis à aucune règle spéciale.

BOISSONS.

DROITS DUS A LA RÉGIE.

On comprend sous ce nom le vin, l'eau-de-vie, le cidre, la bière, le poiré, l'hydromel, et généralement tous les esprits et liqueurs classés dans les attributions de la régie des contributions indirectes, et, comme tels, assujettis à des droits, soit à la fabrication, soit à la vente.

Du mode de perception des droits, et des formalités à remplir par les propriétaires, les expéditeurs, les conducteurs, les marchands en gros, les débitants et les consommateurs.

Art. 1er. — *Droit de circulation.*

La perception de ce droit s'opère, soit lors du départ de la marchandise, soit au lieu de destination, suivant ce qui est indiqué ci-dessous. Pour en garantir et en constater l'acquittement, la loi du 28 avril 1816 oblige l'expéditeur ou l'acheteur à faire précéder l'enlèvement et le transport des boissons d'une déclaration préalable au bureau de la régie, et le conducteur à se munir d'une expédition qui constate l'accomplissement des formalités exigées par la loi. Cette obligation lui est imposée, quelque petite que soit d'ailleurs la quantité de boisson transportée. (Cour de cassation, 14 août 1820.)

Néanmoins, il est loisible aux voyageurs de porter trois bouteilles pour leur usage, sans expédition. Le citadin qui revient de sa maison de campagne ne jouit pas de l'exemption. (Arrêt de cassation, 18 novembre 1820.)

Le mot *congé* s'applique spécialement à l'expédition qui accompagne les vins, cidres et poirés, dont les droit sont payés au moment même de la mise en circulation. — L'*acquit-à-caution* ou de précaution se délivre à l'expéditeur d'esprit, liqueurs ou eau-de-vie, qui ne doit acquitter les droits qu'au lieu de destination. — La dénomination *passavant* indique l'expédition dont tout propriétaire doit se munir pour transporter ses boissons d'une cave dans une autre.

A défaut de bureau de régie dans le lieu même de leur

résidence, les propriétaires récoltants et les marchands en gros sont autorisés à se délivrer à eux-mêmes, au moyen de papiers imprimés dont ils sont tenus de justifier l'emploi, des *laisser-passer* valables seulement jusqu'au premier bureau de passage.

Les conducteurs doivent, sous peine de saisie, exhiber, à toute réquisition des employés des contributions indirectes, des douanes et des octrois, les *passavants, congés, acquits-à-caution, laisser-passer.*

Art. 2. — *Droit d'entrée.*

La perception de ce droit s'opère pour les boissons *introduites* dans l'intérieur, soit à la frontière du lieu soumis, comme aux barrières d'une ville, soit à un bureau central.

Les conducteurs doivent, sous peine de saisie des boissons, faire leur déclaration avant tout déchargement, produire les congés, acquits-à-caution ou passavants dont ils sont porteurs, et acquitter les droits ou en consigner le montant, suivant la destination des boissons.

Ils doivent également se munir d'un *passe-debout,* ou déclarer le *transit*, quand ils conduisent des boissons non destinées à la consommation du lieu, et qui y séjournent quelque temps.

Les déclarations d'*entrepôt* doivent être faites avant l'introduction des chargements, et indiquer le lieu où les boissons doivent être déposées. Pour l'acquittement du droit sur les boissons fabriquées à l'intérieur et destinées à la consommation du lieu, et aussi dans les villes ouvertes, où la perception du droit d'entrée sur les vendanges, pommes ou poires, ne peut pas être operée au moment de l'introduction, la régie est autorisée à faire faire, après la récolte, chez tous les propriétaires récoltants, l'inventaire des vins ou cidres fabriqués.

Si ces propriétaires ne veulent pas jouir de l'entrepôt , ils sont admis à se libérer des droits par douzièmes . de mois en mois.

S'ils veulent jouir de l'entrepôt pour les produits de leur récolte seulement , ils ne sont soumis , outre l'inventaire, qu'à un recensement avant la récolte suivante ; toutefois , ils paient le droit d'entrée au fur et à mesure de leurs ventes à l'intérieur.

ART. 3. — *Droit de vente en détail.*

La perception de ce droit s'opère après la vente, sauf le cas d'abonnement. La vérification que font les employés de la régie pour s'assurer des quantités existantes et calculer celles qui ont été vendues , s'appelle *exercice*.

Les vendeurs en détail sont tenus de déclarer aux commis le prix de vente de leurs boissons lorsqu'ils en sont requis; ces prix sont inscrits sur les portatifs et registres des commis , et sur une affiche apposée par le débitant dans le lieu le plus apparent de son domicile.

En cas de contestation sur l'exactitude de la déclaration, il en est référé au maire de la commune qui prononce , sauf le recours au préfet. Le droit est perçu provisoirement d'après la décision du maire , sauf rappel ou restitution

ART. 4. — *Des débitants.*

Pour être débitant , il faut être pourvu d'une licence.

Les cabaretiers, aubergistes, traiteurs, restaurateurs, maîtres d'hôtels garnis, cafetiers, liquoristes, buvetiers, débitants d'eau-de-vie, concierges et autres donnant à manger au jour, au mois ou à l'année, ainsi que tous autres qui veulent se livrer à la vente en détail des boissons, sont tenus de faire leur déclaration au bureau de la régie avant de commencer leur débit, et de désigner les espèces et quantités de boissons qu'ils ont en leur possession, dans les caves ou celliers de leur demeure ou ailleurs, ainsi qu'au lieu de la vente, comme aussi d'indiquer, par une enseigne ou bouchon, leur qualité de débitants.

Un particulier qui reçoit à sa table des pensionnaires à tant par mois, sans en faire profession, n'est pas assimilable aux cabaretiers, aubergistes, etc., ni comme tel assujetti aux déclarations, droits de licence, etc. (Arrêt de la cour d'Orléans, du 1er décembre 1821.)

Toute personne qui vend en détail des boissons, de quelque espèce que ce soit, est sujette aux visites et exercices des employés de la régie ; elle doit ouvrir ses caves, celliers et autres parties de sa maison, aux employés, pour y faire leurs visites, même les jours de fêtes et dimanches, hors les heures où, à raison du service divin, lesdits lieux sont fermés.

Les débitants peuvent s'affranchir de cet exercice pour les eaux-de-vie, esprits et liqueurs, en payant, comme les consommateurs, le même droit à l'entrée.

Les *cafetiers*, même lorsqu'ils déclarent ne pas vouloir vendre de vin, même lorsqu'ils ont payé antérieurement un droit de circulation, et les teneurs de billards publics, sont assujettis aux visites et exercices des employés. (Arrêts de la cour de cassation, des 5 mai 1821 et 18 février 1828.)

Art. 5. — *Du droit de licence.*

La loi du 28 avril 1816 disposait que ce droit serait toujours payé pour l'année entière, à quelque époque de l'année que fût faite la déclaration : la loi du 21 avril 1832, art.
44, a décidé que les licences, pour les boissons, ne seraient
plus payées que par trimestre, sans fractionnement possible.

Art. 6. — *Des abonnements.*

L'exercice du commis peut être remplacé par un *abonnement*, quand un débitant ou une commune consentent,
pour se soustraire aux visites, à payer, dès avant la vente,
l'équivalent du droit de détail dont ils sont estimés passibles.

Cet abonnement est de trois sortes : abonnement individuel, abonnement par commune, abonnement par cor-
poration.

1° L'abonnement individuel est l'équivalent du droit de
détail dont on est passible. Lorsqu'un débitant veut s'acquitter de ce droit par abonnement, il faut qu'il y soit admis par la régie ; pour fixer cet abonnement, il faut avoir
égard à la consommation des années précédentes et aux circonstances présentes qui influent sur le débit de l'année.
En cas de contestation sur l'abonnement, entre la régie et
le débitant, le préfet, en conseil de préfecture, décidera,
sauf recours au conseil d'État. Les abonnements doivent
être faits par écrit, et ne sont définitifs qu'après l'approbation de la régie. Leur durée ne peut excéder un an.

Il y a, en outre, une autre sorte d'abonnement, qui a
pour objet de remplacer, par une taxe unique aux entrées,
les droits de circulation, d'entrée et de détail, sur les vins,

cidres, poirés et hydromels, ainsi que celui de licence des
débitants. C'est la loi du 12 avril 1832, art. 35 et suivants, qui a accordé cette faculté.

DES CONTRAVENTIONS ET DES PEINES.

ART. I . — *Des contraventions en général.*

On appelle *fraude*, en matière de contributions indirectes, l'action de celui qui soustrait des denrées ou marchandises aux droits auxquels elles sont assujetties.

ART. 2. — *Visites des employés; refus d'exercice.*

Les débitants sont obligés de se soumettre aux visites
des employés ; les particuliers peuvent même , dans certains cas, être soumis aux mêmes visites , pourvu que
l'employé soit autorisé par le préfet et accompagné d'un
officier de police.

Ces visites ne peuvent être faites que de jour.

Les rebellions et voies de fait contre les employés sont
poursuivies devant les tribunaux, qui ordonnent l'application des peines prononcées par le code pénal , indépendamment des amendes et confiscations. Quand il s'agit
d'un débitant de boissons , le tribunal doit ordonner en
outre la clôture du débit, pendant un délai de trois mois
au moins , et de six mois au plus.

Les injures ou les simples menaces constituent la résis-
tance et donnent lieu aux peines d'amende et de confiscation. (Arrêt de la cour de cassation, du 17 mai 1813.)

ART. 3. — *Des peines.*

Droit de circulation. — Toutes boissons circulant avec
un *laisser-passer* au-delà du bureau où il doit être changé,

sont considérées comme n'étant accompagnées d'aucune expédition, et passibles de saisie.

En cas de refus, par les conducteurs de boissons, d'exhiber à toute réquisition des employés des contributions indirectes, des douanes et des octrois, les congés, passavants, acquis-à-caution ou laisser-passer, ou en cas de fraude ou contravention, le chargement est saisi.

Droit d'entrée. — Toute boisson introduite sans déclaration dans un lieu sujet aux droits d'entrée, est saisi par les employés; il en est de même des voitures, chevaux et autres objets servant de transport, à défaut de consignation du maximum de l'amende ou de donner caution solvable.

Les contraventions aux dispositions qui prescrivent l'acquittement des droits d'entrée, sont punis de la confiscation des boissons saisies et d'une amende de 100 à 200 fr., sauf le cas de fraude en voitures suspendues, qui entraîne toujours une amende de 1,000 fr.

La fraude par escalade, par souterrain ou à main armée, est punie de six mois de prison, outre l'amende et la confiscation.

Droit d'octroi. — Toute boisson sujette à l'octroi, qui, nonobstant l'interpellation faite par les préposés, sera introduite sans avoir été déclarée, ou sur une déclaration fausse ou inexacte, sera saisie, sans préjudice de l'application des peines pour rebellion.

BREVET D'APPRENTISSAGE.

Le brevet d'apprentissage est un acte par lequel un individu, pour apprendre un métier, art ou négoce, s'oblige à demeurer chez un maître, pendant quelque temps, aux conditions convenues entre eux.

Si l'apprenti est mineur, le contrat ne peut être consenti par lui qu'avec le concours de ses père et mère ou de son tuteur.

Le contrat d'apprentissage ne peut être résilié qu'en cas 1° d'inexécution des engagements de part et d'autre; 2° des mauvais traitements de la part du maître; 3° inconduite de la part de l'apprenti; 4° si l'apprenti s'est obligé à donner, pour tenir lieu de rétribution pécuniaire, un temps de travail dont la valeur serait jugée excéder le prix ordinaire des apprentissages.

Le maître doit instruire l'apprenti, en lui donnant, de bonne foi, la connaissance de l'art qu'il exerce, mais non des procédés particuliers qu'il emploie et qui sont sa propriété exclusive, à moins qu'il ne s'y fût soumis formellement.

Il doit veiller sur sa conduite, car il est responsable de ses faits.

De son côté, l'apprenti lui doit obéissance; il ne peut le quitter avant le temps stipulé.

A la fin de son apprentissage, l'apprenti doit se munir d'un *congé d'acquit,* lequel ne peut lui être refusé, et dont il a besoin pour être reçu chez un autre maître.

ENREGISTREMENT.

« Les brevets d'apprentissage qui ne contiennent ni obligation « de sommes, ni valeurs mobilières, ni quittance, sont sujets à un « droit fixe de 1 fr.

« Ils paient 50 c. par 100 fr. lorsqu'ils contiennent stipulation « de sommes ou valeurs mobilières, payées ou non. »

SUR LA POLICE DE LA CHASSE,
PROMULGUÉE LE 3 MAI 1844.

SECTION PREMIÈRE. — *De l'exercice du droit de chasse.*

Article premier. — Nul ne pourra chasser, sauf les exceptions ci-après, si la chasse n'est pas ouverte, et s'il ne lui a pas été délivré un permis de chasse par l'autorité compétente. Nul n'aura la faculté de chasser sur la propriété d'autrui, sans le consentement du propriétaire ou de ses ayants-droit.

Art. 2. — Le propriétaire ou possesseur peut chasser ou faire chasser en tout temps, sans permis de chasse, dans ses possessions attenant à une habitation, et entourée d'une clôture continue, faisant obstacle à toute communication avec les héritages voisins.

Art. 3. — Les préfets détermineront, par des arrêtés publiés au moins dix jours à l'avance, l'époque de l'ouverture et celle de la clôture de la chasse, dans chaque département. (Ces arrêtés seront pris par le préfet de police pour la circonscription de la Préfecture de police.)

Art. 4. — Dans chaque département il est interdit de mettre en vente, de vendre, d'acheter, de transporter, de colporter du gibier pendant le temps où la chasse n'y est pas permise. En cas d'infraction à cette disposition, le gibier serait saisi et immédiatement livré à l'établissement de bienfaisance le plus voisin, soit en vertu d'une ordonnance du juge de paix, si la saisie a eu lieu au chef-lieu du canton, soit d'une autorisation du maire, si le juge de paix est absent, ou si la saisie a été faite dans une commune autre que celle du chef-lieu. Cette ordonnance ou cette autorisation sera délivrée sur la requête des agents ou gardes qui auront opéré la saisie, et sur la présentation du procès-verbal régulièrement dressé. La recherche du gibier à domicile ne pourra être faite que chez les aubergistes, chez les marchands de comestibles et dans les lieux ouverts au public. Il est interdit de prendre ou de détruire, sur le terrain d'autrui, des œufs et des couvées de faisans, de perdrix ou de cailles.

Art. 5. — Les permis de chasse seront délivrés, sur l'avis du maire et du sous-préfet, par le préfet du département dans lequel sera domicilié ou *résidant* celui qui en fera la demande (et par le préfet de police aux personnes ayant leur domicile ou *leur résidence* dans la circonscription de la préfecture de police). La délivrance des permis de chasse donnera lieu au paiement d'un droit de 15 francs au profit de l'État, et de 10 francs au profit de la commune dont le maire aura donné l'avis énoncé au paragraphe précédent.

Les permis de chasse seront personnels; ils seront valables pour tout le royaume et pour un an seulement.

Art. 6. — Le préfet pourra refuser le permis de chasse :

1° A tout individu qui ne sera point personnellement inscrit, ou bien dont le père ou la mère ne serait point inscrit au rôle des contributions; — 2° A tout individu qui, par une condamnation judiciaire, a été privé de l'un ou de plusieurs des droits énumérés dans l'art. 42 du Code pénal autres que le droit de port d'armes; — 3° A tout condamné à un emprisonnement de plus de six mois pour rébellion ou violence envers les agents de l'autorité publique; — 4° A tout condamné pour délit d'association illicite, de fabrication, débit, distribution de poudre, armes ou autres munitions de guerre, de menaces écrites ou de menaces verbales, avec armes ou sous condition, d'entraves à la circulation des grains, de dévastations d'arbres ou de récoltes sur pied, de plants venus naturellement ou faits de main d'homme; — 5° A ceux qui auront été condamnés pour vagabondage, mendicité, vol, escroquerie ou abus de confiance. La faculté de refuser le permis de chasse aux condamnés dont il est question dans les paragraphes 4 et 5, cessera dix ans après l'expiration de la peine.

Art. 7. — Le permis de chasse ne sera pas accordé :

1° Aux mineurs qui n'auront pas seize ans accomplis; — 2° Aux mineurs de seize à vingt-un ans, à moins que le permis ne soit demandé par eux, avec l'assistance et l'autorisation de leur père ou tuteur, porté au rôle des contributions; — 3° Aux gardes champêtres ou forestiers des communes et établissements publics, ainsi qu'aux gardes forestiers de l'État et aux gardes-pêche; — 4° Aux interdits.

d'une arme apparente ou cachée Les peines déterminées par l'article 14 et par le présent article seront toujours portées au maximum lorsque les délits auront été commis par les gardes champêtres ou forestiers des communes. ainsi que par les gardes forestiers de l'État et des établissements publics.

Art. 13. — Celui qui aura chassé sur le terrain d'autrui sans son consentement, si ce terrain est attenant à une maison habitée ou servant à l'habitation, et s'il est entouré d'une clôture continue faisant obstacle à toute communication avec les héritages voisins, sera puni d'une amende de 50 à 300 fr , et pourra l'être d'un emprisonnement de six jours à trois mois. Si le délit a été commis pendant la nuit, le délinquant sera puni d'une amende de 100 a 1,000 fr., et pourra l'être d'un emprisonnement de trois mois à deux ans, sans préjudice, dans l'un et l'autre cas, s'il y a lieu, de plus fortes peines prononcées par le Code pénal

Art. 14. — Les peines déterminées par les articles qui précèdent pourront être portées au double, si le délinquant était en état de récidive, s'il était déguisé ou masqué, s'il a pris un faux nom, s'il a usé de violence envers les personnes ou s'il a fait des menaces. Sans préjudice, s'il y a lieu, de plus fortes peines prononcées par la loi Lors qu'il y aura récidive dans les cas prévus en l'art. 11. la peine de l'emprisonnement de six jours à trois mois pourra être appliquée, si le délinquant n'a pas satisfait aux condamnations précédentes.

Art. 15. — Il y a récidive lorsque, dans les douze mois qui ont précédé l'infraction, le délinquant a été condamné en vertu de la présente loi.

Art. 16. — Tout jugement de condamnation prononcera la confiscation des filets, engins et autres instruments de chasse Il ordonnera, en outre, la destruction des engins prohibés Il prononcera également la confiscation des armes, excepté le cas où le délit aura été commis par un individu muni d'un permis de chasse dans le temps où la chasse est autorisée. Si les armes filets, engins ou autres instruments de chasse n'ont pas été saisis, le délinquant sera condamné à les représenter ou à en payer la valeur, suivant la fixation qui en sera faite par le jugement, sans qu'elle puisse être au-dessous de 50 fr. Les armes, engins ou autres instruments de chasse abandonnés par les délinquants restés inconnus, seront saisis et déposés au greffe du tribunal compétent. La confiscation, et, s'il y a lieu, la destruction, en seront ordonnées sur le vu du procès-verbal. Dans tous les cas, la quotité des dommages-intérêts est laissée à l'appréciation des tribunaux.

Art. 17. — En cas de conviction de plusieurs délits prévus par la présente loi par le Code pénal ordinaire ou par les lois spéciales, la peine la plus forte sera seule prononcée. Les peines encourues pour les faits postérieurs à la déclaration du procès-verbal de contravention pourront être cumulées, s'il y a lieu, sans préjudice des peines de la récidive

Art. 18. — En cas de condamnations, pour délits prévus par la présente loi, les tribunaux pourront priver le délinquant du droit d'obtenir un permis de chasse pour un temps qui n'excédera pas cinq ans.

Art. 19. — La gratification mentionnée en l'art. 10 sera prélevée sur le produit des amendes. Le surplus des dites amendes sera attribué aux communes sur le territoire desquelles les infractions auront été commises.

Art. 20. — L'art. 463 du Code pénal ne sera pas applicable aux délits prévus par la présente loi.

SECTION III. — De la poursuite et du jugement.

Art. 21. — Les délits prévus par la présente loi seront prouvés soit par procès-verbaux ou rapports, soit par témoins, à défaut de rapports et procès verbaux ou à leur appui.

Art. 22. — Les procès-verbaux des maires et adjoints, commissaires de police, officier, maréchal-des-logis ou brigadier de gendarmerie, gendarmes, gardes forestiers, gardes-pêche, gardes-champêtres ou gardes assermentées des particuliers, feront foi jusqu'à preuve contraire.

Art. 23. — Les procès verbaux des employés des contributions indirectes et des octrois feront également foi jusqu'à preuve contraire, lorsque, dans les limites de leurs attributions respectives, ces agents rechercheront et constateront les délits prévus par le paragraphe premier de l'art. 4.

Art. 24. — Dans les vingt quatre heures du délit, les procès-verbaux des gardes seront, à peine de nullité, affirmés par les rédacteurs devant le juge de paix ou l'un de ses suppléants, ou devant le maire ou l'adjoint, soit de la commune de leur résidence, soit de celle où le délit aura été commis.

Art. 25. — Les délinquants ne pourront être saisis ni désarmés ; néanmoins, s'ils sont déguisés ou masqués, s'ils refusent de faire connaître leurs noms ou s'ils n'ont pas de domicile connu, ils seront conduits immédiatement devant le maire ou le juge de paix, lequel s'assurera de leur individualité.

Art. 26. — Tous les délits prévus par la présente loi seront poursuivis d'office par le ministère public, sans préjudice du droit conféré aux parties lésées par l'art. 182 du Code d'instruction criminelle.

Néanmoins, dans le cas de chasse sur le terrain d'autrui sans le consentement du propriétaire, la poursuite d'office ne pourra être exercée par le ministère public, sans une plainte de la partie intéressée, qu'autant que le délit aura été commis dans un terrain clos, suivant les termes de l'art. 2, et attenant à une habitation ou sur des terres non encore dépouillées de leurs fruits.

Art. 27. — Ceux qui auront commis conjointement les délits de chasse seront condamnés solidairement aux amendes, dommages-intérêts et frais.

Art. 28. — Le père, la mère, le tuteur, les maîtres et commettants sont civilement responsables des délits de chasse commis par leurs enfants mineurs non mariés, pupilles demeurant avec eux, domestiques ou préposés, sauf tout recours de droit. Cette responsabilité sera réglée conformément à l'art. 1384 du Code civil, et ne s'appliquera qu'aux dommages-intérêts et frais, sans pouvoir toutefois donner lieu à la contrainte par corps.

Art. 29. — Toute action relative aux délits prévus par la présente loi sera prescrite par le laps de trois mois, à compter du jour du délit.

SECTION IV. — *Dispositions générales.*

Art. 30. — Les dispositions de la présente loi, relatives à l'exercice du droit de chasse, ne sont pas applicables aux propriétés de la Couronne. Ceux qui commettraient des délits de chasse dans ces propriétés seront poursuivis et punis conformément aux sections II et III.

Art. 31. — Le décret du 4 mai 1812 et la loi du 30 avril 1790 sont abrogés. Sont et demeurent également abrogés les lois, arrêtés, décrets et ordonnances intervenus sur les matières réglées par la présente loi, en tout ce qui est contraire à ses dispositions. *Signé LOUIS PHILIPPE.*

COMMERÇANT.

Ce nom générique comprend les négociants, marchands, fabricants, enfin tous ceux qui font *habituellement* des actes de commerce.

Tout mineur émancipé, de l'un ou de l'autre sexe, âgé de dix-huit ans accomplis, qui voudra profiter de la faculté que lui accorde l'art. 487 du code de commerce, ne pourra en commencer les opérations, ni être réputé majeur, quant aux engagements par lui contractés pour faits de commerce, 1° s'il n'a pas été préalablement autorisé par son père ou sa mère, en cas de décès, interdiction ou absence du père, ou, à défaut du père et de la mère, par une délibération du conseil de famille, homologuée par le tribunal civil ; 2° si, en outre, l'acte d'autorisation n'a été enregistré et affiché au tribunal de commerce du lieu où le mineur veut établir son domicile.

La femme ne peut être marchande publique sans le consentement de son mari.

La femme, si elle est marchande publique, peut, sans l'autorisation de son mari, s'obliger pour ce qui concerne son négoce, et, dans ce cas, elle oblige son mari s'il y a communauté entre eux.

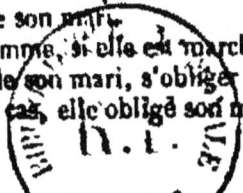

Elle n'est pas réputée marchande publique, si elle ne
fait que détailler les marchandises du commerce de son
mari; elle n'est réputée telle que lorsqu'elle fait un commerce séparé.

Les mineurs marchands, autorisés comme il est dit ci-
dessus, peuvent engager et hypothéquer leurs immeubles;
ils peuvent même les aliéner, mais en suivant les formalités
prescrites par les articles 457 et suivants du code civil.

Les femmes marchandes publiques peuvent également
engager, hypothéquer et aliéner leurs immeubles. Toutefois, leurs biens stipulés dotaux, quand elles sont mariées
sous le régime dotal, ne peuvent être hypothéqués ni aliénés que dans les cas déterminés et avec les formes réglées
par le code civil.

Des livres de commerce.

Tout commerçant est tenu d'avoir un livre-journal qui
présente, jour par jour, ses dettes actives et passives, les
opérations de son commerce, ses négociations, accepta-
tions ou endossements d'effets, et généralement tout ce qu'il
reçoit et paie, à quelque titre que ce soit, et qui énonce,
mois par mois, les sommes employées à la dépense de sa
maison; le tout indépendamment des autres livres usités
dans le commerce, mais qui ne sont pas indispensables. Il
est tenu de mettre en liasse les lettres missives qu'il reçoit
et de copier sur un registre celles qu'il envoie.

Il est encore tenu de faire tous les ans, sous seing-privé,
un inventaire de ses effets mobiliers et immobiliers, et de
ses dettes actives et passives, et de le copier, année par
année, sur un registre spécial à ce destiné.

Le livre-journal et le livre des inventaires seront paraphés et visés une fois par année. Le livre de copie de lettres ne sera pas soumis à cette formalité, Tous seront tenus par ordre de date, sans blancs, lacunes ni transports en marge.

Les commerçants seront tenus de conserver ces livres pendant dix ans.

Les livres de commerce régulièrement tenus peuvent être admis par le juge, pour faire preuve, entre commerçants, pour faits de commerce.

Les livres irrégulièrement tenus ne pourront être représentés ni faire foi en justice, au profit de ceux qui les auront tenus.

Pourra être poursuivi comme banqueroutier simple et être déclaré tel, celui qui présentera des livres irrégulièrement tenus, sans néanmoins que les irrégularités indiquent des fraudes, ou qui ne les présentera pas du tout.

Pourra être poursuivi comme banqueroutier frauduleux et être déclaré tel, le failli qui n'a pas tenu de livres, ou dont les livres ne présenteront pas la véritable situation active et passive.

Les commerçants ne sont justiciables, pour leurs actes de commerce, que des tribunaux de commerce.

Quelles sont les personnes réputées commerçantes :

1. L'agent d'affaires qui tient un bureau d'affaires et de correspondance générale, est réputé commerçant. (Cour de cassation, 18 novembre 1813.)

2° La même cour a décidé, le 8 avril 1828, que le directeur d'une compagnie d'assurances à prime contre l'incendie et les risques de mer, devait être réputé commerçant.

3° L'aubergiste n'est pas commerçant proprement dit, dans le sens du décret du 17 mars 1808, à moins qu'il ne fasse le commerce de vins et n'achète des denrées. (Cour de Bourges, du 26 août 1824.)

4° Les négociants, banquiers, fabricants et marchands, sont des commerçants ; mais il n'en est pas de même des ouvriers et artisans, à moins qu'ils ne joignent à cette qualité celle de fabricants et de marchands. (Lettre du ministre de la justice du 7 avril 1811.)

5° Les boulangers ne sont pas réputés commerçants. (Cassation, 28 février 1811.)

6° Les cafetiers sont commerçants, et comme tels justiciables des tribunaux de commerce, à raison des billets à ordre qu'ils ont souscrits. (Cour de Rouen, 4 décembre 1818.)

7° Doit-on réputer commerçant un maître charron ? Décidé négativement par la cour de Turin, le 3 décembre 1810 ; mais affirmativement par la cour d'Amiens, du 4 avril 1826.

8° Cordonnier. Il n'est pas réputé commerçant. (Cour de Colmar, 22 novembre 1811.)

9° Les débitants de tabac sont de simples préposés de la régie. Ce ne sont pas des commerçants, encore qu'ils vendent des pipes et des briquets. (Cour de Bruxelles, 5 mai 1813.)

10° Instituteur. Le directeur d'une maison d'éducation ne fait pas un acte de commerce en achetant les fournitures nécessaires à son établissement. (Cour de Paris, 19 mars 1814.)

11° Juge. Un ancien juge d'un tribunal de commerce, qui a accepté ou tiré des effets de commerce, n'est pas pour cela seul réputé commerçant. (Cour de Rennes, 10 avril 1811.)

12° Limonadier. Un limonadier-confiseur n'est point réputé commerçant lorsqu'il ne peut être prouvé qu'il fait habituellement des actes de commerce par l'achat et revente en gros de denrées de différentes espèces. (Cour de Turin, 3 décembre 1811 et 7 janvier 1812.)

13° Maître de poste. Un maître de poste est un commissionné du Gouvernement ; il n'existe aucune raison de le ranger dans la classe des marchands. (Cour de Bruxelles, 11 janvier 1808.) Les achats de chevaux qu'il fait ne sont pas des actes de commerce. (Cour de Limoges, 1er juin 1821.)

14° Marchand de biens. Celui qui achète habituellement des immeubles pour les revendre, n'est pas pour cela seul réputé commerçant. (Cour de Paris, 14 mai 1812.)

15° Meunier. Le meunier qui est en même temps marchand de grains ou de farines est réputé commerçant. (Cassation, 26 janvier 1818 ; cour d'Angers, 11 décembre 1823.)

16° Notaire. Le notaire qui fait habituellement des opérations de banque et de courtage peut être considéré comme commerçant. (Jugement du tribunal de Provins , du 13 février 1827, confirmé par arrêt de la cour de Paris, du 29 mars 1827 , et celui-ci par arrêt de la section des requêtes de la cour de cassation, du 12 mai 1828.)

17° Pépiniériste. Un jardinier-pépiniériste n'est pas justiciable des tribunaux de commerce, pour fait de vente des arbres provenant de sa pépinière. (Cour de Colmar, 17 juin 1809.

18° Pharmacien. Un pharmacien est réputé commerçant, et l'acquisition de sa pharmacie constitue, de la part de l'acheteur un acte de commerce. (Cour de Nimes, 27 mai 1829.)

19° Serrurier. Le serrurier en bâtiments, qui achète habituellement du fer pour le revendre après l'avoir travaillé, est essentiellement commerçant, encore qu'il travaille pour des entreprises ou des commandes. (Cassation, 5 mars 1812.)

20° Tailleur de pierres. Un maître tailleur de pierres n'est pas commerçant s'il se borne à tailler lui-même, ou les faires tailler par ses ouvriers, les pierres qui lui sont confiées pour cet objet; mais s'il achète habituellement des pierres brutes pour les revendre après les avoir travaillées, il peut, à juste titre, être considéré comme commerçant. (Cassation, 15 décembre 1830.)

21° Teinturier. Un teinturier imprimeur en toiles n'est pas réputé commerçant. (Cour de Turin, 11 décembre 1811.)

COMMISSIONNAIRE.

Le commissionnaire est celui qui agit en son nom propre, ou sous un nom social, pour le compte d'un commettant.

Les devoirs et les droits du commissionnaire qui agit au nom d'un commettant, sont ceux du mandataire à l'égard du mandant.

Tout commissionnaire qui a fait des avances sur des marchandises à lui expédiées d'une place, pour être vendues pour le compte d'un commettant, a un privilège pour le remboursement de ses avances, intérêts et frais, sur la valeur des marchandises, si elles sont à sa disposition dans ses magasins ou dans un dépôt public, ou si, avant qu'elles soient arrivées, il peut constater, par un connaissement ou par une lettre de voiture, l'expédition qui lui a été faite.

Si les marchandises ont été livrées ou vendues pour le compte du commettant, le commissionnaire se rembourse, sur le produit de la vente, du montant de ses avances, intérêts, frais, par préférence aux créanciers du commettant.

Le commissionnaire répond des fautes qu'il commet comme mandataire; et, comme son mandat est salarié, sa responsabilité est appliquée rigoureusement.

Le commissionnaire qui se charge d'un transport par terre ou par eau, est tenu d'inscrire, sur son livre-journal, la déclaration de la nature et de la quantité des marchandises, et, s'il en est requis, de leur valeur.

Il est garant 1° de l'arrivée des marchandises et effets dans le temps déterminé par sa lettre de voiture, hors les cas de force majeure légalement constatés;

2° Des avaries ou pertes des marchandises et effets, s'il n'y a de stipulation contraire dans sa lettre de voiture, ou force majeure.

COMPROMIS.

Le compromis est un acte par lequel on nomme les arbitres auxquels on soumet la décision d'une contestation.

Il ne faut pas confondre le compromis avec les transactions. *Transiger*, c'est éteindre une contestation par des concessions mutuelles; *compromettre*, c'est donner une contestation à décider à des tiers qu'on choisit, et auxquels on s'en rapporte.

Toutes personnes ayant la libre disposition de leurs droits, peuvent passer un compromis sur leurs intérêts privés de tout genre, à moins qu'il ne s'agisse d'aliments, de séparation et de matières sur lesquelles le ministère public doit être entendu.

Le compromis est valable, quoiqu'on n'y ait indiqué aucun délai pour la prononciation du jugement arbitral. Dans ce cas, la loi en fixe la durée à trois mois.

Il finit 1º par la mort, par le refus, le départ ou l'empêchement d'un des arbitres;

2º Par l'expiration du délai;

3º Par le partage;

4º Par le décès de l'une des parties, si tous ses héritiers ne sont pas majeurs.

Des arbitres.

Les arbitres sont des personnes que les parties choisissent pour juges.

On distingue deux espèces d'arbitres : les arbitres ordinaires et les arbitres de commerce.

Les arbitres ordinaires sont des magistrats privés, choisis par plusieurs particuliers pour prononcer sur leur différends.

On peut choisir pour arbitres toutes sortes de personnes, à l'exception de celles que leur âge, tels que les mineurs, leurs infirmités, leur intérêt personnel ou leur immoralité, rendent incapables ou indignes de prononcer un jugement.

Une fois nommés, les arbitres ne peuvent 1º être révoqués que du consentement de toutes les parties ; 2º être récusés que par une cause postérieure au compromis. Lorsqu'ils ont commencé leurs opérations, ils ne peuvent se départir.

Procédure et jugement.

1° L'instruction est faite par tous les arbitres; on y suit les formes et délais ordinaires.

2° Les arbitres doivent juger d'après les règles du droit, s'ils n'ont pas reçu le pouvoir de prononcer comme *amiables* compositeurs.

3° L'exécution des jugements arbitraux est ordonnée par les présidents des tribunaux civils ou d'appel des lieux où ils sont rendus, et ces tribunaux connaissent de cette exécution.

Voies contre les jugements.

Il y en a trois : l'opposition d'exécution, l'appel et la requête civile. La première se porte aux tribunaux précédents; les deux autres, aux tribunaux civils pour les objets de la compétence des juges-de-paix; et aux cours royales, pour ceux de la compétence des tribunaux civils.

Arbitres de commerce.

Les contestations entre les associés, ou leurs veuves, ou ayant-cause, sont jugées par des arbitres nommés par eux dans un acte écrit, ou judiciaire, ou d'office, par le juge de commerce, et qui doivent prononcer dans un délai convenu ou déterminé également par le juge.

Ces arbitres prononcent sans aucune formalité, eur les pièces et mémoires des parties, et même d'une seule partie, lorsque les autres n'ont pas remis dans les délais qu'on leur a accordés; en cas de partage, on appelle un *sur-arbitre*. Leurs jugements sont rendus exécutoires par une ordonnance du président du tribunal de commerce. Ils sont sus-

7

ceptibles d'appel et de recours, si l'on n'y a pas renoncé.

Le compromis finit, 1° par le décès, refus, départ ou empêchement d'un des arbitres, s'il n'y a clause qu'il sera passé outre, ou que le remplaçant sera au choix des parties ou au choix de l'arbitre, ou des arbitres restant ; 2° par l'expiration du délai stipulé, ou celui de trois mois s'il n'en a pas été réglé ; 3° par le partage, si les arbitres n'ont pas le pouvoir de prendre un tiers-arbitre.

Le décès, lorsque tous les héritiers sont majeurs, ne met pas fin au compromis; le délai pour instruire et juger est suspendu pendant celui pour faire inventaire et délibérer.

ENREGISTREMENT.

« Un compromis qui ne contient aucune obligation de sommes et » valeurs donnant lieu au droit proportionnel, est soumis au droit » fixe de 3 fr.

FORMULE

D'UN COMPROMIS SOUS SIGNATURE PRIVÉE.

Nous, soussignés, M..... (*nom, prénoms, profession, qualité et demeure*), d'une part;

Et Q..... (*de même*) d'autre part;

Voulant terminer des contestations nées..... *ou* pour décider les contestations prêtes à naître entre nous, relativement à..... (*énoncer les objets des contestations*), sommes convenus de faire juger par arbitres.

A cet effet, moi M....., ai nommé pour le mien V...., demeurant à   et Q..... a choisi, pour le sien, R...., demeurant à lesquels ont déclaré accepter l'un et l'autre la mission que nous leur avons proposée.

Nous leur donnons pouvoir de juger chaque point de nos contestations, en premier ressort, *ou bien* en dernier ressort, définitivement, renonçant à nous pourvoir contre leur décision, par appel, requête civile et cassation.

Ils décideront d'après les règles du droit, *ou bien*, ils pourront prononcer comme amiables compositeurs, sans être astreints à décider d'après les règles du droit, ni à suivre les délais et les formes établis par les tribunaux ordinaires, les y autorisant expressément.

Ils pourront condamner celui qui succombera, aux dépens, ou les compenser en tout ou en partie, comme ils jugeront convenable.

En cas de partage d'opinions sur un ou plusieurs points de nos contestations, ils feront vider le partage par un tiers-arbitre qui sera choisi par M. le président du tribunal de première instance, auquel il sera présenté requête, à cet effet, par la partie la plus diligente, *ou bien* par M...., demeurant à   que nous nommons unanimement.

Ce tiers-arbitre prononcera après avoir conféré avec les arbitres et en se conformant à l'un de leurs avis.

Si l'un des arbitres ou le tiers-arbitre se trouvait dans l'impossibilité, ou refusait de remplir la mission à lui déférée, l'arbitre sera remplacé par un autre, qui sera tenu de nommer, dans la huitaine, celui de nous qui l'avait élu, ou à son refus, il sera choisi par le président du tribunal. Le tiers-arbitre sera remplacé par un autre que choisiront les arbitres en commun, ou qui, en cas de discord, sera nommé par le président du tribunal.

Si l'un ou chacun de nous veut produire des notes, mémoires, défenses, observations, réponses, titres et pièces pour l'instruction des arbitres, il sera obligé de faire sa production dans la huitaine, au plus tard, à compter de ce jour, sinon les arbitres sont, dès à présent, autorisés à juger sur les pièces déjà produites, et qui sont les ..... (*Les énoncer et le nombre*)

Fait double entre nous, sous nos signatures privées, à
le   mil huit cent.....

(*Signatures.*)

CONGE.

Ce mot a diverses acceptions ; il exprime d'abord la permission que les magistrats, les administrateurs, les mili-

taires, obtiennent de s'absenter pendant un certain temps
Pour les militaires, il exprime aussi l'autorisation de quit
ter le service.

Congé d'acquit.

Certificat que le maître donne à l'ouvrier qui a travaill
chez lui, et qui constate que cet ouvrier a rempli les con
ditions de ses engagements.

Congé (contributions indirectes).

C'est l'expédition dont on doit se munir pour transpor
ter toute espèce de liqueurs d'un lieu à un autre. Il ser
à constater l'acquittement des droits de circulation.

Congé (Défaut).

Jugement qui renvoie le défendeur de sa demande, lors
que le demandeur ne s'est pas présenté pour le justifier.

Congé de louage.

On appelle ainsi l'acte par lequel l'une des parties dé
clare à l'autre qu'elle entend mettre fin à la jouissanc
convenue par un bail de location.

Dans quel cas on doit donner songé.

Quand le bail a été fait par écrit, il est inutile de donner congé ; à l'expiration du bail, la jouissance cesse d
plein droit.

Quelquefois il est stipulé que chacune des parties pourr
résoudre la location à des époques déterminées, comm
dans les baux de trois, six et neuf ans. Il est d'usage,
dans ce cas, de stipuler le délai dans lequel le congé doi
être donné.

Il arrive aussi que le bailleur se réserve .e droit de résoudre le bail en cas de vente Dans ce cas , l'acquéreur qui croit profiter de cette clause doit donner congé.

Si le bail a été fait sans ecrit, il est nécessaire de donner congé pour faire cesser la jouissance. La continuation de la jouissance est considérée comme un renouvellement de bail.

Pour les baux de biens *ruraux*, l'art. 1775 dispose qu'ils cessent de plein droit à l'expiration du temps pour lequel ils sont censés faits, conformément à l'art. 1774, c'est-à-dire du temps nécessaire pour que le preneur recueille tous les fruits de l'héritage afferme; mais la continuation paisible de la jouissance opère aussi le renouvellement du bail.

Délais des congés.

Ces délais sont déterminés par l'usage des lieux.

A Paris, les délais d'usage sont de six semaines pour les loyers au-dessous de 400 fr.

De trois mois pour ceux de 400 fr. et au-dessus.

A Lyon et dans la plupart des grandes villes, c'est au demi-terme , ou six mois avant la sortie, qu'il faut donner congé.

Pour les biens ruraux, l'époque de la sortie est ordinairement la *Saint-Martin*, 11 novembre.

Forme des congés.

L'usage est de donner congé par huissier , et c'est celui qui entraîne le moins de contestations. L'huissier est un officier public, et il donne à l'acte qu'il signifie le caractère de l'authenticité.

Le congé verbal est sujet à un grave inconvénient ; la partie qui voudrait le nier, étant crue sur son affirmation , et la preuve testimoniale n'étant pas admise, le bailleur succomberait dans sa demande.

Effet du congé; son exécution.

L'effet du congé est de résoudre la location lorsqu'il est valable, ou, quoique non valablement donné, lorsqu'il est accepté par la partie à laquelle il est donné.

Par suite du congé, le propriétaire peut contraindre le locataire à sortir à l'époque qui y est fixée, ou le locataire contraindre le propriétaire à le laisser sortir.

Mais cette contrainte ne peut être exercée qu'en vertu d'un jugement, et, comme la matière requiert célérité, c'est en *référé* que doit être donné l'assignation à la partie récalcitrante.

Le congé prononcé par le jugement est exécutoire en vertu de ce seul jugement, sans qu'il soit besoin d'un nouveau référé.

ENREGISTREMENT.

« Le congé est passible du droit fixe de 1 fr. lorsqu'il est donné » par acte particulier.

« S'il est donné par huissier, l'exploit est passible du droit fixe « de 2 fr.

CONSEIL DE FAMILLE.

On nomme ainsi une assemblée de parents présidée par le juge-de-paix, chargé de donner l'état ou la fortune des mineurs et des interdits, dans les cas et suivant les formes déterminés par la loi.

Fonctions du conseil de famille.

Il nomme un tuteur à l'enfant mineur et non émancipé, resté sans père ni mère, ni tuteur élu par ses père et mère, ni ascendants mâles, ou lorsque le tuteur se trouve dans le cas d'exclusion ou d'excuse prévu par la loi.

S'il ne reste que des bisaïeuls de la ligne maternelle, et qu'il y ait entre eux concurrence pour la tutelle, le conseil de famille choisit le tuteur entre ces deux ascendants.

Le conseil de famille décide si la tutelle doit être conservée à la mère tutrice qui veut se remarier.

Il nomme le *subrogé-tuteur*, appelé dans toute tutelle à surveiller l'intérêt du mineur.

La nomination du subrogé-tuteur a lieu immédiatement après celle du tuteur.

Le conseil de famille, à la diligence du ou convoqué d'office par le juge de-paix, prononce, quand il y a lieu, la destitution du tuteur.

Le consentement du conseil de famille est nécessaire pour valider le mariage des fils ou des filles mineurs de vingt-un ans, dans le cas où il n'y a ni père ni mère, ni aïeuls ni aïeules, ou s'ils se trouvent dans l'impossibilité de manifester leur volonté.

Il autorise toute répudiation ou captation de succession faite au nom du mineur, sans que l'acceptation puisse jamais avoir lieu que sous bénéfice d'inventaire.

Son autorisation est aussi nécessaire pour l'acceptation d'une donation faite au mineur.

Il nomme le curateur pour assister au compte de tutelle rendu au mineur émancipé.

Convocation et composition du conseil de famille.

Le droit de convoquer le conseil de famille appartient, en général, aux parents du mineur, aux créanciers et aux autres parties intéressées qui adressent à cet effet leur réquisition au juge-de-paix du domicile du mineur.

Le juge-de-paix peut lui-même le convoquer d'office. Le conseil de famille est composé, non compris le juge-de-paix, de six parents ou alliés, pris tant dans la commune où la tutelle est ouverte, que dans la distance de deux myriamètres, moitié du côté paternel, moitié du côté maternel, en suivant l'ordre de proximité dans chaque ligne. Le parent sera préféré à l'allié du même degré, et, parmi les parents du même degré, le plus âgé à celui qui le sera le moins.

Les frères germains du mineur et les maris des sœurs germaines sont seuls exceptés de la limitation de nombre posée par l'article 402.

S'ils sont six ou au-delà, ils seront tous membres du conseil de famille qu'ils composeront seuls avec les veuves d'ascendants et les ascendants valablement excusés, s'il y en a.

S'ils sont en nombre inférieur, les autres parents ne seront appelés que pour compléter le conseil.

Lorsque les parents ou alliés d'une ou de l'autre ligne se trouveront en nombre insuffisant sur les lieux ou dans la distance désignée par l'art. 407, le juge-de-paix appellera, soit des parents ou alliés domiciliés à de plus grandes distances, soit dans la commune même, des citoyens connus pour avoir eu des relations habituelles d'amitié avec le père ou la mère du mineur.

Les parents, alliés ou amis, ainsi convoqués, seront tenus de se rendre en personne, ou de se faire représenter par un mandataire spécial.

Le fondé de pouvoir ne pourra representer plus d'une personne.

L'assemblée se .iendra de plein droit chez le juge-de-paix, à moins qu'il ne désigne lui-même un autre local.

Mode des délibérations du conseil de famille.

La présence des trois quarts *au moins* des *membres convoqués*, est nécessaire pour que l'assemblée puisse délibérer.

Des mots, *au moins*, il résulte que la présence de cinq membres est nécessaire, quand le conseil n'est composé que de six membres.

Il résulte des art. 407, 408, 416 combinés, que si le conseil de famille se trouve simplement composé de parents ou alliés, il ne peut valablement délibérer qu'au nombre de six, déterminé par les art. 407 et 410.

Le conseil de famille est présidé par le juge-de-paix qui y a voix délibérative et prépondérante en cas de partage.

Si le juge-de-paix se contentait de présider sans prendre part à la délibération, elle serait nulle. (Arrêt de la cour de Bordeaux, du 21 juillet 1808.)

Les délibérations du conseil de famille doivent être nécessairement prises à la majorité absolue des suffrages. (Arrêt de la cour de Metz, du 16 février 1812.)

Si la délibération du conseil n'est pas prise à l'unanimité, l'avis de chaque membre du conseil doit être mentionné dans le procès-verbal. Cette disposition de l'art. 883 n'est applicable qu'aux délibérations qui doivent être soumises à l'homologation du tribunal. (Arrêt déjà cité du 16 février 1812.)

Il n'est pas nécessaire que les motifs de ces avis soient exprimés. (Arrêt de cassation, du 17 novembre 1813.) Il en est autrement dans le cas d'exclusion ou de destitution du tuteur.

Mais s'il ne s'agit que de prononcer que la mère qui se remarie ne doit pas conserver la tutelle, la délibération peut n'être pas motivée. (Arrêt de cassation, du 17 novembre 1817.)

De l'exécution des délibérations du conseil de famille. Homologation.

Il y a des délibérations du conseil de famille qui ne peuvent être mises à exécution qu'après avoir été revêtues de l'homologation du tribunal de première instance; d'autres, au contraire, ne sont pas sujettes à cette formalité.

Cette formalité n'est de rigueur que pour les délibérations ou avis de famille ayant pour objet des actes graves, tels que la destitution du tuteur, l'aliénation des biens du mineur ou de l'interdit. .

Les délibérations et avis du conseil de famille ne sont pas soumis à l'homologation du tribunal dans tous les autres cas ; par exemple, ceux relatifs aux nominations de tuteur, ou donnant pouvoir de renoncer soit à la communauté, soit à la succession, ou même d'accepter sous bénéfice d'inventaire.

ENREGISTREMENT.

« Les droits d'enregistrement dus à raison des délibérations et » avis du conseil de famille, sont déterminés d'après la nature même » et le but de ces actes.

» Les énonciations des dettes contenues dans ces délibérations, ne » forment point un titre en faveur des créanciers, et ne donnent lieu » à aucun droit. (Décision du ministre des finances, du 9 mai 1821.)

» La délibération qui autorise le mineur à contracter mariage, et » nomme un curateur aux fins de ce mariage, n'est passible que d'un » seul droit. (Délibération du 29 janvier 1825.)

» La nomination d'un curateur spécial, dans l'acte d'émancipa-

, tion, offrant une disposition distincte et indépendante de l'acte
, principal, est passible d'un droit particulier (Instruction générale).

CONSEIL D'ETAT.

Le conseil d'État est tout à la fois un tribunal administratif, amovible, et un des grands corps de l'État, ins-
titué pour préparer les projets de loi et éclairer les ministres qui le consultent sur des questions contentieuses ou
administratives.

Composition du conseil d'État.

Le conseil d'État est composé, indépendamment des
ministres :
1° Des conseillers d'État ;
2° Des maîtres des requêtes ;
3° Des auditeurs ;
4° D'un secrétaire-général.

Le garde des sceaux est président du conseil d'État ; il
j a, en outre, un conseiller d'État qui a le titre de vice-
président. Les membres du conseil sont en service ordinaire ou en service extraordinaire.

Le service ordinaire se compose de trente conseillers
d'État, de trente maîtres des requêtes et de quatre-vingts
auditeurs.

Nul ne peut être nommé conseiller d'État, s'il n'est âgé
de trente ans accomplis ; maître des requêtes, s'il n'est âgé
de vingt-sept ans ; auditeur, s'il n'est âgé de vingt-un
et licencié en droit.

Des différents comités du conseil d'État.

Pour l'examen des affaires non contentieuses , le conseil d'État est divisé en cinq comités , savoir :

1° Le comité de législation ;

2° Le comité de la guerre et de la marine.

3° Le comité de l'intérieur et de l'instruction publique;

4° Le comité du commerce , de l'agriculture et des travaux publics ;

5° Le comité les finances.

Les comités délibèrent, pour en faire rapport à l'assemblée générale du conseil d'État , sur les projets qui leur sont renvoyés par les ministres , ainsi que sur les ordonnances et règlements d'administration publique , et les ordonnances qui doivent être rendues dans la même forme. Ils connaissent des affaires administratives sur lesquelles les ministres jugent à propos de les consulter.

Conformément à l'article 3 du règlement du 23 juin 1847, ils révisent le travail des liquidations pour les pensions liquidées dans les ministères sur les fonds de l'État ou sur les fonds de retenue.

Indépendamment des comités administratifs , il y a , dans le conseil d'État, un comité spécial chargé de diriger l'instruction écrite, et de préparer le rapport de toutes les affaires contentieuses. Ce comité est présidé par le vice-président du conseil d'État. Les séances du comité du contentieux sont publiques; trois maîtres des requêtes sont désignés tous les six mois , par le garde des sceaux , pour remplir les fonctions de commissaire du Roi , dans les affaires contentieuses. Après le rapport de l'affaire, qui est fait ordinairement par un maître des requêtes, les avocats des parties peuvent présenter des observations orales. Le commissaire du Roi donne ensuite son avis. La délibération n'est point publique ; elle est prise à la majorité des suffrages, signée par le secrétaire général. L'ordonnance qui intervient ensuite est lue en séance publique.

ONTRAINTE PAR CORPS.

La contrainte par corps est un mode d'exécution qui donne au créancier le droit de faire mettre le débiteur en prison jusqu'à ce qu'il ait acquitté son obligation.

§ 1.

De la contrainte par corps en matière civile.

La contrainte par corps a lieu, en matière civile, pour le stellionat. Il y a stellionat, lorsqu'on vend ou qu'on hypothèque un immeuble dont on sait n'être pas propriétaire ; lorsqu'on présente comme libres des biens hypothéqués, ou que l'on déclare des hypothèques moindres que celles dont ces biens sont chargés.

La contrainte par corps a lieu pareillement : 1° pour dépôt nécessaire ; 2° en cas de réintégrande, pour le délaissement ordonné par justice d'un fonds dont le propriétaire a été dépouillé par voies de fait ; pour la restitution des fruits qui en ont été perçus pendant l'indue possession, et pour le paiement des dommages-intérêts adjugés au propriétaire ; 3° pour la répétition de deniers consignés entre les mains de personnes publiques établies à cet effet ; 4° pour la représentation des choses déposées aux séquestres, commissaires et autres gardiens ; 5° contre les cautions judiciaires et contre les cautions des contraigna-

bles par corps, lorsqu'elles sont soumises à cette contrainte ; 6° contre tous officiers publics, pour la représentation de leurs minutes, quand elle est ordonnée ; 7° contre les notaires, les avoués et huissiers, pour la restitution des titres à eux confiés, et des deniers par eux reçus
pour leurs clients, par suite de leurs fonctions.

La contrainte par corps peut être ordonnée contre un
fermier pour le paiement des fermages des biens ruraux,
si elle a été stipulée formellement dans l'acte de bail

Dans tous les cas ci-dessus, la contrainte par corps ne
peut être prononcée contre les mineurs ni les septuagénaires, ni pour une somme moindre de trois cents francs,
et elle ne peut être appliquée qu'en vertu d'un jugement

La loi du 17 avril 1832, sur la contrainte par corps, a
introduit des dispositions importantes qu'il est utile de
connaître. L'art. 7 de cette loi porte : « Dans le cas où la
contrainte par corps a eu lieu en matière civile ordinaire
la durée en sera fixée par le jugement de condamnation: elle
sera d'un an au moins et de dix ans au plus. Néanmoins
s'il s'agit de fermages de biens ruraux, au cas prévu par
l'art. 2062 du code civil, ou de l'exécution des condamnations intervenues dans le cas où la contrainte par corps
n'est pas obligée et où la loi attribue seulement aux juges
la faculté de la prononcer, la durée de la contrainte ne
sera que d'un an au moins et de cinq ans au plus.

Sont également soumis à la contrainte par corps : 1° tous
entrepreneurs et traitants qui ont passé des marchés ou
traités intéressant l'État, les communes, les établissement
de bienfaisance et autres établissements publics , et qui
sont déclarés débiteurs par suite de leurs entreprises ;
2° leurs cautions, ainsi que leurs agents qui ont princi-

paiement géré l'entreprise, et toutes personnes déclarées responsables des mêmes services. (Art. 10 de la loi de 1832.)

Elle ne peut être prononcée contre les septuagénaires, les femmes et les filles, que dans le cas de stellionat. (Art. 2066 du code civil.)

§ II.

De la contrainte par corps en matière de commerce.

La loi qui régit la contrainte par corps en matière commerciale, est maintenant celle du 17 avril 1832, la loi du 15 germinal an VI étant abrogée.

Art. 1er. La contrainte par corps sera prononcée, sauf les exceptions et les modifications ci-après, contre toute personne condamnée pour dette commerciale au paiement d'une somme principale de 200 fr. et au-dessus.

Art. 2. Ne sont point soumis à la contrainte par corps, en matière de commerce : 1° les femmes et les filles non réputées marchandes publiques ; 2° les mineurs non commerçants ou qui ne sont point réputés majeurs pour fait de leur commerce ; 3° les veuves et les héritiers des justiciables des tribunaux de commerce, assignés devant les tribunaux en reprise d'instance, ou par action nouvelle, en raison de leur qualité.

Art. 3. Les condamnations prononcées par les tribunaux de commerce, contre des individus non négociants, pour signatures apposées, soit à des lettres de change réputées simples promesses, aux termes de l'art. 112 du code de commerce, soit à des billets à ordre, n'emportent point la contrainte par corps, à moins que ces signatures et engagements n'aient eu pour cause des opérations de commerce, trafic, change, banque ou courtage.

Art. 4. La contrainte par corps, en matière de commerce, ne pourra être prononcée contre les débiteurs qui auront commencé leur soixante-dixième année.

Art. 5. L'emprisonnement pour dette commerciale cessera de plein droit après un an, lorsque le montant de la condamnation principale ne s'élèvera pas à 500 fr.; après deux ans, lorsqu'il ne s'élèvera pas à 1,000 fr.; après trois ans, lorsqu'il ne s'élèvera pas à 3,000 fr.; après quatre ans, lorsqu'il ne s'élèvera pas à 5,000 fr.; après cinq ans, lorsqu'il sera de 5,000 fr. et au-dessus.

Art. 6. Il cessera pareillement de plein droit le jour où le débiteur aura commencé sa soixante-dixième année.

La même loi du 17 avril 1832 contient encore diverses dispositions relatives à la contrainte par corps. En voici l'analyse : La contrainte par corps n'est jamais prononcée contre le débiteur, au profit, 1° de son mari ni de sa femme ; 2° de ses ascendants, descendants, frères ou sœurs, ou alliés au même degré. (Art. 19.)

Les jugements en dernier ressort sont toujours sujets à l'appel quant à la contrainte par corps. L'appel ne suspend pas l'emprisonnement. (Art. 20.)

Dans aucun cas, la contrainte par corps ne pourra être exercée contre le mari et contre la femme simultanément, pour la même dette. (Art. 21.)

Il n'est pas permis aux huissiers de se refuser à conduire le débiteur en référé devant le président du tribunal de première instance, sous peine de 1,000 fr. d'amende (Art. 22.)

L'article 24 veut que le débiteur puisse obtenir son élargissement en payant ou consignant le tiers du principal de la dette et de ses accessoires, et en donnant pour le surplus, une caution acceptée par le créancier.

L'art. 27 dispose que le débiteur qui aura obtenu son élargissement de plein droit après l'expiration des délais fixés par les art. 5. 7. 13 de la présente loi, ne puisse plus être détenu ou arrêté pour dettes contractées antérieurement à son arrestation, et échues au moment de son élargissement, à moins que ces dettes n'entraînent, par leur nature et leur quotité, une contrainte plus longue que celle qu'il aura subie, et qui, dans ce dernier cas, lui sera toujours comptée pour la durée de la nouvelle incarcération.

Les art. 28 et 29 règlent la consignation des aliments, qui doivent être pour trente jours au moins, et s'élever à la somme de 30 fr. à Paris, et 25 fr. dans les autres villes.

L'art. 30 porte qu'une requête au président suffit pour demander l'élargissement faute de consignation d'aliments.

Le débiteur élargi faute de consignation d'aliments ne pourra plus être incarcéré pour la même dette. (Art. 31.)

CONTRE-LETTRE.

C'est un acte destiné à rester pendant un certain temps, par lequel le parties modifient ou annulent un acte public et antérieur. Quelquefois, par la contre-lettre, on se borne à interpréter le contrat. Les contre-lettres ne peuvent avoir d'effet qu'entre les parties contractantes ; elles n'ont point d'effet contre les tiers.

Sous le nom de parties contractantes, on comprend aussi leurs héritiers.

Les contre-lettres ont toujours été vues avec défaveur, parce que c'est un moyen propre à tromper les tiers : aussi la loi qui leur fait produire un effet entre les parties ne leur en fait produire aucun contre les personnes qui y ont été étrangères.

Une contre-lettre portant qu'une vente n'est pas réelle, est sans effet à l'égard des tiers ; ainsi l'acquéreur qui a donné la contre-lettre, peut très-bien hypothéquer ou transmettre la propriété à un tiers de bonne foi. (Arrêt de cassation, du 18 décembre 1810.)

La contre-lettre contenant les conventions synallagmatiques, n'est valable qu'autant qu'elle a été faite en autant d'originaux qu'il y a de parties ayant un intérêt distinct.

Toute contre-lettre sous seing-privé ayant pour objet une augmentation de prix stipulé dans un contrat, est déclarée nulle ; lorsque l'existence en est constatée, il y a lieu d'exiger, à titre d'amende, le *triple droit* sur les sommes ainsi stipulées.

FORMULE

DE CONTRE-LETTRE.

Je soussigné, Pierre Monnel, propriétaire, demeurant à   déclare, par ces présentes, que je n'ai rien à prétendre dans une somme de   montant en principal d'une obligation souscrite à mon profit et à celui du sieur Jean Antoine, aussi propriétaire, demeurant à   par le sieur Louis Joseph, suivant acte passé devant M°   notaire à   le

Je reconnais et déclare que, quoique cette obligation exprime que le prêt a été fait par moi et Jean Antoine, la vérité est que je n'en ai fourni aucune partie, et que c'est ledit sieur Jean Antoine qui a prêté la somme entière, de ses propres deniers.

Fait à   le   mil...

(Signatures.)

CONTRIBUTION.

Les contributions sont de deux espèces : les contributions directes et les contributions indirectes.

Les contributions directes sont au nombre de quatre, savoir : la contribution foncière, la contribution personnelle et mobilière, la contribution des portes et fenêtres et celle des patentes.

Les contributions indirectes sont : les droits sur les boissons, les cartes, les douanes, les droits de greffe, l'enregistrement, la garantie des matières d'or et d'argent, les octrois, le sel, le tabac, le timbre et les voitures publiques.

L'impôt foncier n'est consenti que pour un an ; les impositions indirectes peuvent l'être pour plusieurs années.

Les contributions sont votées à chaque session, par les Chambres, pour tous les départements.

Les conseils généraux font ensuite la répartition entre chaque arrondissement.

Les conseils d'arrondissement font la répartition entre les communes.

Et les répartiteurs sont chargés de la répartition entre les contribuables.

Contribution foncière.

Elle est payable par tous les propriétaires, possesseurs, usufruitiers ; elle est répartie sur toutes les propriétés foncières, à raison de leur revenu net, imposable.

Les contributions ne peuvent être payées qu'en numéraire, à raison d'un douzième par mois.

Tous fermiers ou locataires sont tenus de faire l'avance du paiement de la contribution, et les propriétaires ou usufruitiers doivent prendre les quittances pour le compte

Celui qui est dénommé au rôle doit payer la con

tion foncière s'il n'a pas fait comprendre le nouveau propriétaire au livre des mutations.

L'action en restitution de la contribution foncière, payée
par le vendeur à la charge de l'acheteur, ne se prescrit
que par trente ans ; si le contribuable est taxé pour un
bien qu'il n'a pas, ou dans une commune qui n'est pas
celle de la situation de son bien, il a droit à une décharge.
(Instruction ministérielle, du 26 prairial an VII.)

S'il a été imposé pour un bien appartenant à un autre,
cela donne lieu à une mutation de cote. (*Ibid.*)

Il a droit à une réduction, si sa cote est trop forte, ou
s'il a été taxé dans une proportion plus forte qu'un ou
plusieurs autres co-propriétaires de la commune où ses
biens sont situés. (*Ibid.*)

Lorsqu'il a perdu ses revenus, il a droit à une remise.
(*Ibid.*)

S'il ne perd qu'une partie de ses revenus, il réclame une
modération. (*Ibid.*)

Dans tous les cas, les pétitions doivent être présentées
dans les trois mois qui suivent la publication et la remise
en recouvrement des *rôles* ; passé ce délai, elles ne sont
plus admissibles.

La feuille d'avertissement et les quittances des sommes
échues des contributions doivent être jointes à la pétition.

La pétition ne peut réunir plusieurs contributions ; il
doit y en avoir une pour chaque contribution.

Les pétitions doivent être sur papier marqué.

Elles sont remises au sous-préfet qui les fait enregistrer, et les renvoie au contrôleur. (Arrêté du 24 floréal
an VIII.)

Contribution personnelle et mobilière.

La contribution personnelle et mobilière doit être supportée par tous les habitants de tout sexe, non indigents, et résidant dans la commune.

La contribution personnelle et mobilière ne doit se payer que dans une seule commune, quand bien même on aurait plusieurs habitations et qu'on résiderait en effet dans différentes communes. Mais on doit la payer dans le lieu où elle est la plus élevée.

Contribution des portes et fenêtres.

Cette contribution est établie par la loi du 4 frimaire an VII, sur toutes les portes et fenêtres d'une maison, d'après leur nombre, leur situation et la population.

Elle est exigible contre les propriétaires, usufruitiers, locataires principaux, sauf leur recours contre les locataires particuliers.

Quand il n'y a pas de convention spéciale, la contribution est due par le locataire et non par le propriétaire. (Arrêt de cassation, du 26 octobre 1814.)

Ne sont pas soumis à la taxe : 1° les portes intérieures d'une maison; 2° les ouvertures extérieures non fermées par une porte ou par une fenêtre; 3° les ouvertures des granges, greniers, caves, bergeries, les manufactures et établissements publics.

CO-TUTEUR.

On nomme ainsi celui qui participe à la tutelle d'un autre. Lorsque, par exemple, le conseil de famille, dûment convoqué, conserve la tutelle à la mère qui veut se remarier, il lui donne nécessairement pour co-tuteur le second mari qui devient solidairement responsable avec sa femme, de la gestion postérieure au mariage.

CURATEUR.

Le curateur est une personne chargée de surveiller l'administration du mineur émancipé, de lui donner des conseils, et de l'assister dans les actes importants de cette administration. On dit *assister*, car les actes sont tous passés au nom du mineur ; le curateur n'est là que pour veiller à ce qu'on ne le trompe pas.

Des curateurs en cas de minorité.

Le compte de tutelle sera rendu au mineur émancipé, assisté du curateur qui lui sera nommé par le conseil de famille.

Le mineur émancipé ne peut intenter une action immobilière, ni y défendre, même recevoir et donner décharge, sans l'assistance de son curateur, qui, au dernier cas, surveillera l'emploi du capital reçu ; mais, pour les actions immobilières, il peut seul les intenter et y défendre.

Le mineur émancipé doit être assigné en son nom ; son curateur ne doit être assigné que pour l'assister. (Arrêts de cassation, des 24 et 26 juin 1809.)

Curateur au ventre.

Si, lors du décès du mari, la femme est enceinte, il est nommé un curateur au ventre par le conseil de famille.

La principale fonction de ce curateur est d'empêcher la supposition d'enfant. La femme qui se déclare enceinte n'est pas tenue d'en fournir la preuve. La seule présomp-

tion suffit pour faire nommer un curateur au ventre, et
les droits des plus proches parents sont suspendus. (Cour
d'Aix, 19 mars 1807.)

A la naissance de l'enfant, la mère devient tutrice, et
le curateur est de plein droit subrogé-tuteur.

Curateur à une succession vacante.

Lorsque, après l'expiration des délais pour faire inventaire et pour délibérer, il ne se présente personne qui réclame la succession, qu'il n'y a pas d'héritier connu, ou
que les héritiers connus ont renoncé, cette succession est
réputée vacante.

Le tribunal de première instance dans l'arrondissement
duquel la succession est ouverte, nomme un curateur,
sur la demande des personnes intéressées, ou sur la réquisition du procureur du Roi. On entend par personnes
intéressées, les créanciers de la succession, les légataires
à titre particulier.

Le curateur à une succession vacante est tenu, avant
tout, d'en faire constater l'état par un inventaire; il en
exerce et poursuit les droits; il répond aux demandes formées contre elles; il administre, sous la charge de faire
verser le numéraire qui se trouve dans la succession, ainsi
que les deniers provenant des meubles ou immeubles
vendus, dans la caisse du receveur de la régie royale,
pour la conservation des droits, et à la charge de rendre
compte à qui il appartiendra.

DONATIONS.

Des donations entre vifs.

On peut, en général, disposer de ses biens de deux manières : *à titre onéreux*, c'est-à-dire moyennant quelque chose que l'autre partie s'oblige à donner ou à faire : comme, par exemple, dans la vente, l'échange, etc. ; *à titre gratuit*, c'est-à-dire lorsque la personne en faveur de laquelle on dispose ne fait ni ne donne rien en échange : ces dispositions sont la donation et le testament.

La donation entre vifs, dit l'art. 894, est un contrat par lequel le donateur se dépouille actuellement et irrévocablement de la chose donnée en faveur du donataire qui accepte. Par le testament, à la différence de la donation, le testateur ne se dépouille pas, il ne dépouille que ses héritiers.

Donation déguisée.

On entend par là une transmission à titre gratuit, cachée sous les apparences d'une vente ou autre acte à titre onéreux.

La question de savoir si les donations déguisées sous la forme d'un contrat onéreux sont nulles, a été longtemps douteuse et controversée; mais la jurisprudence, depuis longtemps fixée, de la cour de cassation, a tranché le doute en faveur de la validité.

Elles sont susceptibles d'être annulées, seulement dans le cas où elles auraient pour but d'avantager une personne incapable, ou de diminuer la réserve établie par la loi au profit de certains héritiers, ou bien encore de se rendre insolvable vis-à-vis de ses créanciers. Mais ce serait à celui qui attaque l'acte à prouver le déguisement.

Donation entre époux par contrat de mariage.

Le législateur, pour encourager les mariages, a dispensé de certaines formalités les libéralités faites en faveur des époux ; il a même autorisé des dispositions qu'en général il avait sévèrement défendues. Ainsi, plusieurs de ces dispositions, quoique entre vifs, sont cependant révocables, malgré la règle *donner et retenir ne vaut.*

On distingue trois espèces différentes de donations en faveur du mariage : 1° donation de biens présents ; 2° donation de biens à venir ; 3° donation de biens présents et à venir.

L'irrévocabilité est le caractère des donations ; la survenance d'enfants ne modifie aucunement ce principe.

Les donations faites par contrat de mariage ne pourront être attaquées ni déclarées nulles, sous prétexte de défaut d'acceptation, c'est-à-dire que la loi n'exige pas, comme dans les donations ordinaires, l'acceptation en termes exprès ; l'acceptation résultera suffisamment de la présence du donataire à l'acte et de sa signature. Cette disposition a encore été dictée par la faveur due au mariage.

Toute donation faite en faveur du mariage sera caduque si le mariage ne s'ensuit pas ; et les donations faites à l'un des époux, dans les termes des art. 1082, 1084 et 1086, deviendront caduques, si le donateur survit à l'époux donataire et à sa postérité.

Des dispositions entre époux, soit par contrat de mariage,
soit pendant le mariage.

Parmi les donations que les époux peuvent se faire l'un

à l'autre, le code distingue celles qui sont faites avant le mariage, et celles qui sont faites pendant le mariage. Les dispositions qui les régissent ne sont pas toutes les mêmes dans ces deux cas.

Toute donation entre vifs de biens présents, faite entre époux, par contrat de mariage, ne sera point censée faite sous la condition de survie du donataire, si cette condition n'est formellement exprimée.

L'époux pourra, soit par contrat de mariage, soit pendant le mariage, pour le cas où il ne laisserait point d'enfants ni descendants, disposer, en faveur de l'autre époux, en propriété, et de tout ce dont il pourrait disposer en faveur d'un étranger, et, en outre, de l'usufruit de la totalité de la portion dont la loi prohibe la disposition au préjudice des héritiers.

Et, pour le cas où l'époux donateur laisserait des enfants ou descendants, il pourra donner à l'autre époux, ou un quart en propriété et un quart en usufruit, ou la moitié de tous ses biens en usufruit seulement.

Cet article modifie, à l'égard des époux, la quotité disponible fixée par les articles 913 et 915 du code civil, de telle sorte qu'un époux ne peut recevoir quelquefois moins et quelquefois plus qu'un étranger. Si, par exemple, un homme a un enfant et une fortune de 24,000 francs, il pourrait donner à un étranger 12,000 francs; il ne pourrait donner à son épouse que 6,000 francs en propriété, 6,000 francs en usufruit. Si, au contraire, il a trois enfants, il ne pourrait donner à un étranger que le quart, 6,000 francs, il pourra toujours donner à son conjoint 6,000 francs en propriété, et 6,000 francs en usufruit.

Le mineur ne pourra, par contrat de mariage, donner à l'autre époux, soit par donation simple, soit par donation réciproque, qu'avec le consentement et l'assistance de ceux dont le consentement est requis pour la validité de son mariage ; et avec ce consentement, il pourra donner tout ce que la loi permet à l'époux majeur de donner à l'autre conjoint.

Des donations entre époux pendant le mariage.

Comme les donations par contrat de mariage, celles faites pendant le mariage peuvent comprendre les trois espèces de biens dont il a été question plus haut.

Mais ici se trouve une différence très-importante : c'est que, quoique qualifiées entre vifs, elles sont toujours révocables. La révocation peut être faite par la femme, sans y être autorisée par le mari ni par la justice. Ces donations, ajoute cependant la loi, ne pourront être révoquées par la survenance d'enfants.

On attribue à ces donations ce caractère de révocabilité, parce qu'elles pourraient avoir été surprises à l'époux donateur par la séduction, ou arrachées par la crainte qu'un refus n'amenât des dissensions dans sa famille. Le code n'impose aucune formalité particulière pour la révocation, d'où l'on peut conclure qu'elle peut se faire par testament ou par acte sous seing-privé, aussi bien que par acte authentique.

L'homme ou la femme qui, ayant des enfants d'un autre lit, contracte un second ou subséquent mariage, ne pourra donner à son nouvel époux qu'une part d'enfant légitime, le moins prenant, et sans que, dans aucun cas, ces donations puissent excéder le quart des biens. La quo-

tité disponible est ici diminuée dans l'intérêt des enfants
d'un premier mariage : on a craint que le père ou la mère
ne fussent trop facilement entraînés, en convolant à des secondes noces, à gratifier leur nouvel époux au détriment
de leurs enfants, et l'on a diminué à cet égard leur faculté
de disposer.

Ainsi donc, pour savoir ce qui peut être donné, on ne
prendra pas pour base la part de l'un des enfants, s'il a
été avantagé ; on calculera la quotité disponible sur la
portion de l'enfant le moins prenant.

Les époux ne peuvent se donner indirectement au-delà
de ce qui leur est permis par les dispositions ci-dessus.
Toute donation déguisée, ou faite à personnes interposées, sera nulle.

Sont réputées par la loi faites à personnes interposées,
les donations de l'un des époux aux enfants, ou à l'un des
enfants de l'autre époux, issus d'un autre mariage, et celles
faites par le donateur aux parents dont l'autre époux sera
héritier présomptif au jour de la donation, encore que ce
dernier n'ait point survécu à son parent donataire.

ENREGISTREMENT.

« Les libéralités soumises à l'événement du décès, et faites par
» contrat de mariage entre les futurs, sont assujetties au droit fixe
» de 5 francs.

« Les donations entre époux, pendant le mariage, sont tarifées
» au droit fixe de 5 francs, lorsqu'elles sont éventuelles.

« Les droits dus sur les donations entre vifs, de biens présents,
» entre époux, sont pour les meubles de un et demi pour cent, et
» pour les immeubles, de 3 fr. pour cent, outre le droit de trans-
» cription, ce qui porte alors le droit dû sur les immeubles à 4 fr.
» 50 c. pour cent. »

Formes des donations.

Pour les contrats, il est ordinairement libre aux parties de choisir le mode de rédaction qui leur convient le mieux, peu importe qu'ils soient revêtus de la forme authentique, ou qu'ils ne résultent que d'actes sous seing-privé ; c'est une circonstance indifférente pour leur validité.

Il n'en est pas de même relativement aux donations : aux termes de l'art. 931 du code civil, elles doivent être passées devant un notaire qui en garde minute ; le tout à peine de nullité.

Cette disposition néanmoins ne s'applique qu'aux donations d'immeubles. Quant aux meubles, il est reconnu qu'ils peuvent être transmis, à titre gratuit, sans acte et sans aucune formalité, pourvu que la délivrance en soit faite à l'instant même. Hors ces cas, non-seulement la donation de choses mobilières doit être passée devant notaire, avec minute, mais il est, de plus, nécessaire que ces choses soient énumérées dans un état estimatif signé du donateur et du donataire, ou de ceux qui acceptent pour lui, lequel reste annexé à la minute. A défaut de cette formalité, le donataire n'aurait aucune action pour en obtenir délivrance.

Si la donation s'applique à des meubles incorporels, tels qu'une créance, une rente, il serait en outre indispensable de la faire notifier au débiteur, qui autrement pourrait toujours se libérer entre les mains du donateur ou de tout autre cessionnaire.

Pour accepter une donation, il faut être majeur. On peut, à cet effet, se faire représenter par un mandataire muni d'une procuration notariée, dont expédition doit être annexée à la minute de la donation , ou à celle de l'acceptation.

La femme mariée ne peut accepter qu'avec l'autorisation de son mari ou de la justice ; le mineur et l'interdit , que par l'entremise de son tuteur, spécialement autorisé par le conseil de famille ; le mineur émancipé , qu'avec l'assistance de son curateur.

Le sourd-muet qui sait écrire peut accepter par lui-même ou par un fondé de pouvoirs. S'il ne sait pas écrire, l'acceptation doit être faite par un curateur nommé à cet effet par le conseil de famille.

Effets des donations.

Lorsque toutes les formalités ont été remplies , le donataire est alors propriétaire incommutable des objets donnés vis-à-vis des tiers. A l'égard du donateur, la donation dûment acceptée est parfaite par le seul consentement des parties , sans qu'il soit besoin de tradition ni de toute autre formalité.

Le donataire est tenu d'exécuter les conditions sous lesquelles il a reçu. Il contracte en outre l'obligation de fournir des aliments à son bienfaiteur devenu indigent.

Annulation , réduction et révocation.

Les donations , comme tous les autres contrats , sont susceptibles d'être attaquées par les créanciers du donateur , si elles ont été faites en fraude de leurs droits.

Toutes les parties intéressées peuvent les faire annuler pour vice de forme ou défaut de capacité de la part des contractants

Plusieurs causes de révocation ont été déterminées par le code civil. Ces causes sont l'inexécution des conditions sous lesquelles la donation a été faite, l'ingratitude et la survenance d'enfants.

« Le montant du droit varie suivant la qualité des parties et la » nature des objets donnés.

» En ligne directe, pour les meubles, il est dû 1 fr. 25 cent., et » pour les immeubles, 4 fr. pour cent, y compris le droit de tran- » scription qui se perçoit en même temps que celui d'enregistrement.

» Entre parents collatéraux successibles, il est dû, pour les meu- » bles, 2 et demi pour cent, et pour les immeubles, 6 et demi pour cent.

» Entre toutes les autres personnes, pour les meubles, 3 fr. 50 c. » pour cent, et pour les immeubles, 6 et demi pour cent.

» La liquidation des droits se fait, savoir : pour les donations d'ob- » jets mobiliers, d'après la déclaration estimative des parties, sans » distraction des charges :

» Et pour les immeubles, d'après l'évaluation qui doit en être faite » et portée, pour la propriété entière, à vingt fois le produit des biens » ou le prix des baux courants ; et si la donation n'est que de l'usu- » fruit, à dix fois ce produit : le tout sans distraction des charges. »

Donation en faveur du mariage.

« Les donations de biens présents pour les meubles, en ligne di- » recte, sont passibles d'un droit de 62 cent. et demi pour 100 fr., » et pour les immeubles, 2 fr. 75 c. pour cent, dont 1 fr. 25 c. pour » l'enregistrement, et 1 fr. 50 c. pour la transcription.

» En ligne collatérale, le droit est, pour les meubles, de 1 fr. 25 c. » pour cent, et pour les immeubles, de 4 fr. pour cent.

» Entre non parents, le droit est, pour les meubles, de 1 fr. 25 c. » pour cent, et pour les immeubles, de 4 pour cent.

» La donation des biens présents et à venir constitue une dona- » tion éventuelle qui n'est soumise qu'au droit fixe de 5 fr. »

ÉCHANGE.

L'échange est un contrat par lequel les parties se donnent respectivement une chose pour une autre.

L'échange diffère de la vente, en ce que le prix n'est pas fixé en argent : aussi on n'a point à distinguer, comme dans la vente, entre la chose et le prix, le vendeur et l'acheteur. Chacune des choses, dans l'échange, est à la fois et la chose vendue et le prix de l'autre ; chacun des contractants est à la fois vendeur et acheteur.

Si l'un des co-permutants a déjà reçu la chose à lui donnée en échange, et qu'il prouve ensuite que l'autre contractant n'est pas propriétaire de cette chose, il ne peut pas être forcé à livrer celle qu'il a promise en contre-échange, mais seulement à rendre celle qu'il a reçue.

Le co-permutant qui est évincé de la chose qu'il a reçue en échange, a le choix de conclure à des dommages-intérêts, ou de répéter sa chose.

La rescision pour cause de lésion n'a pas lieu dans le contrat d'échange, parce que chaque contractant est à la fois vendeur et acheteur. Si, comme vendeur, il demandait la rescision, on lui répondrait qu'en sa qualité d'acheteur il ne peut la demander.

ENREGISTREMENT.

» La régie perçoit, pour échange de meubles, 2 pour cent sur les objets mobiliers, et 1 pour cent sur les créances à terme.

» Les échanges d'immeubles ne sont plus soumis qu'au droit de 2 » et demi pour cent sur la valeur d'un seul des objets échangés.

» Les échanges d'immeubles ou de jouissance sous seing-privé » doivent être enregistrés dans les trois mois de leur date, à peine » du double droit.

» Quant aux échanges de meubles, il n'y a pas de délai de rigueur pour l'enregistrement des actes qui les constatent. »

FORMULE

D'UN CONTRAT D'ÉCHANGE DE CHOSES MOBILIÈRES SOUS SEING-PRIVÉ.

Entre les soussignés,

M. Joseph Vigne, architecte, demeurant à

Et M. Louis Berne, peintre, demeurant à

A été faite la convention suivante :

M. Vigne cède, à titre d'échange, à M. Berne qui accepte, un cheval de trait *ou* de main, de telle taille, tel poil, âgé de avec garantie de tout vice rédhibitoire et de revendication.

De son côté, le sieur Berne, cède, à titre de contre-échange, audit sieur Vigne qui accepte, un meuble de salon, *ou* un billard, *ou bien* une tapisserie (*désigner les objets*).

Le présent échange est fait, de part et d'autre, sans soulte ni retour.

Ou bien :

Le présent échange est fait moyennant la somme de que le sieur Berne promet de payer audit sieur Vigne, le prochain, à titre de soulte et retour, à cause de la plus-value de l'objet donné en contre-échange.

Fait double, à le mil.....

(*Signatures des parties.*)

FORMULE

D'ÉCHANGE D'IMMEUBLES.

Entre les soussignés,

M. Paul, propriétaire, demeurant à

Et le sieur Joseph, propriétaire, demeurant à

A été faite la convention suivante :

M. Paul cède, à titre d'échange, avec garantie de tous troubles et évictions, au sieur Joseph qui accepte :

Dix hectares de terre plantés de mûriers et noyers, situés au terroir de   tenant du levant à   du couchant à   du nord à   et du midi à

M. Paul est propriétaire de cette terre comme héritier de M. un tel, *ou* au moyen de l'acquisition qu'il en a faite du sieur *un tel*, par acte reçu par M⁰ *un tel*, notaire à

De son côté, ledit Joseph cède, à titre de contre-échange, au sieur Paul qui accepte :

Six hectares de bois situés à   tenant.....

Chacun des co-permutants jouira des objets à lui abandonnés, à partir de ce jour, aux charges et conditions d'usage entre les échangistes ; ils paieront les contributions des mêmes objets à partir du

Ces échanges sont faits, de part et d'autre, sans soulte ni retour.

Les parties déclarent que la valeur de chacun des objets échangés est de

Chacun des co-permutants a remis à l'autre un extrait du titre de propriété qui vient d'être énoncé

Fait double à   le   mil.....

(*Signatures des parties.*)

EMANCIPATION.

L'émancipation est un acte par lequel le mineur acquiert le droit de gouverner sa personne et ses biens, en ce qui n'excède pas toutefois les actes de pure administration.

Forme de l'émancipation.

En cas de mariage, le mineur se trouve émancipé de plein droit. Il n'y a aucune espèce de formalité à remplir.

La forme de l'émancipation ordinaire est réglée par les art. 477 et 478 du code civil.

Elle s'opère par la seule déclaration du père ou de la mère, reçue par le juge-de-paix assisté de son greffier.

Celui qui peut conférer l'emancipation.

Le père, ou à son défaut (c'est-à-dire en cas de décès, de mort civile, etc.) la mère du mineur, peuvent l'émanciper lorsqu'il a quinze ans révolus.

Lorsque le père et la mère sont morts, ou dans l'impossibilité de manifester une volonté, c'est au conseil de famille qu'il appartient de procéder à l'émancipation; mais il faut que, dans ce cas le mineur ait dix-huit ans accomplis.

Effet de l'émancipation.

Libre de sa personne, le mineur émancipé peut quitter la maison paternelle ou celle de son tuteur.

Mais s'il a moins de vingt ans, il a besoin, pour s'engager, du consentement de ses père, mere ou tuteur.

Après l'émancipation, le compte de tutelle est rendu, s'il y a lieu, au mineur, assisté de son curateur.

Le mineur a le droit de toucher ses revenus et d'en disposer, ainsi que de ses meubles, de passer des baux dont la durée n'excède pas neuf ans, et d'administrer comme s'il était majeur.

Il ne peut, sans l'assistance de son curateur, recevoir un capital mobilier ni le placer, former ou soutenir une action immobilière.

A l'égard des obligations qu'il aurait contractées par voie d'achat ou autrement, elles sont réductibles de la part des tribunaux, lorsqu'il y a excès.

Un des effets de l'émancipation est de faire cesser l'usufruit légal.

ENREGISTREMENT.

« Les actes d'émancipation sont passibles d'un simple droit de
» 5 fr. par chaque émancipation. »

ENFANTS NATURELS.

Les enfants naturels sont ceux qui sont conçus hors du
mariage. On les divise en trois classes : 1° *les enfants natu-*
rels proprement dits : ce sont ceux dont les père et mère
pouvaient contracter mariage ensemble à l'époque où ils
ont été conçus ; 2° *les enfants adultérins,* dont les père et
mère, ou l'un d'eux, étaient, au temps de la conception,
engagés dans les liens du mariage avec d'autres personnes
que le père ou la mère ; 3° *les enfants incestueux;* ceux
dont les père et mère sont parents ou alliés à un degré qui
emporte la prohibition du mariage entre eux.

§ I.

De la légitimation des enfants naturels.

La légitimation est un bienfait de la loi, dont l'effet est
de faire considérer comme nés du mariage les enfants nés
du concubinage de personnes qui pouvaient contracter
mariage au moment de la conception de ces enfants.

« Les enfants nés hors mariage, » porte l'art. 331 du code
civil, « autres que ceux nés d'un commerce incestueux ou
» adultérin, pourront être légitimés par le mariage subsé-
» quent de leurs père et mère, lorsque ceux-ci les auront
» légalement reconnus avant leur mariage, ou lorsqu'ils
» les reconnaîtront dans l'acte même de célébration. »

Ainsi, d'après la loi, la première condition pour être
légitimé, est d'être reconnu avant le mariage ; or, les en-

fants incestueux et adultérins ne peuvent pas l'être ; et d'ailleurs, pouvait-on, sans blesser la morale, élever à la dignité d'enfants légitimes les enfants du crime?

La légitimation n'a pas d'effet rétroactif lorsqu'elle ne s'est opérée que depuis l'ouverture de la succession ; l'enfant conçu hors mariage ne peut recueillir les biens de l'hérédité. (Cour de cassation, 11 mars 1811.)

Ceux qui contestent la légitimation doivent prouver que l'enfant n'a pu être légitimé. (Cour de Bruxelles, 29 janvier 1813.)

La légitimation peut avoir lieu, même en faveur des enfants décédés qui ont laissé des descendants, et, dans ce cas, elle profite à ces descendants. Les enfants légitimés par le mariage subséquent auront les mêmes droits que s'ils étaient nés de ce mariage. (Code civil, art. 332 et 333.)

§ II.

De la reconnaissance des enfants naturels.

La reconnaissance d'un enfant naturel sera faite par acte authentique lorsqu'elle ne l'aura pas été dans son acte de naissance.

L'acte de reconnaissance est authentique lorsqu'il est reçu soit par l'officier de l'état civil, soit par un notaire, soit par le juge-de-paix. (Cour de Grenoble, arrêt du 14 mars 1804.)

Un acte sous seing-privé, reçu dans un dépôt public, mais dont l'écriture est sujette à vérification, n'est pas un acte authentique dans le sens de l'art. 334. (Cour de cassation, 16 mai 1809.) Le testament du père décédé équivaut à une reconnaissance authentique de l'enfant.

Un aveu judiciaire de la paternité équivaut à une reconnaissance authentique de l'enfant.

La reconnaissance d'un enfant naturel par un mineur est valable, s'il est décédé en minorité : elle ne peut être attaquée, sous ce prétexte, par ses héritiers. (Cour de cassation, 22 janvier 1813.)

La reconnaissance faite par le père, sans l'indication et l'aveu de la mère, n'a d'effet qu'à l'égard du père. (Cour d'Aix, 12 mars 1804, code civil, art. 336.)

Toute reconnaissance de la part du père ou de la mère peut être contestée par tous ceux qui ont intérêt. (Code civil, art. 339.)

Le père ne peut révoquer la reconnaissance par lui faite d'un enfant naturel, comme étant l'effet de la violence de l'enfant, et il lui doit des aliments. (Cour de cassation, 27 août 1811.)

L'acte de reconnaissance est inscrit sur les registres de l'état civil, à sa date, et il en est fait mention en marge de l'acte de naissance.

§ III.

Droits des enfants naturels légitimés.

Lorsqu'ils ont été légitimés par le mariage subséquent, ont les mêmes droits que s'ils étaient nés de ce mariage. L'enfant naturel légitimé ne succède pas à ceux de ses ents qui sont morts après la conception, mais avant le riage de son père et de sa mère. (Cour de cassation, mars 1811.)

§ IV.

Droits des enfants naturels reconnus.

Le droit de l'enfant naturel reconnu, sur les biens de ses père ou mère décédés, est réglé ainsi qu'il suit : si le père ou la mère ont laissé des descendants légitimes, ce droit est d'un tiers de la portion héréditaire que l'enfant naturel aurait eu s'il eût été légitimé ; il est de la moitié lorsque les père et mère ne laissent pas de descendants, mais bien des ascendants, ou des frères ou sœurs; il est des trois quarts lorsque les père ou mère ne laissent ni descendants, ni ascendants, ni frères, ni sœurs. (Code civil, art. 757.)

L'enfant naturel a droit à la totalité des biens, lorsque ses père ou mère ne laissent pas de parents au degré successible. En cas de prédécès de l'enfant naturel, ses enfants ou descendants peuvent réclamer les droits fixés par l'art. 757 du code civil.

L'enfant naturel ou ses descendants sont tenus d'imputer sur ce qu'ils ont droit de prétendre, tout ce qu'ils ont reçus du père et de la mère dont la succession est ouverte et qui serait sujet à rapport. L'enfant naturel peut réclamer son droit contre les légataires et les donataires. (Cour de cassation, 1819.)

Toute réclamation leur est interdite lorsqu'ils ont reçu, du vivant de leurs père et mère, la moitié de ce qui leur est attribué par la loi.

§ V.

Droits des enfants ou descendants de l'enfant naturel.

En cas de prédécès de l'enfant naturel, ses enfants ou descendants peuvent réclamer les droits fixés par le code civil.

Le père doit des aliments à l'enfant naturel reconnu légalement par son fils, et que celui-ci ne peut nourrir. (Cour de Douai, 19 mars 1846.)

§ VI.

Droits des enfants adultérins et incestueux.

La loi ne leur accorde que des aliments; les aliments sont réglés eu égard aux facultés du père et de la mère, au nombre et à la qualité des héritiers légitimes.

EXPROPRIATION

POUR CAUSE D'UTILITÉ PUBLIQUE.

C'est à son usage que l'on doit l'exécution des grands travaux qui, dans ce moment, sillonnent la France dans tous les sens. Sans l'expropriation, les entreprises les mieux conçues, qui servent le mieux la civilisation et le pays, se trouveraient arrêtées par l'égoïsme étroit de quelques citoyens.

LOI SUR L'EXPROPRIATION POUR UTILITÉ PUBLIQUE.

Art. 1er. L'expropriation pour cause d'utilité publique s'opère ar autorité de justice.

Art. 2. Les tribunaux ne peuvent prononcer l'expropriation qu'autant que l'utilité a été constatée et déclarée dans les formes prescrites par la présente loi. Ces formes consistent : 1o dans la loi ou l'ordonnance royale qui autorise l'exécution des travaux pour lesquels l'expropriation est requise ; 2o dans l'acte du préfet qui désigne les localités ou territoires sur lesquels les travaux doivent avoir lieu, lorsque cette désignation ne résulte pas de la loi ou de l'ordonnance royale ; 3o dans l'arrêté ultérieur par lequel le préfet détermine les propriétés particulières auxquelles l'expropriation est applicable. Cette application ne peut être faite à aucune pro-

priété particulière qu'après que les parties intéressées ont été mises
en état d'y fournir leurs contredits.

Art. 3. Tous grands travaux publics, routes royales, canaux,
chemins de fer, canalisation des rivières, bassins et docks, entre-
pris par l'Etat, les départements, les communes, ou par des compagnies particulières, avec ou sans péage, avec ou sans subside du
trésor, avec ou sans aliénation du domaine public, ne pourront
être exécutés qu'en vertu d'une loi, qui ne sera rendue qu'après
une enquête administrative. Une ordonnance royale suffira pour
autoriser l'exécution des routes départementales, celles des canaux
et chemins de fer d'embranchement de moins de vingt mille mètres
de longueur, des ponts et de tous autres travaux de moindre importance. Cette ordonnance devra également être précédée d'une enquête. Ces enquêtes auront lieu dans les formes déterminées par un
règlement d'administration publique.

Des mesures d'administration relatives à l'expropriation.

Art. 4. Les ingénieurs ou autres gens de l'art chargés de l'exécution des travaux, lèvent, pour la partie qui s'étend sur chaque
commune, le plan parcellaire des terrains ou édifices dont la cession
leur paraît nécessaire.

Art. 5. Le plan desdites propriétés particulières, indicatif des
noms de chaque propriétaire, tels qu'ils sont inscrits sur la matrice
des rôles, reste déposé, pendant huit jours, à la mairie de la commune où les propriétés sont situées, afin que chacun puisse en
prendre connaissance.

Art. 6. Le délai fixé à l'article précédent ne court qu'à dater de
l'avertissement qui est donné collectivement aux parties intéressées,
de prendre communication du plan déposé à la mairie. Cet avertissement est publié à son de trompe ou de caisse dans la commune,
et affiché tant à la principale porte de l'église du lieu, qu'à celle
de la maison commune. Il est en outre inséré dans l'un des journaux
publiés dans l'arrondissement, e   l n'en existe aucun, dans
l'un des journaux du département.

Art. 7. Le maire certifie ces publ   et affiches; il mentionne
sur un procès-verbal qu'il ouvre à cet e. et, et que les parties qui
comparaissent sont requises de signer, les déclarations et réclamations qui lui ont été faites verbalement, et y annexe celles qui lui
sont transmises par écrit.

Art. 8. A l'expiration du délai de huitaine prescrit par l'art. 5,
une commission se réunit au chef-lieu de la sous-préfecture. Cette
commission, présidée par le sous-préfet de l'arrondissement, sera
composée de quatre membres du conseil général du département ou
du conseil de l'arrondissement, désignés par le préfet; du maire de
la commune où les propriétés sont situées, et de l'un des ingénieurs
chargés de l'exécution des travaux. La commission ne peut délibérer valablement qu'autant que cinq de ses membres au moins sont

présents. Dans le cas où le nombre des membres présents serait de six, et où il y aurait partage d'opinions, la voix du président sera prépondérante. Les propriétaires qu'il s'agit d'exproprier ne peuvent être appelés à faire partie de la commission.

Art. 9. La commission reçoit, pendant huit jours, les observations des propriétaires. Elle les appelle toutes les fois qu'elle le juge convenable. Elle donne son avis. Ses opérations doivent être terminées dans le délai de dix jours; après quoi le procès-verbal est adressé immédiatement par le sous-préfet au préfet. Dans le cas où lesdites opérations n'auraient pas été mises à fin dans le délai ci-dessus, le sous-préfet devra, dans les trois jours, transmettre au préfet son procès-verbal et les documents recueillis.

Art. 10. Si la commission propose quelque changement au tracé indiqué par les ingénieurs, le sous-préfet devra, dans la forme indiquée par l'art. 6, en donner immédiatement avis aux propriétaires que ces changements pourront intéresser. Pendant huitaine, à dater de cet avertissement, le procès-verbal et les pièces resteront déposés à la sous-préfecture; les parties intéressées pourront en prendre communication sans déplacement et sans frais, et fournir leurs observations écrites. Dans les trois jours suivants, le sous-préfet transmettra toutes les pièces à la préfecture.

Art. 11. Sur le vu du procès-verbal et des documents y annexés, le préfet détermine, par un arrêté motivé, les propriétés qui doivent être cédées, et indique l'époque à laquelle il sera nécessaire d'en prendre possession. Toutefois, dans le cas où il résulterait de l'avis de la commission qu'il y aurait lieu de modifier le tracé des travaux ordonnés, le préfet sursoira jusqu'à ce qu'il ait été prononcé par l'administration supérieure.

L'administration supérieure pourra, suivant les circonstances, ou statuer définitivement, ou ordonner qu'il soit procédé de nouveau à tout ou partie des formalités prescrites par les articles précédents.

Art. 12. Les dispositions des articles 8, 9 et 10 ne sont point applicables au cas où l'expropriation serait demandée par une commune, et dans un intérêt purement communal, non plus qu'aux travaux d'ouverture ou de redressement des chemins vicinaux. Dans ce cas, le procès-verbal, prescrit en l'art. 7, est transmis, avec l'avis du conseil municipal, par le maire, au sous-préfet qui l'adressera au préfet avec ses observations. Le préfet, en conseil de préfecture sur le vu de ce procès-verbal, et sauf l'approbation de l'administration supérieure, prononcera comme il est dit en l'article précédent.

De l'expropriation et de ses suites, quant aux privilèges, hypothèques et autres droits réels.

Art. 13. Si des biens de mineur, d'interdits, d'absents ou autres incapables, sont compris dans les plans déposés en vertu de l'art. 5, ou dans les modifications admises par l'administration supérieure, aux termes de l'art. 11 de la présente loi, les tuteurs, ceux qui ont été envoyés en possession provisoire, et tous représentants des incapables, peuvent, après autorisation du tribunal donnée sur simple requête, en la chambre du conseil. le ministère public entendu, consentir amiablement l'aliénation desdits biens. Le tribunal ordonne les mesures de conservation ou de remploi qu'il juge nécessaire. Ces dispositions sont applicables aux immeubles dotaux et aux majorats. Les préfets pourront, dans le même cas, aliéner les biens des départements, s'ils y sont autorisés par délibération du conseil général; les maires ou administrateurs pourront aliéner les biens des communes ou établissements publics, s'ils y sont autorisés par délibération du conseil municipal ou du conseil d'administration, approuvée par le préfet en conseil de préfecture. Le ministre des finances peut consentir à l'aliénation des biens de l'État, ou de ceux qui font partie de la dotation de la Couronne, sur la proposition de l'intendant de la liste civile. A défaut de conventions amiables, soit avec les propriétaires des terrains ou bâtiments dont la cession est reconnue nécessaire, soit avec ceux qui les représentent, le préfet transmet au procureur du roi dans le ressort duquel les biens sont situés, la loi ou ordonnance qui autorise l'exécution des travaux, et l'arrêté mentionné en l'article 11.

Art. 14. Dans les trois jours et sur la production des pièces constatant que les formalités ont été remplies, le procureur du roi requiert et le tribunal prononce l'expropriation pour cause d'utilité publique des terrains ou bâtiments indiqués dans l'arrêt du préfet. Si, dans l'année de l'arrêté du préfet, l'administration n'a pas poursuivi l'expropriation, tout propriétaire, dont les terrains sont compris audit arrêté, peut présenter requête au tribunal. Cette requête sera communiquée par le procureur du roi au préfet qui devra, dans le plus bref délai, envoyer les pièces, et le tribunal statuera dans les trois jours. Le même jugement commet un des membres du tribunal pour remplir les fonctions attribuées au magistrat directeur du jury chargé de fixer l'indemnité, et désigner un autre membre pour le remplacer au besoin. En cas d'absence ou d'empêchement de ces deux magistrats, il sera pourvu à leur remplacement par une ordonnance sur requête du président du tribunal civil. Dans le cas où les propriétaires à exproprier consentiraient à la cession, mais où il n'y aurait point accord sur le prix, le tribunal donnera acte du consentement, et désignera le magistrat directeur du jury, sans qu'il soit besoin de rendre le jugement d'expropriation, ni de s'assurer que les formalités ont été remplies.

Art. 15. Le jugement est publié et affiché, par extrait, dans la commune de la situation des biens, de la manière indiquée à l'article 6. Il est en outre inséré dans l'un des journaux publiés dans l'arrondissement, ou, s'il n'en existe aucun, dans l'un de ceux du département.

Cet extrait, contenant les noms des propriétaires, les motifs et le dispositif du jugement, leur est notifié au domicile qu'ils auront élu dans l'arrondissement de la situation des biens, par une décla ration faite à la mairie de la commune où les biens sont situés ; et, dans le cas où cette élection de domicile n'aurait pas eu lieu, la notification de l'extrait sera faite en double copie au maire et au fermier, locataire, gardien ou régisseur de la propriété. Toutes les autres notifications prescrites par la présente loi seront faites dans la forme ci-dessus indiquée.

Art. 16. Le jugement sera, immédiatement après l'accomplissement des formalités prescrites par l'article 15 de la présente loi, transcrit au bureau de la conservation des hypothèques de l'arrondissement, conformément à l'article 2181 du code civil.

Art. 17. Dans la quinzaine de sa transcription, les privilèges et les hypothèques conventionnelles, judiciaires ou légales, seront inscrits. A défaut d'inscription dans ce délai, l'immeuble exproprié sera affranchi de tous privilèges et hypothèques, de quelque nature qu'ils soient, sans préjudice des droits des femmes, mineurs et interdits, sur le montant de l'indemnité, tant qu'elle n'a pas été payée ou que l'ordre n'a pas été réglé définitivement entre les créanciers ; les créanciers inscrits n'auront, dans aucun cas, la faculté de surenchérir, mais ils pourront exiger que l'indemnité soit fixée.

Art. 18. Les actions en résolution, en revendication, et toutes autres actions réelles, ne pourront arrêter l'expropriation ni en empêcher l'effet. Le droit des réclamants sera transporté sur le prix, et l'immeuble en demeurera affranchi.

Art. 19. Les règles posées dans le 1er paragraphe de l'article 15 et dans les articles 16, 17 et 18, sont applicables dans le cas de conventions amiables passées entre l'administration et les propriétaires. Cependant l'administration peut, sauf les droits des tiers, et sans accomplir les formalités ci-dessus tracées, payer le prix des acquisitions dont la valeur ne s'élèverait pas au-dessus de cinq cents francs. Le défaut d'accomplissement des formalités de la purge des hypothèques n'empêche pas l'expropriation d'avoir son cours, sauf, pour les parties intéressées, à faire valoir leurs droits ultérieurs.

Art. 20. Le jugement ne pourra être attaqué que par la voie du recours en cassation, et seulement pour incompétence, excès de pouvoir ou vices de forme du jugement. Le pourvoi aura lieu, au plus tard, dans les trois jours, à dater de la notification du jugement, par la déclaration au greffe du tribunal. Il sera notifié dans la huitaine, soit à la partie, au domicile indiqué par l'article 15, soit au préfet ou au maire, suivant la nature des travaux ; le tout à peine de déchéance. Dans la quinzaine de la notification du pourvoi, les pièces seront adressées à la chambre civile de la cour de cassation, qui statuera dans le mois suivant. L'arrêt, s'il est rendu par défaut, à l'expiration de ce délai, ne sera pas susceptible d'opposition.

Du reglement des indemnités.

Art. 21. Dans la huitaine qui suit la notification prescrite par l'article 15, le propriétaire est tenu d'appeler et de faire connaître à l'administration les fermiers, locataires, ceux qui ont des droits d'usufruit, d'habitation ou d'usage tels qu'ils sont réglés par le code civil, et ceux qui peuvent réclamer des servitudes résultant des titres mêmes du propriétaire, ou d'autres actes dans lesquels il serait intervenu ; sinon il restera seul chargé envers eux des indemnités que ces derniers pourront réclamer. Les autres intéressés seront en demeure de faire valoir leurs droits par l'avertissement énoncé en l'article 6, et tenus de se faire connaître à l'administration dans le même délai de huitaine, à défaut de quoi ils seront déchus de tous droits à l'indemnité.

Art. 22. Les dispositions de la présente loi relatives aux propriétaires et à leurs créanciers, sont applicables à l'usufruitier et à ses créanciers.

Art. 23. L'administration notifie aux propriétaires et à tous autres intéressés qui auront été désignés ou qui seront intervenus dans le délai fixé par l'article 21, les sommes qu'elle offre pour indemnités. Ces offres sont, en outre, affichées et publiées conformément à l'article 6 de la présente loi.

Art. 24. Dans la quinzaine suivante, les propriétaires et autres intéressés sont tenus de déclarer leur acceptation, ou, s'ils n'acceptent pas les offres qui leur sont faites, d'indiquer le montant de leurs prétentions.

Art. 25. Les femmes mariées sous le régime dotal, assistées de leurs maris, les tuteurs, ceux qui ont été envoyés en possession provisoire des biens d'un absent, et autres personnes qui représentent les incapables, peuvent valablement accepter les offres énoncées en l'article 23, s'ils y sont autorisés dans les formes prescrites par l'article 13.

Art. 26. Le ministre des finances, les préfets, maires ou administrateurs, peuvent accepter les offres d'indemnité pour expropriation des biens appartenant à l'Etat, à la Couronne, aux départements, communes ou établissements publics, dans les formes et avec les autorisations prescrites par l'article 13.

Art. 27. Le délai de quinzaine, fixé par l'article 24, sera d'un mois dans les cas prévus par les articles 25 et 26.

Art. 28. Si les offres de l'administration ne sont pas acceptées dans les délais prescrits par les articles 24 et 27, l'administration citera devant le jury, qui sera convoqué à cet effet, les propriétaires et tous autres intéressés qui auront été désignés, ou qui seront intervenus, pour qu'il soit procédé au réglement des indemnités de la manière indiquée au chapitre suivant. La citation contiendra l'énonciation des offres qui auront été refusées.

Du Jury spécial chargé de régler les indemnités.

Art. 29. Dans sa session annuelle, le conseil général du département désigne, pour chaque arrondissement de sous-préfecture, tant sur la liste des électeurs que sur la seconde partie de la liste du jury, trente-six personnes au moins, et soixante-douze au plus, qui ont leur domiclle réel dans l'arrondissement, parmi lesquelles sont choisis, jusqu'à la session suivante ordinaire du conseil général, les membres du jury spécial appelé, le cas échéant, à régler les indemnités dues par suite d'expropriation pour cause d'utilité publique. Le nombre des jurés désignés pour le département de la Seine sera de six cents.

Art. 30. Toutes les fois qu'il y a lieu de recourir à un jury spécial, la première chambre de la cour royale, dans les départements qui sont le siège d'une cour royale, et, dans les autres départements, la première chambre du tribunal du chef-lieu judiciaire, choisit en la chambre du conseil, sur la liste dressée en vertu de l'article précédent, pour l'arrondissement dans lequel ont lieu les expropriations, seize personnes qui formeront le jury spécial chargé de fixer définitivement le montant de l'indemnité, et, en outre, quatre jurés supplémentaires : pendant les vacances, ce choix est déféré à la chambre de la cour ou du tribunal chargé du service des vacations. En cas d'abstention ou de récusation des membres du tribunal, le choix du jury est déféré à la cour royale. Ne peuvent être choisis: 1° les propriétaires, fermiers, locataires des terrains et bâtiments désignés en l'arrêté du préfet pris en vertu de l'article 11, et qui restent à acquérir ; 2° les créanciers ayant inscription sur lesdits immeubles; 3° tous autres intéressés désignés ou intervenant en vertu des articles 21 et 22. Les septuagénaires seront dispensés, s'ils le requièrent, des fonctions de jurés.

Art. 31. La liste de seize jurés et des quatre jurés supplémentaires est transmise par le préfet au sous-préfet, qui, après s'être concerté avec le magistrat directeur du jury convoque les jurés et les parties, en leur indiquant, au moins huit jours à l'avance, le lieu et le jour de la réunion. La notification aux parties leur fait connaître les noms des jurés.

Art. 32. Tout juré qui, sans motifs légitimes, manque à l'une des séances, ou refuse de prendre part à la délibération, encourt une amende de cent francs au moins et de trois cents francs au plus. L'amende est prononcée par le magistrat directeur du jury. Il statue en dernier ressort sur l'opposition qui serait formée par le juré condamné. Il prononce également sur les causes d'empêchement que les jurés proposent, ainsi que sur les exclusions ou incompatibilités dont les causes ne seraient survenues ou n'auraient été connues que postérieurement à la désignation faite en vertu de l'article 30.

Art. 33. Ceux des jurés qui se trouvent rayés de la liste par suite des empêchements, exclusions ou incompatibilité prévus à l'article précédent, sont immédiatement remplacés par les jurés supplémentaires, que le magistrat directeur du jury appelle dans l'ordre de leur inscription. En cas d'insuffisance, le magistrat directeur du jury choisit, sur la liste dressée en vertu de l'article 29, les personnes nécessaires pour compléter le nombre des seize jurés.

Art. 34. Le magistrat directeur du jury est assisté, auprès du jury spécial, du greffier ou du commis-greffier du tribunal, qui appelle successivement les causes sur lesquelles le jury doit statuer, et tient procès-verbal des opérations. Lors de l'appel, l'administration a la droit d'exercer deux récusations péremptoires ; la partie adverse a le même droit. Dans le cas où plusieurs intéressés figurent dans la même affaire, ils s'entendent pour l'exercice du droit de récusation, sinon le sort désigne ceux qui doivent en user. Si le droit de récusation n'est point exercé, ou s'il ne l'est que partiellement, le magistrat directeur du jury procède à la réduction des jurés au nombre de douze, en retranchant les derniers noms inscrits sur la liste.

Art. 35. Le jury spécial n'est constitué que lorsque les douze jurés sont présents. Les jurés ne peuvent délibérer valablement qu'au nombre de neuf au moins.

Art. 36. Lorsque le jury est constitué, chaque juré prête serment de remplir ses fonctions avec impartialité.

Art. 37. Le magistrat directeur met sous les yeux du jury ; 1° le tableau des offres et demandes notifiées en exécution des articles 23 et 24 ; 2° les plans parcellaires et les titres ou autres documents produits par les parties à l'appui de leurs offres et demandes. Les parties ou leurs fondés de pouvoir peuvent présenter sommairement leurs observations. Le jury pourra entendre toutes les personnes qu'il croira pouvoir l'éclairer. Il pourra également se transporter sur les lieux, ou déléguer, à cet effet, un ou plusieurs de ses membres. La discussion est publique ; elle peut être continuée à une autre séance.

Art. 38. La clôture de l'instruction est prononcée par le magistrat directeur du jury. Les jurés se retirent immédiatement dans leur chambre pour délibérer, sans désemparer, sous la présidence de l'un d'eux, qu'ils désignent à l'instant même. La décision du jury fixe le montant de l'indemnité ; elle est prise à la majorité des voix. En cas de partage, la voix du président du jury est prépondérante.

Art. 39. Le jury prononce des indemnités distinctes en faveur des parties qui les réclament à des titres différents, comme propriétaires, fermiers, locataires, usagers et autres intéressés dont il est parlé à l'article 21. Dans le cas d'usufruit, une seule indemnité est fixée par le jury, eu égard à la valeur totale de l'immeuble ; le nu-propriétaire et l'usufruitier exercent leurs droits sur le montant de l'indemnité, au lieu de l'exercer sur la chose.

L'usufruitier sera tenu de donner caution ; les pères et mères ayant l'usufruit légal des biens de leurs enfants en seront seuls dispensés. Lorsqu'il y a litige sur le fond du droit ou sur la qualité des réclamants, et toutes les fois qu'il s'élève des difficultés étrangères à la fixation du montant de l'indemnité, le jury règle l'indemnité indépendamment de ces litiges et difficultés, sur lesquels les parties sont renvoyées à se pourvoir devant qui de droit. L'indemnité allouée par le jury ne peut, en aucun cas, être inférieure aux offres de l'administration, ni supérieure à la demande de la partie intéressée.

Art. 40. Si l'indemnité réglée par le jury ne dépasse pas l'offre de l'administration, les parties qui l'auront refusée seront condamnées aux dépens. Si l'indemnité est égale à la demande des parties, l'administration sera condamnée aux dépens. Si l'indemnité est à la fois supérieure à l'offre de l'administration, et inférieure à la demande des parties, les dépens seront compensés de manière à être supportés par les parties et l'administration, dans les proportions de leur offre ou de leur demande avec la décision du jury. Tout indemnitaire qui ne se trouvera pas dans le cas des articles 25 et 26, sera condamné aux dépens, quelle que soit l'estimation ultérieure du jury, s'il a omis de se conformer aux dispositions de l'article 24.

Art. 41. La décision du jury, signée des membres qui y ont concouru, est remise par le président au magistrat directeur, qui la déclare exécutoire, statue sur les dépens et envoie l'administration en possession de la propriété, à la charge par elle de se conformer aux dispositions des articles 53, 54 et suivants. Ce magistrat taxe les dépens dont le tarif est déterminé par un règlement d'administration publique. La taxe ne comprendra que les actes faits postérieurement à l'offre de l'administration ; les frais des actes antérieurs demeurent, dans tous les cas, à la charge de l'administration.

Art. 42. La décision du jury et l'ordonnance du magistrat directeur ne peuvent être attaquées que par la voie du recours en cassation, et seulement pour violation du premier paragraphe de l'article 30, de l'article 31, des deuxième et quatrième paragraphes de l'article 34, et des articles 35, 36, 37, 38, 39 et 40. Le délai sera de quinze jours pour ce recours, qui sera d'ailleurs formé, notifié et jugé comme il est dit en l'article 20 ; il courra à partir du jour de la décision.

Art. 43. Lorsqu'une décision du jury aura été cassée, l'affaire sera renvoyée devant un nouveau jury, choisi dans le même arrondissement. Néanmoins la cour de cassation pourra, suivant les circonstances, renvoyer l'appréciation et l'indemnité à un jury choisi dans un des arrondissements voisins, quand même il appartiendrait à un autre département. Il sera procédé à cet effet conformément à l'article 30.

Art. 44. Le jury ne connaît que des affaires dont il a été saisi au moment de sa convocation, et statue successivement et sans interruption sur chacune de ces affaires. Il ne peut se séparer qu'après avoir réglé toutes les indemnités dont la fixation lui a été ainsi déférée.

Art. 45. Les opérations commencées par un jury, et qui ne sont pas encore terminées au moment du renouvellement annuel de la liste générale mentionnée en l'article 29, sont continuées, jusqu'à conclusion définitive, par le même jury.

Art. 46. Après la clôture des opérations du jury, les minutes de ses décisions et les autres pièces qui se rattachent auxdites opérations, sont déposées aux greffe du tribunal civil de l'arrondissement.

Art. 47. Les noms des jurés qui auront fait le service d'une session ne pourront être portés sur le tableau dressé par le conseil général pour l'année suivante.

Des règles à suivre pour la fixation des indemnités.

Art. 48. Le jury est juge de la sincérité des titres et de l'effet des actes qui seraient de nature à modifier l'évaluation de l'indemnité.

Art. 49. Dans le cas où l'administration contesterait au détenteur exproprié le droit à une indemnité, le jury, sans s'arrêter à la contestation dont il renvoie le jugement devant qui de droit, fixe l'indemnité comme si elle était due, et le magistrat directeur du jury en ordonne la consignation, pour, ladite indemnité, rester déposée jusqu'à ce que les parties se soient entendues ou que le litige soit vidé.

Art. 50. Les bâtiments dont il est nécessaire d'acquérir une portion pour cause d'utilité publique, seront achetés en entier si les propriétaires le requièrent par une déclaration formelle adressée au magistrat directeur du jury, dans les délais énoncés aux articles 24 et 27. Il en sera de même de toute parcelle de terrain qui, par suite du morcellement, se trouvera réduite au quart de la contenance totale, si toutefois le propriétaire ne possède aucun terrain immédiatement contigu, et si la parcelle ainsi réduite est inférieure à dix ares.

Art. 51. Si l'exécution des travaux doit procurer une augmentation de valeur immédiate et spéciale au restant de la propriété, cette augmentation sera prise en considération dans l'évaluation du montant de l'indemnité.

Art. 52. Les constructions, plantations et améliorations ne donneront lieu à aucune indemnité, lorsque, à raison de l'époque où elles auront été faites, ou de toutes autres circonstances dont l'appréciation lui est abandonnée, le jury acquiert la conviction qu'elles ont été faites dans la vue d'obtenir une indemnité plus élevée.

Du paiement des indemnités.

Art. 53. Les indemnités réglées par le jury seront, préalablement à la prise de possession, acquittées entre les mains des ayant-droit. S'ils se refusent à les recevoir, la prise de possession aura lieu après offres réelles et consignations. S'il s'agit de travaux exécutés par l'État ou les départements, les offres réelles pourront s'effectuer au moyen d'un mandat égal au montant de l'indemnité réglée par le jury; ce mandat, délivré par l'ordonnateur compétent, visé par le payeur, sera payable sur la caisse publique qui s'y trouvera désignée. Si les ayant-droit refusent de recevoir le mandat, la prise de possession aura lieu après consignation en espèces.

Art. 54. Il ne sera pas fait d'offres réelles toutes les fois qu'il existera des inscriptions sur l'immeuble exproprié, ou d'autres obstacles au versement des deniers entre les mains des ayant-droit; dans ce cas, il suffira que les sommes dues par l'administration soient consignées, pour être ultérieurement distribuées ou remises selon les règles du droit commun.

Art. 55. Si, dans les six mois du jugement d'expropriation, l'administration ne poursuit pas la fixation de l'indemnité, les parties pourront exiger qu'il soit procédé à la dite fixation.

Quand l'indemnité aura été réglée, si elle n'est ni acquittée ni consignée dans les six mois de la décision du jury, les intérêts courront de plein droit à l'expiration de ce délai.

Dispositions diverses.

Art. 56. Les contrats de vente, quittances et autres actes relatifs à l'acquisition des terrains, peuvent être passés dans la forme des actes administratifs; la minute restera déposée au secrétariat de la préfecture : expédition en sera transmise à l'administration des domaines.

Art. 57. Les significations et notifications mentionnées en la présente loi, sont faites à la diligence du préfet du département de la situation des biens. Elles peuvent être faites tant par huissier que par tout agent de l'administration, dont les procès-verbaux font foi en justice.

Art. 58. Les plans, procès-verbaux, certificats, significations, jugements, contrats, quittances et autres actes faits en vertu de la présente loi, seront visés pour timbre, et enregistrés gratis, lorsqu'il y aura lieu à la formalité de l'enregistrement. Il ne sera perçu aucun droit pour la transcription des actes ou bureau des hypothèques. Les droits perçus sur les acquisitions amiables, faites antérieurement aux arrêtés du préfet, seront restitués lorsque, dans le délai de deux ans, à partir de la perception, il sera justifié que les immeubles acquis sont compris dans ces arrêtés. La restitution des droits ne pourra s'appliquer qu'à la portion des immeubles qui aura été reconnue nécessaire à l'exécution des travaux.

Art. 59. Lorsqu'un propriétaire aura accepté les offres de l'administration, le montant de l'indemnité devra, s'il l'exige et s'il n'y a pas eu contestation de la part des tiers, dans les délais prescrits par les articles 24 et 27, être versé à la caisse des dépôts et consignations, pour être remis ou distribué à qui de droit, selon les règles du droit commun.

Art. 60. Si les terrains acquis pour des travaux d'utilité publique ne reçoivent pas cette destination, les anciens propriétaires ou leurs ayant-droit peuvent en demander la remise. Le prix des terrains rétrocédés est fixé à l'amiable, et, s'il n'y a pas accord, par le jury, dans les formes ci-dessus prescrites. La fixation par le jury ne peut, en aucun cas, excéder la somme moyennant laquelle les terrains ont été acquis.

Art. 61. Un avis publié de la manière indiquée en l'article 6, fait connaître les terrains que l'administration est dans le cas de revendre. Dans les trois mois de cette publication, les anciens propriétaires qui veulent réacquérir la propriété desdits terrains, sont tenus de le déclarer; et, dans le mois de la fixation du prix, soit amiable, soit judiciaire, ils doivent passer le contrat de rachat et payer le prix : le tout à peine de déchéance du privilège que leur accorde l'article précédent.

Art. 62. Les dispositions des articles 60 et 61 ne sont pas applicables aux terrains qui auront été acquis sur la réquisition du propriétaire, en vertu de l'article 50, et qui resteraient disponibles après l'exécution des travaux.

Art. 63. Les concessionnaires des travaux publics exerceront tous les droits conférés à l'administration, et seront soumis à toutes les obligations qui lui sont imposées par la présente loi.

Art. 64. Les contributions de la portion d'immeuble qu'un propriétaire aura cédée, ou dont il aura été exproprié pour cause d'utilité publique, continueront à lui être comptées, pendant un an à partir de la remise de la propriété, pour former son cens électoral.

Dispositions exceptionnelles.

Art. 65. Lorsqu'il y aura urgence de prendre possession des terrains non bâtis, qui seront soumis à l'expropriation, l'urgence sera spécialement déclarée par une ordonnance royale.

Art. 66. En ce cas, après le jugement d'expropriation, l'ordonnance qui déclare l'urgence et le jugement seront notifiés, conformément à l'article 15, aux propriétaires et aux détenteurs, avec assignation devant le tribunal civil. L'assignation sera donnée à trois jours au moins ; elle énoncera la somme offerte par l'administration.

Art. 67. Au jour fixé, le propriétaire et les détenteurs seront tenus de déclarer la somme dont ils demandent la consignation avant l'envoi en possession. Faute par eux de comparaître, il sera procédé en leur absence.

Art. 68. Le tribunal fixe le montant de la somme à consigner. Le tribunal peut se transporter sur les lieux, ou commettre un juge pour visiter les terrains, recueillir tous les renseignements propres à en déterminer la valeur, et en dresser, s'il y a lieu, un procès-verbal descriptif. Cette opération devra être terminée dans les cinq jours à dater du jugement qui l'aura ordonné. Dans les trois jours de la remise de ce procès-verbal au greffe, le tribunal déterminera la somme à consigner.

Art. 69. La consignation doit comprendre, outre le principal, la somme nécessaire pour assurer, pendant deux ans, le paiement des intérêts à cinq pour cent.

Art. 70. Sur le vu du procès-verbal de consignation, et sur une nouvelle assignation à deux jours de délai au moins, le président ordonne la prise de possession.

Art. 71. Le jugement du tribunal et l'ordonnance du président sont exécutoires sur minute et ne peuvent être attaqués par opposition ni par appel.

Art. 72. Le président taxera les dépens qui seront supportés par l'administration.

Art. 73. Après la prise de possession, il sera, à la poursuite de la partie la plus diligente, procédé à la fixation définitive de l'indemnité.

Art 74. Si cette fixation est supérieure à la somme qui a été déterminée par le tribunal, le supplément doit être consigné dans la quinzaine de la notification de la decision du jury, et, à défaut, le propriétaire peut s'opposer à la continuation des travaux.

Art. 75. Les formalités prescrites par la présente loi ne sont applicables ni aux travaux militaires, ni aux travaux de la marine royale. Pour ces travaux, une ordonnance royale détermine les terrains qui sont soumis à l'expropriation.

Art. 76. L'expropriation ou l'occupation temporaire, en cas d'urgence, des propriétés privées qui seront jugées nécessaires pour des travaux de fortification, continueront d'avoir lieu, conformément aux dispositions prescrites par la loi du 30 mars 1831. Toutefois, lorsque les propriétaires ou autres intéressés n'auront pas accepté les offres de l'administration, le règlement définitif des indemnités aura lieu conformément aux dispositions ci-dessus. Seront également applicables aux expropriations poursuivies en vertu de la loi du 30 mars 1831, les articles 16, 17, 18, 19 et 20.

Fait au palais des Tuileries, le 3ᵉ jour de mai l'an 1841.

Signé LOUIS-PHILIPPE.

EXEMPTS DU SERVICE MILITAIRE.

Seront exemptés et remplacés dans l'ordre des numéros subséquents les jeunes gens que leur numéro désignera pour faire partie du contingent, et qui se trouveront dans un des cas suivants : 1° ceux qui n'auront pas la taille d'un mètre cinquante-six centimètres ; 2° ceux que leurs infirmités rendront impropres au service ; 3° l'aîné d'orphelin de père et de mère ; 4° le fils unique ou l'aîné des fils, ou, à défaut de fils ou de gendre, le petit-fils unique ou l'aîné des petits-fils d'une femme actuellement veuve, ou d'un père aveugle ou entré dans sa soixante-dixième année, dans les cas prévus par les paragraphes ci-dessus notés 3° et 4° ; le frère puîné (frère cadet) jouira de l'exemption si le frère aîné est aveugle ou atteint de toute autre infirmité incurable qui le rende impotent ; 5° le plus âgé des deux frères appelés à faire partie du même tirage, et désignés tous deux par le sort, si le plus jeune est reconnu propre au service ; 6° celui dont un frère sera sous les drapeaux, à tout autre titre que pour remplacement ; 7° celui dont un frère sera mort en activité de service, ou aura été réformé ou admis à la retraite pour blessure reçue dans un service commandé, ou infirmités contractées dans les armées de terre ou de mer. L'exemption accordée, conformément aux n° 6 et 7 ci-dessus, sera appliquée dans la même famille autant de fois que les mêmes droits s'y reproduiront.

Seront comptées néanmoins en déduction de ces exemptions, les exemptions déjà accordées aux frères vivants, en vertu du présent article, à tout autre titre que pour infirmité.

Le jeune homme omis qui ne se sera pas présenté par lui ou ses ayant-cause, pour concourir au tirage de la classe à laquelle il appartenait, ne pourra réclamer le bénéfice des exemptions ci-dessus indiquées, si les causes de ces exemptions ne sont survenues que postérieurement à la clôture des listes du contingent de la classe.

Seront considérés comme ayant satisfait à l'appel et comptés numériquement en déduction du contingent à former, les jeunes gens désignés par leur numéro pour faire partie dudit contingent, qui se trouveront dans l'un des cas suivants : 1° Ceux qui seraient déjà liés au service, dans les armées de terre ou de mer, en vertu d'un engagement volontaire, d'un brevet ou d'une commission, sous la condition qu'ils seront, dans tous les cas, tenus d'accomplir le temps de service prescrit par la présente loi ; 2° les jeunes gens portés sur les registres matricules de l'inscription maritime, et les charpentiers de navires, perceurs, voiliers et calfats immatriculés, conformément à la loi du 25 octobre 1795 ; 3° les élèves de l'école polytechnique, à condition qu'ils passeront, soit dans ladite école, soit dans les services publics, un temps égal à celui fixé par la présente loi pour le service militaire ; 4° ceux qui, étant membres de l'instruction publique, auraient contracté, avant l'époque déterminée pour le tirage au sort, et devant le conseil de l'université, l'engagement de se vouer à la carrière de l'enseignement ; la même disposition est applicable aux élèves de l'école normale centrale de Paris, à ceux de l'école dite des *jeunes de langues,* et aux professeurs des institutions royales des sourds-muets ; 5° les élèves des grands séminaires régulièrement autorisés à continuer leurs études ecclésiastiques ; les jeunes gens autorisés à continuer leurs études pour se vouer au ministère dans les autres cultes salariés par l'État, sous la condition, pour les premiers, que s'ils ne sont pas entrés dans les ordres majeurs à vingt-cinq ans accomplis, et pour les seconds, que s'ils n'ont pas reçu la consécration dans l'année qui suivra celle où ils auraient pu la recevoir, ils seront tenus d'accomplir le temps de service prescrit par la présente loi ; 6° les jeunes gens qui auront remporté les grands prix de l'institution de l'université.

Les jeunes gens désignés par leur numéro pour faire partie du contingent cantonnal, et qui en auront été réduits conditionnellement, en exécution des n°° 1, 3, 4 et 5 du présent article, lorsqu'ils cesseront de suivre la carrière en vue de laquelle ils auront été comptés en déduction du contingent, seront tenus d'en faire la déclaration au maire de leur commune, dans l'année où ils auront cessé leurs services, fonctions ou études, et de retirer expédition de leur déclaration. Faute par eux de faire cette déclaration et de la soumettre au visa du préfet du département, dans le délai d'un mois, ils seront passibles des peines portées par l'article 38 de la présente loi.

L'art. 38 s'exprime ainsi : « Toutes fraudes ou manœuvres par suite desquelles un jeune homme aura été omis sur les tableaux de recensement, seront déférées aux tribunaux ordinaires, et punis d'un emprisonnement d'un mois à un an.

» Ils seront rétablis dans le contingent de leurs classes sans déduction du temps écoulé depuis la cessation desdits services, fonctions ou études, jusqu'au moment de la déclaration. » (Loi de 1832.)

FABRIQUE DES ÉGLISES.

Une fabrique est un établissement dont l'objet est de veiller à l'entretien, à la conservation des temples, à l'administration des aumônes et des autres biens appartenant aux églises; c'est, en un mot, dit M. Foucard, la commune catholique. Les fabriques remontent aux temps les plus anciens du christianisme, et elles ont été l'objet d'un grand nombre d'ordonnances et d'édits de nos rois (1). Supprimées en 1792 et 1793, dépouillées de leurs biens rendus nationaux, elles furent rétablies par l'art. 76 du concordat, et virent leur patrimoine reconstitué en partie par plusieurs lois postérieures.

●

(1. Voir notamment une ordonnance de Charles V, octobre 1382 ; de Charles IX, lettres-patentes du 3 octobre 1571 ; concile de Mayence, 1549 ; arrêt du parlement du 11 avril 1569 ; édits de 1619 et 1695.

Le 76e article organique du concordat portait, d'une manière générale, qu'il serait établi des fabriques, sans dire quelle autorité y pourvoirait ; les évêques se crurent suffisamment autorisés à organiser les fabriques des différentes paroisses de leur diocèse : mais un arrêté du Gouvernement, du 7 thermidor an xi, ayant restitué aux églises les biens et les rentes des anciennes fabriques dont l'État se trouvait encore en possession, décida que ces biens seraient administrés dans la forme particulière aux biens communaux, par des marguilliers que nommerait le préfet En exécution de cet arrêté, les préfets nommèrent, de leur côté, des fabriques qui existèrent simultanément avec celles des évêques. Il résulta de cet état de choses des discussions qui firent sentir la nécessité d'une organisation complète des conseils de fabrique. Cette organisation fut faite par le décret du 30 décembre 1809, dont nous allons faire connaître l'esprit.

§ I.

Organisation des fabriques.

L'administration des fabriques présente la plus grande analogie avec l'administration communale établie par la loi du 14 décembre 1789 ; elle se compose d'un conseil délibérant : *le conseil de fabrique* ; et d'un conseil agissant : *le bureau des marguilliers.*

Le conseil de fabrique est composé de cinq ou de neuf membres, suivant l'importance de la population, et, en sus, du curé et du maire, qui en sont membres de droit. Pour la première organisation, les membres ont été nommés par l'évêque et par le préfet ; depuis, ils se renouvellent partiellement tous les trois ans; les membres restants nomment ceux qui doivent remplacer les conseillers sortants, lesquels peuvent être réélus. Le conseil nomme, chaque année, son président, qui a voix prépondérante en cas de partage, et un secrétaire; il faut, pour qu'il puisse délibérer, plus de la moitié de ses membres : les décisions sont prises à la pluralité des voix. Les fonctions du conseil sont purement délibératives. Il se réunit le premier dimanche des mois d'avril, de juillet, d'octobre et de janvier. (Décret du 30 décembre 1809, art. 1 et 13. L'ordonnance du 12 janvier 1825 a substitué le dimanche de la Quasimodo au premier dimanche d'avril.)

Le bureau des marguilliers se compose du curé ou desservant qui en est membre perpétuel et de droit, de trois membres du conseil de fabrique nommés par le conseil. Chaque année, le dimanche de la Quasimodo, le plus ancien marguillier est remplacé : c'est le conseil qui doit nommer son remplaçant; s'il ne l'a pas fait à l'époque fixée, il y est pourvu par l'évêque. Le bureau des marguilliers nomme un président qui a voix prépondérante en cas de partage, un secrétaire et un trésorier. Il faut au moins trois membres pour que les délibérations soient valables. Le bureau des marguilliers se réunit tous les mois, et plus souvent si cela est nécessaire; il est chargé de la partie active de l'administration, qu'il partage avec le curé. (*Ibid.*, art. 13 à 35.)

§ II.

Des biens des fabriques.

Comme les communes, les fabriques sont des personnes

morales susceptibles de faire tous les actes de la vie civile:
elles peuvent aliéner, louer, intenter un procès ; cependant, dans le cas d'une action à intenter, ou à soutenir,
comme dans tous les cas où il s'agit d'un acte qui peut
compromettre le patrimoine communal, le conseil de fabrique a besoin, pour agir, d'une autorisation du conseil
de préfecture. Pour l'obtenir, on adresse la délibération
du conseil au sous-préfet, lequel l'envoie au préfet, avec
son avis. Le préfet soumet le tout à la délibération du
conseil de préfecture, qui décide s'il y a lieu d'autoriser
à plaider ou à transiger, etc.

Les fabriques ont des revenus particuliers, tels que le
produit de la location des chaises, des concessions de
bancs, etc. Les biens appartenant aux fabriques sont énumérés dans l'art. 36 du décret du 30 décembre 1809, qui
parle, dans son premier paragraphe, des biens et rentes
restitués aux fabriques, ou qui leur ont été affectés par
divers décrets. Voici quels sont ces décrets.

L'arrêté du 7 thermidor an xi restitue aux fabriques les
biens et rentes qui appartenaient aux anciennes fabriques,
et attribue aux églises conservées ceux des églises supprimées qui se trouvaient dans leur arrondissement. Un décret du 31 juillet 1806 décide que cet arrêté doit être in-
terprété en ce sens, que les biens des fabriques supprimées
appartiennent aux fabriques des églises auxquelles les
églises supprimées ont été réunies, quand même ils seraient
situés dans les communes étrangères.

Le décret du 15 ventôse an xiii étend les dispositions
de l'arrêté du 7 thermidor an xi aux biens provenant des
métropoles et des cathédrales.

Le décret du 28 messidor an XIII donne aux fabriques les biens provenant des anciennes confréries.

Le décret du 30 mai 1806 attribue les églises et presbytères des églises supprimées aux fabriques dans l'arrondissement desquelles ils se trouvent.

L'ordonnance du 28 mars 1820 renouvelle la plupart de ces dispositions.

§ III.

Rapport des fabriques avec les communes.

Les communes sont appelées à contribuer, avec les fabriques, aux dépenses du culte; il y en a qu'elles sont toujours obligées de faire : ce sont celles des grosses réparations des édifices consacrés au culte. Il en est d'autres auxquelles elles ne sont tenues que subsidiairement. Ainsi, quand il n'existe pas de presbytère, elles doivent en fournir un au desservant ; à défaut de logement, une indemnité. Lorsque les fabriques ne peuvent pas suffire à leurs charges ordinaires, les communes doivent y suppléer ; mais, dans ces deux derniers cas, le budget de la fabrique est porté au conseil municipal, dont la délibération doit être approuvée par le préfet et par l'évêque ; et, en cas de dissentiment, par le ministre des cultes. Si le conseil municipal est d'avis de demander une réduction sur quelques articles de dépenses de la célébration du culte, sa délibération est adressée à l'évêque qui prononce, sauf le recours au Roi, en conseil d'État, de la part du conseil municipal, lorsque sa proposition n'est pas adoptée. (Décret de 1809.)

Les débats qui s'élèvent entre une fabrique et d'autres établissements de la même nature, ou le domaine, sur la possession des biens restitués, rentre dans le contentieux de l'administration , qui appartient au conseil de préfecture, parce qu'ils ne peuvent être résolus que par l'application des actes administratifs qui ont remis les fabriques en possession de leurs biens. (Avis du conseil d'État, du 26 février 1809.)

Mais les contestations qui naissent entre les fabriques et les particuliers, sur la propriété d'une rente, sur sa qualité de féodale, sur la propriété des biens, et toutes les poursuites à fin de recouvrement des revenus, sont portées devant les tribunaux ordinaires.

L'ordonnance du 2 avril 1817 place les fabriques au rang des établissements qui peuvent recevoir des donations ou des legs , et ont ainsi une existence civile régie par les mêmes régles que celles des communes.

GAGE.

C'est la nantissement d'une chose mobilière que le débiteur remet au créancier pour sûreté de la dette.

Le gage confère au créancier le droit de se faire payer sur la chose, par privilège et préférence sur les autres créanciers.

L'acte de nantissement doit renfermer, avec la plus scrupuleuse exactitude , la désignation des objets donnés en gage. Le défaut d'exécution de cette formalité rigoureusement exigée par la loi , entraînerait la nullité du contrat (Arrêt de la cour de cassation , du 4 mars 1811.)

Le gage peut être donné pour un tiers par le débiteur.

ENREGISTREMENT.

« Une obligation de sommes, avec remise d'un gage , ne donne lieu qu'au droit de » 1 fr. pour cent : mais si la remise d'un gage est

« stipulée par acte séparé, elle opère le droit de 50 c. par cent.

« Si le gage était donné par un tiers pour le débiteur présent à

« l'acte, il serait de 50 centimes par cent. »

FORMULE

D'UN ACTE DE GAGE.

Entre les soussignés,

M. Henri Louis, propriétaire à

Et M. Jacques Valicon, agriculteur, demeurant à

A été faite la convention suivante:

M. Louis voulant assurer le paiement, tant en principal qu'intérêts échus et à échoir, d'une obligation de la somme de

par lui contractée au profit de M. Jacques Valicon, suivant acte sous seing-privé, en date du   enregistré, a présentement remis en gage audit M. Jacques Valicon, qui accepte, les objets ci-après (désigner les objets), appartenant à M. Louis, ainsi qu'il le déclare.

Ces objets remis en nantissement sont affectés, par privilège spécial, au paiement de l'obligation ci-dessus énoncée.

M. Jacques Valicon s'oblige à rendre à M. Louis les objets qui viennent de lui être donnés en nantissement, aussitôt après l'acquittement de la dette dont il vient d'être parlé, en principal, intérêts et accessoires.

Fait double à   le   mil.....

(Signatures des parties.)

GARDE CHAMPÊTRE. — FORESTIER.

Les gardes champêtres sont des fonctionnaires publics, institués pour surveiller la conservation des récoltes, des fruits de la terre et des propriétés rurales de toute espèce, et dresser des procès-verbaux de tous les délits, de toutes les contraventions qui y portent quelque atteinte.

Organisation.

Il doit y avoir au moins un garde par commune; plusieurs communes peuvent choisir et payer le même garde champêtre, et une commune peut en avoir plusieurs.

Dans les communes où il y a des gardes établis pour la conservation des bois, ils peuvent remplir les deux fonctions.

Nomination et révocation.

Une ordonnance du Roi, du 29 novembre 1820, détermine en ces termes le mode de nomination et de révocation des gardes champêtres.

« Art. 1er. — Le choix des gardes champêtres sera fait
» par les maires, et sera approuvé par les conseils muni-
» cipaux. Le sous-préfet de l'arrondissement leur déli-
» vrera une commission.

» Art. 2. — Le changement ou la destitution des gardes
» champêtres ne pourra être prononcé que par le sous-
» préfet, sur l'avis du maire et du conseil municipal du
» lieu; le sous-préfet soumettra son arrêté à l'approbation
» du préfet. »

Traitement ou salaire.

Les gardes champêtres sont payés par les communes, suivant le prix déterminé par le conseil municipal.

Réception et prestation de serment.

Les gardes champêtres doivent être âgés au moins de vingt-cinq ans, et reconnus pour gens de bonnes mœurs; ils sont reçus par le juge de paix qui leur fait prêter serment de veiller à la conservation de toutes les propriétés qui sont sous la foi publique.

Armes et marques distinctives.

Il est permis aux gardes champêtres d'avoir un fusil de guerre, lorsqu'ils y sont autorisés par le sous-préfet.

A défaut d'armes de guerre, ils sont armés de sabre.

Ils ont sur le bras une plaque de métal sur laquelle sont inscrits ces mots : *loi,* le *nom* de la commune et celui du garde.

FORMULE

DE PROCÈS-VERBAL DE GARDE CHAMPÊTRE D'UNE COMMUNE.

L'an mil huit cent   le   heure de ,   nous soussigné, Louis Bénière, garde champêtre de la commune de residant à   assermenté en justice, certifions qu'étant décoré du signe caractéristique de nos fonctions, et faisant notre tournée ordinaire pour la conservation des propriétés confiées à notre garde, en passant dans le chemin de   conduisant à   nous avons trouvé dans une pièce de terre semée en blé, dont le grain est près de maturité, et qui appartient au sieur Paul, cultivateur en cette commune, un troupeau de moutons *ou* une vache, etc, que nous avons reconnu appartenir au sieur Pierre, aussi cultivateur en cette commune, et qui passait dans ladite pièce de terre du sieur Paul, sous la garde du nommé Louis, âgé de   domestique au service dudit sieur Pierre, et demeurant avec lui. Nous avons sommé ledit Louis de faire retirer sur-le-champ son troupeau *ou* sa vache de la pièce de terre du sieur Paul; ce qu'il a fait à l'instant. Nous avons évalué les dommages causés par le troupeau à la somme de :   et déclaré audit Louis que nous allions faire notre rapport, tant contre lui que contre ledit sieur Pierre, son maître, comme civilement responsable de ses faits, et avons rédigé, en conséquence, le présent procès-verbal que nous avons signé.

NOTA. *Les gardes champêtres des particuliers procèdent de la même manière. Ils nomment, dans leurs procès-verbaux, les personnes dont ils sont gardes, la situation des propriétés de ces personnes, et le lieu précis de ces propriétés où s'est commise l'infraction. A la différence des gardes de l'État, les gardes des communes et ceux des particuliers se servent de papier timbré, et font enregistrer leurs actes moyennant le paiement des droits.*

L'année, le mois, le nom du garde et celui du délinquant sont notés à peine de nullité. Ils doivent aussi, à peine de nullité, faire affirmer leurs procès-verbaux dans les ving-quatre heures, devant le maire ou le juge-de-paix, qui doivent en donner lecture aux gardes et signer avec eux.

Les gardes champêtres qui ne rédigent pas les procès-verbaux de leur propre main, doivent les faire rédiger par les fonctionnaires qui peuvent recevoir l'affirmation.

Il n'est pas nécessaire, *à peine de nullité*, que les procès-verbaux énoncent la demeure du garde.

Le procès-verbal d'un garde champêtre ne peut pas être annulé pour défaut de mention de la date de réception du garde, ni pour défaut de mention que le garde était revêtu des signes distinctifs de ses fonctions. (Arrêt de cassation, du 18 février 1820.)

La peine de nullité est prononcée par l'art. 39 de la loi du 22 frimaire an VII, pour défaut d'enregistrement.

Les procès-verbaux des gardes champêtres doivent être enregistrés *en debet*, ainsi que les jugements qui interviennent, sur les procès-verbaux.

Garde forestier.

Les gardes forestiers sont institués pour la conservation des bois et forêts de l'État, des communes, des établissements publics et des particuliers.

Leur organisation, leurs attributions et le mode de leur nomination sont réglés par le code forestier (21 mai 1827), par l'ordonnance du 1er août, et par les dispositions des lois antérieures que le code a laissé subsister.

HAIE.

C'est une clôture faite d'épines, de ronces, etc., ou de branchages entrelacés.

La haie sèche peut se planter sur la ligne séparative de deux propriétés, sans observer aucune distance.

Mais il n'en est pas de même de la haie vive, dont les racines et les branches peuvent nuire à l'héritage voisin ; elle rentre dès-lors sous l'action des règlements relatifs à la plantation des arbres. (Voyez *Arbres.*)

En principe, toute haie vive ou sèche qui sépare deux héritages est réputée mitoyenne.

Excepté 1° lorsqu'il y a titre ;

2° Lorsqu'il y a possession suffisante ou contraire en faveur de celui qui prétend que la haie lui appartient en propre.

L'article 456 du code pénal prononce un emprisonnement d'un mois à un an, et une amende de 50 f. au moins contre toute personne qui aura arraché ou coupé des haies en tout ou en partie.

HOTELIER.

Le fait seul d'exercice de l'une des professions désignées en l'art. 50 de la loi du 28 avril 1816, établit la présomption légale de la vente des boissons en détail, indépendamment du fait réel de débit, et astreint dès lors les personnes qui exercent ces professions à l'obligation de faire la dé-

claration et de prendre la licence exigée des débitants de
boissons. La décision s'applique notamment à l'aubergiste
qui loge habituellement des voituriers et leurs chevaux, bien
qu'il ne débite pas de boissons et ne donne pas à manger;
au cafetier qui ne vend que du café en fusion, bien qu'il
ne débite aucune boisson ni liqueurs assujettis aux droits.
(Cour de cassation, 7 février 1829.)

Plusieurs arrêts de la cour de cassation, dont quelques
uns rendus en audience solennelle, ont déjà consacré cette
doctrine.

L'art. 50 de la loi du 28 avril 1816 est ainsi conçu :
« Les cabaretiers, aubergistes, traiteurs, restaurateurs,
» maître d'hôtels garnis, cafetiers, liquoristes, buvetiers,
» débitants d'eau-de-vie, concierges et autres donnant à
» manger au jour, au mois ou à l'année, ainsi que tous
» autres qui voudront se livrer à la vente en détail des
» boissons spécifiées en l'art. 47, seront tenus de faire leur
» *déclaration* au bureau de la régie, dans les trois jours
» de la mise à exécution de la présente loi, et à l'avenir, avant
» de commencer leur débit ; et de désigner les espèces et
» quantités de boissons qu'ils auront en leur possession
» dans les caves ou celliers de leur demeure ou ailleurs,
» ainsi que le lieu de la vente, comme aussi d'indiquer,
» par une enseigne ou bouchon, leur qualité de débitant. »

L'art. 144 de la même loi ajoute : « Toute personne as-
» sujettie, par le présent titre, à une déclaration préalable,
» en raison d'un commerce quelconque de boissons, sera
» tenue, en faisant ladite déclaration, et sous les mêmes
» peines, de se munir d'une licence. »

La crainte que les aubergistes et maîtres d'hôtels garnis,
ainsi que les concierges des établissements publics, n'abu-

sent de leur liberté, les a fait ranger parmi les débitants de boissons. L'art. 237 de la loi du 28 avril fournit aux employés de la régie les moyens de prévenir la fraude ou de l'empêcher.

L'article porte : « En cas de soupçon de fraude à l'égard
» des particuliers non sujets à l'exercice, les employés pour-
» ront faire des visites dans l'intérieur de leurs habitations,
» en se faisant assister du juge-de-paix, du maire, de son
» adjoint ou du commissaire de police, lesquels seront
» tenus de déférer à la réquisition qui leur en sera faite,
» et qui sera transcrite en tête du procès-verbal. »

HUISSIERS.

Il y a peine d'interdiction et de destitution contre l'huissier qui prendrait de plus forts droits que ceux qui lui sont alloués par le tarif, même dans le cas où il ne serait pas fait mention du *coût* de son exploit, tant sur l'original que sur la copie.

Il doit faire mention, à la fin de l'original et de la copie de l'exploit, du coût d'icelui, à peine de 5 fr. d'amende.

Les huissiers sont tenus d'acquitter les droits d'enregistrement de leurs actes ; mais ils peuvent prendre exécutoire du juge-de-paix du canton, contre la partie, pour le remboursement.

HYPOTHÈQUE.

L'hypothèque est un droit réel sur les immeubles affectés à l'acquittement d'une obligation ; elle est de sa nature indivisible, et subsiste en entier sur tous les immeubles affectés, sur chacun et sur chaque portion de ces immeubles ; elle les suit dans quelques mains qu'ils passent.

L'hypothèque n'a lieu que dans les cas et suivant les formes autorisées par la loi.

Elle est légale ou judiciaire, ou conventionnelle.

L'hypothèque légale est celle qui résulte de la loi.

L'hypothèque judiciaire est celle qui résulte de jugements ou actes judiciaires.

L'hypothèque conventionnelle est celle qui dépend de conventions et de la forme extérieure des actes et des contrats.

Sont seuls susceptibles d'hypothèque : 1° les biens immobiliers qui sont dans le commerce, et leurs accessoires réputés immeubles; 2° l'usufruit des mêmes biens et accessoires, pendant le temps de sa durée.

Les meubles ne sont pas susceptibles d'hypothèque.

Les droits et créances auxquels l'hypothèque légale est attribuée, sont : 1° ceux des femmes mariées, sur les biens de leurs maris ;

2° Ceux des mineurs et interdits, sur les biens de leurs tuteurs ;

3° Ceux de la nation, des communes et établissements publics, sur les biens des receveurs et administrateurs comptables.

L'hypothèque légale existe indépendamment de toute inscription : 1° au profit des mineurs et interdits, sur les immeubles appartenant à leurs tuteurs, à raison de sa gestion, du jour de l'acceptation de la tutelle;

2° Au profit des femmes, pour raison de leur dot et conventions matrimoniales, sur les immeubles de leurs maris, à compter du jour de leur mariage ;

3° Pour les sommes dotales qui proviennent de succes-

sions à elles échues, à compter de l'ouverture des successions ;

4° Pour les donations a elles faites pendant le mariage,
du jour où les donations ont eu leur effet.

Formalités générales des inscriptions.

Le créancier joint deux bordereaux écrits sur papier timbré, dont l'un peut être porté sur l'expédition du titre.

Les bordereaux doivent contenir la date et la nature du
titre. Une inscription est nulle si elle donne une fausse
date. (Cour de cassation, 7 septembre 1807.)

A défaut de titre, l'époque à laquelle l'hypothèque a
pris. (Cour de cassation, 22 avril 1807.) Mais il a été jugé
qu'elles n'étaient pas nulles lorsque la véritable date du
titre était indiquée concurremment avec une fausse date.
(Cour de cassation, 17 novembre 1812.)

Lorsque l'erreur dans la date du titre hypothécaire ne
préjudicie à personne, l'inscription n'est pas nulle. (Cour
de cassation, 17 août 1813. — Arrêt de la même cour, du
9 novembre 1815.)

Le titre doit être celui originaire constitutif de l'hypothèque, et non le titre subséquent. (Cour de cassation,
4 avril 1810. — Même cour, 7 octobre 1812 et 11 mars
1816.)

Le bordereau doit contenir encore : 1° les nom, prénoms, domicile du créancier, sa profession, s'il en a une,
et l'élection d'un domicile pour lui dans un lieu quelconque dans l'arrondissement du bureau ; 2° les nom, prénoms, domicile du débiteur, sa profession, s'il en a une
connue ; 3° la date et la nature du titre ; 4° le montant du
capital des créances exprimées dans le titre, ou évaluées

par l'inscrivant, pour les rentes et prestations, ou pour les droits éventuels, conditionnels ou indéterminés, dans les cas où cette évaluation est ordonnée, comme aussi le montant des accessoires de ces capitaux, et l'époque de l'exigibilité ; 5° l'indication de l'espèce et de la situation des biens sur lesquels il entend conserver son privilège ou hypothèque. Cette dernière disposition n'est pas nécessaire dans le cas des hypothèques *légales* ou *judiciaires*. A défaut de convention, une seule inscription pour ces hypothèques frappe tous les immeubles compris dans l'arrondissement du bureau.

DROITS D'ENREGISTREMENT.

» (Droit, 1 fr. par mille sur le montant de la créance, plus le décime de ce droit. — Salaire pour le conservateur, 1 fr. — Timbre du registre, à raison de 1 fr. par rôle. — Timbre du registre du dépôt, 6 c. par case. — Timbre de la reconnaissance remise à l'inscrivant, 35 c. — Pour les créances éventuelles, le droit ne se perçoit que lorsque l'exigibilité est arrivée.) »

FORMULE

Bordereau d'inscription hypothécaire des créances, résultant *(énoncer la nature, la date et l'enregistrement du titre; si c'est un contrat de mariage, jugement ou obligation, ou une délibération du conseil de famille; si l'inscription est prise à la requête du tuteur.)*

AU PROFIT

De M. Jean-Baptiste Boudelot marchand, demeurant à
qui élit domicile en sa demeure, ou chez M. *un tel* , avoué ;

CONTRE

Le sieur Paul Dartay, propriétaire, demeurant à   pour avoir
sûreté et conservation de la somme principale de   en vertu

d'un acte obligatoire consenti à son profit par ledit Darlay, devant
M₁ un tel, notaire à   le   enregistré, qui sera présenté.

POUR SURETÉ

Desquelles sommes il requiert inscription sur (*indiquer les biens
leur situation et l'arrondissement du bureau où ils sont situés.*)
1° Principal, de la créance, montant à.   exigible
le   ci. . . . .
2° Intérêts exigibles à la même époque, la somme de
y compris l'année courante, à cinq pour cent par an, ci. Mémoire.
3° Frais et mises à exécution, montant à   ci. . .

Total. . . . .

Pour laquelle somme de   et pour celles indéterminées, le requérant requiert inscription sur lesdits biens ci-devant désignés et
confiés.

(*Signer.*)

Il n'est payé qu'un seul droit d'inscription par chaque
créance, quel que soit le nombre des créanciers requérants.

S'il y a lieu à l'inscription d'une même créance dans
plusieurs bureaux, il n'est payé, par chacune des autres
inscriptions, que le simple salaire du préposé, sur la représentation de la quittance constatant le paiement du
droit lors de la première inscription.

En conséquence, le préposé, dans le premier bureau,
est tenu de délivrer à celui qui paiera le droit, indépendamment de la quittance au pied du bordereau d'inscription, autant de duplicata de ladite quittance qu'ils en sera
demandé.

Il sera payé au préposé vingt centimes par chaque duplicata, outre le papier timbré.

Inscription d'hypothèque légale.

A défaut par les maris tuteurs, subrogés-tuteurs, de faire faire les inscriptions rdonnées par la loi, elles seront requises par le procureur du Roi.

Les parents, soit du mari, soit de la femme, et les parents du mineur, ou, à défaut de parents, ses amis, peuvent requérir lesdites inscriptions; elles pourront aussi être requises par la femme et par les mineurs.

Les droits d'hypothèque purement légale sont inscrits sur la représentation de deux bordereaux contenant seulement 1° les nom, prénoms, profession, domicile ou désignation précise du créancier ;

2° Les nom, prénoms, profession, domicile ou désignation précise du débiteur ;

3° La nature des droits à conserver et le montant de leur valeur quant aux objets déterminés, sans être tenu de le fixer quant à ceux qui sont conditionnels, éventuels ou indéterminés.

FORMULE.

Bordereau d'inscription d'hypothèques légales déterminées,

AU PROFIT

Du sieur Antoine Bonnet, demeurant à Lyon, au nom et comme subrogé-tuteur de Marie-Hélène, demeurant aussi à Lyon, sous la tutelle de Louis Roux, son père, domicile élu en la demeure dudit Antoine Bonnet, ou chez

CONTRE

Ledit Louis Roux, demeurant à   à fin de paiement de sommes qui pourront être dues par ledit sieur Louis Roux, pour raison de sa tutelle, et qui sont indéterminées, attendu que la li quidation de la succession de Marie-Hélène, mère de ladite mineure, n'est point encore faite, ci. . . . . Mémoire.

Pour sûreté desquelles créances il requiert l'inscription de l'hypothèque légale sur tous les biens présens et à venir du sieur Louis Roux, situés dans l'arrondissement de ce bureau:

FORMULE

D'UNE INSCRIPTION D'HYPOTHÈQUE JUDICIAIRE.

Bordereau d'inscription hypothécaire des créances résultant d'un jugement rendu par défaut par le tribunal civil de Lyon, enregistré à le et signifié;

AU PROFIT

De Pierre Bonnard, marchand mercier, demeurant à Lyon, pour lequel domicile est élu dans sa maison d'habitation, rue Saint-Jean, n°

CONTRE

Sieur Charles Mège, aussi marchand mercier, demeurant dans la même ville;

Pour sûreté desquelles créances, il requiert l'inscription sur tous les biens présents et à venir du sieur Mège, qui se trouvent situés dans l'arrondissement de ce bureau.

Principal de la créance de montant à exigible le ci. . . . .

Intérêts exigibles depuis la même époque à raison de cinq pour cent, la somme de ci. . . . .

Frais et mises à exécution, la somme de ci. . .

Total. . . . .

FORMULE

D'UN BORDEREAU D'HYPOTHÈQUE CONVENTIONNELLE.

Pour sieur Luc Guy, fabricant de poterie, domicilié à patenté pour l'année troisième classe, n° lequel fait

élection de domicile à   ~t, l'étude de M° Candy, notaire
y résidant et domicilié;

Contre sieur Pierre Vallier, propriétaire, demeurant et domicilié à

Elle résulte d'un acte reçu par M° Candy et son collègue, notaire
à la résidence de   le vingt-deux mars mil huit cent trente neuf,
portant obligation par Vallier, au profit de Guy, de la somme
de   productive d'intérêts à cinq pour cent, fin libération, ci . . . .   » fr.

Pour sûreté de laquelle somme de 0000 fr. en principal, et de
tous légitimes accessoires, Guy requiert l'inscription de l'hypothèque conventionnelle à lui consentie par Vallier, en l'acte précité,
sur tous les immeubles qu'il possède dans la commune de   consistant en une maison, une fabrique de poterie et terrain joignant,
au quartier du   confinant au midi.., etc., etc. (*indiquer tous
les confins*); et en un autre fonds, en terre labourable, au quartier
de...   contenant environ...   ares   centiares, confinant
(*indiquer les confins*); et tels que lesdits immeubles sont plus ample-
ment désignés et confinés aux états de section et matrice cadastrale
de la commune de...

(*Signatures.*)

FORMULE

DE BORDEREAU POUR PRENDRE INSCRIPTION SUR LES BIENS DU FAILLI.

Bordereau de créances hypothécaires au profit des sieurs... syndics de la faillite du sieur D... nommés à cette qualité par jugement
du tribunal de commerce de   en date du   dûment
enregistré, dont extrait est joint au présent bordereau, au nom et
comme représentant la masse des créanciers dudit sieur D... actuellement en faillite, pour lesquels domicile est élu chez le sieur B...
demeurant à

Contre ledit sieur D...

Pour sûreté et conservation des sommes qui peuvent être dues
aux divers créanciers dudit sieur D... lesquelles sommes, attendu

la faillite, sont actuellement exigibles et paraissent s'élever à soixante mille francs.

Pour quoi les syndics sus-nommés requièrent inscription sur tous les immeubles qui peuvent appartenir au sieur D... situés dans l'arrondissement de ce bureau, déclarant que les seuls qu'ils connaissent sont :

1° Une maison sise à...
2° Deux hectares de terre à...
3° Etc., etc.

(Signatures des syndics.

INCENDIE. — LOCATAIRE.

Le locataire répond de l'incendie, à moins qu'il ne prouve qu'il est arrivé par cas fortuit ou force majeure, ou par vice de construction, ou que le feu a été communiqué par une maison voisine.

Ainsi, d'après la loi, cette preuve est à la charge du locataire, et le propriétaire n'a rien à prouver, car les locataires se trouvant en possession de la chose, sont tenus de sa conservation, et par suite il y a présomption légale que l'incendie provient de leur faute. s'ils ne parviennent à prouver le contraire. La cour de cassation a jugé que cette présomption de faute n'a été établie, en matière d'incendie, par les art. 1733 et 1734 du code civil, contre les locataires, que dans le seul intérêt du propriétaire de la maison louée ; et cela par une suite d'obligations spéciales du locataire envers le bailleur, et des soins qu'il doit, comme le dépositaire, apporter à la conservation de la chose ; mais que les compagnies d'assurances, par exemple, ne jouissoient pas du même avantage, et devaient, comme tout demandeur, prouver leur demande.

Les même principes s'appliquent également au cas où c'est un locataire qui se plaint que l'incendie dont il a été victime a pris naissance chez un autre locataire ; il ne peut invoquer la présomption qui fait retomber sur le locataire chez qui le feu a pris, l'obligation de prouver le cas fortuit, la force majeure, parce que l'art. 1733 ne règle que les rapports du locataire avec le propriétaire, par les motifs que nous venons d'indiquer.

Le locataire qui poursuit à raison de l'incendie dont il a souffert dommage, un autre locataire chez qui l'incendie a commencé, ne peut exciper que du principe qui veut que tout fait de l'homme qui cause à autrui du dommage, oblige celui par la faute duquel il est arrivé, à le réparer, mais alors l'on rentre dans l'application des principes généraux, qui imposent au demandeur de prouver sa demande.

Il faut donc que le locataire qui se plaint prouve que le dommage dont il demande la réparation provient du fait, de la négligence ou de l'imprudence du locataire chez qui le feu a pris naissance. Cette doctrine a été encore consacrée par la cour de cassation.

Les mêmes principes s'appliquent encore lorsque le propriétaire habite lui-même sa maison ; il doit être assimilé à un locataire. Il ne peut obtenir des dommages-intérêts qu'en prouvant que c'est par la faute d'un des locataires, soit par négligence, soit par incurie, que l'incendie a éclaté.

La cour de cassation a également jugé qu'une compagnie d'assurance dont les statuts ne contiennent pas la clause de subrogation aux droits du propriétaire n'était pas subrogée de plein droit dans les droits du propriétaire contre le fermier du domaine incendié ; que la compagnie, en indemnisant le propriétaire du dommage causé par l'incendi-

de sa ferme, acquittait une dette résultant de la police
d'assurance qu'elle avait souscrite, et par conséquent une
dette qui était personnelle à ladite compagnie, et n'avait
rien de commun avec le bail consenti au fermier du domaine incendié; que par suite, la compagnie ne se trouvai
pas dans le cas prévu par l'art. 1251, § III, qui établit l:
subrogation légale en faveur de ceux qui ont payé la dett
dont ils étaient tenus avec d'autres ou par d'autres.

S'il y a plusieurs locataires, tous sont solidairement res
ponsables de l'incendie, à moins qu'ils ne prouvent q::
l'incendie a commencé dans l'habitation de l'un d'eux.
auquel cas celui-là seul en est tenu; ou que quelques-uns
ne prouvent que l'incendie n'a pu commencer chez eux,
auquel cas ceux-là n'en sont pas tenus. (Art. 1731.)

C'est une exception à la règle posée par l'art. 1202, que
la solidarité ne se présume pas; cette disposition est encor:
une conséquence du principe qui assimile les locataires a
des dépositaires tenus de la conservation de la chose, et,
par suite, obligés à se surveiller mutuellement. Outre
cette responsabilité, le code pénal punit d'une amende
depuis un franc jusqu'à cinq, ceux qui auront négiige
d'entretenir, réparer ou nettoyer les fours, cheminées ou
usines où ils ont fait du feu.

INVENTAIRE.

Un inventaire est un état dressé par écrit, et article par
article, pour constater les meubles, titres et papiers d'une
personne après son décès, la déclaration de son absence
son interdiction ou sa faillite.

Il est diverses circonstances où les inventaires ont lieu.
celui qui intéresse les absents; sur la demande en sépa-

ration ; celui des biens du mineur ; celui qui intéresse le conjoint survivant et l'administration des domaines ; l'héritier bénéficiaire, le curateur à une succession vacante, etc. Sur les délais accordés pour faire inventaire et la manière d'y procéder, voyez *Bénéfice d'inventaire.*

Inventaire des commerçants.

Un commerçant est tenu de faire tous les ans un inventaire sous seing-privé de ses effets mobiliers et immobiliers, de ses dettes actives et passives, et de le copier par année sur un registre spécial à ce destiné, aux termes de l'art. 9 du code de commerce.

Le livre-journal et le livre des inventaires seront paraphés et visés une fois par année ; tous seront tenus par ordre de date, sans blanc, lacune ni transport en marge, suivant l'art. 10 du même code.

Un négociant sage et prudent ne devant point établir ses opérations sur des incertitudes, lorsqu'il veut connaitre ses facultés, ne doit pas porter en ligne de compte ses débiteurs douteux et mauvais ; mais comme la loi ne distingue pas au sujet de l'opération qu'elle exige de lui, il doit les porter dans l'intérieur de son inventaire, pour *mémoire,* afin que dans des circonstances malheureuses on y ait tel égard que de raison.

L'inventaire doit être certifié sincère et véritab daté et signé par le commerçant.

ENREGISTREMENT.

. Il est dû un droit fixe de 2 fr. par chaque vacation.

. Chaque vacation étant considérée comme un acte distinct, le délai de l'enregistrement court du jour de chaque vacation.

. Vacations des notaires : pour chaque vacation de trois heures,

, ils sont taxés, à Paris, 9 fr.; dans les villes où il y a un tribunal
. de première instance, 6 fr.; et partout ailleurs, 4 fr. »

FORMULE D'INVENTAIRE.

INVENTAIRE *des effets mobiliers et immobiliers, des dettes actives et
passives du soussigné (ou des soussignés s'il y a association),
commerçant en draperie, épicerie, etc., à l'époque du 1er janvier
1842.*

CHAPITRE PREMIER.

Effets mobiliers. — Marchandises en magasin.

		fr.	c.
N° 10. 1 baril safran Gâtinais, pesant 100 kilog. net, à 30 fr., ci...............		3,000	»
12 sacs cochenille, pesant 125 kilog. net, 40 fr. ci.		5,000	»

4 balles poivre, numérotées et pesant comme
suit :

N° 16	. . . .	202 kil.
18	. . . .	200
19	. . . .	203
20	. . . .	200

	fr.	c.
805 kilog. net, à 3 fr. ci.	2,415	»

2 tonneaux de sucre en pain, pesant comme
suit :

21	. . . . .	112 p.	550 kil.	ort.	85 kil. tare.
22	. . . . .	108 *dito*	540		80
		220	1,090		165

165

925 kil. à 1 fr. 50 c. ci.	1,387	50

4 pièces d'eau-de-vie, contenant comme
suit :

A *reporter*.	11,802	50

fr. c.

Report. . . . . # 11,802 50

Nᵒˢ 1. . . . .   64 hectolitres.
    2.   68
    3.   64
    4.   65

261 hectol. à 7 fr. ci. . . . . . .   1,827 »
40 hect. vin de Bourgogne, à 80 fr. ci. . . .   3,200 »
3 pièces damas, savoir :
Nᵒˢ 5. . . . .   60 mètres bleu.
    6. . . . .   64 *dito* violet.
    7. . . . .   61 *dito* cramoisi.

185 mètres, à 14 fr. ci.   2,590
4 pièces de draps d'Abbeville, savoir :
Nᵒˢ 38. . . . .   22 mètres bleu.
    40. . . . .   21 *dito* musc.
    41. . . . .   23 *dito* gris fer.
    42. . . . .   24 *dito* agate.

90 mètres à 16 fr., ci. . . . .   1,440 »
Marchandises entre les mains de mes commissionnaires,
savoir :
Entre celles de T. Legendre, de Rouen,
    10 bottes d'huile d'Italie . . . .   1,800 fr. . . .
Entre celles de S. Collon d'Amsterdam,
    1 ballot de 100 kil. safran Gâtinais. . .   4,800

6,600 ci. .   6,600 »
Meubles
Différents meubles évalués ensemble. . . . .   5,100 »

Total. 32,559 50

CHAPITRE II

Effets immobiliers.

Une maison rue de . . . . : 18,500 »
Une ferme avec ses dépendances, située à . . . 85,000 »

Total . . . . 53,500 »

CHAPITRE III.

Dettes actives, lettres et billets de change.

N° 1. 2,000 fr. Traite de Castillon, de Bordeaux,
du 10 novembre, à deux usines,
sur Dumont.

2. 3,000 fr. Billet de A. Hibou, du 15 décembre 1839.

3. 4,000 fr. de Tourton, au 20 janvier, au porteur.

9,000 fr. ci . . . . 9,000 »

Compte courant.

Il m'est dû par les sus-nommés, pour compte courant ou solde de compte, ce qui suit :

En bonnes dettes.

Par Sarcelle, pour compte courant . . . . 6.000 fr.
— Luc Roné, *id.* 1,100
— Jean Toury, *id.* 2,500
— Denis Hénin *id.* 8,000

17,600 ci . 17,600

À reporter . . . . 26,600 »

fr. c.

Report 26,600

En dettes douteuses.

Par Tavier. . . . . 1,454 fr.
— Remy. 548
— Dumat. 888

2,890 ci . 2,890

En dettes mauvaises.

Par Renard. 484
— Luc. 200
— Baret. 166
— Hubert. 188

1,038 ci. 1,038

En caisse.

Argent en caisse. 1,138

Total. 31,666

CHAPITRE IV.

Dettes passives.

Je dois pour appointements de commis, gages de domestiques, billets et solde de compte, ce qui suit :

Appointements et gages domestiques à MM. Benoît et Milliot, mes commis, pour solde de leurs appointements jusqu'à ce jour. 250

A Pierre, mon domestique. 45

A Marie, ma servante. 55

350 ci.. 350

A reporter. 350

	fr.	c.
Report.	350	»

Par billets.

No 1. A Louis, au 1er août, à 6 mois. . .	1,800		
2 A Jean, 15 décembre, à 4 mois. . . .	1,200		
3. A Luc, 20 *dito,* à 1 mois. . .	1,600		
	4,600 ci..	4,600	»

Pour solde de compte.

A Remy de G. V.	756		
A Louis *dito.*	458		
A Bonet. . . . . : . . . . ; . .	1,740		
	2,950 ci..	2,950	»
	Total.	7,900	»

BALANCE.

ACTIF.	f.	c.	PASSIF.	f.	c.
Effets mobiliers. . . .	32,559	50	Dettes.	7,900	»
— immobiliers. . .	53,500	»	Capital net.	109.867	»
Dettes.	31,666	»			
Total.	117,725	50	Balance.	117,767	50

Certifié véritable le present inventaire, s'élevant en actif à la somme de 117,767 francs 50 centimes; et en passif à celle de 7,900 francs; d'où il résulte un capital net de 109,867 francs 50 centimes.

A Paris, le   janvier mil. . .

(Signature.)

JUDICIAIRES (VENTES).

Nous avons cru devoir reproduire ici, dans son intégralité, le texte de la loi du 2 juin 1841, relative aux ventes judiciaires de biens immeubles. On pourra y trouver, sans beaucoup de peine, des renseignements aussi précis qu'explicites, puisque tous les principes de la législation qui régit cette matière sont développés dans les diverses dispositions de cette loi.

LOUIS-PHILIPPE, Roi des Français, à tous présents et à venir salut ;

Nous avons proposé, les Chambres ont adopté, nous avons ordonné et ordonnons ce qui suit :

ARTICLE PREMIÈRE.

Les titres XII et XIII du livre V de la première partie du code de procédure civile, et le décret du 2 février 1811, relatifs à la saisie immobilière et à ses incidents, seront remplacés par les dispositions suivantes :

TITRE XII.

De la Saisie immobilière.

Art. 673. La saisie immobilière sera précédée d'un commandement à personne ou à domicile ; en tête de cet acte, il sera donné copie entière du titre en vertu duquel elle est faite. Ce commandement contiendra élection du domicile dans le lieu où siège le tribunal qui devra connaître de la saisie, si le créancier n'y demeure pas ; il énoncera que faute de paiement, il sera procédé à la saisie des immeubles du débiteur : l'huissier ne se fera pas assister de témoins ; il fera dans le jour viser l'original par le maire du lieu où le commandement sera signifié.

Art. 674. La saisie immobilière ne pourra être faite que trente jours après le commandement ; si le créancier n'a pas saisie e quatre-vingt-dix jours entre le commandement et la saisie, il sera tenu de le réitérer dans les formes et avec les délais ci-dessus.

Art. 675. Le procès-verbal de saisie contiendra, outre toutes les formalités communes à tous les exploits :

1o L'énonciation du titre exécutoire en vertu duquel la saisie est faite ;

2o La mention du transport de l'huissier sur les biens saisis ;

3o L'indication des biens saisis, savoir :

Si c'est une maison, l'arrondissement, la commune, la rue, le numéro, s'il y en a; et, dans le cas contraire, deux au moins des tenants et aboutissants ;

Si ce sont des biens ruraux, la désignation des bâtiments, quand il y en aura, la nature et la contenance approximative de chaque pièce, le nom du fermier ou colon; s'il y en a; l'arrondissement et la commune où les biens sont situés ;

4o La copie littérale de la matrice du rôle de la contribution foncière pour les articles saisis ;

5o L'indication du tribunal où la saisie sera portée ;

6o Et enfin constitution d'avoué chez lequel domicile du saisissant sera élu de droit.

Art. 676. Le procès-verbal de saisie sera visé avant l'enregistrement par le maire de la commune dans laquelle sera situé l'immeuble saisi, et si la saisie comprend des biens situés dans plusieurs communes, le visa sera donné successivement par chacun des maires, à la suite de la partie du procès-verbal relative aux biens situés dans la commune.

Art. 677. La saisie immobilière sera dénoncée au saisi dans les quinze jours qui suivront celui de la clôture du procès-verbal, outre un jour par cinq myriamètres de distance entre le domicile du saisi et le lieu ou siège le tribunal qui doit connaître de la saisie. L'original sera visé dans le jour par le maire du lieu où l'acte de dénonciation aura été signifié.

Art. 678. La saisie immobilière et l'exploit de dénonciation seront transcrits, au plus tard, dans les quinze jours qui suivront celui de la dénonciation sur le registre à ce destiné, au bureau des hypothè-

-ques de la situation des biens, pour la partie des objets saisis qui se trouve dans l'arrondissement.

Art. 679. Si le conservateur ne peut procéder à la transcription de la saisie à l'instant où elle lui est présentée, il fera mention, sur l'original qui lui sera laissé, des heures, jour, mois et an auxquels il aura été remis, et en cas de concurrence, le premier présenté sera transcrit.

Art. 680. S'il y a eu précédente saisie, le conservateur constatera son refus en marge de la seconde : il énoncera la date de la précédente saisie, les noms, demeures et professions du saisissant et du saisi, l'indication du tribunal où la saisie est portée; le nom de l'avoué du saisissant et la date de la transcription.

Art. 681 Si les immeubles saisis ne sont pas loués ou affermés, le saisi restera en possession jusqu'à la vente, comme séquestre judiciaire, à moins que, sur la demande d'un ou plusieurs créanciers, il n'en soit autrement ordonné par le président du tribunal, dans la forme des ordonnances sur référé.

Les créanciers pourront néanmoins, après y avoir été autorisés par ordonnance du président, rendue dans la même forme, faire procéder à la coupe et à la vente, en tout ou en partie, des fruits pendant par les racines.

Les fruits seront vendus aux enchères ou de toute autre manière autorisée par le président, dans le délai qu'il aura fixé, et le prix sera déposé à la caisse des dépôts et consignations.

Art. 682. Les fruits naturels et industriels recueillis postérieurement à la transcription, ou le prix qui en proviendra, seront immobilisés pour être distribués avec le prix de l'immeuble, par ordre d'hypothèque.

Art. 683. Le saisi ne pourra faire aucune coupe de bois, ni dégradation, à peine de dommages-intérêts auxquels il sera contraint par corps, sans préjudice, s'il y a lieu, des peines portées dans les articles 400 et 434 du code pénal.

Art. 684. Les baux qui n'auront pas acquis date certaine avant le commandement, pourront être annulés si les créanciers ou l'adjudicataire le demandent.

Art. 685. Les loyers et fermages seront immobilisés à partir de la transcription de la saisie, pour être distribués avec le prix de l'immeuble, par ordre d'hypothèque. Un simple acte d'opposition à la requête du poursuivant ou de tout autre créancier, vaudra saisie-arrêt entre les mains des fermiers et locataires, qui ne pourront se libérer qu'en exécution de mandements de collocation, ou par le versement des loyers ou fermages à la caisse des consignations; ce versement aura lieu à leur réquisition, ou sur la simple sommation des créanciers. A défaut d'opposition, les paiements faits au débiteur seront valables, et celui-ci sera comptable, comme séquestre judiciaire, des sommes qu'il aura reçues.

Art. 686. La partie saisie ne peut, à compter du jour de la transcription de la saisie, aliéner les immeubles saisis, à peine de nullité, et sans qu'il soit besoin de la faire prononcer.

Art. 687. Néanmoins, l'aliénation ainsi faite aura son exécution, si, avant le jour fixé pour l'adjudication, l'acquéreur consigne une somme suffisante pour acquitter, en principal, intérêts et frais, ce qui est dû aux créanciers inscrits, ainsi qu'au saisissant, et s'il leur signifie l'acte de consignation.

Art. 688. Si les deniers ainsi déposés ont été empruntés, les prêteurs n'auront d'hypothèques que postérieurement aux créanciers inscrits lors de l'aliénation.

Art. 689. A défaut de consignation avant l'adjudication, il ne pourra être accordé, sous aucun prétexte, de délai pour l'effectuer.

Art. 690. Dans les vingt jours, au plus tard, après la transcription, le poursuivant déposera au greffe du tribunal le cahier des charges contenant : 1o l'énonciation du titre exécutoire en vertu duquel la saisie a été faite, du commandement, du procès-verbal de saisie, ainsi que les autres actes et jugements intervenus postérieurement; 2o la désignation des immeubles saisis, telle qu'elle a été insérée dans le procès-verbal ; 3o les conditions de la vente ; 4o une mise à prix de la part du poursuivant.

Art. 691. Dans les huit jours, au plus tard, après le dépôt au greffe, outre un jour pour cinq myriamètres de distance entre le domicile du saisi et le lieu où siège le tribunal, sommation sera faite au saisi, à personne ou domicile, de prendre communication du cahier des charges, de fournir ses dires et observations, et d'assister à la lecture et publication qui en sera faite, ainsi qu'à la fixation du jour de l'adjudication. Cette sommation indiquera les jours, lieu et heure de la publication.

Art. 692. Pareille sommation sera faite, dans le même délai de huitaine, aux créanciers inscrits sur les biens saisis, aux domiciles élus dans les inscriptions.

Si, parmi les créanciers inscrits, se trouve le vendeur de l'immeuble saisi, la sommation à ce créancier portera qu'à défaut de former sa demande à résolution et de la notifier au greffe avant l'adjudication, il sera définitivement déchu, à l'égard de l'adjudicataire, du droit de la faire prononcer.

Art. 693. Mention de la notification prescrite par les deux articles précédents sera faite dans les huit jours de la date du dernier exploit de notification, en marge de la transcription de la saisie, au bureau des hypothèques.

Du jour de cette mention, la saisie ne pourra plus être rayée que du consentement des créanciers inscrits, ou en vertu de jugements rendus contre eux.

Art. 694. Trente jours au plus tôt et quarante jours au plus tard après le dépôt du cahier des charges, il sera fait à l'audience, et au jour indiqué, publication et lecture du cahier des charges.

Trois jours au plus tard avant la publication, le poursuivant, la partie saisie et les créanciers inscrits seront tenus de faire insérer, à la suite de la mise à prix, leurs dires et observations ayant pour objet d'introduire des modifications dans ledit cahier. Passé ce délai, ils ne seront plus recevables à proposer de changements, dires ou observations.

Art. 695. Au jour indiqué par la sommation faite au saisi et aux créanciers, le tribunal donnera acte au poursuivant des lectures et publications du cahier des charges, statuera sur les dires et observations qui y auront été insérés, et fixera les jour et heure où il procédera à l'adjudication. Le délai entre la publication et l'adjudication sera de trente jours au moins et de soixante au plus.

Le jugement sera porté sur le cahier des charges à la suite de la mise à prix ou des dires des parties.

Art. 696 Quarante jours au plus tôt et vingt jours au plus tard avant l'adjudication, l'avoué du poursuivant fera insérer, dans un journal publié dans le département où sont situés les biens, un extrait signé de lui, et contenant :

1° La date de la saisie et de sa transcription ;

2° Les noms, professions, demeures du saisissant et de l'avoué de ce dernier.

3° La désignation des immeubles, telle qu'elle a été insérée dans e procès-verbal ;

4° La mise à prix ;

5° L'indication du tribunal où la saisie se poursuit, et des jours, lieu et heure de l'adjudication.

A cet effet les cours royales, chambres réunies, après un avis motivé des tribunaux de première instance respectifs, et sur les réquisitions écrites du ministère public, désigneront, chaque année, dans la première quinzaine de décembre, pour chaque arrondissement de bur ressort, parmi les journaux qui se publient dans le département, un ou plusieurs journaux où devront être insérées les annonces judiciaires. Les cours royales régleront en même temps le tarif de l'impression de ces annonces. Néanmoins, toutes les annonces judiciaires relatives à la même saisie seront insérées dans le même journal.

Art. 697. Lorsque, indépendamment des insertions prescrites par l'article précédent, le poursuivant, le saisi ou l'un des créancier inscrits estimera qu'il y aurait lieu de faire d'autres annonces de l'adjudication par la voie des journaux, le président du tribunal devant lequel se poursuit la vente, pourra, si l'importance des biens paraît l'exiger, autoriser cette insertion extraordinaire. Les frais n'entreront en taxe que dans le cas où cette autorisation aurait été accordée. L'ordonnance du président ne sera soumise à aucun recours.

Art. 698. Il sera justifié de l'insertion aux journaux par un exemplaire de la feuille contenant l'extrait énoncé en l'article précédent, cet exemplaire portera la signature de l'imprimeur, légalisée par le maire.

Art. 699. Extrait pareil à celui qui est prescrit par l'article 696 sera imprimé en forme de placard, et affiché dans le même délai :

1º A la porte du domicile du saisi;

2º A la porte principale des édifices saisis;

3º A la principale place de la commune où le saisi est domicilie ainsi qu'à la principale place de la commune où les biens _ _ _ tués, et de celle où siège le tribunal devant lequel se poursuit la vente;

4º A la porte extérieure des mairies du domicile du saisi et des communes de la situation des biens; ●

5º Au lieu où se tient le principal marché de chacune de ces communes, et, lorsqu'il n'y en a pas, au lieu où se tient le principal marché de chacune des deux communes les plus voisines dans l'arrondissement;

6º A la porte de l'auditoire du juge-de-paix de la situation des bâtiments, et, s'il n'y a pas de bâtiments, à la porte de l'auditoire de la justice de paix où se trouve la majeure partie des biens saisis;

7º Aux portes extérieures des tribunaux du domicile du saisi, de la situation des biens et de la vente.

L'huissier attestera, par un procès-verbal rédigé sur un exemplaire du placard, que l'apposition a été faite aux lieux déterminés par la loi, sans les détailler.

Le procès-verbal sera visé par le maire de chacune des communes dans lesquelles l'apposition a été faite.

Art. 700. Selon la nature et l'importance des biens, il pourra être passé en taxe jusqu'à cinq cents exemplaires des placards, non compris le nombre d'affiches prescrit par l'art. 699.

Art. 701. Les frais de la poursuite seront taxés par le juge, et il ne pourra rien être exigé au-delà du montant de la taxe; toute stipulation contraire, quelle qu'en soit la forme, sera nulle de droit.

Le montant de la taxe sera publiquement annoncé avant l'ouverture des enchères, et il en sera fait mention dans le jugement d'adjudication.

Art. 702. Au jour indiqué par l'adjudication, il y sera procédé sur la demande du poursuivant, et, à son défaut, sur celle de l'un des créanciers inscrits.

Art. 703. Néanmoins, l'adjudication pourra être remise sur la demande du poursuivant, ou de l'un des créanciers inscrits, ou de la partie saisie, mais seulement pour causes graves et dûment justifiées.

Le jugement qui prononcera la remise, fixera de nouveau le jour de l'adjudication, qui ne pourra être eloigné de moins de quinze jours, ni de plus de soixante.

Ce jugement ne sera susceptible d'aucun recours.

Art. 704. Dans ce cas, l'adjudication sera annoncée huit jours au moins à l'avance, par des insertions et des placards, conformément aux articles 696 et 699.

Art. 705. Les enchères sont faites par le ministère d'avoué et à l'audience. Aussitôt que les enchères seront ouvertes, il sera allumé successivement des bougies préparées de manière que chacune ait une durée d'environ une minute.

L'enchérisseur cesse d'être obligé si son enchère est couverte par un autre, lors même que cette dernière serait déclarée nulle.

Art. 706. L'adjudication ne pourra être faite qu'après l'extinction de trois bougies allumées successivement.

S'il ne survient pas d'enchère pendant la durée de ces bougies, le poursuivant sera déclaré adjudicataire pour la mise à prix.

Si, pendant la durée d'une des trois premières bougies, il survient des enchères, l'adjudication ne pourra être faite qu'après l'extinction de deux bougies sans nouvelle enchère survenue pendant leur durée.

Art. 707. L'avoué dernier enchérisseur sera tenu, dans les trois jours de l'adjudication, de déclarer l'adjudicataire et de fournir son acceptation, sinon de représenter son pouvoir, lequel demeurera annexé à la minute de sa déclaration; faute de ce faire, il sera réputé adjudicataire en son nom, sans préjudice des dispositions de l'art. 711.

Art. 708. Toute personne pourra, dans les huit jours qui suivront l'adjudication, faire, par le ministère d'un avoué, une surenchère pourvu qu'elle soit de sixième au moins du prix principal de la vente.

Art. 709. La surenchère sera faite au greffe du tribunal qui a prononcé l'adjudication : elle contiendra constitution d'avoué, et ne pourra être rétractée; elle devra être dénoncée par le surenchérisseur, dans les trois jours, aux avoués de l'adjudicataire, du poursuivant et de la partie saisie si elle a constitué avoué, sans néanmoins qu'il soit nécessaire de faire cette dénonciation à la personne ou au domicile de la partie saisie qui n'aurait pas d'avoué.

La dénonciation sera faite par un simple acte, contenant à ver
pour l'audience qui suivra l'expiration de la quinzaine, sans au
procédure.

L'indication du jour de cette adjudication sera faite de la manié
prescrites par les articles 696 et 699.

Si le surenchérisseur ne dénonce pas la surenchère dans le dé
ci-dessus fixé, le poursuivant ou tout créancier inscrit, ou le sais
pourra le faire dans les trois jours qui suivront l'expiration de ç
délai ; faute de quoi, la surenchère sera nulle de droit, et sans qu
soit besoin de faire prononcer la nullité.

Art. 710. Au jour indiqué, il sera ouvert de nouvelles enchèn
auxquelles toute personne pourra concourir ; s'il ne se présente p
d'enchérisseurs, le surenchérisseur sera déclaré adjudicataire ; u
cas de folle enchère, il sera tenu par corps de la différence entr
son prix et colui de la vente.

Lorsqu'une seconde adjudication aura eu lieu après la surenchè
ci-dessus, aucune surenchère des mêmes biens ne pourra être reçu

Art. 711. Les avoués ne pourront enchérir pour les membres d
tribunal devant lequel se poursuit la vente, à peine de nullité d
l'adjudication ou de la surenchère, et de dommages-intérêts.

Ils ne pourront, sous les mêmes peines, enchérir pour le sai
ni pour les personnes notoirement insolvables. L'avoué poursuivan
ne pourra se rendre personnellement adjudicataire ni surenchéri-
seur, à peine de nullité de l'adjudication ou de la surenchère, et d
dommages-intérêts envers toutes les parties.

Art. 712. Le jugement d'adjudication ne sera autre que la copie
du cahier des charges, rédigé ainsi qu'il est dit en l'article 690 ; il
sera revêtu de l'intitulé des jugements et du mandement qui les termine, avec injonction à la partie saisie de délaisser la possession
aussitôt après la signification du jugement, sous peine d'y être contrainte, même par corps.

Art. 713. Le jugement d'adjudication ne sera délivré à l'adjudicataire, qu'à la charge, par lui, de rapporter au greffier quittance
des frais ordinaires de poursuite, et la preuve qu'il a satisfait aux
conditions du cahier des charges qui doivent être exécutées avant
cette délivrance. La quittance et les pièces justificatives demeure-

sont annexées à la minute du jugement, et seront copiées à la suite de l'adjudication. Faute par l'adjudicataire de faire ces justifications dans les vingt jours de l'adjudication, il y sera contraint par la voie de la folle enchère, ainsi qu'il sera dit ci-après, sans préjudice des autres voies de droit.

Art. 714. Les frais extraordinaires de poursuite seront payés par privilége sur le prix, lorsqu'il en aura été ainsi ordonné par jugement.

Art. 715. Les formalités et délais prescrits par les articles 673, 674, 675, 676, 677, 678, 690, 691, 692, 693, 694, 696, 698, 699, 704, 705, 706, 709, paragraphes 1er et 3, seront observés à peine de nullité.

La nullité, prononcée pour défaut de désignation de l'un ou de plusieurs des immeubles compris dans la saisie, n'entraînera pas nécessairement la nullité de la poursuite en ce qui concerne les autres immeubles.

Les nullités prononcées par le présent article, pourront être proposées par tous ceux qui y auront droit.

Art. 716. Le jugement d'adjudication ne sera signifié qu'à la personne ou au domicile de la partie saisie.

Mention sommaire du jugement d'adjudication sera faite en marge de la transcription de la saisie, à la diligence de l'adjudicataire.

Art. 717. L'adjudication ne transmet à l'adjudicataire d'autres droits à la propriété que ceux appartenant au saisi.

Néanmoins, l'adjudicataire ne pourra être troublé dans sa propriété par aucune demande en résolution fondée sur le défaut de paiement du prix des anciennes aliénations, à moins qu'avant l'adjudication la demande n'ait été notifiée au greffe du tribunal où se poursuit la vente.

Si la demande a été notifiée en temps utile, il sera sursis à l'adjudication, et le tribunal, sur la réclamation du poursuivant ou de tout créancier inscrit, fixera le délai dans lequel le vendeur sera tenu de mettre fin à l'instance en résolution.

Le poursuivant pourra intervenir dans cette instance.

Ce délai expiré sans que la demande en résolution ait été défini-

tivement jugée, il sera passé outre à l'adjudication, à moins qu
pour des causes graves et duement justifiées, le tribunal n'ait a
cordé un nouveau délai pour le jugement de l'action en résolutio

Si, faute par le vendeur de se conformer aux prescriptions
tribunal, l'adjudication avait eu lieu avant le jugemens de la d
mande en résolution, l'adjudicataire ne pourrait pas être poursui
à raison des droits des anciens vendeurs, sauf à ceux-ci à faire
loir, s'il y avait lieu, leurs titres de créances, dans l'ordre et dist
bution dn prix de l'adjudication.

TITRE XIII.

Des incidents de la saisie immobilière.

Art. 718. Toute demande incidente à une poursuite en saisie im
mobilière, sera formée par un simple acte d'avoué à avoué, cont
nant les moyens et conclusions. Cette demande sera formée cont
toute partie n'ayant pas d'avoué en cause, par exploit d'ajourne
ment à huit jours, sans augmentation de délai à raison des distar
ces, si ce n'est dans le cas de l'article 726, et sans préliminaire d
conciliation. Ces demandes seront instruites et jugées comme a
faires sommaires. Tout jugement qui interviendra ne pourra être
rendu que sur les conclusions du ministère pnblic.

Art. 719. Si deux saisissants ont fait transcrire deux saisies d
biens différents, poursuivies devant le même tribunal, elles seror
réunies sur la requête de la partie la plus diligente, et seront con
tinuées par le premier saisissant. La jonction sera ordonnée, encor
que l'une des saisies soit plus ample que l'autre; mais elle n
pourra, en aucun cas, être demandée après le dépôt du cahier d
charges. En cas de concurrence, la poursuite appartiendra à l
voué porteur du titre plus ancien, et, si les titres sont de la mêm
date, à l'avoué le plus ancien.

Art. 720. Si une seconde saisie, présentée à la transcription, es
plus ample que la première, elle sera transcrite pour les objet
non compris dans la première, et le second saisissant sera tenu d
dénoncer la saisie au premier saisissant, qui poursuivra sur les deux,
si elles sont au même état; sinon il surseoira à la première, et sui

rra jusqu'à la deuxième, jusqu'à ce qu'elle soit au même degré; elles seront alors réunies en une seule poursuite qui sera portée devant le tribunal de la première saisie.

Art. 721. Faute par le premier saisissant d'avoir poursuivi la seconde saisie à lui dénoncée, conformément à l'article ci-dessus, le second saisissant pourra, par un simple acte, demander la subrogation.

Art. 722. La subrogation pourra être également demandée s'il y a collusion ou fraude, ou négligence, sous la réserve, en cas de collusion ou fraude, de dommages-intérêts envers qui il appartiendra.

Il y a négligence, lorsque le poursuivant n'a pas rempli une formalité ou n'a pas fait un acte de procédure dans les délais prescrits.

Art. 723. La partie qui succombera sur la demande en subrogation, sera condamnée personnellement aux dépens. Le poursuivant, contre lequel la subrogation aurait été prononcée, sera tenu de remettre les pièces de la poursuite au subrogé, sur son récépissé; il ne sera payé de ses frais de poursuites qu'après l'adjudication, soit sur le prix, soit par l'adjudicataire.

Art. 724. Lorsqu'une saisie immobilière aura été rayée, le plus diligent des saisissants postérieurs pourra poursuivre sur la saisie, encore qu'il ne se soit pas présenté le premier à la transcription.

Art. 725. La demande en distraction de tout ou partie des objets saisis, sera formée, tant contre le saisissant que contre la partie saisie; elle sera formée aussi contre le créancier premier inscrit, et au domicile élu dans l'inscription.

Si le saisi n'a pas constitué avoué durant la poursuite, le délai prescrit pour la comparution sera augmenté d'un jour par cinq myriamètres de distance entre son domicile et le lieu où siège le tribunal, sans que ce délai puisse être augmenté à l'égard de la partie qui serait domiciliée hors du territoire continental du royaume.

Art. 726. La demande en distraction contiendra l'énonciation des titres justificatifs qui seront déposés au greffe, et la copie de l'acte de dépôt.

Art. 727. Si la distraction demandée n'est que d'une partie des objets saisis, il sera passé outre, nonobstant cette demande, à l'adjudication du surplus des objets saisis. Pourront, néanmoins, les juges, sur la demande des parties intéressées, ordonner le sursis pour le tout.

Si la distraction partielle est ordonnée, le poursuivant sera admis à changer la mise à prix portée au cahier des charges.

Art. 728. Les moyens de nullité, tant en la forme qu'au fond, contre la procédure qui précède la publication du cahier des charges, devront être proposés, à peine de déchéance, trois jours au plus tard avant cette publication.

S'ils sont admis, la poursuite pourra être reprise à partir du dernier acte valable, et les délais, pour accomplir les actes suivants, courront à dater du jugement ou arrêt qui aura définitivement prononcé sur la nullité.

S'ils sont rejetés, il sera donné acte, par le même jugement, de la lecture et publication du cahier des charges, conformément à l'article 695.

Art. 729. Les moyens de nullité contre la procédure postérieure à la publication du cahier des charges, seront proposés, sous la même peine de déchéance, au plus tard, trois jours avant l'adjudication.

Au jour fixé pour l'adjudication, et immédiatement avant l'ouverture des enchères, il sera statué sur les moyens de nullité.

S'ils sont admis, le tribunal annulera la poursuite à partir du jugement de publication, en autorisera la reprise à partir de ce jugement, et fixera de nouveau le jour de l'adjudication.

S'ils sont rejetés, il sera passé outre aux enchères et à l'adjudication.

Art. 730. Ne pourront être attaqués par la voie de l'appel : 1º les jugements qui statueront sur la demande en subrogation contre le poursuivant, à moins qu'elle n'ait été intentée pour collusion ou fraude ; 2º ceux qui, sans statuer sur des incidents, donneront acte de publication du cahier des charges ou prononceront l'adjudication, soit avant, soit après surenchère ; 3º ceux qui statueront sur des nullités postérieures à la publication du cahier des charges

Art. 73. L'appel de tous autres jugements sera considéré comme non avenu, s'il est interjeté après les dix jours à compter de la signification à avoué; ou, s'il n'y a point d'avoué, à compter de la signification à personne ou à domicile, soit réel, soit élu.

Ce délai sera augmenté d'un jour par cinq myriamètres de distance, conformément à l'article 625, dans le cas où le jugement aura été rendu sur une demande en distraction.

Dans le cas où il y aura lieu à l'appel, la cour royale statuera dans la quinzaine. Les arrêts rendus par défaut ne seront pas susceptibles d'opposition.

Art. 732. L'appel sera signifié au domicile de l'avoué, et, s'il n'y a pas d'avoué, au domicile réel ou élu de l'intimé; il sera notifié en même temps au greffier du tribunal et visé par lui. La partie saisie ne pourra, sur l'appel, proposer des moyens autres que ceux qui auront été présentés en première instance; l'acte d'appel énoncera les griefs : le tout à peine de nullité.

Art. 733. Faute par l'adjudicataire d'exécuter les clauses de l'adjudication, l'immeuble sera vendu à sa folle enchère.

Art. 734. Si la folle enchère est poursuivie avant la délivrance du jugement d'adjudication, celui qui poursuivra la folle enchère se fera délivrer par le greffier un certificat constatant que l'adjudicataire n'a point justifié de l'acquit des conditions exigibles de l'adjudication.

S'il y a eu opposition à la délivrance du certificat, il sera statué, à la requête de la partie la plus diligente, par le président du tribunal, en état de référé.

Art. 735. Sur ce certificat, et sans autre procédure ni jugement, ou si la folle enchère est poursuivie après la délivrance du jugement d'adjudication, trois jours après la signification du bordereau de collocation avec commandement, il sera apposé de nouveaux placards inséré de nouvelles annonces dans la forme ci-dessus prescrite.

Ces placards et annonces indiqueront, en outre, les noms et demeure du fol enchérisseur, le montant de l'adjudication, une mise à prix par le poursuivant, et le jour auquel aura lieu, sur l'ancien cahier des charges, la nouvelle adjudication.

Le délai entre les nouvelles affiches et annonces et l'adjudication, sera de quinze jours au moins, et de trente au plus.

Art. 736. Quinze jours au moins avant l'adjudication, significa-

13

tion sera faite des jour et heure de cette adjudication, à l'avoué de l'adjudicataire, et à la partie saisie au domicile de son avoué, et, si elle n'en a pas, à son domicile.

Art. 737. L'adjudication pourra être remise conformément à l'article 703, mais seulement sur la demande du poursuivant.

Art. 738. Si le fol enchérisseur justifiait de l'acquit des conditions de l'adjudication et de la consignation d'une somme réglée par le président du tribunal, pour les frais de folle enchère, il ne serait pas procédé à l'adjudication.

Art. 739. Les formalités et délais prescrits par les articles 734, 735, 736, 737, seront observés à peine de nullité.

Les moyens de nullité seront proposés et jugés comme il est dit en l'article 729.

Aucune opposition ne sera reçue contre les jugements par défaut en matière de folle enchère, et les jugements qui statueront sur les nullités pourront seuls être attaqués par la voie de l'appel, dans les délais et suivant les formes prescrites par les articles 731 et 732.

Seront observés, lors de l'adjudication sur folle enchère, les articles 705, 706, 707 et 711.

Art. 740. Le fol enchérisseur est tenu, par corps, de la différence entre son prix et celui de la revente sur folle enchère, sans pouvoir réclamer l'excédant, s'il y en a; cet excédant sera payé aux créanciers, ou, si les créanciers sont désintéressés, à la partie saisie.

Art. 741. Lorsque, à raison d'un incident ou pour tout autre motif légal, l'adjudication aura été retardée, il sera apposé de nouvelles affiches et fait de nouvelles annonces dans les délais fixés par l'art. 704.

Art. 742. Toute convention portant qu'à défaut d'exécution des engagements pris envers lui, le créancier aura le droit de faire vendre les immeubles de son débiteur sans remplir les formalités prescrites pour la saisie immobilière, est nulle et non avenue.

Art. 743. Les immeubles appartenant à des majeurs maîtres de disposer de leurs droits, ne pourront, à peine de nullité, être mis aux enchères en justice, lorsqu'il ne s'agira que de ventes volontaires.

Néanmoins, lorsqu'un immeuble aura été saisi réellement, et lorsque la saisie aura été transcrite, il sera libre aux intéressés, s'ils sont tous majeurs et maîtres de leurs droits, de demander que l'adjudication soit faite aux enchères,devant notaire ou en justice,sans autres formalités et conditions que celles qui sont prescrites aux articles 958, 959, 960, 961, 962, 964 et 965 pour la vente des biens immeubles appartenant à des mineurs.

Seront regardés comme seuls intéressés, avant la sommation aux créanciers prescrite par l'art. 692, le poursuivant et le saisi ; et après cette sommation, ces derniers et tous les créanciers inscrits.

Si une partie seulement des biens dépendant d'une même exploitation avait été saisie, le débiteur pourra demander que le surplus soit compris dans la même adjudication.

Art. 744. Pourront former les mèmes demandes ou s'y adjoindre :

Le tuteur du mineur ou interdit, spécialement autorisé par un avis des parents ;

Le mineur émancipé, assisté de son curateur ;

Et généralement tous les administrateurs légaux des biens d'autrui.

Art. 745. Les demandes autorisées par les art. 743, paragraphe 2, et 744, seront formées par une simple requête présentée au tribunal saisi de la poursuite ; cette requête sera signée par les avoués de toutes les parties.

Elle contiendra une mise à prix qui servira d'estimation.

Art. 746. Le jugement sera rendu sur le rapport d'un juge et sur les conclusions du ministère public. Si la demande est admise, le tribunal fixera le jour de la vente, et renverra, pour procéder à l'adjudication, soit devant un notaire, soit devant un juge du siège ou devant un juge de tout autre tribunal.

Le jugement ne sera pas signifié, et ne sera susceptible ni d'opposition ni d'appel.

Art. 747. Si, après le jugement, il survient un changement dans l'état des parties, soit par décès ou faillite, soit autrement, ou si les parties sont représentées par des mineurs, des héritiers bénéficiaires ou autres incapables, le jugement continuera à recevoir sa pleine et entière exécution.

Art. 748. Dans la huitaine du jugement de conversion, mention sommaire en sera faite, à la diligence du poursuivant, en marge de la transcription de la saisie.

Les fruits immobilisés, en exécution de l'article 682, conserve-

ront ce caractère, sans préjudice du droit qui appartient au poursuivant de se conformer, pour les loyers et fermages, à l'art. 685.

Sera également maintenue la prohibition d'aliéner, faite par l'article 686.

ARTICLE 2.

Les articles 832, 833, 836, 837 et 838 du titre IV du livre Ier de
la deuxième partie du code de procédure civile, relatifs à la surenchère sur aliénation volontaire, seront remplacés par les dispositions suivantes :

Art. 832. Les notifications et réquisitions prescrites par les articles 2183 et 2185 du code civil, seront faites par un huissier commis
à cet effet, sur simple requête, par le président du tribunal de première instance de l'arrondissement où elles auront lieu; elles contiendront constitution d'avoué près le tribunal où la surenchère et
l'ordre devront être portés.

L'acte de réquisition de mise aux enchères contiendra, avec l'offre
et l'indication de la caution, assignation à trois jours devant le tribunal, pour la réception de cette caution, à laquelle il sera procédé
comme en matière sommaire. Cette assignation sera notifiée au domicile de l'avoué constitué; il sera donné copie, en même temps,
de l'acte de soumission de la caution et du dépôt au greffe des titres
qui constatent sa solvabilité.

Dans le cas où le surenchérisseur donnerait un nantissement en
argent ou en rentes sur l'État, à défaut de caution, conformément
à l'article 2041 du code civil, il fera notifier avec son assignation,
copie de l'acte constatant la réalisation de ce nantissement.

Si la caution est rejetée, la surenchère sera déclarée nulle et l'acquéreur maintenu, à moins qu'il n'ait été fait d'autres surenchères
par d'autres créanciers.

Art. 833. Lorsqu'une surenchère aura été notifiée avec assignation dans les termes de l'article 832 ci-dessus, chacun des créanciers
inscrits aura le droit de se faire subroger à la poursuite, si le surenchérisseur ou le nouveau propriétaire ne donne pas suite à l'action
dans le mois de la surenchère.

La subrogation sera demandée par simple requête et intervention, et signifiée par acte d'avoué à avoué.

Le même droit de subrogation reste ouvert au profit des créanciers inscrits, lorsque, dans le cours de la poursuite, il y a collusion, fraude ou négligence de la part du poursuivant.

Dans tous les cas ci-dessus, la subrogation aura lieu aux risques et périls du surenchérisseur, sa caution continuant à être obligée.

Art. 836. Pour parvenir à la revente sur surenchère prévue par l'article 2187 du code civil, le poursuivant fera imprimer des placards qui contiendront :

1° La date et la nature de l'acte d'aliénation sur lequel la surenchère a été faite, le nom du notaire qui l'aura reçu, ou toute autorité appelée à sa confection ;

2° Le prix énoncé dans l'acte, s'il s'agit d'une vente, ou l'évaluation donnée aux immeubles dans la notifiation aux créanciers inscrits, s'il s'agit d'un échange ou d'une donation ;

3° Le montant de la surenchère ;

4° Les noms, professions, domiciles du précédent propriétaire, de l'acquéreur ou donataire, du surenchérisseur, ainsi que du crancier qui lui est subrogé dans le cas de l'article 833 ;

5° L'indication sommaire de la nature et de la situation des biens aliénés ;

6° Le nom et la demeure de l'avoué constitué par le poursuivant ;

7° L'indication du tribunal où la surenchère se poursuit, ainsi que des jour, lieu et heure de l'adjudication.

Ces placards seront apposés quinze jours au moins et trente jours au plus avant l'adjudication, à la porte du domicile de l'ancien propriétaire, et aux lieux désignés dans l'article 699 du présent code.

Dans le même délai, l'insertion des énonciations qui précèdent sera faite dans le journal désigné, en exécution de l'art. 696, et le tout sera constaté comme il est dit dans les articles 698 et 699.

Art. 837. Quinze jours au moins et trente jours au plus avant l'adjudication, sommation sera faite à l'ancien et au nouveau propriétaire d'assister à cette adjudication, aux lieu, jour et heure indiqués. Pareille sommation sera faite au créancier surenchérisseur.

c'est le nouveau propriétaire ou un autre créancier subrogé qui poursuit.

Dans le même délai, l'acte d'aliénation sera déposé au greffe, et
tiendra lieu de minute d'enchère.

Le prix porté dans l'acte ou la valeur déclarée et le montant de la
surenchère tiendront lieu d'enchère.

Art. 838. Le surenchérisseur, même au cas de subrogation à la
poursuite, sera déclaré adjudicataire, si, au jour fixé pour l'adjudication, il ne se présente pas d'autre enchérisseur.

Sont applicables, en cas de surenchère, les art. 701, 702, 705,
706, 707, 711, 712, 713, 717, 731, 732 et 733 du précédent code,
ainsi que les articles 734 et suivants, relatifs à la folle enchère.

Les formalités prescrites par les articles 705 et 706, 832, 836, et
837, seront observées à peine de nullité.

Les nullités devront être proposées, à peine de déchéance, savoir :
celles qui concerneront la déclaration de surenchère et l'assignation,
avant le jugement qui doit statuer sur la réception de la caution ;
celles qui seront relatives aux formalités de la mise en vente, trois
jours au moins avant l'adjudication ; il sera statué sur les premières
par le jugement de réception de la cause, et sur les autres avant l'adjudication ; et, autant que possible, par le jugement même de cette
adjudication.

Aucun jugement ou arrêt par défaut en matière de surenchère
sur aliénation volontaire, ne sera susceptible d'opposition.

Les jugements qui statueront sur les nullités antérieures à la réception de la caution ou sur la réception même de cette caution, et
ceux qui prononceront sur la demande en subrogation intentée pour
collusion ou fraude, seront souls susceptibles d'être attaqués par la
voie de l'appel.

L'adjudication par suite de surenchère sur aliénation volontaire,
ne pourra être frappée d'aucune autre surenchère.

Les effets de l'adjudication à la suite de surenchère sur aliénation
volontaire, seront réglés, à l'égard du vendeur et de l'adjudicataire, par les dispositions de l'article 717 ci-dessus.

ARTICLE 8.

Les articles composant le titre VI *de la vente des biens immeubles*, du livre II de la deuxième partie du code de procédure civile, seront remplacés par les dispositions suivantes :

TITRE VI.

De la vente des biens immeubles appartenant à des mineurs.

Art. 953. La vente des immeubles appartenant à des mineurs ne pourra être ordonnée que d'après un avis de parents énonçant la nature des biens et leur valeur approximative.

Cet avis ne sera pas nécessaire si les biens appartiennent en même temps à des majeurs, et si la vente est poursuivie par eux. Il sera procédé alors conformément au titre des partages et licitations.

Art. 954. Lorsque le tribunal homologuera cet avis, il déclarera par le même jugement que la vente aura lieu, soit devant l'un des juges du tribunal, à l'audience des criées, soit devant un notaire à cet effet commis.

Si les immeubles sont situés dans plusieurs arrondissements, le tribunal pourra commettre un notaire dans chacun des arrondissements, et même donner commission rogatoire à chacun des tribunaux de la situation de ces biens.

Art. 955. Le jugement qui ordonnera la vente déterminera la mise à prix de chacun des immeubles à vendre et les conditions de la vente. Cette mise à prix sera réglée, soit d'après l'avis des parents, soit d'après les titres de propriété, soit d'après les baux authentiques ou sous seing-privé ayant date certaine, et, à défaut de baux, d'après le rôle de la contribution foncière.

Néanmoins, le tribunal pourra, suivant les circonstances, faire procéder à l'estimation totale ou partielle des immeubles.

Cette estimation aura lieu, selon l'importance et la nature des biens, par un ou trois experts que le tribunal commettra à cet effet.

Art. 957. Si l'estimation a été ordonnée, l'expert ou les experts, après avoir prêté serment, soit devant le président du tribunal, soit devant un juge-de-paix commis par lui, rédigeront leur rapport, qui indiquera sommairement les bases de l'estimation, sans entrer dans le détail descriptif des biens à vendre.

La minute du rapport sera déposée au greffe du tribunal. Il n'en sera pas délivré d'expédition.

Art. 957. Les enchères seront ouvertes sur un cahier des charges déposé par l'avoué au greffe du tribunal, ou dressé par le notaire commis, et déposé dans son étude, si la vente doit avoir lieu devant notaire.

Ce cahier contiendra :

1º L'énonciation du jugement qui a autorisé la vente ;

2º Celle des titres qui établissent la propriété ;

3º L'indication de la nature ainsi que de la situation des biens à vendre, celle des corps d'héritage, de leur contenance approximative, et de ceux des tenants et aboutissants ;

4º L'énonciation du prix auquel les enchères seront ouvertes, et les conditions de la vente.

Art. 958. Après le dépôt du cahier des charges, il sera rédigé et imprimé des placards qui contiendront :

1º L'énonciation du jugement qui aura autorisé la vente ;

2º Les noms, professions et domiciles du mineur, de son tuteur et de son subrogé-tuteur ;

3º La désignation des biens, telle qu'elle a été insérée dans le cahier des charges ;

4º Le prix auquel seront ouvertes les enchères sur chacun des biens à vendre ;

5º Les jours, lieu et heure de l'adjudication, ainsi que l'indication, soit du notaire et de sa demeure, soit du tribunal devant lequel l'adjudication aura lieu ; et, dans tous les cas, de l'avoué du vendeur.

Art. 959. Les placards seront affichés quinze jours au moins et trente jours au plus avant l'adjudication, aux lieux désignés dans l'article 699, et, en outre, à la porte du notaire qui procédera à la vente ; ce dont il sera justifié conformément au même article.

Art. 960. Copie de ces placards sera insérée, dans le même délai, au journal indiqué par l'art. 699, et dans celui qui aura été désigné poor l'arrondissement où se poursuit la vente, si ce n'est pas l'arrondissement de la situation des biens.

Il en sera justifié conformément à l'article 698.

Art. 961. Selon la nature et l'importance des biens, il pourra être donné à la vente une plus grande publicité, conformément aux articles 797 et 800.

Art. 962. Le subrogé-tuteur du mineur sera appelé à la vente, ainsi que le prescrit l'art. 459 du code civil; à cet effet, le jour, le lieu et l'heure de l'adjudication lui seront notifiés un mois d'avance, avec avertissement qu'il y sera procédé tant en son absence qu'en sa présence.

Art. 963. Si, au jour indiqué pour l'adjudication, les enchères ne s'élèvent pas à la mise à prix, le tribunal pourra ordonner, sur simple requête en la chambre du conseil, que les biens seront adjugés au-dessous de l'estimation; l'adjudication sera remise à un délai fixé par le jugement, et qui ne pourra être moindre de quinzaine.

Cette adjudication sera encore indiquée par des placards et des insertions dans les journaux, comme il est dit ci-dessus, huit jours au moins avant l'adjudication.

Art. 964. Sont déclarés communs au présent titre, les art. 701, 705, 706, 707, 711, 712, 713, 733, 734, 735, 736, 737, 738, 739, 740, 741 et 742.

Néanmoins, si les enchères sont reçues par un notaire, elles pourront être faites par toutes personnes, sans ministère d'avoué.

Dans le cas de vente devant notaire, s'il y a lieu à folle enchère, la poursuite sera portée devant le tribunal.

Le certificat constatant que l'adjudicataire n'a pas justifié de l'acquit des conditions, sera délivré par le notaire. Le procès-verbal d'adjudication sera déposé au greffe, pour servir d'enchère.

Art. 965. Dans les huit jours qui suivront l'adjudication, toute personne pourra faire une surenchère du sixième, en se conformant aux formalités et délais réglés par les art. 708, 709 et 710 ci-dessus.

Lorsqu'une seconde adjudication aura lieu après la surenchère ci-dessus, aucune autre surenchère des mêmes biens ne pourra être reçue.

ARTICLE 4.

Les articles 969, 970, 971, 972, 973, 975 et 976 du titre v*
des partages et licitations, livre II, deuxième partie du code de procédure civile, seront remplacés par les dispositions suivantes :

Art. 969. Le jugement qui prononcera sur la demande en partage, commettra, s'il y a lieu, un juge, conformément à l'article 823
du code civil, et en même temps un notaire.

Si, dans le cours des opérations, le juge ou le notaire est empêché,
le président du tribunal pourvoira au remplacement par une ordonnance sur requête, laquelle ne sera susceptible ni d'opposition ni
d'appel.

Art. 970. En prononçant sur cette demande, le tribunal ordonnera,
par le même jugement, le partage, s'il peut avoir lieu, ou la vente
par licitation, qui sera faite devant un membre du tribunal ou devant un notaire, conformément à l'article 955.

Le tribunal pourra, soit qu'il ordonne le partage, soit qu'il ordonne la licitation, déclarer qu'il y sera immédiatement procédé
sans expertise préalable, même lorsqu'il y aura des mineurs en
cause; dans le cas de licitation, le tribunal déterminera la mise à
prix, conformément à l'article 955.

Art. 971. Lorsque le tribunal ordonnera l'expertise, il pourra
commettre un ou trois experts, qui prêteront serment comme il est
dit en l'article 956.

Les nominations et rapports d'experts seront faits suivant les
formalités prescrites au titre des *Rapports d'experts*.

Les rapports d'experts présenteront sommairement les bases de
l'estimation, sans entrer dans le détail descriptif des biens à partager ou à liciter.

Le poursuivant demandera l'entérinement du rapport par un
simple acte de conclusion d'avoué à avoué.

Art. 972. On se conformera, pour la vente, aux formalités prescrites dans le titre de la vente des biens immeubles appartenant à
des mineurs, en ajoutant dans le cahier des charges :

Les noms, demeure et profession du poursuivant; les noms et demeure de son avoué;

Les noms, demeures et professions des solicitants et de leurs avoués.

Art. 973. Dans la huitaine du dépôt du cahier des charges au greffe ou chez le notaire, sommation sera faite, par un simple acte, aux solicitants, en l'étude de leurs avoués, d'en prendre communication.

S'il s'élève des difficultés sur le cahier des charges, elles seront vidées à l'audience, sans aucune requête, et sur un simple acte d'avoué à avoué.

Le jugement qui interviendra ne pourra être attaqué que par la voie de l'appel, dans les formes et délais prescrits par les articles 721 et 932 du présent code.

Tout autre jugement sur les difficultés relatives aux formalités postérieures à la sommation de prendre communication du cahier des charges, ne pourra être attaqué ni par opposition ni par appel.

Si, au jour indiqué pour l'adjudication, les enchères ne couvrent pas la mise à prix, il sera procédé comme il est dit en l'article 963.

Dans les huit jours de l'adjudication, toute personne pourra surenchérir d'un sixième du prix principal, en se conformant aux conditions et aux formalités prescrites par les articles 708, 709 et 710. Cette surenchère produira le même effet que dans les ventes de biens de mineurs.

Art. 975. Si la demande en partage n'a pour objet que la division d'un ou plusieurs immeubles sur lesquels les droits des intéressés soient déjà liquidés, les experts, en procédant à l'estimation, composeront les lots ainsi qu'il est prescrit par l'article 466 du code civil ; et après que leur rapport aura été entériné, les lots seront tirés au sort, soit devant le juge-commissaire, soit devant le notaire déjà commis par le tribunal, aux termes de l'article 960.

Art. 976. Dans les autres cas, et notamment lorsque le tribunal aura ordonné le partage sans faire procéder à un rapport d'experts, le poursuivant fera sommer les co-partageants de comparaître, au jour indiqué, devant le notaire commis à l'effet de procéder aux comptes, rapports, formation de masse, prélèvements, composition de lots et fournissement, ainsi qu'il est ordonné par le code civil, article 820.

il en sera de même après qu'il aura été procédé à la licitation, si le prix de l'adjudication doit être confondu avec d'autres objets dans une masse commune de partage, pour former la balance entre les divers lots.

ARTICLE 5.

Les articles 987 et 988 du titre VIII *du bénéfice d'inventaire*, liv. II, deuxième partie du code de procédure civile, seront remplacés par les disposi s :.

Art. 987 S'il y a lieu à vendre des immeubles dépendant de la succession, l'héritier bénéficiaire présentera au président du tribunal de première instance du lieu de l'ouverture de la succession, une requête dans laquelle ces immeubles seront désignés sommairement. Cette requête sera communiquée au ministère public ; sur ses conclusions et le rapport du juge nommé à cet effet, il sera rendu jugement qui autorisera la vente et fixera la mise à prix, ou qui ordonnera préalablement que les immeubles seront vus et estimés par un expert nommé d'office.

Dans ce dernier cas, le rapport de l'expert sera entériné sur requête, par le tribunal ; et, sur les conclusions du ministère public, le tribunal ordonnera la vente.

Art. 988. Il sera procédé à la vente, dans chacun des cas ci-dessus prévus, suivant les formalités prescrites au titre de la vente des biens immeubles appartenant à des mineurs.

Sont déclarés communs au présent titre, les articles 701, 702, 705, 706, 707, 711, 712, 713, 733, 734, 735, 736, 737, 738, 739, 740, 741 et 742, les deux derniers paragraphes de l'article 964 et l'article 965 du présent code.

L'héritier bénéficiaire sera réputé héritier pur et simple, s'il a vendu des immeubles sans se conformer aux règles prescrites par le présent titre.

ARTICLE 6.

Le titre IX, livre II, deuxième partie du code de procédure, sera ainsi rectifié :

TITRE IX.

*de la renonciation à la communauté, de la vente des immeubles dotaux
et de la renonciation à la succession.*

Art. 997. Les renonciations à communauté ou à succession seront
faites au greffe du tribunal dans l'arrondissement duquel la dissolution de la communauté ou l'ouverture de la succession se sera
opérée, sur le registre prescrit par l'article 784 du code civil, et en
conformité de l'article 1457 du même code, sans qu'il soit besoin
d'autre formalité.

Lorsqu'il y aura lieu de vendre des immeubles dotaux dans les
cas prévus par l'article 1558 du code civil, la vente sera préalablement autorisée sur requête, par jugement rendu en audience publique.

Seront, au surplus, applicables les articles 955, 956 et suivants du
titre de la vente de biens immeubles appartenant à des mineurs.

ARTICLE 7.

Lorsqu'il y aura lieu, dans l'un des cas prévus par les dispositions
relatives aux différentes ventes judiciaires de biens immeubles
d'augmenter un délai à raison des distances, l'augmentation sera
d'un jour par cinq myriamètres de distance.

ARTICLE 8.

Les articles 708 et 709, substitués aux articles 710 et 711 du code
de procédure civile, par la présente loi, seront mentionnés en remplacement de ces derniers, dans le troisième paragraphe de l'art. 573
du code de commerce, au titre des faillites et banqueroutes.

L'article 696 ci-dessus sera substitué à l'article 683 du code de
procédure civile, dans les différentes lois qui font mention de cette
dernière disposition.

Il en sera de même de toutes dispositions auxquelles renvoie la
législation, et qui se trouvent remplacés par les nouveaux articles
de la présente loi.

ARTICLE 9.

Les ventes judiciaires qui seront commencées antérieurement à la promulgation de la présente loi , continueront à être régies par les anciennes dispositions du code de procédure civile et du décret du 2 février 1811.

Les ventes seront censées commencées, savoir : pour la saisie immobilière, si le procès-verbal a été transcrit ; et pour les autres ventes, si les placards ont été affichés.

ARTICLE 10.

L'emploi des bougies, dans les adjudications publiques, pourra être remplacé par un autre moyen, en vertu d'une ordonnance royale rendue suivant la forme des règlements d'administration publique.

Dans les six mois de la promulgation de la présente loi, il sera pourvu de la manière suivante :

1o Au tarif des frais et dépens relatifs aux ventes judiciaires de biens immeubles ;

2o Au mode de conservation des affiches.

La présente loi, discutée, délibérée et adoptée par la Chambre des Pairs et par celle des Députés, et sanctionnée par nous ce jour d'hui, sera exécutée comme loi de l'Etat.

Donnons en mandement à nos cours et tribunaux, préfets, corps administratifs et tous autres, que les présentes ils gardent et maintiennent, fassent garder, observer et maintenir, et, pour les rendre plus notoires à tous, ils les fassent publier et enregistrer partout où besoin sera , et, afin que ce soit chose ferme et stable à toujours nous y avons fait mettre notre sceau.

Fait au palais de Neuilly, le 2o jour du mois de juin, l'an 1841

Signé LOUIS-PHILIPPE.

Vu et scellé du grand sceau.

Le garde des sceaux de France, ministre secrétaire d'État au département de la justice et des cultes.
Signé N. MARTIN (du Nord.)

Le garde des sceaux de France ministre secrétaire d'État au département de la justice et des cultes.
Signé N. MARTIN (du Nord).

JUGE-DE-PAIX.

La justice de paix est un tribunal établi dans chaque canton, pour juger sommairement, à peu de frais et sans ministère d'avoué, les contestations de peu d'importance, et celles surtout qui, consistant plus en fait qu'en droit, exigent que le juge vérifie préalablement les lieux en litige.

La nouvelle loi sur les justices de paix, promulguée le 8 mai 1838, apportant à l'ancien état de choses des modifications importantes, nous croyons être agréable à nos souscripteurs en la donnant textuellement dans notre ouvrage.

LOI SUR LES JUSTICES DE PAIX.

Art. 1er. Les juges-de-paix connaissent de toutes les actions purement personnelles ou mobilières, en dernier ressort, jusqu'à la valeur de cent francs; et, à charge d'appel, jusqu'à la valeur de deux cents francs.

Art. 2. Les juges-de-paix prononcent, sans appel, jusqu'à la valeur de cent francs; et, à charge d'appel, jusqu'au taux de la compétence en dernier ressort des tribunaux de première instance :

Sur les contestations entre les hôteliers, aubergistes ou logeurs, et les voyageurs ou locataires en garni, pour dépense d'hôtellerie, et pertes ou avarie d'effets déposés dans l'auberge ou dans l'hôtel;

Entre les voyageurs et les voituriers ou bateliers, pour retard, frais de route et perte ou avarie d'effets accompagnant les voyageurs;

Entre les voyageurs et les carrossiers ou autres ouvriers, pour fourniture, salaires et réparations faites aux voitures de voyage

Art. 3. Les juges-de-paix connaissent, sans appel, jusqu'à la valeur de cent francs, et, à charge d'appel, à quelque valeur que la demande puisse s'élever.

Les actions en paiement de loyers ou fermages, de congés, de demandes en résiliation de baux, fondées sur le seul défaut de paiement des loyers ou fermages, des expulsions de lieux et des demandes en validité de saisie-gagerie; le tout lorsque les locations verbaies ou par écrit n'excèdent pas annuellement, à Paris, quatre cents francs, et deux cents francs partout ailleurs,

Si le prix principal du bail consiste en denrées ou prestations en nature, appréciables d'après les mercuriales, l'évaluation sera faite sur celles du jour de l'échéance, lorsqu'il s'agira du paiement des fermages; dans les autres cas, elle aura lieu suivant les mercuriales du mois qui aura précédé la demande. Si le prix principal du bail consiste en prestation non appréciable d'après les mercuriales, ou s'il s'agit de baux à colons partiaires, le juge-de-paix déterminera la compétence, en prenant pour base du revenu de la propriété, le principal de la contribution foncière de l'année courante, multiplié par cinq.

Art 4. Les juges-de-paix connaissent, sans appel, jusqu'à la valeur de cent francs, et, à charge d'appel, jusqu'au taux de la compétence en dernier ressort des tribunaux de première instance :

1° Des indemnités réclamées par le locataire ou fermier, pour non-jouissance provenant du fait du propriétaire, lorsque le droit à une indemnité n'est pas contesté;

2° Des dégradations et pertes, dans les cas prévus par les articles 1732 et 1735 du code civil.

Néanmoins le juge-de-paix ne connaît des pertes causées par incendie ou inondation que dans les limites posées par l'art. 1er de la présente loi.

Art. 5. Les juges-de-paix connaissent également, sans appel, jusqu'à la valeur de cent francs; et, à charge d'appel, à quelque valeur que la demande puisse s'élever :

1° Des actions pour dommages faits aux champs, fruits et récoltes, soit par l'homme, soit par les animaux, et de celles relatives à l'élaguages des arbres ou haies, et au curage, soit des fossés, soit des canaux servant à l'irrigation des propriétés ou au mouvement des usines, lorsque les droits de propriété ou de servitude ne sont pas contestés;

2° Des réparations locatives des maisons ou fermes, mises par la loi à la charge du locataire;

3° Des contestations relatives aux engagements respectifs des gens de travail au jour, au mois et à l'année, et de ceux qui les emploient : des maîtres et des domestiques , ou gens de service à gage ; des maîtres et de leurs ouvriers ou apprentis , sans néanmoins qu'il soit dérogé aux lois et règlement relatifs à la juridiction des prud'hommes ;

4° Des contestations relatives au paiement des nourrices , sauf ce qui est prescrit par les lois et règlements d'administration publique à l'égard des bureaux de nourrices de la ville de Paris et de toutes les autres villes ;

5° Des actions civiles pour diffamation verbale et pour injures publiques ou non publiques, verbales ou par écrit, autrement que par la voie de la presse ; des mêmes actions pour rixes ou voies de fait ; le tout lorsque les parties ne se sont pas pourvues par la voie criminelle.

Art. 6. Les juges-de-paix connaissent en outre, à charge d'appel :

1° Des entreprises commises, dans l'année, sur les cours d'eau servant à l'irrigation des propriétés et au mouvement des usines et moulins , sans préjudice des attributions de l'autorité administrative dans les cas déterminés par les lois et par les règlements ; des dénonciations de nouvel œuvre, complaintes, actions en réintégrande et autres actions possessoires fondées sur des faits également commis dans l'année ;

2° Des actions en bornage et de celles relatives à la distance prescrite par la loi ; les règlements particuliers à l'usage des lieux , pour les plantations d'arbres ou de haies , lorsque la propriété ou les titres qui l'établissent ne sont pas contestés ;

3° Des actions relatives aux constructions et travaux énoncés dans l'art. 674 du code civil, lorsque la propriété ou la mitoyenneté du mur ne sont pas contestés ;

4° Des demandes en pension alimentaire n'excédant pas cent cinquante francs par an, et seulement lorsqu'elles seront formées en vertu des art. 205, 206 et 207 du code civil.

Art. 5. Les juges-de-paix connaissent de toutes les demandes reconventionnelles ou en compensation qui, par leur nature ou leur valeur, sont des limites de leur compétence, alors même que, dans les cas prévus par l'art. 1er, ces demandes , réunies à la demande principale, s'élèveraient au-dessus de deux cents francs. Ils connaissent, en outre, à quelque somme qu'elles puissent monter, des demandes reconventionnelles en dommages-intérêts, fondées exclusivement sur la demande principale elle-même.

Art. 8. Lorsque chacune des demandes principales reconventionnelles ou en compensation sera dans les limites de la compétence du juge-de-paix, en dernier ressort, il prononcera sans qu'il y ait lieu à appel.

Si l'une de ces demandes n'est susceptible d'être jugée qu'à charge d'appel, le juge-de-paix ne prononcera sur toutes qu'en premier ressort.

- Si la demande reconventionnelle ou en compensation excède les limites de sa compétence, il pourra, soit retenir le jugement de la demande principale, soit renvoyer, sur le tout, les parties à se pourvoir devant le tribunal de première instance, sans préliminaire de conciliation.

Art. 9. Lorsque plusieurs demandes formées par la même partie seront réunies dans une même instance, le juge-de-paix ne prononce qu'en premier ressort si leur valeur totale s'élève au-dessus de cent francs, lors même que quelques-unes de ces demandes seraient inférieures à cette somme. Il sera incompétent sur le tout, si ces demandes excèdent, par leur réunion, les limites de sa juridiction.

Art. 10. Dans les cas où la saisie-gagerie ne peut avoir lieu qu'en vertu de permission de justice, cette permission sera accordée par le juge-de-paix du lieu où la saisie devra être faite, toutes les fois que les causes rentrent dans sa compétence.

S'il y a opposition de la part des tiers pour des causes et pour des sommes qui, réunies, excéderaient cette compétence, le jugement en sera déféré aux tribunaux de première instance.

Art. 11. L'exécution provisoire des jugements sera ordonnée dans tous les cas où il y a titre authentique, promesse reconnue, ou condamnation précédente dont il n'y a point eu appel.

Dans tous les autres cas, le juge pourra ordonner l'exécution provisoire, nonobstant appel, sans caution, lorsqu'il s'agira de pension alimentaire, ou lorsque la somme n'excédera pas trois cents francs, et avec caution au-dessus de cette somme.

La caution sera reçue par le juge-de-paix.

Art. 12. S'il y a péril en la demeure, l'exécution provisoire pourra être ordonnée sur la minute du jugement, avec ou sans caution, conformément aux dispositions de l'article précédent.

Art. 13. L'appel des jugements des juges-de-paix ne sera recevable ni avant les trois jours qui suivront celui de la prononciation de jugements, à moins qu'il n'y ait lieu à exécution provisoire, ni après les trente jours qui suivront la signification à l'égard des personnes domiciliées dans le canton.

Les personnes domiciliées hors du canton auront, pour interjeter appel, outre le délai de trente jours, le délai réglé par les art. 73 et 1033 du code de procédure civile.

Art. 14. Ne sera pas recevable l'appel des jugements mal à propos qualifiés en premier ressort, ou qui, étant en dernier ressort, n'auraient point été qualifiés.

Seront jugés à l'appel des jugements qualifiés en dernier ressort, s'ils ont statué, soit sur des questions de compétence, soit sur des matières dont le juge-de-paix ne pouvait connaître qu'en premier ressort.

Néanmoins, si le juge-de-paix s'est déclaré compétent, l'appel ne pourra être interjeté qu'après le jugement définitif.

Art. 15. Les jugements rendus par les juges-de-paix ne pourront être attaqués par la voie du recours en cassation, que pour excès de pouvoir.

Art. 16. Tous les huissiers d'un même canton auront le droit de donner toutes les citations et de faire tous les actes devant la justice de paix. Dans les villes où il y a plusieurs justices de paix, les huissiers exploitent concurremment dans le ressort de la juridiction assignée à leur résidence. Tous les huissiers du même canton seront tenus de faire le service des audiences, et d'assister les juges-de-paix toutes les fois qu'ils en seront requis ; les juges-de-paix choisiront leurs huissiers-audienciers,

Art. 17. Dans toutes les causes, excepté celles où il y aurait péril en la demeure, et celles dans lesquelles le défendeur serait domicilié hors du canton ou des cantons de la même ville, le juge-de-paix pourra interdire aux huissiers de sa résidence de donner aucune citation en justice, sans qu'au préalable il ait appelé, sans frais, les parties devant lui.

Art. 18. Dans les causes portées devant la justice de paix, aucun huissier ne pourra ni assister comme conseil, ni représenter les parties en qualité de procureur fondé, à peine d'une amende de vingt-cinq à cinquante francs, qui sera prononcée sans appel par le juge-de-paix.

Ces dispositions ne sont pas applicables aux huissiers qui se trouveront dans l'un des cas prévus par l'art. 86 du code de procédure civile.

Art. 19. En cas d'infraction aux dispositions des art. 16, 17 et 18, le juge de-paix pourra défendre aux huissiers du canton de citer devant lui, pendant un délai de quinze jours à trois mois, sans appel et sans préjudice de l'action disciplinaire des tribunaux, et des dommages-intérêts des parties, s'il y a lieu.

Art. 20. Les actions concernant les brevets d'invention seront portées, s'il s'agit de nullité ou de déchéance de brevets, devant les tribunaux civils de première instance; s'il s'agit de contrefaçon, devant les tribunaux correctionnels.

Art. 21. Toutes les dispositions des lois antérieures, contraires à la présente loi, sont abrogées.

Art. 22. Les dispositions de la présente loi ne s'appliqueront pas demandes introduites avant sa promulgation.

Signé LOUIS-PHILIPPE.

Vu et scellé du grand sceau : *Le garde des sceaux de France, ministre secrétaire d'État au département de la justice et des cultes.* Signé BARTHE.

Par le Roi : *Le garde des sceaux de France, ministre secrétaire d'État au département de la justice et des cultes.* Signé BARTHE.

LEGS.

Le mot *legs* signifie aujourd'hui toute espèce de donation faite par testament. Il dérive du mot *lex*, loi, parce que la volonté du défunt, exprimée par son testament, devient une loi.

Légataire.

On appelle *légataire* celui au profit duquel un legs est fait par disposition testamentaire. On distingue trois sortes de légataires : le légataire universel, le légataire à titre universel, et le légataire à titre particulier.

Du légataire universel.

Le légataire universel est celui à qui le testateur donne l'universalité des biens qu'il laissera à son décès. Suivant les dispositions de l'article 1003 du code civil, le legs universel peut être fait au profit de plusieurs personnes ; mais dans ce cas il faut qu'il soit fait conjointement, car si les biens etaient légués séparément à plusieurs personnes, ce serait plus qu'un legs universel.

Il n'y a pas de legs universel, s'il ne comprend pas l'universalité des biens ; la cour de cassation a jugé que le legs de tout le mobilier du testateur, en propriété, et de tous ses immeubles en usufruit seulement, ne constitue pas un legs universel : ce n'est qu'un legs à titre universel. (Arrêt du 28 août 1827.)

Le légataire universel a droit à l'entière succession du défunt, moins la réserve et les autres legs.

Lorsque le testateur n'a pas d'héritiers auxquels la loi réserve une quotité de ses biens, le légataire universel est saisi de plein droit par la mort du testateur, et il n'est pas tenu de demander la délivrance des biens compris dans le testament.

Si, au contraire, il y a des héritiers auxquels une quotité des biens est réservée par la loi; les héritiers sont saisis de plein droit par la mort du testateur, de tous les biens de la succession, et le légataire universel est tenu de leur demander la délivrance des biens compris dans le testament.

Si le testament est olographe ou mystique, le légataire universel est tenu de se faire envoyer en possession par une ordonnance du président, mise au bas d'une requête à laquelle sera joint l'acte de dépôt.

Le légataire universel qui sera en concours avec un héritier auquel la loi réserve une quotité de biens, sera tenu des dettes et charges de la succession du testateur, personnellement pour sa part et portion, et hypothécairement pour le tout; et il sera tenu d'acquitter tous les legs, sauf le cas de réduction.

Le légataire universel ne peut se dispenser d'acquitter des legs particuliers, jusqu'à concurrence de la quotité disponible, encore que, par un paiement intégral, son legs universel se réduisît à rien. (Arrêt de la cour de Paris, du 12 mars 1806.)

Du légataire à titre universel.

Le légataire universel est celui auquel le testateur lègue une quote-part des biens dont la loi lui permet de disposer : telle qu'une moitié, un tiers, ou tous ses immeubles, ou tout son mobilier.

Le legs à titre universel diffère du legs universel, en ce qu'il n'a pour objet qu'une portion de l'universalité de la succession; c'est ainsi que lorsque le testateur, en léguant tous ces biens à plusieurs personnes, assigne à chacune d'elles la portion qu'elle doit recueillir, il y a autant de dispositions que de personnes appelées à recueillir. Le legs universel, au contraire, est fait conjointement et par une seule disposition.

Un legs à titre universel participe de la nature du legs universel, en ce sens que ni l'un ni l'autre de ces legs ne peuvent être acquittés en argent contre la volonté du légataire. (Arrêt de cassation, du 13 juin 1807.)

Il peut y avoir en même temps un légataire universel et un légataire à titre universel. Tel serait le cas où un testateur aurait donné à une personne une quotité de ses meubles, et à une autre l'universalité de ses biens. Les légataires à titre universel n'ont jamais la saisine. Aussi, d'après l'art. 1011 du code civil, ils sont tenus de demander la délivrance aux héritiers auxquels une quotité des biens est réservée par la loi; à leur défaut, aux légataires universels; et, à défaut de ceux-ci, aux héritiers appelés dans l'ordre établi au titre *des successions.*

Le légataire à titre universel est soumis aux mêmes obligations que le légataire universel; il est tenu des dettes et charges de la succession du testateur, personnellement pour sa part et portion, et hypothécairement pour le tout.

Du légataire à titre particulier.

Le légataire à titre particulier est celui auquel le testateur donne, soit en propriété, soit en usufruit, une somme déterminée, ou un ou plusieurs objets dépendant de sa succession.

Tout legs pur et simple donne au légataire, du jour du décès du testateur, un droit à la chose léguée, droit transmissible à ses héritiers ou ayant-cause; néanmoins le légataire particulier ne peut se mettre en possession de la chose léguée, ni en prétendre les fruits ou intérêts, qu'à compter du jour de sa demande en délivrance, formée suivant l'ordre établi par l'art. 1011, ou du jour auquel cette délivrance lui aura été volontairement consentie.

Lorsqu'il y a lieu à répartition d'un capital et de ses intérêts entre divers légataires particuliers, chacun d'eux ne doit prendre part aux intérêts que pour ce qui en a couru du jour de sa demande. (Arrêt de cassation, du 22 août 1827.)

Les frais de la demande en délivrance sont à la charge de la succession, sans néanmoins qu'il puisse en résulter de réduction de la réserve légale.

Les droits d'enregistrement sont dus par le légataire; le tout s'il n'en a été autrement ordonné par le testament. Chaque legs peut être enregistré séparément, sans que cet enregistrement puisse profiter à aucun autre qu'au légataire ou à ses ayant-cause.

Le légataire à titre particulier n'est point tenu des dettes de la succession dans la réduction du legs.

Les légataires doivent faire enregistrer, dans les trois mois du décès du testateur, le testament contenant le legs qui leur est fait.

Les testaments non enregistrés dans le délai prescrit par cet article, sont soumis au double droit d'enregistrement.

Les délais pour l'enregistrement des déclarations que les légataires doivent faire des biens qui leur sont légués, sont, savoir : de six mois, si le décès a eu lieu en France; de huit mois, s'il a eu lieu dans une autre partie de l'Europe; d'une année, si c'est en Amérique; et de deux années, si c'est en Asie ou en Afrique ; le tout à partir du jour du décès.

Les légataires qui n'auront pas fait, dans les délais prescrits, les déclarations des biens à eux transmis par décès, paieront, à titre d'amende, un demi-droit en sus du droit qui sera dû par la mutation.

On peut léguer, non-seulement la propriété de ses biens, mais le simple usage , la simple possession ou jouissance des droits réels ou personnels sur eux ; tels que des servitudes , une hypothéque, un usufruit.

Tous les biens qui sont dans le commerce , meubles ou immeubles , corporels ou incorporels, peuvent être l'objet d'un legs. Le legs peut consister dans une chose indéterminée, comme une paire de bœufs, ou de quantité, lors même qu'on ne laisserait pas des choses de l'espèce indiquée; alors l'héritier est obligé de se les procurer pour les livrer au légataire.

La chose léguée doit être livrée avec tous les accessoires nécessaires, et dans l'état où elle se trouve au jour du décès du donateur.

Le legs de la chose d'autrui est nul, soit que le testateur eût connu ou non qu'elle ne lui appartenait pas.

Le legs d'une chose appartenant à l'héritier légitime ou à l'héritier testamentaire est nul , comme le legs de la chose d'autrui. Il ne pourrait être valable qu'autant qu'il serait fait expressément comme charge de l'hérédité ou du legs. (Arrêt de cassation , du 19 mars 1822.)

Lorsque le legs est d'une chose indéterminée , l'héritier n'est pas obligé de donner de la meilleure qualité , mais il ne peut l'offrir de la plus mauvaise. Il résulte de cette disposition que le choix appartient à l'héritier , à moins que le testateur n'en ait autrement ordonné.

Toute disposition testamentaire est caduque d'après l'article 1039 du code civil, si celui en faveur de qui elle est faite n'a pas survécu au testateur.

Toute disposition testamentaire, faite sous une condition dépendante d'un événement incertain , et telle que
dans l'intention du testateur , cette disposition ne doit
être exécutée qu'autant que l'événement arrivera , o
n'arrivera pas , sera caduque, si le légataire décède avant
l'accomplissement de la condition.

Le legs sera caduc, si la chose léguée a totalement pé-
pendant la vie du testateur; il en sera de même , si elle
péri depuis sa mort, sans le fait et la faute de l'héritier.

La disposition testamentaire sera caduque , lorsque i
légataire la répudiera ou se trouvera incapable de la recueillir.

Les legs peuvent être révoqués : 1° pour cause d'inexécution des conditions imposées au légataire ;

2° Pour cause d'ingratitude , c'est-à-dire s'il est prou-
que le légataire a attenté à la vie du testateur ; s'il s'e
rendu coupable envers lui de sévices, délits, injures graves

ENREGISTREMENT.

« La perception des droits d'enregistrement des legs se fait sur un
» déclaration. Les quotités des droits à payer pour les legs sont :

» 1° En ligne directe, 25 c. par cent francs sur les biens meuble
» Et pour les immeubles, 1 fr. par cent francs.

» 2° D'un époux à un autre époux. 1 fr. 50 c. pour les biens meu-
» bles, et 3 francs par cent francs pour les biens immeubles.

» 3° Entre frères, sœurs, oncles, tantes, neveux, nièces et autres pa-
» rents au degré successible, savoir : pour les biens meubles, 2 fr. 50
» par cent francs; et pour les biens immeubles, 5 fr. par cent franc

» 4° Enfin , entre toutes autres personnes, pour les biens meuble
» 3 fr. 50 c. par cent francs , et pour les biens immeubles, 7 fran
» par cent francs.

» Il n'est pas dû de droit d'enregistrement pour legs d'usufruit
» lorsque le légataire est décédé sans avoir été en jouissance. »

LETTRE DE CHANGE.

La lettre de change est un acte rédigé suivant certaines formalités essentielles ; par lequel on charge un correspondant d'une autre ville que celle où l'on est , de compter à une personne désignée, ou *à son ordre*, une certaine somme d'argent en échange de pareille valeur qu'on a reçue ou qu'on recevra d'elle.

La lettre de change est comprise dans la dénomination générale d'*effets de commerce* ; elle prend souvent dans l'usage le nom de *remise* ou celui de *traite*.

Celui qui donne l'ordre de payer s'appelle *tireur ;* celui auquel il est adressé, et qui doit payer, s'appelle *tiré;* celui à l'ordre duquel on doit payer, s'appelle *preneur ;* celui-ci prend la qualité d'*endosseur* quand il transmet la lettre à un tiers ; le preneur ou dernier endosseur s'appelle *porteur.*

De la forme de la lettre de change.

On rédige habituellement la lettre de change par écriture privée, mais rien n'empêche de la passer devant un notaire.

La lettre de change, quoique faite par écriture privée , n'a pas besoin d'être *approuvée* lorsqu'elle est écrite d'une autre main que celle du tireur; il suffit qu'elle soit signée. (Arrêt de cassation , du 10 messidor an x.)

L'art. 110 du code de commerce règle les formes constitutives de la lettre de change.

Cet article est ainsi conçu :

1° La lettre de change est tirée d'un lieu sur un autre ;

Elle est datée ;

3º Elle énonce la somme à payer ;

4º Le nom de celui qui doit payer ;

5º L'époque et le lieu où le paiement doit s'effectuer ;

6º La valeur fournie en espèces, en marchandises, en compte ou de toute autre manière ;

7º Elle est à l'ordre d'un tiers, ou à l'ordre du tireur lui-même ;

8º Si elle est première, deuxième, troisième, quatrième, etc., elle l'exprime.

Lettre tirée pour compte.

Une lettre de change peut être tirée par un individu, et payable au domicile d'un tiers.

Elle peut être tirée par ordre, et pour compte d'un tiers.

Échéance.

L'échéance d'une lettre de change peut être indiquée d'une manière indéterminée et d'une manière déterminée.

Une lettre de change peut être tirée à vue ; à un ou plusieurs jours de vue ; à un ou plusieurs mois de vue ; à une ou plusieurs usances de vue ; à un ou plusieurs jours de date, à une ou plusieurs usances de date ; à jour fixe ou à jour déterminé ; en foire.

La lettre de change à vue est payable à sa présentation.

L'échéance d'une lettre de change à un ou plusieurs jours de vue, à un ou plusieurs mois de vue, à une ou plusieurs usances de vue, est fixée par la date de l'acceptation, ou par celle du protêt, faute d'acceptation.

L'usance est de trente jours, qui courent du lendemain de la date de la lettre de change.

Les mois sont tels qu'ils sont fixés par le calendrier grégorien.

Une lettre de change payable en foire est échue la veille du jour fixé pour la clôture de la foire, ou le jour de la foire, si elle ne dure qu'un jour.

Si l'échéance d'une lettre de change est à un jour férié légal, elle est payable la veille.

Tous les délais de grâce, de faveur, d'usage ou d'habitude locale, pour le paiement des lettres de change sont abrogés.

Du paiement.

Une lettre de change doit être payée dans la monnaie qu'elle indique.

Celui qui paie une lettre de change avant son échéance est responsable de la validité du paiement.

Celui qui paie une lettre de change à son échéance et sans opposition, est présumé valablement libéré.

Le porteur d'une lettre de change ne peut être contraint d'en recevoir le paiement avant l'échéance.

Le paiement d'une lettre de change, fait sur une seconde, troisième, quatrième, etc., est valable lorsque la seconde, troisième, quatrième, etc., porte que le paiement annule l'effet des autres.

Celui qui paie une lettre de change sur une seconde, troisième, quatrième, etc., sans retirer celle sur laquelle se trouve son acceptation, n'opère point sa libération à l'égard du tiers-porteur de son acceptation.

Le propriétaire d'une lettre de change égarée doit, pour s'en procurer une seconde, s'adresser à son endosseur immédiat, qui est tenu de lui prêter son nom et ses soins

pour agir envers son propre endosseur ; et ainsi en remontant d'endosseur en endosseur , jusqu'au tireur de la
lettre. Le propriétaire de la lettre de change égarée supportera les frais.

Du paiement par intervention.

Une lettre de change protestée peut être payée par tout
intervenant pour le tireur ou pour l'un des endosseurs.

L'intervention et le paiement seront constatés dans
l'acte de protêt ou à la suite de l'acte.

Celui qui paie une lettre de change par intervention est
subrogé aux droits du porteur et est tenu des mêmes devoirs pour les formalités à remplir.

Le débiteur d'une lettre de change qui a payé sur un
faux ordre est valablement libéré s'il a payé de bonne foi.
(Arrêt de la cour de Paris, du 13 thermidor an VII.)

Des droits et devoirs du porteur.

Le porteur d'une lettre de change doit en exiger le paiement le jour de son échéance.

Le refus du paiement doit être constaté , le lendemain
du jour de l'échéance, par un acte que l'on nomme *protêt
faute de paiement.*

Si ce jour est un jour férié légal, le protêt est fait le jour
suivant.

Le porteur n'est dispensé du protêt faute de paiemen ,
ni par le protêt faute d'acceptation, ni par la mort ou
faillite de celui sur qui la lettre de change est tirée.

Dans le cas de faillite de l'accepteur avant l'échéance,
le porteur peut faire protester et exercer son recours.

Le porteur d'une lettre de change protestée faute de

paiement, peut exercer son action en garantie, ou individuellement contre le tireur et chacun des endosseurs, ou collectivement contre les endosseurs et le tireur.

De l'endossement.

La propriété d'une lettre de change se transmet par la voie de l'endossement.

L'endossement est daté.

Il exprime la valeur fournie.

Il énonce le nom de celui à l'ordre de qui il est passé.

Si l'endossement n'est pas conforme aux dispositions de l'article précédent, il n'opère pas le transport; il n'est qu'une procuration.

Il est défendu d'antidater les o. dres, à peine de faux.

De la solidarité.

Tous ceux qui ont signé, accepté ou endossé une lettre de change, sont tenus à la garantie solidaire envers le porteur.

Une lettre de change souscrite par le mari, approuvée et signée par la femme, est censée tirée par tous les deux; la femme est solidaire, quoique non marchande. (Arrêt de la cour de Riom, du 22 novembre 1809. — De Paris; 8 février 1820.)

De l'aval.

Le paiement d'une lettre de change, indépendamment de l'acceptation et de l'endossement, peut être garanti par un aval.

Cette garantie est fournie par un tiers, sur la lettre même, ou par un acte séparé.

Le donneur d'aval est tenu solidairement et par les
mêmes voies que les tireurs et endosseurs, sauf les conventions différentes des parties.

L'aval peut être constitué par une simple signature au
bas de celle du tireur. (Arrêt de la cour de Colmar, du 22
novembre 1811.)

En tout cas, l'aval n'est soumis à aucune forme particulière.

De la prescription.

Toutes les actions relatives aux lettres de change et à
ceux des billets à ordre souscrits par des négociants, marchands ou banquiers, ou pour fait de commerce, se prescrivent par cinq ans, à compter du jour du protêt ou de la
dernière poursuite juridique, s'il n'y a eu condamnation,
ou si la dette a été reconnue par un acte séparé.

Néanmoins, les prétendus débiteurs seront tenus, s'ils
en sont requis, d'affirmer, sous serment, qu'ils ne sont
plus redevables; et leurs veuves et héritiers ou ayant-cause,
qu'ils estiment de bonne foi qu'il n'est rien dû.

TIMBRE ET ENREGISTREMENT.

«Les lettres de changes sont sujettes au timbre proportionnel,
» comme tous les autres billets.

» Sont soumises au droit de 25 c. par cent francs, les lettres de
» change tirées de place en place, et celles venant de l'étranger ou des
colonies françaises, lorsqu'elles sont protestées faute de paiement.

» La lettre de change payable dans la même ville où elle a été
» souscrite, bien que tirée de place en place, est une simple promesse,
» susceptible du droit de 50 c. par cent francs. »

FORMULE

DE LETTRE DE CHANGE.

Lyon, le 24 mai 1840.   B. P. 500 fr.

A deux mois de date payez, par cette lettre de change, à l'ordre de
M.   demeurant à   la somme de *cinq cents francs*.
valeur reçue comptant, que passerez sans autre avis de

> · A Monsieur   (*Signer ici.*)
>   MICHEL, négociant,
>   à Marseille.

FORMULE D'UN MANDAT.

Paris, le 2 octobre 1840.   . B. P.   fr.

Au   prochain, il vous plaira de payer, contre ce présent
mandat, à M. Portier, ou à son ordre, la somme de...
francs, valeur en compte, que passerez suivant (*ou sans autre*) avis
de

> A Monsieur   Votre serviteur,
>   BRUNIER, négociant,   BOREL.
>   à Nimes.

AUTRE FORMULE.

Marseille, le 4 juin 1840.   B. P. 800 fr.

A vue payez par cette lettre de change, à mon ordre, *la somme de
huit cents francs*, valeur en moi-même, que passerez sans autre avis
de votre dévoué.

> A Monsieur   (*Signer ici.*)
>   Blanc, négociant,
>   à Paris.

AUTRE FORMULE.

Avignon, le 4 juillet 1840.   B. P. 1,000 fr.

A un an de date, il vous plaira payer, par cette lettre de change,

à l'ordre de M.   la somme de *mille francs*, valeur solidairement reçue comptant, que passerez suivant l'avis de

A Monsieur   (*Ici les Signatures.*)

BRUNIER, négociant,

à Nîmes.

LETTRE DE CRÉDIT.

C'est une lettre missive qu'un marchand, un négociant
ou un banquier adresse à un de ses correspondants, pour
lui mander de fournir à un tiers porteur de la lettre, une
certaine somme d'argent, ou toute autre chose dont il
aura besoin.

Il est dangereux d'ouvrir un crédit illimité : dans tous
les cas, il faut bien désigner la personne au correspondant, afin qu'il ne puisse être trompé, si la lettre passait
en d'autres mains.

LETTRE DE VOITURE.

Elle forme un contrat entre l'expéditeur et le voiturier,
ou entre l'expéditeur, le commissionnaire et le voiturier.

La lettre de voiture doit être datée ; elle doit exprimer
la nature et le poids ou la contenance des objets à transporter, le délai dans lequel le transport doit être effectué ;
elle indique le nom et le domicile du commissionnaire
par l'entremise duquel le transport s'opère, s'il y en a
un ; le nom de celui à qui la marchandise est adressée, le
nom et le domicile du voiturier, le prix de la voiture, l'indemnité due pour cause de retard ; enfin, elle doit être
signée par l'expéditeur ou le commissionnaire ; elle présente en marge la marque et le numéro des objets à transporter. La lettre de voiture est copiée par le commission-

naire sur un registre coté et paraphé, sans intervalle et de suite.

Les lettres de voiture sont sujettes au timbre ; cependant les propriétaires qui font conduire le produit de leurs récoltes, peuvent remettre aux conducteurs des lettres de voiture sur papier timbré.

FORMULE

DE LETTRES DE VOITURE.

ENREGISTREMENT.

« Elles sont soumises au droit fixe de 1 fr. ; il doit être acquitté » par la personne à qui les envois sont faits. — Elles doivent être » écrites sur papier timbré, du prix de 35 cent.

A Montélimart, le 18 avril 1840.

A la garde de Dieu et conduite de Louis Barnier, voiturier de Montélimart à Valence, il vous plaira recevoir, marqué et numéroté comme en marge, un ballot *chanvre*, pesant brut quatre-vingts kilogrammes ; ce qu'ayant reçu bien et dûment conditionné, sans manque ni dommage, dans le délai de deux jours, à peine de perdre un tiers du prix de sa voiture, que vous lui paierez à raison de trois francs, et lui rembourserez soixante-quinze centimes pour timbre de la présente.

A Monsieur,　　　　　　　　J'ai l'honneur de vous saluer.

DARUTTI, négociant,

à Valence.　　　　　　　　　　　BONARD.

LOCATAIRE.

L'obligation principale du locataire consiste à user de la chose louée en bon père de famille, et à payer son loyer dans les termes et délais fixés.

Une autre obligation des locataires, c'est d'entretenir les lieux et de les rendre à la fin de leur jouissance, en bon état de réparation locative. Ces réparations sont celles qui sont désignées par l'usage des lieux.

Il répond de l'incendie, à moins qu'il ne prouve qu'il est arrivé par cas fortuit, force majeure, ou vice de construction. Il peut sous-louer et céder son bail, si cette faculté ne lui a pas été interdite. — Voyez *Bail à ferme.*

MAIN-LEVÉE.

C'est un acte qui détruit ou restreint une opposition, une saisie, une inscription hypothécaire; elle peut être faite sous signature privée.

ENREGISTREMENT.

« 1 fr. fixe, comme consentement. — La main-levée contenue » dans la quittance, n'est pas sujette à un droit particulier, lors » même que le droit de quittance serait inférieur. »

FORMULE

Je soussigné, Louis Brunier, propriétaire, demeurant à Ville-franche, déclare, par ces présentes, donner main-levée entière, pure et simple, de la saisie-exécution faite à ma requête, par procès-verbal de Ville, huissier près le tribunal de   en date du   enregistrée, des meubles appartenant à Toussaint Valicon, et garnissant les lieux qu'occupe ce dernier dans une maison située à   rue de

Consentant que cette saisie-exécution soit et demeure nulle et de nul effet, et que tous gardiens, en se retirant, soient valablement déchargés envers moi.

Fait à   le   mil.....

(*Signature.*)

MAIRE, ADJOINT, CURÉ, DESSERVANT.

Le maire est un officier municipal spécialement chargé d'administrer les affaires de la commune.

Pour bien comprendre les attributions du maire, il faut distinguer en lui plusieurs caractères.

Il est à la fois, d'après notre législation, 1o officier de l'état civil ; 2° officier de la police judiciaire ; 3° juge do simple police ; 4° agent de l'administration générale ; 5o administrateur et représentant de la commune ; 6° enfin, revêtu d'un pouvoir de commandement pour tout ce qui concerne la police municipale.

Les devoirs du maire, comme officier de l'état civil, sont tracés par le titre 11 du code civil. Il est responsable de l'inaccomplissement des formalités qui lui sont prescrites, ainsi que des altérations qui pourraient survenir aux registres dont il est dépositaire.

Les maires sont rangés au nombre des officiers de police judiciaire, par le code d'instruction-criminelle ; ils ont qualité pour rechercher les contraventions de police de toute nature, recevoir les rapports, dénonciations et plaintes qui y sont relatifs, et pour dresser les procès-verbaux, recevoir les déclarations des témoins, faire les visites et autres actes qui sont de la compétence du procureur du roi, dans le cas de flagant délit ou de requisition de la part du chef de maison. Ils doivent remettre les procès-verbaux de contravention et toutes les pièces et renseignements, dans les trois jours au plus tard, à l'officier qui remplit les fonctions du ministère public près le tribunal de police, et transmettre au procureur du roi les procès-verbaux et autres actes relatifs aux crimes et aux délits.

Ils ont le droit de requérir la force armée dans l'exercice de leurs fonctions judiciaires ; et, lorsqu'ils agissent
aux lieu et place du procureur du roi, ils peuvent faire
des visites et autres actes qui sont de la compétence de ce
magistrat, et par conséquent décerner des mandats d'amener contre les prévenus de crimes importants, peine afflictive ou infamante.

Le maire est juge de simple police, concurremment
avec le juge-de-paix, dans les communes qui ne sont pas
chefs-lieux de canton, à l'égard des contraventions commises dans la commune, par des personnes prises en flagrant délit, et lorsque la partie réclamante conclut pour
les dommages et intérêts à une somme déterminée qui
n'excède pas celle de quinze francs.

Le ministère public est exercé auprès du maire par l'adjoint, et, lorsque l'adjoint remplace le maire comme juge
de police, par un membre du conseil municipal ; il est
désigné à cet effet par le procureur du roi, pour l'année
entière Le greffier est citoyen nommé par le maire, et assermenté auprès du tribunal de police correctionnelle. Le
ministère d'huissier n'est pas nécessaire pour les citations
à partie ou à témoins qui peuvent être faites par un avertissement du maire.

Comme agent de l'administration générale, le maire est
un organe d'information, de vérification et de contrôle ;
ainsi il doit adresser à l'administration supérieure les informations qui lui sont demandées par elle ; il prépare
les listes électorales et celles du recrutement ; il légalise
les signatures, vise les procès-verbaux , etc.

Il est surtout un agent d'exécution pour faire l'application immédiate et dernière de la loi. C'est l'intermédiaire

entre l'administration supérieure et les administrés, pou
l'exécution de presque toutes les mesures ; c'est aussi l'organe des administrés auprès de l'administration.

Comme agent d'exécution, le maire est subordonné au
sous-préfet, au préfet ; il ne peut, sans quitter ses fonctions, refuser d'exécuter les ordres qu'il reçoit ; mais aussi
il n'est pas responsable de tout ce qu'il fait conformément
à des ordres supérieurs.

Les maires ne reçoivent pas de traitement. (Loi du 21
mars 1831.) Dans les communes populeuses dont l'administration est très-compliquée, le maire est déchargé de
quelques unes de ses fonctions. Ainsi, dans les communes
chefs-lieux de canton, il n'est pas juge de police ; dans les
communes dont la population excède cinq mille âmes, les
fonctions d'officier de police judiciaire sont exercées par
un ou plusieurs commissaires de police, etc.

Les autres fonctions du pouvoir municipal sont, d'après l'art. 50 de la loi du 14 décembre 1789, de faire jouir
les habitants des avantages d'une bonne police, notamment
de la propreté, de la salubrité, de la sûreté et de la tranquillité des rues, lieux et édifices publics.

Les lois et les règlements de police que le maire est directement chargé de faire exécuter, sont très-nombreux.
Quelques uns remontent à des époques éloignées, et n'ont
pas été appliqués depuis longtemps, quoiqu'ils aient été
conservés par différentes lois, et notamment par l'art. 481
du code pénal.

Le droit de prendre des arrêtés est posé par l'art. 46 du
titre 1er de la loi des 19-22 juillet 1791, qui s'exprime ainsi :

« Aucun tribunal de police municipale, ni aucun corps
municipal, ne pourront faire de règlement. Le corps mu-

nicipal, néanmoins, pourra, sous le nom et l'intitulé de délibérations, et sous la réformation, s'il y a lieu, par l'administration de département, faire des arrêtés sur les objets qui suivent :

1° Lorsqu'il s'agira d'ordonner les précautions locales
sur les objets confiés à sa vigilance, par les art. 3 et 4 du
titre 11 de la loi des 16 et 24 août 1790 ;

2° Publier de nouveau les lois et règlements de police,
ou rappeler les citoyens à leur observation.

Les art. 3 et 4 de la loi du 24 août énumèrent plusieurs
objets de police qui sont confiés à la vigilance des maires :

Comme tout ce qui intéresse, 1° la sûreté et la commodité du passage des rues, quais, places et voies publiques;
ce qui comprend le nettoiement, l'illumination et l'enlèvement des encombrements, la démolition ou la réparation
des bâtiments qui menacent ruine; l'interdiction de rien
exposer aux fenêtres ou autres parties des bâtiments, qui
puisse nuire par sa chute, et celle de rien jeter qui puisse
blesser ou endommager les passants, ou causer des exha-
laisons nuisibles ;

2° Le soin de réprimer et de punir les délits contre la
tranquillité publique, tels que les rixes et disputes accompagnées d'ameutements dans les rues, le tumulte excité
dans les lieux d'assemblées publiques, les bruits et attroupements nocturnes qui troublent le repos des citoyens ;

3° Le maintien de l'ordre dans les endroits où il se fait
de grands rassemblements d'hommes, tels que les foires,
marchés, réjouissances et cérémonies publiques, spectacles,
jeux, cafés, églises et autres lieux publics.

D'après la loi du 28 pluviôse an VII, le maire prend des

arrêtés pour régler le partage des affouages, pâtures, récoltes et fruits communs.

Au nombre des choses sur lesquelles doit porter la vigilance municipale, nous indiquerons la police rurale, placée sous la surveillance des officiers municipaux, par l'art. 1er du titre 2 de la loi du 28 septembre 1791, à laquelle se rattache l'échenillage prescrit par la loi du 26 ventôse an iv, dont les maires doivent, chaque année, rappeler les dispositions par un arrêté; les mesures à prendre en cas d'épizootie. (Arrêté du 27 messidor an viii et ordonnance du 27 janvier 1815). Les mesures de police municipale sont énumérées dans les lois des 16 et 24 août 1790, 11, 19 et 22 juillet 1791, arrêté du 3 brumaire an ix.

FORMULE.

ARRÊTÉ DU MAIRE QUI PRESCRIT L'ÉCHENILLAGE ANNUEL DES ARBRES, DES HAIES, ETC.

L'an mil huit cent quarante, le

Le maire de la commune de

Vu les dispositions de la loi du 26 ventôse an iv, et l'art. 471, n. 8, du code pénal ;

Considérant que, d'après la loi ci-dessus citée, il doit être procédé à l'échenillage des arbres et haies par les propriétaires ou fermiers des héritages sur lesquels sont lesdits arbres ou haies; qu'ils sont tenus de brûler sur le-champ les bourses et toiles qui seront tirées des arbres, haies ou buissons, et ce, dans les lieux où il n'y aura aucun danger de communication de feu, soit pour les bois, arbres et bruyères, soit pour les maisons et bâtimens ;

Arrête :

Art. 1er. Conformément à la loi précitée du 26 ventôse an iv, il est enjoint à tout propriétaire, usufruitier, régisseur, fermier, colon ou locataire, d'écheniller ou faire écheniller, dans le courant de février de la présente année, les arbres, arbustes, haies et buissons situés dans ses propriétés.

Art. 2. Les bourses et toiles qui seront tirées des arbres, haies ou buissons, seront brûlées sur-le-champ. Cette opération se fera à cent mètres de toute habitation, ainsi que de tout bâtiment et de tout objet combustible.

Art. 3. Dans la première quinzaine du mois de mars, le garde champêtre visitera tous les fonds garnis d'arbres, haies ou buissons, pour s'assurer si l'échenillage a été fait exactement.

Art. 4. Passé ce délai, il sera dressé procès-verbaux contre ceux qui auraient négligé de se conformer au présent règlement; et, en exécution de la loi précitée, l'échenillage sera fait d'office, à leurs frais, par les soins du maire.

Art. 5. Le présent règlement sera publié où besoin sera.

Fait à la mairie, les jour, mois et an ci-dessus énoncés.

(*Signature du maire.*)

FORMULE

D'un règlement pour l'exercice du parcours et de la vaine-pâture.

L'an mil huit cent quarante, le

Le maire de la commune de

Vu la section IV du titre I er de la loi des 26 septembre et 6 octobre 1791;

Vu les art. 12, 18, 22, 24 et 26 du titre XI de la même loi;

Vu les art. 471, n° 14, et 75, n° 10 du code pénal;

Vu la délibération du conseil municipal de cette commune, en date du   qui fixe le nombre des têtes de bétail que chaque fermier ou propriétaire peut mettre au parcours, proportionnellement à l'étendue de son terrain;

Arrête :

Art. 1 er. Tout propriétaire ou fermier pourra faire conduire chèvres, moutons ou brebis,   bœufs, vaches, chevaux ou autres bêtes de somme, à raison de chaque arpent de terre qu'il possède dans la commune.

Art. 2. Le parcours est prohibé dans les terres closes par des murs, haies, palissades, haies vives ou mortes.

Art. 3. Il est prohibé également dans les prairies artificielles, dans les oseraies, dans les plants ou pépinières de mûriers, oliviers, arbres à fruits ou autres.

Dans les terres ensemencées qui n'ont pas encore été dépouillées de leurs récoltes.

Art. 4. Les pâtres ou bergers ne pourront mener les troupeaux d'aucune espèce dans les champs moissonnés et ouverts, que deux jours après la récolte entière.

Art. 5. Le bétail de tout espèce doit être conduit et surveillé par un nombre de gardiens suffisant; les bestiaux qui seraient laissés à l'abandon et qui entreraient dans les fonds sur lesquels le parcours est prohibé, soit qu'ils ne fassent que le traverser, soit qu'ils ne s'y arrêtent que pour pacage, seront, par le garde champêtre, mis en fourrière.

Art. 6. Les chèvres devront être rassemblées en troupeau commun.

Celui qui les mènera au pacage isolément, devra les tenir à l'attache.

Art. 7. Le parcours ne devra commencer que le ___ et sera dès le

Art. 8. Toutes les contraventions aux dispositions ci-dessus seront poursuivies conformément à la loi.

Art. 9. Le garde champêtre est spécialement chargé de l'exécution du présent arrêté, et de dresser procès-verbal contre tout délinquant.

Fait à la mairie, les jour mois et an ci-dessus énoncés.

(Signature du maire.)

ADJOINT.

L'adjoint est un officier municipal suppléant du maire.

Dans les communes rurales où il n'y a point de commissaire de police, c'est l'adjoint qui en remplit les fonctions.

L'adjoint remplace le maire en cas d'absence ou d'empêchement.

Il y a un adjoint dans toutes les communes au-dessous de 2,500 habitants, deux dans celles de 2,500 à 10,000, et un adjoint de plus par chaque excédant de 2,000.

Il y a un adjoint spécial dans les sections de commune qui sont séparées de la commune par la mer ou par tout autre obstacle.

Les maires et les adjoints sont nommés par le roi, ou, en son nom, par le préfet; ils sont choisis parmi les conseillers municipaux élus, et nommés pour trois ans; ils doivent avoir leur domicile dans la commune.

CURÉ ET DESSERVANT.

Rapport du maire et des curés.

Le point de départ de la législation en France, relative aux établissements religieux, est le concordat passé entre le pape et le Gouvernement français, le 18 germinal an I (8 avril 1802). Le concordat reconnaît que la religion catholique, apostolique et romaine est la religion de la grande majorité des citoyens français. Cette déclaration se trouve encore dans l'art. 6 de la Charte de 1830.

En conséquence de ce principe, on a en France une circonscription religieuse en harmonie avec la circonscription administrative.

Il existe une paroisse par justice de paix, c'est-à-dire par canton, et autant de succursales que le besoin l'exige.

Les curés sont nommés par les évêques, après l'agrément du roi. (Concordat, art. 10.)

L'érection d'une succursale peut avoir lieu sur la demande du conseil municipal.

La confusion qui a longtemps eu lieu entre l'autorité spirituelle et l'autorité temporelle, a laissé, sur cette matière et dans beaucoup d'esprits, des préjugés que l'étude

des véritables principes et la connaissance des lois dissipe-
ront sans doute avec les progrès de notre civilisation.

L'article 5 de la Charte porte : « Chacun professe sa religion avec une égale liberté, et obtient pour son culte la
même protection. »

La conséquence de ces principes, dit Foucard, dans
son ouvrage sur le droit administratif, est très-nette : le
curé et le maire exercent leur autorité dans deux sphères
différentes : de même que le curé ne peut gêner en rien le
maire dans l'application des règles du droit administratif,
de même le maire ne peut faire intervenir son autorité
dans tout ce qui concerne la discipline ecclésiastique et le
culte. Ainsi, par exemple, le curé a la garde de l'église et
de tous les objets consacrés au culte, dont personne ne
peut disposer sans son consentement ; c'est lui qui, dans
les campagnes, nomme et révoque les serviteurs de l'église
les bédeaux, suisses, enfants de chœur. Dans les villes, ils
sont nommés par la fabrique, mais sur la présentation du
curé ou desservant; mais, dans tous les cas, c'est le curé
qui seul a le droit de leur donner des ordres. Le curé fixe
les heures des offices, et ne doit faire des prières extraordinaires, même pour le gouvernement, que sur l'ordre de
son évêque; il se concerte avec l'autorité pour la fixation
de l'heure.

Si le maire assiste à l'office, il a droit dans l'église à une
place distinguée.

Cependant, malgré les règles tracées par la loi, la violation de la liberté religieuse n'a lieu que trop souvent. Le
refus de la sépulture par un ecclésiastique est l'évènement
qui occasionne le plus fréquemment des luttes entre l'autorité et le clergé; c'est pourquoi nous croyons utile d'en

dire quelques mots. La difficulté provient du décret du 23 prairial an XII, relatif aux sépultures, qui contient les dispositions suivantes : « Lorsque le ministre d'un culte » sous quelque prétexte que ce soit, se permettra de refuser » son ministère pour l'inhumation d'un corps, l'autorité » civile, soit d'office, soit sur la réquisition de la famille, » commettra un autre ministre du même culte pour rem- » plir ses fonctions; dans tous les cas, l'autorité civile est » chargée de faire porter, présenter déposer et inhumer » le corps. » S'il était vrai, dit encore Foucard, que cet article donnât à un agent de l'autorité civile le droit de contraindre un ministre de la religion à prêter son minis- tère à une inhumation quand il croit devoir la refuser, et celui d'enfoncer les portes d'une église pour y simuler une cérémonie religieuse, il faudra bien reconnaître qu'il se- rait essentiellement contraire au principe de la liberté des cultes et au système de protection qui sont formellement consacrés par le concordat et par la Charte; dès lors il faudrait le considérer comme non avenu, parce qu'une loi et à plus forte raison un décret réglementaire, ne peu- vent contredire un principe posé par la Charte constitu- tionnelle.

Mais il nous semble que l'on peut expliquer autrement le motif et le but du décret. Il impose des obligations à l'autorité civile, mais il ne donne nullement le droit au maire de violer un principe aussi important que celui des cultes. Dans tous les cas, l'autorité fera les actes ma- tériels de l'inhumation, elle *présentera* et *déposera* le corps à l'église, quand l'église sera ouverte, et que le mi- nistre de la religion consentira à le recevoir. Dans le cas contraire, elle devra s'arrêter devant la décision d'une *au-torité tout-à-fait indépendante.*

Nous ne pouvons mieux faire, en terminant, que de faire connaître, sur cette question, les véritables principes.

Voici comment s'exprime à ce sujet un des esprits les plus éclairés du siècle, l'illustre et savant Cormenin. Après avoir établi les véritables principes sur cette question ; il repousse avec énergie l'application que l'on voudrait faire du décret du 23 prairial an XII, qu'il regarde comme abrogé.

« Nous ne parlons pas, dit-il, de ce décret insensé du » 23 prairial an XII, qui veut que l'autorité civile com-» mette d'office, mais sans contrainte toutefois, un autre » ministre du culte. Qu'est-ce, en effet, que le prêtre au-» tomate qui arrive au premier coup de sifflet de l'autorité » civile, qui prie par commission ? La prière vient non » d'un bureau de police, mais du ciel. La liberté en vient » aussi ; et quand on l'aime sincèrement, on doit la vou-» loir pour tout le monde, même pour les prêtres. N'est-ce » donc pas aux prêtres qu'il faut la liberté par excellence » dans les choses de la conscience et de la religion ? N'est-ce » pas la liberté seule qui peut combler le vide immense entre » le prêtre et Dieu ? Étrange contradiction ! Vivants, nous » refusons d'entrer dans le temple de Dieu ; et morts, il » faut que notre cadavre en enfonce les portes pour y re-» cevoir les bénédictions empressées de ses ministres. » (*Question de droit administratif*, tom. II.)

MAJORITÉ, INTERDICTION, CONSEIL JUDICIAIRE.

De la majorité.

La majorité est fixée à vingt-un ans accomplis ; à cet

âge on est capable de tous les actes de la vie civile, sauf la restriction portée à l'article *Mariage*.

De l'interdiction.

Le majeur qui est dans un état continuel d'imbécillité, de démence ou de fureur, doit être interdit, même lorsque cet état présente des intervalles lucides.

Tout parent est recevable à provoquer l'interdiction de son parent; il en est de même de l'un des époux à l'égard de l'autre.

Dans les cas de fureur, si l'interdiction n'est provoquée ni par l'époux, ni par les parents, elle doit l'être par le procureur du Roi, qui, dans le cas d'imbécillité ou de démence, peut aussi la provoquer contre un individu qui n'a ni époux, ni épouse, ni parents connus.

Toute demande en interdiction sera portée devant le tribunal de première instance.

Les faits d'imbécillité, de fureur ou de démence seront articulés par écrit. Ceux qui poursuivront l'interdiction présenteront les témoins et les pièces.

Le tribunal ordonnera que le conseil de famille donne son avis sur la personne dont l'interdiction est demandée.

Ceux qui auront provoqué l'interdiction ne pourront faire partie du conseil de famille. Cependant l'époux ou l'épouse, et les enfants de la personne dont l'interdiction sera provoquée, pourront y être admis, sans y avoir voix délibérative.

Après avoir reçu l'avis du conseil de famille, le tribunal interroge le défenseur à le chambre du conseil; s'il ne peut s'y présenter, il sera interrogé dans sa demeure par l'un des juges à ce commis, assisté du greffier. Dans tous les cas, le procureur du Roi sera présent à l'interrogatoire.

Aprés le premier interrogatoire, le tribunal commettra, s'il y a lieu, un administrateur provisoire, pour prendre soin de la personne et des biens du défendeur.

Le jugement sur une demande en interdiction ne pourra être rendu qu'en audience publique, les parties entendues ou appelées.

En rejetant la demande en interdiction, le tribunal pourra néanmoins, si les circonstances l'exigent, ordonner que le défendeur ne poura désormais plaider, transiger, emprunter, recevoir un capital mobilier, ni en donner décharge, aliéner ni gréver ses biens d'hypothéques, sans l'assistance d'un conseil qui lui sera nommé par le même jugement.

En cas d'appel du jugement rendu par le tribunal de première instance, la cour royale pourra, si elle le juge nécessaire, interroger de nouveau, ou faire interroger par un commissaire, la personne dont l'interdiction est demandée.

Tout arrêt ou jugement portant interdiction ou nomination d'un conseil, sera, à la diligence des demandeurs, levé et signifié à partie, et inscrit dans les dix jours sur les tableaux qui doivent être affichés dans la salle de l'auditoire et dans les études des notaires de l'arrondissement.

L'interdiction ou la nomination d'un conseil aura son effet du jour du jugement. Tous actes passés postérieurement par l'interdit ou sans l'assistance du conseil, seront nuls de droit.

Les actes antérieurs à l'interdiction pourront être annulés si la cause de l'interdiction existait notoirement à l'époque où ces actes ont été faits.

Après la mort d'un individu, les actes par lui faits ne pourront être attaqués pour cause de démence, qu'autant que l'interdiction aurait été prononcée ou provoquée avant son décès, à moins que la preuve de démence ne résulte de l'acte même qui est attaqué.

S'il n'y a pas d'appel du jugement d'interdiction rendu en première instance, ou s'il est confirmé sur l'appel, il sera pourvu à la nomination d'un tuteur et subrogé-tuteur à l'interdit. L'administrateur provisoire cessera ses fonctions et rendra compte au tuteur s'il ne l'est pas lui-même.

Le mari est de droit le tuteur de sa femme interdite.

La femme pourra être nommée tutrice de son mari; en ce cas, le conseil de famille réglera la forme et les conditions de l'administration, sauf les recours devant les tribunaux de la part de la femme qui se croirait lésée par l'arrêté de la famille.

Nul, à l'exception de l'époux, des ascendants et descendants, ne sera tenu de conserver la tutelle de l'interdit au-delà de dix ans. A l'expiration de ce délai, le tuteur pourra demander et obtenir son remplacement.

L'interdit est assimilé au mineur pour sa personne et ses biens; les lois sur la tutelle des mineurs s'appliqueront à la tutelle des interdits.

Les revenus d'un interdit doivent être essentiellement employés à adoucir son sort et accélérer sa guérison. Selon les caractères de sa maladie et l'état de sa fortune, le conseil de famille pourra arrêter qu'il sera traité dans son domicile, ou qu'il sera placé dans une maison de santé, et même dans un hospice.

Lorsqu'il sera question du mariage d'un enfant d'un interdit, la dot ou l'avancement d'hoirie et les autres conventions matrimoniales seront réglées par un avis du con-

eil de famille, homologué par le tribunal, sur les conclusions du procureur du Roi.

L'interdiction cesse avec les causes qui l'ont déterminée ;
néanmoins la main-levée ne sera prononcée qu'en observant les formalités prescrites pour parvenir à l'interdiction, et l'interdit ne pourra reprendre l'exercice de ses
droits qu'après jugement de main-levée.

Du conseil judiciaire.

Il peut être défendu aux prodigues de plaider, de transiger, d'emprunter, de recevoir un capital mobilier et d'en
donner décharge, d'aliéner ni de gréver leurs biens d'hypothèques, sans l'assistance d'un conseil qui leur est nommé par le tribunal.

La défense de procéder sans l'assistance d'un conseil,
peut être provoquée par ceux qui ont droit de demander
l'interdiction ; leur demande doit être instruite et jugée de
la même manière. Cette défense ne peut être levée qu'en
observant les mêmes formalités.

Aucun jugement en matière d'interdiction ou de nomination de conseil ne pourra être rendu, soit en première
instance, soit en cause d'appel, que sur les conclusions du
ministère public.

MARCHÉS ET DEVIS.

On appelle *Devis* un état énonciatif de la nature, de la
qualité, de l'ordre et de la distribution des ouvrages qu'on
se propose de faire ; de la nature, de la qualité, de la quantité et du prix des matériaux qui doivent y être employés.

Le marché est la convention qui intervient entre celui
qui doit faire faire les ouvrages expliqués au devis, et celui

qui se charge de les faire moyennant un prix convenu à forfait, soit que l'architecte, l'entrepreneur ou l'ouvrier se charge de fournir les matériaux, et qu'il ne reste à fournir, par le conducteur, que la main-d'œuvre.

Trois choses sont essentielles pour les contrats des devis et marchés : 1₀ un ouvrage à faire ; 2° une somme convenue à titre de prix ; 3° le consentement des parties intéressées sur l'un et sur l'autre.

Si, dans le cas ou l'ouvrier fournit la matière, la chose vient à périr, de quelque manière que ce soit, avant d'être livrée, la perte en est pour l'ouvrier, à moins que le maître ne fût en demeure de recevoir la chose.

Dans le cas ou l'ouvrier fournit seulement son travail ou son industrie, si la chose vient à périr, l'ouvrier n'est tenu que de sa faute.

Le maître peut résilier, par sa seule volonté, le marché à forfait, quoique l'ouvrage soit déjà commencé, en dédommageant l'entrepreneur de toutes les dépenses et de tous les travaux, et de tout ce qu'il aurait pu gagner dans cette entreprise.

Le contrat de longe d'ouvrage est dissous par la mort de l'ouvrier, architecte ou entrepreneur, mais il ne serait pas résolu par la faillite de l'entrepreneur, comme il l'est par son décès. (Arrêt de la cour de Caen, du 20 février 1827.)

L'entrepreneur répond du fait des personnes qu'il emploie.

Les architectes, entrepreneurs, maçons et autres ouvriers employés pour édifier, reconstruire ou réparer des bâtiments, ont un privilège sur l'immeuble, pourvu néanmoins que, par un expert nommé d'office par le tribunal de première instance, il ait été dressé préalablement un procés-verbal, à l'effet de constater l'état des lieux relativement aux ouvrages que le propriétaire déclarera avoir dessein de faire, et que les ouvrages aient été, dans les six mois au plus de leur perfection, reçus par un expert également nommé d'office.

Ceux qui ont prêté les deniers pour payer ou rembourser les ouvriers, jouissent du même privilége, pourvu que cet emploi soit authentiquement constaté par l'acte d'emprunt et par la quittance des ouvriers.

Si l'édifice, construit à prix fait, périt en tout ou en partie par vice de construction, même par le vice du sol, l'architecte et l'entrepreneur en sont solidairement responsables pendant dix ans.

L'architecte est même responsable des travaux dont il a donné le plan et surveillé l'exécution, s'ils périssent pour cause de vice de ce plan. (Arrêt de cassation, du 20 novembre 1817.)

FORMULE.

Droit d'enregistrement: 1 franc par cent francs sur le prix.

Les soussignés, Jean-Louis-Claude Châlon, entrepreneur de bâtiments, patenté n. 84, domicilié à   d'une part;

Et Denis Etienne, propriétaire, demeurant à   d'autre part,

Ont fait et arrêté le marché suivant :

Le sieur Châlon s'oblige envers le sieur Denis Etienne, à faire avec toute la solidité et la symétrie convenables, au dire d'ouvriers et gens qui soient experts dans la partie, tous les ouvrages indiqués et expliqués dans le devis fait et arrêté entre eux cejourd'hui, sur deux feuilles de papier au timbre des présentes, et qui est demeuré annexé à chacune des copies, après avoir été d'eux certifié valable et signé, pour la construction d'une maison à   rue du   .

En conséquence, le sieur Châlon s'oblige à fournir les pierres, moellons, chaux, sable, plâtre, briques, pierres de taille, ouvriers,

Achafaudages nécessaires pour ce qui concerne, relativement à sa profession, la construction de la maison dont s'agit.

S'oblige toujours, le sieur Châlon, de commencer les travaux le   et de les continuer sans interruption, pour que cette maison soit achevée d'ici au   ❦

Ce marché est fait moyennant la somme de   que le sieur Denis Etienne s'oblige à payer au sieur Châlon, deux mois après l'achèvement de la maison, et que les travaux seront reconnus parfaits, au dire des gens de l'art choisis par lui et le sieur Denis Etienne.

Fait double, à   le   , mil...

(Signatures des parties.)

MARIAGE.

L'homme, avant dix-huit ans révolus, et la femme, avant quinze ans révolus, ne peuvent contracter mariage. Autrefois, le mariage était permis pour les hommes à quatorze ans révolus, pour les femmes à douze ans révolus. Ces unions précoces étaient souvent funestes aux époux et à l'Etat, auxquels elles ne donnaient que des enfants débiles.

§ I.

Dispense d'âge.

Il est loisible au Roi d'accorder des dispenses d'âge pour le mariage, pour des motifs graves.

Une circulaire du garde des sceaux, en date du 10 mai 1824, indique les formalités à suivre pour obtenir des dispenses d'âge : elle porte qu'il est de jurisprudence et d'usage : 1° de ne jamais accorder de dispenses aux hommes avant dix-sept ans accomplis, et aux femmes avant quatorze ans accomplis, sauf, pour celles-ci, le cas où elles seraient devenues grosses avant cet âge ; 2° de rejeter toutes demandes de dispenses, lorsque l'homme est de quelques années plus jeune que la femme, parce qu'on doit présumer qu'il y a séduction de la part de celle-ci, et qu'il ne faut pas favoriser les unions disproportionnées

Ces dispenses sont délivrées par le Roi, sur le rapport du ministre de la justice. Le procureur du Roi de l'arrondissement dans lequel l'impétrant a son domicile , met son avis au pied de la pétition tendante à obtenir les dispenses, et elle est ensuite adressée au garde des sceaux.

§ II.

Enregistrement.

Les dispenses d'âge sont enregistrées au greffe du tribunal civil, à la diligence du procureur général, en vertu de l'ordonnance du président. Une expédition de cet arrêté, dans laquelle il sera fait mention de l'enregistrement, sera annexée à l'acte de célébration de mariage.

Il est perçu un droit de sceau de *cent francs*, et un droit d'enregistrement de *vingt francs;* mais les lettres de dispenses sont délivrées *gratis* aux personnes reconnues indigentes. (Loi du 15 mai 1816.)

§ III.

Prohibition du mariage.

Le mariage est prohibé , en ligne directe, entre tous les ascendants et descendants légitimes ou naturels, et les alliés au même degré. (Art. 161.)

En ligne collatérale, entre le frère et la sœur légitimes, naturels, ou alliés au même degré. (Art. 162.)

La loi du 16 avril 1832 a modifié la prohibition absolue

de l'art. 162, en donnant au Roi la faculté d'accorder des dispenses pour le mariage des alliés au degré de frères et sœurs. Ainsi, avant cette loi, un frère ne pouvait jamais épouser la femme de son frère, après le décès de ce dernier. Le mariage permis entre beaux-frères et belles-sœurs, pendant la révolution, fut interdit pas les auteurs du code.

Le mariage est encore prohibé entre l'oncle et la nièce, la tante et le neveu; mais le neveu peut épouser la femme de son oncle; entre un grand-oncle et sa petite-nièce. (Décret du 7 mai 1808, qui décide que le mariage ne peut avoir lieu qu'en conséquence de dispenses accordées conformément à l'art. 164 du code civil.)

Entre l'adoptant, l'adopté et ses descendants; entre les enfants adoptifs du même individu; entre l'adopté et les enfants qui pourraient survenir à l'adoptant; entre l'adopté et le conjoint de l'adoptant.

Néanmoins, il est loisible au Roi de lever, pour des causes graves, les prohibitions portées au mariage entre beaux-frères et belles-sœurs, et aux mariages entre l'oncle et la nièce, la tante et le neveu.

La femme veuve ne peut contracter un second mariage s'il ne s'est écoulé dix mois révolus depuis le décès de son mari.

§ IV.

Des formalités relatives à la célébration du mariage.

Le mariage sera célébré publiquement devant l'officier civil du domicile de l'une des parties; avant la célébration du mariage, l'officier de l'état-civil fera deux publications, à huit jours d'intervalle, un jour de dimanche, devant la porte de la maison commune; un extrait de cet acte de publication sera et restera affiché à la porte de la maison commune, pendant les huit jours d'intervalle de l'une à l'autre publication. Le mariage ne pourra être célébré avant le troisième jour, depuis et non compris celui de la seconde publication. Ainsi, le mariage dont la deuxième publication aura été faite le dimanche 1 janvier, ne pourrait être contracté que le mercredi 4, c'est-à-dire le onzième jour à partir de la première publication.

Si le mariage n'a pas été célébré dans l'année, à compter de l'expiration du délai des publications, il ne pourra plus être célébré qu'après que les nouvelles publications auront été faites dans la forme ci-dessus prescrite.

Si les parties contractantes, ou l'une d'elles, sont, relativement au mariage, sous la puissance d'autrui, les publications seront encore faites à la municipalité du domicile de ceux sous la puissance desquels elles se trouvent.

Les fils, jusqu'à l'âge de vingt-cinq ans, les filles, jusqu'à celui de vingt-un ans, sont, relativement au mariage, sous la puissance de leurs ascendants; il faut donc que les publications soient faites au domicile de ces derniers, intéressés surtout à connaître les projets de mariage, pour s'y opposer s'ils le jugent à propos. Après cet âge, il paraît que les publications ne doivent pas être faites au domicile des ascendants, car les enfants n'ayant plus besoin de leur consentement, mais seulement de requérir leur conseil pour se marier, ne sont pas véritablement sous puissance.

§ V.

Des oppositions au mariage.

Le droit de former opposition au mariage appartient à la personne engagée par mariage avec l'une des deux parties contractantes. Le père, et à défaut du père, la mère, et à défaut des père et mère, les aïeuls et aïeules, peuvent former opposition au mariage de leurs enfants et descendants, encore que ceux-ci aient vingt-cinq ans accomplis. A défaut d'aucun ascendant, le frère ou la sœur, l'oncle ou la tante, le cousin ou la cousine germains, majeurs, ne peuvent former aucune opposition que dans les deux cas suivants : 1° lorsque le consentement du conseil de famille, requis par la loi, n'a pas été obtenu ; 2° lorsque l'opposition est fondée sur l'état de démence du futur époux ; cette opposition, dont le tribunal pourra donner main-levée pure et simple, ne sera jamais reçue qu'à la charge, par l'opposant de provoquer l'interdiction, et d'y faire statuer dans le délai qui sera fixé par le jugement.

§ VI.

Des demandes en nullité de mariage.

On nomme empêchement au mariage, la défense de contracter mariage, faite par la loi, à ceux qui ne réunissent pas toutes les qualités ou qui n'accomplissent pas toutes les conditions prescrites. Les empêchements sont *prohibitifs* ou *dirimants*. Les empêchements prohibitifs sont ceux qui forment obstacle à la célébration du mariage, mais qui ne sont pas une cause de nullité de mariage lorsqu'il a été contracté au mépris de ces empêchements. Ils sont en génénal sanctionnés par des emprisonnements ou des amendes.

Les empêchements dirimants sont ceux dont la violation entraîne la nullité du mariage ; tels sont les empêchements qui dérivent de la parenté, du défaut de consentement libre des parties.

Le mariage qui a été contracté sans le consentement libre des deux époux ou de l'un d'eux, ne peut être attaqué que par les époux, ou par celui des deux dont le consentement n'a pas été libre. Lorsqu'il y a eu erreur dans la personne, le mariage ne peut être attaqué que par celui des deux époux qui a été induit en erreur ; la demande en nullité n'est plus recevable, toutes les fois qu'il y a eu cohabitation continue pendant six mois, depuis que l'époux a acquis sa pleine liberté, ou que l'erreur a été par lui reconnue.

Le mariage contracté sans le consentement des père et mère, descendants, ou du conseil de famille, dans les cas où le consentement est nécessaire, ne peut être attaqué que par ceux dont le consentement était requis, ou par celui des deux époux qui avait besoin de ce consentement.

MINES, CARRIÈRES.

Les mines sont des exploitations souterraines de minéraux, de houille et autres produits. Les lieux où l'on exploite la pierre calcaire, le plâtre, les ardoises, les terres argileuses, sont des carrières et non des mines.

Les carrières sont meubles, et considérées comme telles pour le droit de mutation.

Quant aux mines, la loi du 21 avril 1810 contient les dispositions suivantes :

Les mines ne peuvent être exploitées qu'en vertu d'un acte de concession délibéré en conseil d'Etat. (Art. 5.)

Cet acte règle les droits des propriétaires de la surface sur le produit des mines concédées. (Art. 6.)

Il donne la propriété perpétuelle de la mine, laquelle est dès lors disponible et transmissible, comme tous autres biens, et dont on ne peut être exproprié que dans les cas et selon les formes prescrites pour les autres propriétés. (Art. 7.)

Les mines sont immeubles. Sont aussi immeubles, les bâtiments, machines, puits, galeries et autres travaux établis à demeure, conformément à l'art. 524 du code civil. (Art. 8.)

Sont meubles en matières extraites, les approvisionnements et autres objets mobiliers. (Art. 9.)

La valeur des droits résultant en faveur du propriétaire de la surface, en vertu de l'article 6 de la présente loi, demeurera réunie à la valeur de ladite surface, et sera affectée avec elle aux hypothèques prises par les créanciers du propriétaire. (Art. 18.)

Du moment où une mine sera concédée, même au propriétaire de la surface, cette propriété sera distinguée de celle de la surface, et désormais considérée comme une propriété nouvelle, sur laquelle de nouvelles hypothèques pourront être assises, sans préjudice de celles prises sur la surface et la redevance, comme il est dit dans l'article précédent. (Art. 19.)

Le droit attribué par l'art. 6 de la présente loi, aux propriétaires de la surface, sera réglé à une somme déterminée par l'acte de concession. (Art. 42.)

L'acte passé entre le concessionnaire d'une mine et le propriétaire de la surface, en exécution de l'art. 6 de la loi de 1810, à l'effet de régler les droits de ce dernier dans les produits de l'exploitation, est-il sujet au droit fixe seulement, ou au droit de 5 fr. 50 c. par cent, comme opérant transmission d'une partie de la propriété ? D'abord il est certain que le droit fixe est le seul exigible, si l'acte est subordonné à l'approbation du Gouvernement. Si cette autorisation existe, le droit proportionnel peut-il être exigé ? L'affirmative résultait d'une décision du 1er mai 1810 ; mais un arrêt de cassation, du 8 novembre 1827, a statué en sens contraire, par le motif que l'acte ne transmet rien, et qu'il ne fait que reconnaître un droit que le concessionnaire tenait déjà de son titre de concession ; un autre arrêt du 20 mai 1834 a statué dans le même sens.

MINISTRE.

Attributions et juridictions.

Nous ne pouvons mieux faire, en examinant quel est le caractère, la force et les effets des décisions ministérielles, que de rapporter l'opinion du savant Cormenin. Voici comment s'exprime ce célèbre publiciste : le mode, dit-il, de procéder devant les ministres, en matière contentieuse, n'a été organisé jusqu'ici par aucune loi, ni par aucun règlement.

L'instruction des affaires s'y fait sans frais, sur simples mémoires des parties et productions de pièces, sans constitution d'avocats. Les ministres ne sont pas astreints à prononcer dans un certain délai, et par conséquent il dépend d'eux seuls d'accélérer ou de prolonger l'instruction.

Les ministres prennent leurs décisions, ou d'office, ou sur le rapport d'une commission spéciale, ou sur la proposition des directions générales qui leur sont subordonnées , ou sur l'exposé de leurs bureaux , ou de l'avis du comité du conseil d'État attaché à leur département, ou sur la provocation des préfets , ou sur la demande des parties.

Les ministres statuent sur le recours des parties, contre les décisions des préfets qui ont excédé leur compétence, ou qui sont prises dans les limites de leurs attributions , mais qui, aux termes des lois et règlements , doivent être déférés préalablement au ministre que la matière concerne.

Les ministres prennent aussi des décisions en matière de liquidation de la dette publique, de dettes des communes, d'entreprises de travaux publics et de marchés passés en leur nom avec des agents; enfin en matière de beaucoup d'affaires d'un genre indéterminé.

Cependant les ministres ne peuvent statuer sur des questions de propriété d'état ou de titres qui sont du ressort des tribunaux ordinaires; ils ne peuvent non plus prendre des décisions qui tendraient à remettre en question ce qui a été irrévocablement jugé par les autorités judiciaires et administratives, ni donner des explications, interprétations, qui seraient réservées, soit au conseil de préfecture, soit au conseil d'État.

Ils ne peuvent annuler les jugements des tribunaux, soit définitifs, soit par défaut, même ceux d'un simple juge-de-paix, ni les arrêtés des conseils de préfecture, soit au fond, soit par incompétence, ou même par vice de forme, sauf à les déférer au conseil d'État, dans l'intérêt du Gouvernement; ni les ordonnances royales, ni les délibérations des conseils généraux des départements.

De ce que les ministres sont les plus hauts agents du pouvoir exécutif, et de ce qu'ils sont responsables, il suit qu'ils peuvent rapporter ou ordonner de rapporter tous les arrêtés des préfets, rendus en matière purement exécutive.

Les décisions prises par les ministres, en matière contentieuse et dans les limites de leur compétence, ont le caractère, la force et les effets des jugements.

Il suit de là qu'elles emportent contrainte; que les ministres ne peuvent les rapporter, du moins lorsqu'elles sont intervenues contradictoirement entre deux particuliers; lorsque le ministre les a notifiées à la partie qui les a exécutées; lorsqu'elles ont fondé des droits acquis; lorsqu'elles ont servi de base à des jugements qui sont passés en force de chose jugée; lorsqu'elles sont inattaquables de la part des tiers; lorsqu'ils ont laissé expirer les délais du pourvoi devant le conseil d'État.

Les décisions des ministres sont tantôt signifiées extrajudiciairement, c'est-à-dire par huissier, tantôt notifiées administrativement, c'est-à-dire par lettre à la partie ou à son fondé de pouvoirs.

Il est passé en jurisprudence que les significations administratives ont la même force que les significations régulières, et font, comme celles-ci, courir les délais du pourvoi.

De ce que les ministres ne sont que des juges d'exception, il suit que l'exécution de leurs décisions appartient aux tribunaux, à moins que la loi ne l'ait réglé autrement.

De ce que leurs décisions émanent d'une autorité qui ressortit du conseil d'État, il suit que ces décisions sont exécutoires nonobstant pourvoi.

De ce qu'elles constituent des jugements, il suit que les parties qui les ont exécutées sans protestation ni réserves, ne sont plus recevables à les attaquer.

C'est devant le conseil d'État seul que le recours des parties, contre les décisions des ministres, doit être porté.

Elles doivent, pour éviter, soit la forclusion, soit le rejet immédiat, faire attention à deux choses :

1° Il faut qu'elles introduisent leur pourvoi dans le délai de trois mois, à partir de la notification, même administrative ;

2° Elles doivent considérer la nature de la matière ou de la question sur laquelle la décision a été rendue.

Mais si le ministre a rejeté simplement la demande d'une grâce ou d'une faveur, ou statué par voie réglementaire de police, d'ordre public, de sûreté générale, ou s'il n'a fait que des actes de pure administration, de tels actes ne sont pas susceptibles d'être attaqués devant le conseil d'État, par voie contentieuse.

MITOYENNETÉ.

C'est la co-propriété de deux voisins sur un mur, un fossé, une haie qui les séparent.

L'art. 815 du code civil proclame en principe que nul n'est tenu de demeurer dans l'indivision.

Cependant les rapports de voisinage ont fait admettre à cette règle une exception forcée qui résulte de la nature des choses.

C'est ce qui arrive par rapport aux clôtures diverses qui séparent deux héritages.

Les clôtures sont de diverses sortes : elles sont formées au moyen de murs, de fossés, de haies ; la loi a dû établir des règles différentes, suivant qu'il s'agit de l'une ou de l'autre de ces clôtures.

Du mur mitoyen.

Voici les principes qui ont pour objet la mitoyenneté d'un mur :

Dans les villes et les campagnes, tout un mur servant de séparation entre les bâtiments, jusqu'à l'éberge, ou entre cours et jardins, et même entre clos dans les champs, est présumé mitoyen, s'il n'y a titre ou marque du contraire.

Il y a marque de non-mitoyenneté, lorsque la sommité du mur est droite et à-plomb de son parement d'un côté, et présente de l'autre un plan incliné.

Lors encore qu'il n'y a que d'un côté, ou un chaperon, ou des filets et corbeaux de pierre qui y auraient été mis en bâtissant le mur.

Le *chaperon* est le sommet du mur présentant un plan incliné.

Le *filet* ou *larmier* est une ligne en tuiles, un peu saillante au bas du chaperon, pour rejeter les eaux hors du parement de mur.

On entend par *corbeaux* des pierres saillantes, ordinairement destinées à supporter une poutre ou un autre fardeau. Elles sont plates en dessus et arrondies en dessous, ce qui forme une ligne courbe, d'où l'on a fait le nom de corbeau.

Dans tous les cas, le mur est censé appartenir exclusivement au propriétaire du côté duquel sont l'égout ou les corbeaux et les filets de pierre.

La réparation et la construction du mur mitoyen sont à la charge de tous ceux qui ont droit, et proportionnellement au droit de chacun.

Tout co-propriétaire peut faire bâtir contre un mur mitoyen, et y faire placer des poutres et solives dans toute

17

l'épaisseur, à cinquante-quatre millimètres (deux pouces) près, sans préjudice du droit qu'a le voisin de faire réduire à l'ébauchoir la poutre jusqu'à la moitié du mur, dans le cas où lui-même voudrait asseoir des poutres dans le même lieu, ou y adosser une cheminée.

Tout co-propriétaire peut faire exhausser le mur mitoyen, mais il doit payer seul la dépense de l'exhaussement, les réparations d'entretien au-dessus de la hauteur de la clôture commune, et, en outre, l'indemnité de la charge en raison de l'exhaussement, et suivant la valeur.

Si le mur mitoyen n'est pas en état de supporter l'exhaussement, celui qui veut l'exhausser doit le faire reconstruire en entier à ses frais, et l'excédant d'épaisseur doit se prendre de son côté. Le voisin qui n'a pas contribué à l'exhaussement peut en acquérir la mitoyenneté, en payant la moitié de la dépense qu'il a coûté, et la valeur de la moitié du sol fourni pour l'excédant d'épaisseur, s'il y en a.

Tout propriétaire joignant un mur a de même la faculté de le rendre mitoyen en tout ou en partie, en remboursant, au maître du mur, la moitié de sa valeur ou la moitié de la valeur de la portion qu'il veut rendre mitoyenne, et la moitié de la valeur du sol sur lequel le mur est bâti.

Le droit de mitoyenneté finit :

1º Par l'acquisition que fait l'un des propriétaires de l'héritage séparé par le mur mitoyen ;

2º Par l'abandon que fait l'un des propriétaires qui veut se dispenser de contribuer aux réparations et reconstruction du mur.

La loi, néanmoins, déclare que l'abandon de mitoyenneté n'empêche pas cette contribution, si le mur mitoyen soutient un bâtiment qui appartient au co-propriétaire.

FORMULE

D'ÉTABLISSEMENT D'UN MUR MITOYEN.

Les soussignés, sieur Jean Mondon, cultivateur, demeurant à
d'une part ;

Et sieur David Blanc, cultivateur, demeurant à   d'autre
part ;

Voulant séparer, par un mur mitoyen, leurs propriétés contiguës,
situées à   quartier de

Sont convenus de ce qui suit :

1° Il sera fait, à frais communs, à la limite divisoire de leurs
dites propriétés, un mur de six mètres de hauteur, fondations comprises, et cinquante-cinq centimètres d'épaisseur ;

2° Ce mur sera établi à la première réquisition des soussignés,
en se conformant aux art. 653 et suivants du code civil.

Fait double à   le   mil...

(*Signatures.*)

MUTATION.

Ce mot exprime la transmission des biens d'une personne à une autre.

On nomme spécialement *mutation* le droit qui se perçoit au profit de l'État à chaque transmission de propriété, de jouissance ou d'usufruit.

Les droits de mutation varient suivant la nature des actes qui opèrent la transmission des biens, et selon la qualité des personnes qui consentent les actes.

Les droits de donation entre vifs sont exigibles au moment même du contrat ; au contraire, celui des mutations dont l'effet est suspendu pendant la vie de l'instituant, n'est dû qu'au jour du décès.

De là, il suit qu'il importe de discerner en quel cas il y a transmission actuelle ; en quel cas il y a simple expec-

tative. Ainsi la donation en avancement d'hoirie, quoique
sujette à rapport, ou susceptible de réduction, conférant
un droit actuel, est soumise aux droits de mutation ; tandis que l'appelé à une substitution fidéi-commissaire,
dans les cas prévus, soit par les art. 1048 et suivants du
code civil, soit par la loi du 17 mai 1826, ne saurait être
contraint au paiement des mêmes droits, tant que son
droit n'est pas ouvert, puisque le droit est subordonné à
la condition de la survie.

L'usufruit est assujetti au droit proportionnel, parce
que l'usufruit s'estime non point par sa durée, mais par
l'étendue des droits qu'il confère. Il donne lieu au droit
de 2 ou de 4 pour cent, suivant que le droit d'usage portera sur des meubles ou des immeubles.

Les concessions de servitudes, soit à titre gratuit, soit
à titre onéreux, sont également soumises au droit de mutation.

Tous les actes civils ou judiciaires, porte l'article 69 de
la loi du 22 frimaire an VII, qui contiennent une mutation
d'immeubles à titre onéreux, sont passibles du droit de 4
pour cent.

Des mutations par décès.

Une première condition pour que le droit soit exigible,
c'est que la succession soit ouverte. Ainsi, lorsqu'un individu a disparu, tant que l'absence n'est pas déclarée,
conformément aux art. 115 et suivants du code civil, il
ne peut y avoir lieu à la réclamation du droit de mutation
par décès.

C'est la prise de possession des biens, et non la déclaration d'absence, qui rend exigibles les droits de mutation.

Les donations faites entre époux pendant le mariage étant toujours révocables, n'opèrent également des droits de mutation qu'au moment où leur effet est assuré par le prédécès de l'époux donateur.

« Les quotités des droits d'enregistrement à payer pour les transmissions par décès, sont fixées comme suit :

En ligne directe, 25 c. par cent francs pour les biens meubles, et 1 franc par cent francs pour les biens immeubles.

D'un époux à un autre époux, 1 fr. 50 c. pour les biens meubles, et 3 fr. par cent francs pour les biens immeubles.

Entre frères, sœurs, oncles, tantes, neveux et nièces, savoir : 3 francs par cent francs pour les biens meubles, et 6 fr. 50 c. pour les biens immeubles.

Entre grand'oncles, grand'tantes, petits-neveux, petites-nièces, cousins-germains, savoir : 4 francs pour cent francs pour les biens meubles ; et 7 francs pour les biens immeubles.

Entre parents au delà du quatrième degré et jusqu'au douzième, savoir : 5 francs par cent francs pour les biens meubles, et 8 fr. par cent francs pour les biens immeubles.

Enfin, entre personnes non parentes, 6 fr. par cent francs pour les biens meubles, et 9 fr. par cent francs pour les biens immeubles.

NOTA. Lorsque l'époux survivant ou les enfants naturels sont appelés à la succession, à défaut de parents au degré successible, ils sont considérés, quant à la quotité des droits, comme personne non parentes.

Les alliés sont considérés comme personnes non parentes pour le paiement des droits de succession ; ainsi un gendre, légataire d'un quart en propriété et d'un quart en usufruit des biens de la succession de son beau-père, doit acquitter les droits de mutation au taux fixé par les personnes non parentes. (Arrêt de la cour de cassation, du 29 décembre 1829.) »

Donation entre vifs.

ENREGISTREMENT.

« Pour les biens meubles, savoir : 1° en ligne directe, 1 fr. 25 c.
» par cent francs;

» 2° D'un époux à un autre époux, 1 fr. 50 c. par cent francs.

» Entre frères, sœurs, oncles, tantes, neveux, nièces et autres pa-
» rents au degré successible jusqu'au douzième degré, 2 fr. 50 c.
» par cent francs.

» Entre toutes autres personnes, 3 fr. 50 c. par cent francs

» Pour les biens immeubles, savoir : en ligne directe, 2 fr. 50 c.
» par cent francs.

» D'un époux à un autre époux, 3 fr. par cent francs.

« Au profit des frères et sœurs et descendants d'iceux, de neveux
» et nièces, petits-neveux et petites-nièces, d'oncles et tantes, de
» grand'oncles et grand'tantes, et autres parents au degré successible,
» 3 francs par cent francs.

» Au profit de toute autre personne, 6 fr. par cent francs.

» La donation faite par l'adoptant à son fils adoptif ou aux en-
» fants de ce dernier, n'est passible que du droit de donation en
» ligne directe. (Cour de cassation, 2 décembre 1822.)

» Outre les droits ci-devant désignés, on perçoit, lors de l'enregis-
» trement des actes de donation d'immeubles, celui de la transcrip-
» tion, demi pour cent francs; mais la formalité de la transcription
» aux hypothèques est faite ensuite pour le droit fixe de 1 fr. »

OBLIGATION.

L'obligation est le lien qui résulte du contrat. C'est la promesse
de payer une somme ou de remplir un engagement.

ENREGISTREMENT.

« Les contrats, transactions, promesses de payer, arrêtés de compte
» billets, mandats, reconnaissances, celles de dépôts de sommes chez
» des particuliers, et tous autres actes qui contiennent obligation de
» sommes, sans libéralité et sans que l'obligation soit le prix d'une
» transmission de meubles ou immeubles, non enregistrée, sont pas-

, dibles du droit de 1 fr. par cent francs. (Art. 69 de la loi du 22 fri-
, maire an VII.) Le droit est à la charge du débiteur.

, Le droit de 1 pour cent cesse d'être applicable toutes les fois que
, l'obligation est le prix d'une transmission. Les obligations pour li-
, vraisons effectuées de comestibles se trouvent comprises dans la
, classe des actes translatifs d'objets mobiliers quelconques, sur les-
, quels il faut percevoir le droit proportionnel de 2 pour cent, sans
, distinction des objets déjà livrés et de ceux à fournir. (Décision
, du ministre des finances, du 6 septembre 1816.)

, L'obligation qui a pour cause un règlement de loyers arriérés
, est sujette au droit de 1 pour cent, quoique le bail soit enregistré,
, parce qu'il y a arrêté de compte tarifé par l'art. 69 de la loi du
, 22 frimaire an VII; surtout s'il est stipulé que le capital produira
, intérêt, et s'il est consenti une hypothèque non promise par le
, bail. (Délibération du 3 septembre 1833.)

, La reconnaissance d'une somme payée en avancement d'hoirie
, est une donation, bien que la somme soit rapportable à la masse
, de la succession.

« L'acte passé devant notaire, portant reconnaissance de créances
, résultant de billets à ordre enregistrés, renferme une nouvelle
, obligation soumise au droit de 1 pour cent.

« L'obligation souscrite par un marchand au profit d'un autre
, marchand, n'est passible que du droit de 1 pour cent, quoiqu'elle
, soit énoncée pour solde de compte, parce que rien ne prouve
, qu'elle ait pour cause une vente de marchandises. »

« L'acte par lequel un mari se reconnaît débiteur du prix qu'il a
, précédemment reçu d'une créance personnelle de sa femme avec
, laquelle il est commun en biens, n'est passible que du droit fixe
, de 2 fr.; il en est de même de toutes les reconnaissances faites par
, un mari en faveur de sa femme, attendu qu'il n'est qu'un man-
, dataire. (Cassation, 1833.)

« L'obligation solidaire par elle-même ne constitue qu'une seule
, convention, et ne peut engendrer de droit de cautionnement;
, mais si l'on ajoute que la somme prêtée profitera entièrement à
, l'un ou à quelques-uns des co-obligés, on percevra le droit de
, 50 c. pour cent, comme cautionnement.

NOTARIAT (NOUVELLE LOI).

Loi sur la forme des actes notariés.

Au palais de Neuilly, le 21 juin 1843. (Promulguée le 24 juin 1843.)

LOUIS-PHILIPPE Roi les Français,

A tous présents et à venir, salut.

Nous avons proposé, les chambres ont adopté;

Nous avons ordonné et ordonnons ce qui suit :

Art 1er. Les actes notariés, passés depuis la promulgation de la loi du 25 ventôse an XI ne peuvent être annulés par le motif que le notaire en second ou les deux témoins instrumentaires n'auraient pas été présents à la réception desdits actes.

Art. 2. A l'avenir, les actes notariés contenant donation entre vifs, donation entre époux pendant le mariage, révocation de donation ou de testament, reconnaissance d'enfants naturels, et les procurations pour consentir ces divers actes, seront, à peine de nullité, reçus conjointement par deux notaires, ou par un notaire en présence de deux témoins.

La présence du notaire en second ou des deux témoins n'est requise qu'au moment de la lecture des actes par le notaire et de la signature par les parties : elle sera mentionnée, à peine de nullité.

Art. 3. Les autres actes continueront à être régis par l'article 9 de la loi du 25 ventôse an XI, tel qu'il est expliqué dans l'article 1er de la présente loi.

Art. 4. Il n'est rien innové aux dispositions du code civil sur la forme des testaments.

La présente loi, discutée, délibérée et adoptée par la Chambre des pairs et par celle des députés, et sanctionnée par nous ce jourd'hui, sera exécutée comme loi de l'État.

Donnons en mandement à nos cours et tribunaux, préfets, corps administratifs, et tous autres, que les présentes ils gardent et maintiennent, fassent garder, observer et maintenir, et, pour les rendre plus notoires à tous, ils les fassent publier et enregistrer partout où besoin sera ; et, afin que ce soit chose ferme et stable à toujours, nous y avons fait mettre notre sceau.

Fait au palais de Neuilly, le 21° jour du mois de juin l'an 1843.

Signé LOUIS-PHILIPPE.

Vu et scellé du grand sceau.   Par le Roi.

Le garde des sceaux de France, ministre secrétaire d'État au département de la justice et les cultes.	*Le garde des sceaux de France, ministre secrétaire d'État au département de la justice et des cultes.*
Signé N. MARTIN (du Nord.)	Signé N. MARTIN (du Nord).

PARTAGE.

Des partages et licitations.

e partage est en général la division que font les co-propriétaires d'un bien commun et particulier; c'est l'opération au moyen de laquelle on divise les biens de la succession entre les co-héritiers. La licitation est une adjudication au plus offrant des objets qui ne sont pas divisibles.

Le partage peut être demandé en tout temps, et non-obstant toute stipulation, et par toute personne, mais le tuteur doit être autorisé par le conseil de famille, excepté pour répondre à la demande.

S'il y a des co-héritiers absents ou mineurs, le partage

et la licitation doivent être faits en justice, autrement il n'est considéré que comme provisionnel. A cet effet, l'on doit suivre les règles suivantes. Il faut donner un tuteur spécial à chacun des mineurs qui ont des intérêts opposés dans le partage.

§ I.

Des poursuites préliminaires du partage.

La poursuite du partage appartient à celui des co-héritiers qui fait viser le plus tôt son exploit par le greffier. Le tribunal, en y statuant, ordonne le partage, s'il est possible, sinon la vente par licitation. Dans le premier cas, il commet, s'il y a lieu, un juge pour présider au partage; dans l'un et l'autre cas, il ordonne que des experts évalueront les immeubles, en indiquant s'ils peuvent être divisés, et le mode de division. Les experts sont nommés et font leur rapport dans les formes ordinaires.

L'estimation des meubles est également faite, si elle ne l'a pas été dans un inventaire régulier.

§ II.

Mode du partage.

S'il ne s'agit que de diviser des immeubles sur lesquels les droits des intéressés soient déjà liquidés, le mode du partage est fort simple : les experts divisent les héritages estimés et en forment des lots. Le poursuivant fait entériner leur rapport, et, aussitôt après, les lots sont tirés au sort devant le juge ou le notaire commis.

Si, au contraire, il y a des biens de diverses natures, s'il faut faire des distractions, des comptes, des rapports;

si même le prix de la licitation des immeubles doit être confondu avec d'autres objets pour former une balance entre divers lots ; en un mot, excepté dans la circonstance qu'on vient d'exposer, le mode de partage est plus compliqué : il exige l'intervention d'un notaire pour en disposer le matériel, et d'un tribunal pour trancher les difficultés qui se présentent.

§ III.

De la licitation.

Lorsque le tribunal a ordonné la licitation des immeubles, le poursuivant demande l'homologation du rapport d'experts. La vente se fait alors devant un juge ou un notaire commis par le premier jugement. On se conformera pour la vente aux formalités prescrites dans le titre de la vente des biens immeubles, en ajoutant dans le cahier des charges les noms, demeure et profession du poursuivant, les noms et demeure de son avoué, les noms et demeures des colicitants. Copie du cahier des charges sera notifiée aux avoués colicitants, par un simple acte, dans la huitaine du dépôt au greffe ou chez le notaire.

Les colicitants majeurs peuvent valablement garantir la vente, relativement aux mineurs, à l'égard de l'adjudicataire. Ainsi jugé par la cour de cassation, le 6 juin 1821.

Des partages faits par père, mère, ou autres ascendants, entre leurs descendants.

Le droit, accordé aux père et mère ou autres descendants de partager eux-mêmes leurs biens entre leurs enfants, a surtout pour objet de leur donner le moyen de prévenir les querelles et les contestations que le partage de leurs biens pourrait faire naître, après leur mort, entre leurs enfants.

Les père et mère et autres ascendants, dit la loi, pourront faire, entre leurs enfants et descendants, la distribution et le partage de leurs biens. Ces partages pourront être faits par actes entre vifs ou testamentaires, avec les formalités, conditions et règles prescrites pour les donations entre vifs et par testaments ; les partages faits par actes entre vifs ne pourront avoir pour objet que les biens présents. Si tous les biens que l'ascendant laissera au jour de son décès n'ont pas été compris dans le partage, ceux de ses biens qui n'auront pas été compris seront partagés conformément à la loi. Si le partage n'est pas fait entre tous, les enfants qui existeront à l'époque du décès et les descendants de ceux prédécédés, le partage sera nul pour le tout. Il en pourra être provoqué un nouveau dans la forme légale, soit par les enfants ou descendants qui n'y auront reçu aucune part, soit même par ceux entre qui le partage aura été fait.

Le partage fait par l'ascendant pourra être attaqué pour cause de lésion de plus du quart. Il pourra l'être aussi dans le cas où il résulterait du partage et des dispositions faites par préciput, que l'un des co-partagés aurait un avantage plus grand que la loi ne le permet.

L'enfant qui attaquera le partage fait par l'ascendant, devra faire l'avance des frais de l'estimation, et il les supportera en définitive, ainsi que les dépens de la contestation, si la réclamation n'est pas fondée.

FORMULE

D'UN PARTAGE PAR TESTAMENT OLOGRAPHE.

Voulant éviter des contestations entre mes enfants sur le partage de mes biens, après mon décès, je les ai divisés et partagés comme il suit, entre tous mes enfants ci-après nommés :

Joseph Adrien A... mon fils aîné, peintre, demeurant à

François A... mon second fils, maître d'école, demeurant à

Et Julie A... épouse du sieur R. . demeurant à

Mes biens consistent :

1° Dans une ferme située à   composée de divers bâtiments, tant pour le logement du fermier, que pour l'exploitation des
terres labourables, prés et bois, le tout affermé au sieur Brenier ;
ladite ferme évaluée par moi à la somme de   ci. 0000 fr.

2° Une maison située à   rue   n°   que
j'évalue à la somme de   ci............. 0000

3° Une rente perpétuelle constituée à mon profit sur le
grand-livre de l'État, au capital de   ci....... 0000

4° (*Énoncer ainsi tous les objets.*)

Quant à mon mobilier et à l'argent comptant que je
pourrai avoir au jour de mon décès, mes enfans se le partageront entre eux ou ils en feront faire la vente publique
pour se partager le prix qui en proviendra. Ces objets sont
donnés pour mémoire seulement, ci.............. *Mémoire.*

                   Total............. 0000 fr.

Sur cette somme, je donne et lègue, par préciput et
hors part, à Joseph-Adrien A..... mon fils aîné, la maison
(*enoncer l'objet donné par préciput si le testateur juge à propos de faire cet avantage*): ladite maison estimée
ci..................................... 0000 fr.

Les objets à partager se montent donc à   ci..... 0000 fr.

Je veux que cette somme soit divisée en trois parts
égales, ce qui fera, pour chacun d'eux, le tiers, montant
à la somme de..................................... 0000 fr.

LOTISSEMENT.

Le premier lot sera composé (*indiquer exactement cette composition
avec l'évaluation*): il appartiendra à mon fils aîné, Joseph-Adrien
A..... auquel je le lègue en toute propriété.

Le deuxième lot (*indiquer de la même manière*); il appartiendra à

mon second fils, François A..... auquel je le lègue en toute propriété.

Le troisième lot sera composé de (énoncer exactement); ce lot
appartiendra à ma fille Julie A.... épouse de   à laquelle
je le lègue en toute propriété.

Chacun de mes enfants jouira des objets compris dans son lot, en
toute propriété, à partir du jour de mon décès.

Les sommes nécessaires à l'acquittement de mes dettes seront
prélevées sur les deniers comptants et les valeurs mobilières.

Je charge mes enfants de payer les legs particuliers ci-après,
savoir :

1° La somme de   à

2° La somme de   à

Fait à   le   mil

(Signature du testateur.)

PATENTE.

La loi des 2 et 27 mars 1791 a remplacé les anciens droits
de *maîtrise* et de *jurande* par un droit de *patente*, exigé, dans
toute l'étendue du royaume, de ceux qui exercent un commerce ou une profession quelconque. La nomenclature
des professions et le tarif des droits qui sont dus par chacune d'elles, sont du domaine de la loi. Comme l'énumération pourrait être incomplète, les professions non désignées sont taxées par analogie avec celles de même nature,
d'après l'avis du directeur des contributions et la décision
du préfet ; il n'y a d'exception que celles formellement exprimées. (Lois du 1er brumaire an viii, 25 ventôse an xi,
21 avril 1810.)

Les droits de patente se divisent en droit fixe et en droit
proportionnel : le droit fixe est réglé par le tarif ; il varie
à raison de la population de la commune

de la profession. Le droit proportionnel se règle d'après le loyer. (Loi du 15 floréal an x, art. 27.)

Les patentes sont prises pour l'année entière, sans qu'elles puissent être bornées à une partie de l'année (Loi du 1er brumaire an vii, art. 4 ;.

Ceux qui entreprendront, dans le courant de l'année, un commerce, une profession, une industrie sujets à patente, n'en devront le droit qu'au *prorata* de l'année, calculée par trimestre et sans qu'un trimestre puisse être divisé. (*Ibid.*)

Aucune patente ne sera délivrée au *prorata*, que sur le vu d'un certificat du maire. Ce certificat constatera que le requérant n'a encore exercé aucun état sujet à patente. (*Ibid.*)

Les rôles des patentes sont remis au percepteur, qui en poursuit le recouvrement par douzième, de mois en mois. (Arrêté du 26 brumaire an x.)

Les patentes sont sur papier timbré, aux frais de ceux à qui elles sont délivrées. Il ne peut être reçu aucun autre droit que celui du timbre. (*Ibid.*)

Nul n'est obligé de prendre plus d'une patente, quelles ques soient les diverses branches de commerce, profession ou industrie ; et la patente, en ce cas, est due au plus fort droit. (*Ibid.*, Art. 24.)

Les patentes sont personnelles et ne peuvent servir qu'à ceux qui les obtiennent, et chaque associé d'un même commerce est tenu d'avoir la sienne. Quand ils habitent la même commune, le principal associé paie le droit fixe en entier : les autres ne paient qu'un demi-droit fixe chacun; et quand ils occupent en commun la même maison d'habitation, les mêmes usines, ateliers, magasins et boutiques, il n'est dû qu'un droit proportionnel pour tous.

L'obligation de la patente n'est pas imposée aux associés en commandite qui se bornent à fournir leur mise sociale et qui profitent des bénéfices et supportent les pertes proportionnellement à leurs mises, sans prendre une part active à l'administration de la société. (Lois du 1er brumaire an VII, du 25 mars 1817.) Il faut dire la même chose, par la même raison, des associés anonymes qui ne gèrent pas la société.

Le mari et la femme non séparés de biens sont considérés ici, quant aux intérêts pécuniaires, comme une seule personne; ils n'ont besoin de prendre qu'une seule patente, lors même qu'ils exercent des états différents; mais, dans les deux cas, le droit proportionnel est dû pour tous les lieux occupés par différents commerces. (*Ibid.*)

Tout individu qui, après avoir pris une patente. entreprendra un commerce, une profession ou un métier de classe supérieure à celle de sa patente, sera tenu de prendre une nouvelle patente et d'en payer le droit fixe au *prorata*. Il y a déduction du premier droit fixe, et un supplément au *prorata* du droit proportionnel. (*Ibid.*, art. 25.)

Tout individu muni d'une patente pourra exercer son commerce, sa profession ou industrie dans toute l'étendue du royaume. (*Ibid.*, art. 27.)

Si un patenté change son domicile pendant le courant de l'année, la patente lui servira dans la nouvelle commune qu'il habitera. (*Ibid.* art. 28.)

La cote des patentés qui viendront à décéder ne sera exigible que pour le mois passé et le mois courant. (Loi du 13 floréal an X, art. 26.)

Les forains doivent la patente entière pour le premier mois.

Ceux qui ont besoin de plusieurs expéditions de leur patente, pour en justifier dans d'autres communes, ou ceux qui les ont perdues, peuvent les requérir sans autres frais que ceux du papier timbré. (*Ibid.*)

Chaque expédition est notée par première, seconde, troisième, etc., et est signée par le patenté, s'il sait signer; dans le cas contraire, il en fait mention. (*Ibid.*)

Tous les patentables doivent se munir de la formule de leur patente ; ils peuvent être requis de la présenter par les juges-de-paix, commissaires de police, maires, adjoints municipaux, procureurs du Roi ; la non-représentation donne lieu, suivant les circonstances, à la confiscation des marchandises et à une amende. Bien plus, tous les actes judiciaires ou extra-judiciaires relatifs à l'industrie sujette à patente, doivent en contenir la mention, à peine d'amende, tant contre les particuliers sujets à patente, que contre les fonctionnaires publics, tels que notaires, avoués, huissiers, etc., qui auraient fait ou reçu lesdits actes.

La classification des patentables est faite, soit par les contrôleurs des contributions, soit par les sous-préfets ou les maires, avec ou sans déclaration préalable des commerçants, suivant la catégorie dans laquelle ils sont placés par la loi.

PÊCHE FLUVIALE.

LOI DU 15 AVRIL 1829.

TITRE PREMIER.

« Art. 1er. Le droit de pêche sera exercé au profit de l'État : 1° dans les fleuves rivières, canaux et contre-fossés navigables ou flottables, avec bateaux, trains ou radeaux, et dont l'entretien est à la charge de l'État ou de ses ayant-causes ; 2° dans les bras, noues, boires et fossés qui tirent leurs eaux des fleuves et rivières navigables ou flottables, dans lesquelles on peut en tout temps passer ou pénétrer librement en bateau de pêcheur, et dont l'entretien est également à la charge de l'État. — Sont toutefois exceptés les canaux et fossés existants, ou qui s'eraient creusés dans les propriétés particulières, et entretenus aux frais des propriétaires. »

C'est au code civil art. 538, qu'il faut se reporter pour connaître les fleuves et rivières placés dans le domaine public. L'art. 1er de la loi du 15 avril n'a eu d'autre objet que d'indiquer sur quels fleuves et rivières l'État se réservait le droit de pêche ; ainsi, bien que la loi ne parle point des rivières sur lesquelles se fait le flottage à bûches perdues, il ne s'ensuit pas que la propriété de ces rivières n'appartienne pas à l'État, mais seulement que l'État restreint le droit de pêche aux fleuves et rivières mentionnés en l'article 1er.

« Art. 2. Dans toutes les rivières et canaux, autres que ceux qui sont désignés en l'article précédent, les propriétaires riverains auront, chacun de son côté, le droit de pêcher jusqu'au milieu du cours de l'eau, sans préjudice des droits contraires établis par possession ou titres.

» Art. 3. Tout individu qui se livrera à la pêche sur les fleuves et rivières navigables ou flottables, canaux, ruisseaux ou cours d'eau quelconques, sans la permission de celui à qui le droit de pêche appartient, sera condamné à une amende de vingt francs au moins et de cent francs au plus, indépendamment des dommages-intérêts. — Il y ura lieu , en outre, à la restitution du prix du poisson qui aura été pêché en délit, et la confiscation des filets et engins de pêche pourra être prononcée.—Néanmoins , il est permis à tout individu de pêcher à la ligne flottante tenue à la main, dans les, fleuves rivières et canaux désignés dans les deux premiers paragraphes de l'article 1er de la présente loi , le temps du frai excepté.»

La loi punit le fait en lui-même, *qui se livrera à la pêche*, bien qu'on n'ait pas pêché avec des filets et engins prohibés.

Par ces mots, *ou cours d'eau quelconques*, l'article est-il applicable à la pêche dans des pièces d'eau ou étangs situés dans des propriétés privées non closes? Encore bien que des pièces d'eau ne puissent qu'être très-improprement comprises dans la dénomination générale , *cours d'eau quelconques*, nous pensons cependant que *l'esprit*, sinon le texte de l'article que nous expliquons, veut qu'on étende la disposition pénale qu'il renferme à la pêche dans ces pièces d'eau. Ce que la loi a voulu , en effet, c'est réprimer la violation du droit d'autrui ; or, cette violation est peut-être encore plus manifeste dans le cas qui nous occupe que dans le cas ou l'on pêche dans un cours d'eau.

Et la confiscation des filets et engins de pêche pourra être prononcée.—Ainsi, à la différence de la restitution du poisson qui doit toujours être ordonnée , la confiscation des filets et engins est facultative.

Il est permis à tout individu de pêcher à la ligne flottante tenue à la main. Il faut deux conditions, c'est-à-dire que la ligne ne soit pas une ligne de fond, mais qu'elle soit soutenue sur l'eau au moyen d'une plume ou d'un liége qu'on nomme *flotte*, et ensuite qu'elle soit *tenue à la main*, et non fixée en terre d'une manière que'conque. Lorsque ces conditions n'existent pas, ce n'est plus un amusement auquel on se livre, mais un véritable métier qu'on exerce c'est ce que n'a pas voulu le législateur.

Le temps du frai excepté. On n'a pas voulu que la faveur accordée à ce genre de pêche et de récréation allât jusqu'à le permettre dans un temps où la reproduction du poisson exige qu'on le défende contre tous les moyens quelconques employés pour le détruire ; mais quel est le temps du frai ? L'art. 6 de l'ordonnance de 1669 le déterminait, mais aujourd'hui on a considéré que les mesures se rattachant à l'exécution de la loi, devaient être déterminées par le pouvoir exécutif et non par le législateur, et conséquemment ce temps devait être fixé par des ordonnances royales. Celle du 15 novembre 1830 laisse aux préfets le soin de déterminer les temps, saisons et heures pendant lesquels la pêche sera interdite.

TITRE II.

De l'administration et de la règle de la pêche.

« Art. 6. Nul ne peut exercer l'emploi de garde-pêche s'il n'est âgé de vingt-cinq ans accomplis.

Art. 7. Les préposés chargés de la surveillance de la pêche ne pourront entrer en fonctions qu'après avoir prêté serment devant le tribunal de première instance de leur résidence, et avoir fait enregistrer leur commission et l'acte de prestation de leur serment, au greffe des tribunaux dans le ressort desquels ils devront exercer leurs fonctions. Dans le cas d'un changement de résidence qui les placerait dans une autre ressort, en la même qualité, il n'y aura pas lieu à une nouvelle prestation de serment.

» Art. 8. Les gardes-pêche pourront être déclarés responsables des délits commis dans leurs cantonnements, et passibles des amendes et indemnités encourues par les délinquants, lorsqu'ils n'auront pas dûment constaté les délits.

Art. 9. L'empreinte des fers dont les gardes-pêche font usage pour la marque des filets, sera déposée au greffe des tribunaux de première instance. »

TITRE III.

Des adjudications des cantonnements de pêche.

« Art. 10. La pêche au profit de l'État sera exploitée, soit par voie d'adjudication publique, aux enchères et à l'extinction des feux, conformément aux dispositions du présent titre, soit par concession de licence à prix d'argent. —Le mode de concession de licence ne pourra être employé qu'à défaut d'offre suffisante.—En conséquence, il sera fait mention, dans les procès-verbaux d'adjudication, les mesures qui auront été prises pour leur donner toute la publicité possible, et des offres qui auront été faites.

» Art. 11. L'adjudication publique devra être annoncee au moins quinze jours à l'avance, par des affiches apposées dans le chef-lieu du département, dans les communes riveraines du cantonnement, et dans les communes environnantes. »

TITRE IV.

Conservation et police de la pêche.

Art. 23. Nul ne pourra exercer le droit de pêche dans les fleuves ou rivières naux, ruisseaux ou cours d'eau quelconques, qu'en se conformant aux dispositions suivantes. »

Il résulte de la discussion aux Chambres que les dispositions de la loi fluviale s'appliquent même au cours d'eau traversant des propriétés closes : c'est ce qui résulte aussi du mot *quelconques*.

» Art. 24. Il est interdit de placer, dans les rivières navigables ou flottables, canaux ou ruisseaux, aucun barrage, appareil ou établissement quelconque de pêcherie, ayant pour objet d'empêcher entièrement le passage du poisson. Les délinquants seront condamnés à une amende de 50 fr. à 500 fr., et, en outre, aux dommages-intérêts et les appareils ou établissements de pêche seront saisis et détruits.

» Art. 25. Quiconque aura jeté dans les eaux des drogues ou appâts qui sont de nature à enivrer le poisson ou à le détruire, sera puni d'une amende de 30 fr. à 300 fr., et d'un emprisonnement d'un mois à trois mois. »

Des drogues ou appâts. L'ordonnance de 1669 énumérait les diverses drogues ou appâts, tels que choux, noix vomique, etc. La loi actuelle se sert d'une expression plus générale : il suit de là que la nature des drogues et appâts est entièrement abandonnée à l'appréciation des tribunaux.

Quant à l'empoisonnement du poisson dans les étangs, viviers ou réservoirs, il est puni, non par l'article actuel qui ne s'occupe que des cours d'eau, mais par l'art. 452 du code pénal. Cet article prononce un emprisonnement d'un an à cinq ans, et une amende de 16 fr. à 700 fr.

Art. 27. Quiconque se livrera à la pêche pendant les temps, saisons et heures prohibés par les ordonnances, sera puni d'une amende de 30 fr. à 200 fr.

Art. 28. Une amende de 30 fr. à 100 fr. sera prononcée contre ceux qui feront usage, en quelques temps et en quelque fleuve, rivière, canal ou ruisseau que ce soit, de l'un des procédés ou modes de pêche, ou de l'un des instruments ou engins de pêche prohibés par les ordonnances. — Si le délit a eu lieu pendant le temps du frai, l'amende sera de 60 fr. à 200 fr.

• Art. 29. Les mêmes peines seront prononcées contre ceux qui se serviront, pour une autre pêche, de filets permis seulement pour celle du poisson de petite espèce. — Ceux qui seront trouvés porteurs ou munis, hors de leur domicile, d'engins ou instruments prohibés, pourront être condamnés à une amende qui n'excédera pas 20 fr. et à la confiscation des engins ou instruments de pêche, à moins que les engins ou instruments ne soient destinés à la pêche dans les étangs ou réservoirs.

• Art. 30. Quiconque pêchera, colportera ou débitera des poissons qui n'auront point les dimensions déterminées par les ordonnances, sera puni d'une amende de 20 à 50 fr., et de la confiscation desdits poissons. Sont néanmoins exceptées de cette disposition, les ventes de poissons provenant des étangs ou réservoirs. — Sont considérés comme des étangs ou réservoirs les fossés et canaux appartenant à des particuliers, dès que les eaux cessent de communiquer naturellement avec des rivières.

» Art. 31. La même peine sera prononcée contre les pêcheurs qui appâteront leurs hameçons, nasses, filets ou autres engins, avec des poissons des espèces prohibées qui seront désignées par les ordonnances.

Art. 32. Les fermiers de la pêche et porteurs de licences, leurs associés, compagnons et gens gagés, ne pourront faire usage d'aucun filet ou engin quelconque, qu'à près qu'il aura été plombé ou marqué par les agents de 'administration de la police de la pêche. »

TITRE V.

Des poursuites en réparation de délits.

« Art. 36. Le Gouvernement exerce la surveillance et la police de la pêche dans l'intérêt général ; en conséquence, les agents spéciaux, par lui institués à cet effet, ainsi que les gardes-champêtres, éclusiers des canaux et autres officiers de police judiciaire, sont tenus de constater les délits spécifiés au titre iv de la présente loi, en quelques lieux qu'ils soient commis, et lesdits agents exerceront conjointement avec les officiers du ministère public, toutes les poursuites et actions en réparation de ces délits. Les mêmes agents et gardes de l'administration, les gardes champêtres, les éclusiers, les officiers de police judiciaire, pourront constater également les délits spécifiés en l'art. 5, et ils transmettront leurs procès-verbaux au procureur du Roi.

» Art. 37. Les gardes-pêche nommés par l'administration sont assimilés aux gardes forestiers royaux.

» Art. 38. Ils recherchent et constatent, par procès-verbaux, les délits dans l'arrondissement du tribunal près lequel ils sont assermentés.

» Art. 39. Ils sont autorisés à saisir les filets et autres instruments de pêche prohibés, ainsi que le poisson péché en délit.

» Art. 40. Les gardes-pêche ne pourront, sous aucun prétexte, s'introduire dans les maisons et enclos y attenant, pour la recherche des filets prohibés.

» Art. 41. Les filets et engins de pêche qui auront été

saisis comme prohibés, ne pourront dans aucun cas, être remis sous caution. Ils seront déposés au greffe et demeureront jusqu'après le jugement, pour être ensuite détruits.

• Art. 42. Quant au poisson saisi pour cause de délit, il sera vendu sans délai, dans la commune la plus voisine du lieu de la saisie, à son de trompe et aux enchères publiques, en vertu d'ordonnance du juge-de-paix ou de ses suppléants, si la vente a lieu dans un chef-lieu de canton; ou, dans le cas contraire, d'après l'autorisation du maire de la commune.

r Art. 47. Les procès-verbaux seront, sous peine de nullité, enregistrés dans les quatre jours qui suivront celui de l'affirmation ou celui de la clôture du procès-verbal s'il n'est pas sujet à l'affirmation. L'enregistrement s'en fera en débet.

• Art. 48. Toutes les poursuites exercées en réparation de délits pour faits de pêche, seront portées devant les tribunaux correctionnels.

• Art. 49. L'acte de citation doit, à peine de nullité, contenir la copie du procès-verbal et de l'acte d'affirmation.

» Art. 51. Les agents de cette administration ont le droit d'exposer l'affaire devant le tribunal, et sont entendus à l'appui de leurs conclusions.

• Art. 52. Les délits en matière de pêche seront prouvés, soit par les procès-verbaux, soit par témoins à défaut de procès-verbaux ou en cas d'insuffisance de ces actes.

• Art. 53. Les procès-verbaux revêtus de toutes les formalités prescrites par la loi, et qui sont dressés et signés par les agents ou gardes pêche font preuve, jusqu'à inscription de faux, des faits matériels relatifs aux délits qu'ils constatent, quelles que soient les condamnations auxquelles ces délits peuvent donner lieu. Il ne sera en conséquence admis aucune preuve outre ou contre le contenu de ces procès-verbaux, à moins qu'il n'existe une cause légale de récusation contre l'un des signataires.

Art. 54. Les procès-verbaux revêtus de toutes les formalités prescrites, mais qui ne seront dressés et signés que par un seul garde-pêche ou agent, feront de même preuve suffisante jusqu'à inscription de faux, mais seulement lorsque le délit n'entraînera pas une condamnation de plus de 50 fr., tant pour amende que pour dommages-intérêts.

Art. 62. Les actions en réparations de délits en matière de pêche se prescrivent par un moi, à compter du jour où les délits ont été constatés, lorsque les prévenus sont désignés dans les procès-verbaux. Dans le cas contraire, le délai de prescription est de trois mois, à compter du même jour. »

Des poursuites exercées au nom et dans l'intérêt des fermiers de la pêche et des particuliers.

Art. 62. Les délits qui portent préjudice aux fermiers de la pêche, aux porteurs de licence et aux propriétaires riverains, seront constatés par leurs gardes, lesquels sont assimilés aux gardes-bois des particuliers.

» Art. 66. Les procès-verbaux dressés par ces gardes, feront foi jusqu'à preuve contraire. »

» Art. 67. Les poursuites et actions seront exercées au nom et à la diligence des parties intéressées. »

TITRE VI.

Des peines et condamnations.

» Art. 69. Dans le cas de récidive, la peine sera toujours doublée. Il y a récidive, lorsque, dans les douze mois précédents, il a été rendu, contre le délinquant, un premier jugement pour un délit en matière de pêche.

» Art. 70. Les peines seront également doublées, lorsque les délits auront été commis la nuit.

» Art. 74. Les maris, pères, mères, tuteurs, fermiers et porteurs de licences, ainsi que tous propriétaires, maîtres et commettants, seront civilement responsables des délits en matière de pêche commis par leurs femmes, enfants mineurs, pupilles, bateliers et compagnons, et tous autres subordonnés, saufs tous recours de droit. — Cette responsabilité sera réglée conformément à l'art. 1384 du code civil.»

PENSION ALIMENTAIRE.

On peut renoncer au droit de réclamer des aliments. (Cour de cassation, 27 avril 1804.)

L'obligation de fournir des alimens cesse :

1° Lorsque les besoins cessent ou diminuent. Celui qui fournit des aliments peut en demander la décharge ou la réduction. (*Ibid.*, 17 décembre 1808.)

2° Lorsque celui qui réclame des aliments peut s'en procurer par son industrie et son travail. (Cour de Trèves, 13 août 1810.)

3° Lorsque la belle-mère a convolé en secondes noces.

4° Lorsque celui des époux qui produisait l'affinité, et les enfants issus de son mariage avec l'autre époux, sont décédés

5° Lorsque celui qui fournit ou qui reçoit les aliments est replacé dans un tel état que l'un ne puisse plus en donner ou que l'autre n'en ait pas besoin, en tout ou en partie; la décharge ou réduction peut en être demandée lors même que le débiteur a été condamné à payer annuellement les aliments, et jusqu'au décès de celui à qui ils ont été adjugés. (Cour de cassation, 17 décembre 1808.)

6° Par la justification que la personne ne peut payer la pension alimentaire: alors il peut être ordonné qu'elle recevra dans sa demeure, nourrira, entretiendra celui qui réclame des aliments.

Le mode de prestation et la quotité des aliments sont laissés à la prudence des juges.

La demande en paiement de décharge ou de réduction d'aliments est exceptée du préliminaire de la conciliation.

Aliments de la femme.

Le mari est obligé de lui fournir tout ce qui lui est nécessaire pour les besoins de la vie.

Aliments des enfants

Les époux contractent ensemble, par le seul fait du mariage, l'obligation de nourrir, entretenir et élever leurs enfants.

Il a été accordé des aliments, quoique le fils doté eût mangé sa fortune. (Cour de cassation, 7 mai 1808), même dans une espèce où l'enfant s'etait marié contre la volonté du père. (Cour de cassation, 7 décembre 1805.)

Il est laissé au tribunal de dispenser le père ou la mère de payer la pension alimentaire, lorsqu'ils offrent de recevoir, nourrir et entretenir l'enfant d

Les aliments ne sont pas dus si le fils a pris un état qui peut lui procurer sa subsistance. (Cour de Nîmes, 20 août 1807.)

Aliments des pères et mères.

Les enfants doivent des aliments à leurs pères et mères.

La condamnation doit être solidaire contre les enfants qui sont en état de fournir des aliments, et le père n'est pas tenu de diviser son action contre eux.

Les gendres et belles-filles doivent des aliments à leurs beaux-pères et belles-mères.

PENSIONS MILITAIRES.

§ I.

Le ministre de la guerre permet la retenue d'un tiers sur les pensions des militaires, pour subvenir aux besoins de leurs épouses et de leurs enfants. (Avis du conseil d'État, du 11 janvier 1808.)

§ II.

Pensions et secours accordés aux veuves ou orphelins des militaires.

Ils peuvent obtenir une pension qui sera du quart du maximum de celle de l'ancienneté attribuée à chaque grade militaire. (Ordonnance du 14 août 1814 ; loi du 17 août 1822, art. 8.) Cette pension est accordée aux veuves des militaires morts postérieurement à ladite ordonnance, en jouissance de la pension de retraite, ou en possession de droits à cette pension, pourvu que leur mariage ait été contracté cinq ans avant la cessation d'activité de leurs maris, ou qu'elles aient eu un ou plusieurs enfants issus de leur mariage, antérieur à cette cessation. (Même article.)

Les veuves des militaires morts postérieurement à la
dite ordonnance, après vingt années d'activité de service,
et qui auraient rendu à l'État des services éminents, reconnus tels par une décision spéciale du Roi, pourront aussi
obtenir une pension, pourvu que le mariage ait précédé
de cinq ans la mort de leurs maris, ou qu'elles aient un
ou plusieurs enfants de leur mariage. (Même article.)

Cette pension n'est accordée aux veuves et enfants orphelins que dans le cas où ils sont privés de moyens d'existence ; et les veuves sont censées privées de ces moyens,
lorsque leur revenu ne sera pas équivalent au double de
la pension qu'elles seraient dans le cas d'obtenir.

Les enfants orphelins qui, dans les mêmes cas, obtiendront le secours annuel de pareilles sommes, en jouiront
jusqu'à vingt ans accomplis. (Même loi, art. 9.)

§ III.

Pièces à produire.

1° Une demande ou pétition qui est apostillée par l'autorité civile, ou la demande est faite par cette autorité; cette
demande et les pièces à l'appui sont adressées, par la veuve,
au sous-intendant militaire chargé du département où les
réclamants ont leur domicile légal. (Ordonnance du 18
octobre 1822.)

2° Il faut joindre à cette pétition l'acte de décès du militaire sur les droits duquel se fonde la demande.

3° Le certificat du payeur, énonçant la quotité de la
pension de retraite, l'époque du dernier paiement de cette
pension, et le numéro de son inscription du trésor.

Nota. Si la pension s'est éteinte avant l'époque où l'inscription au trésor a été ordonnée par les lois, le certificat constatant la quotité et l'époque du dernier paiement de cette pension sera délivré par le sous-intendant militaire chargé du service des pensions militaires, au compte du ministre de la guerre.

4° L'acte de mariage de la veuve ;

5° Le certificat du sous-intendant militaire, constatant, d'après les déclarations qu'il aura reçues ou les documents qu'il aura consultés, l'époque de la cessation de l'activité du mari, et l'absence de toute cause susceptible, au terme de la législation en vigueur, d'emporter la perte du droit à la pension ;

6° Le procès-verbal du juge-de-paix, constatant la déclaration de ses revenus à l'époque du décès de son mari ; et il est joint à cette déclaration, par elle affirmée sous foi de serment, les extraits d'inventaires et autres documents authentiques qui peuvent servir à la vérifier. (Ordonnance du 16 octobre 1822, art. 1er.);

7° L'acte de naissance de la veuve ;

8° Celui des enfants existants ;

9° Le certificat de vie desdits enfants.

NOTA. Ces deux dernières pièces ne sont nécessaires que dans le cas où le mariage n'aurait pas été antérieur de cinq années à la cessation d'activité du mari.

Les pièces à produire par les enfants orphelins sont les pièces indiquées ci-dessus, art. 1, 2, 3, 4, 5, 6, 7, 8, 9, et l'acte de décès de la mère.

Le tout est transmis au ministre de la guerre, avec les documents et renseignements administratifs qui auront été demandés pour leur instruction. (Ordonnance du 16 octobre 1822, art. 4.)

PERCEPTEUR.

Les percepteurs des contributions directes sont nommés à vie. Les préfets peuvent proposer un seul percepteur pour plusieurs communes, si les localités l'exigent. (Loi du 5 ventôse an XIII).

Le cautionnement des percepteurs à vie est en numéraire, 1° d'un douzième des quatre contributions directes dont le recouvrement leur est confié ; 2° d'un douzième des revenus communaux dont ils font la recette. (Décret du 30 frimaire an XIII.)

La contribution foncière doit être payée au percepteur de la situation des biens, et celle personnelle et mobilière au percepteur du domicile du contribuable.

On ne peut payer en monnaie de cuivre, au percepteur, que le quarantième de la somme imposée. (Arrêté du 14 nivôse an IV.)

Ils ne peuvent recevoir en paiement les pièces etrangères, lesquelles ne sont considérées que comme lingots. (Arrêté du 17 prairial an XI.)

Les percepteurs doivent émarger en toutes lettres , sur leurs rôles, les sommes payées en leur présence, par les contribuables, et à l'instant même qu'ils les reçoivent ; ils doivent croiser les articles entièrement soldés, et en donner quittance sur papier libre et sans frais. (Loi du 3 frimaire an VII.)

Tout percepteur qui n'a point émargé sur ses rôles les paiements faits, peut être dénoncé par le maire ou par le contribuable, et puni correctionnellement d'une amende de dix francs au moins et vingt-cinq francs au plus. (*Ibid.*)

Le maire peut se faire représenter les rôles par le percepteur, à son bureau, prendre le relevé de l'état du recouvrement, constater les infractions à la loi, en faire le rapport au sous-préfet, qui, sur sa demande ou sur celle du receveur particulier, peut ordonner la vérification des rôles et de la caisse du percepteur. (*Ibid.*)

Les percepteurs sont déchus de toutes actions, droits et recours contre un contribuable, lorsqu'ils n'ont fait aucune poursuite pendant trois années consécutives, ou après trois ans de cessation de poursuites. (*Ibid.*)

Les percepteurs, nonobstant l'obligation d'acquitter les douzièmes échus du montant de leurs rôles, versent, tous les dix jours, dans la caisse du receveur particulier, le montant intégral de leurs recouvrements. (Instructions ministérielles du 7 janvier 1808.)

Les rôles des patentes sont remis au percepteur des contributions, pour en poursuivre le recouvrement par douzième, de mois en mois, à compter du 1er janvier. (Arrêté du 26 brumaire an x.)

Les percepteurs ont le droit d'exiger que les redevables prennent la feuille destinée à l'expédition de leur patente, en payant le coût qui monte à 1 fr. 25 c. (Instructions ministérielles du 19 décembre 1809.)

PLAINTE.

La plainte est un acte par lequel on défère à la justice un fait qualifié *infraction* par la loi, et dont on a éprouvé quelque préjudice. L'art. 63 du code d'instruction criminelle s'exprime ainsi : « Toute personne qui se trouvera « lésée par un crime ou délit, pourra en rendre plainte « et se constituer partie civile devant le juge d'instruction, « soit du lieu du crime ou du délit, soit du lieu de la rési-

» dence du prévenu, soit du lieu où il pourra être trouvé. »

Pour être admis à la plainte, il faut avoir un *intérêt direct* et un *droit formel* de constater le délit lorsqu'il existe, et d'en poursuivre la déclaration contre le délinquant.

Les plaintes peuvent être faites directement au procureur du Roi, au juge d'instruction et aux autres officiers de police judiciaire, lesquels en dressent un procès-verbal qui doit être signé à chaque feuillet, soit par les plaignants, soit par les officiers qui les ont reçus.

Les plaignants peuvent aussi les rédiger eux-mêmes et les adresser directement au procureur du Roi et aux autres officiers de police judiciaire. Les plaintes reçues par les officiers de police doivent être transmises au procureur du Roi.

Les plaintes doivent contenir, 1o l'exposé des faits que l'on défère à la justice, et toutes les circonstances qui s'y rattachent; 2o les noms, prénoms et domiciles des auteurs et complices soupçonnés de ces faits; 3o les noms, prénoms et domiciles des témoins; 4o si les auteurs ou complices sont en fuite, leur signalement et les indications qui pourraient mettre l'autorité sur leurs traces.

POIDS ET MESURES.

LOI DU 4 JUILLET 1837.

LOUIS-PHILIPPE, Roi des Français, à tous présents et à venir, salut.

Nous avons proposé, les Chambres ont adopté, nous avons ordonné et ordonnons ce qui suit:

Art. 1er Le décret du 12 février 1812, concernant les poids et mesures, est et demeure abrogé.

Art. 2. Néanmoins, l'usage des instruments de pesage et de meouvrage confectionnés en exécution des art. 2 et 3 du décret précité, sera permis jusqu'au 1er janvier 1840.

Art. 3. A partir du 1er janvier 1840, tous poids et mesures autres que les poids et mesures établis par les lois des 18 germinal an III et 10 frimaire an VIII, constitutif du système métrique décimal, seront interdits sous les peines portées par l'art. 479 du code pénal.

Art. 4. Ceux qui auront des poids et mesures autres que les poids et mesures ci-dessus reconnus, dans leurs magasins, boutiques, ateliers ou maison de commerce, ou dans les halles, foires ou marchés, seront punis comme ceux qui les emploieront, conformément à l'art. 479 du code pénal.

Art. 5. A compter de la même époque, toutes dénominations de poids et mesures autres que celles portées dans le tableau annexé à la présente loi, et établies par la loi du 18 germinal an III, sont interdites dans les actes publics, ainsi que dans les affiches et les annonces.

Elles sont également interdites dans les actes sous seing-privé, les registres de commerce et autres écritures privées produites en justice.

Les officiers publics contrevenants seront passibles d'une amende de vingt francs, qui sera recouvrée sur contrainte comme en matière d'enregistrement.

L'amende sera de dix francs pour les autres contrevenants; elle sera perçue pour chaque acte ou écriture sous signature privée; quant aux registres de commerce, ils ne donneront lieu qu'à une seule amende pour chaque contestation dans laquelle ils seront produits.

Art. 6. Il est défendu aux juges et arbitres de rendre aucun jugement ou décision en faveur des particuliers, sur des actes, registres ou écrits dans lesquels les dénominations interdites par l'article précédent auraient été insérées, avant que les amendes encourues aux termes dudit article aient été payées.

Art. 7. Les vérificateurs des poids et mesures constateront les contraventions prévues par les lois et règlements concernant le système métrique des poids et mesures.

Ils pourront procéder à la saisie des instruments de pesage et de mesurage dont l'usage est interdit par lesdites lois et règlements.

Leurs procès-verbaux feront foi en justice jusqu'à preuve contraire.

Les vérificateurs prêteront serment devant le tribunal d'arrondissement.

Art. 8. Une ordonnance royale réglera la manière dont s'effectuera la vérification des poids et mesures.

La présente loi, discutée, délibérée et adoptée par la Chambre des Pairs et par celle des Députés, et sanctionnée par nous cejourd'hui, sera exécutée comme loi de l'Etat.

Donnons en mandement à nos cours et tribunaux, préfets, corps administratifs et tous autres, que les présentes ils gardent et maintiennent, fassent garder, observer et maintenir, et pour les rendre plus notoires à tous, ils les fassent publier et enregistrer partout où besoin sera ; et, afin que ce soit chose ferme et stable à toujours, nous y avons fait mettre notre sceau.

Fait au palais des Tuileries, le 4e jour du mois de juillet, l'an 1837.

Signé LOUIS-PHILIPPE.

Par le Roi :

Le ministre secrétaire d'Etat au département des travaux publics, de l'agriculture et du commerce.

Signé MARTIN (du Nord).

TABLEAU DES MESURES LEGALES.

(Loi du 18 germinal an III.)

NOMS SYSTÉMATIQUES.	VALEUR.
	Mesures de longueur.
Myriamètre..	Dix mille mètres.
Kilomètre.	Mille mètres.
Hectomètre.	Cent mètres.
Décamètre.	Dix mètres.
MÈTRE.	Unité fondamentale des poids et mesures. (Dix millionième partie du quart du méridien terrestre.)
Décimètre.	Dixième du mètre.

Centimètre.	Centième du mètre.
Millimètre.	Millième du mètre.

Mesures agraires.

Hectare.	Cent ares ou dix mille mètres carrés.
Are.	Cent mètres carrés, carré de dix mètres de côté.
Centiare	Centième de l'are, ou mètre carré.

Mesures de capacité pour les liquides et les matières sèches.

Kilolitre.	Mille litres.
Hectolitre.	Cent litres.
Décalitre.	Dix litres.
Litre.	Décimètre cube.
Décilitre.	Dixième du litre.

Mesures de solidité.

Décastère.	Dix stères.
Stère.	Mètre cube.
Décistère.	Dixième du stère.

Poids.

. . . .	Mille kilog., poids du mètre cube d'eau et du tonneau de mer.
. . . .	Cent kilog., quintal métrique.
Kilogramme.	Mille grammes. Poids dans le vide d'un décimètre cube d'eau distillée à la température de quatre degrés centigrades.
Hectogramme.	Cent grammes.
Décagramme.	Dix grammes.
Gramme.	Poids d'un centimètre cube d'eau a quatre degrés centigrades.
Décigramme.	Dixième du gramme.
Centigramme. . . .	Centième du gramme.
Milligramme.	Millième du gramme.

Monnaies.

Franc............	Cinq grammes d'argent au titre de neuf dixièmes de fin.
Décime...........	Dixième du franc.
Centime..........	Centième du franc.

Conformément à la disposition de la loi du 18 germinal an III, concernant les poids et mesures de capacité, chacune des mesures décimales de ces deux genres a son double et sa moitié.

POIDS ET MESURES (VÉRIFICATION DES).

Des vérifications des poids et mesures ; de quelle manière elles doivent s'effectuer : — Des vérificateurs.

La vérification des poids et mesures destinés et servant au commerce, est faite sous la surveillance des préfets et sous-préfets, par des agents nommés par le ministre du commerce.

Un vérificateur est nommé par chaque arrondissement. Son bureau est établi, autant que possible, au chef-lieu.

Nul ne peut exercer l'emploi de vérificateur s'il n'est âgé de vingt-cinq ans accomplis, et s'il n'a subi des examens spéciaux, d'après un programme arrêté par le ministre du commerce.

Les vérificateurs, avant d'entrer en fonctions, doivent prêter serment devant le tribunal de première instance de l'arrondissement pour lequel ils sont commissionnés.

Chaque bureau de vérification sera pourvu de l'assortiment nécessaire d'étalons vérifiés et poinçonnés au dépôt des prototypes, établi près du ministre du commerce. Ces étalons devront être vérifiés de nouveau, au même dépôt, au moins une fois tous les dix ans.

De la vérification.

Les poids et mesures nouvellement fabriqués ou rajustés seront présentés au bureau du vérificateur, vérifiés et poinçonnés avant d'être livrés au commerce.

Aucun poids ou aucune mesure ne peut être soumis à la vérification, mis en vente ou employé dans le commerce, s'il ne porte, d'une manière distincte et lisible, le nom qui lui est affecté par le système métrique.

La forme des poids et mesures servant à peser ou à mesurer les matières de commerce, sera déterminée par des réglements d'administration publique, ainsi que les matières avec lesquelles les poids et mesures seront fabriqués.

Indépendamment de la vérification primitive dont il est question dans l'article 10, les poids et mesures dont les commerçants compris dans le tableau à l'art. 15 indiqué, font usage ou qu'ils ont en leur possession, sont soumis à une vérification périodique, pour reconnaître si la conformité avec les étalons n'a pas été altérée.

Chacune de ces vérifications est constatée par l'apposition d'un poinçon nouveau.

Les fabricants et marchands de poids et mesures ne sont assujettis à la vérification périodique que pour ceux dont ils font usage dans leur commerce.

Les poids, mesures et instruments de pesage et mesurage neufs et rajustés, qu'ils destinent à être vendus, doivent seulement être marqués du poinçon de la vérification primitive.

Les préfets dressent, pour chaque département, le tableau des professions qui doivent être assujetties à la vérification.

Ce tableau indique l'assortiment des poids et mesures dont chaque profession est tenue de se pourvoir.

L'assujetti qui se livre à plusieurs genres de commerce doit être pourvu de l'assortiment de poids et mesures fixé pour chacun d'eux, à moins que l'assortiment exigé pour l'une des branches de son commerce ne se trouve déjà compris dans l'une des autres branches des industries qu'il exerce.

L'assujetti qui, dans une même ville, ouvre au public plusieurs magasins, boutiques ou ateliers distincts et placés dans des maisons différentes et non contiguës, doit pourvoir chacun de ses magasins, boutiques ou ateliers, de l'assortiment exigé pour la profession qu'il exerce.

La vérification périodique se fait tous les ans dans les chefs-lieux d'arrondissement et dans les communes désignées par le préfet, et tous les deux ans dans les autres lieux. Toutefois, en 1840, elle aura lieu dans toutes les communes indistinctement.

Le préfet règle l'ordre dans lequel les diverses communes du département sont vérifiées.

Le vérificateur vérifie et poinçonne les poids, mesures et instruments qui lui sont exhibés, tant ceux qui composent l'assortiment obligatoire ou minimum, que ceux que le commerçant posséderait de surplus.

Les vérificateurs peuvent toujours faire, soit d'office, soit sur la réquisition des maires ou du procureur du Roi, soit sur l'ordre des préfets et sous-préfets, des visites extraordinaires et inopinées chez les assujettis.

Les marchands ambulants qui font usage de poids et

mesures sont tenus de les présenter, dans les trois premiers mois de chaque année, ou de l'exercice de leur profession, à l'un des bureaux de vérification dans le ressort desquels ils colportent leurs marchandises.

Les balances, romaines ou autres instruments de pesage sont soumis à la vérification primitive, et poinçonnés avant d'être exposés en vente ou livrés au public.

Elles sont, en outre, inspectées dans leur usage et soumises sur place à la vérification périodique.

Les membrures du stère et double-stère, destinées au commerce du bois de chauffage, sont, avant qu'il en soit fait usage, vérifiées et poinçonnées dans les chantiers où elles doivent être employées.

Elles sont également soumises à la vérification périodique.

Les visites et exercices que les vérificateurs sont autorisés à faire chez les assujettis, ne peuvent avoir lieu que pendant le jour.

Néanmoins ils peuvent avoir lieu chez les marchands et débitants pendant tout le temps que les lieux de vente sont ouverts au public.

Les préfets fixent, par des arrêtés, pour chaque commune, l'époque où la vérification de l'année commence, et celle où elle doit être terminée.

A l'expiration du dernier délai ci-dessus, et après que la vérification aura eu lieu dans la commune, il est interdit aux commerçants, entrepreneurs et industriels, d'employer et de garder en leur possession des poids, mesures et instruments de pesage qui n'auraient pas été soumis à la vérification périodique et au poinçon de l'année.

De l'inspection sur le débit des marchandises qui se vendent au poids et à la mesure.

L'inspection du débit des marchandises qui se vendent au poids et à la mesure est confiée spécialement à la vigilance et à l'autorité des préfets, sous-préfets, maires adjoints et commissaires de police.

Les maires, adjoints, commissaires de police, feront dans leurs arrondissements respectifs, et plusieurs fois dans l'année, des visites dans les boutiques et magasins, dans les places publiques, foires et marchés, à l'effet de s'assurer de l'exactitude et du fidèle usage des poids et mesures.

Ils surveilleront les bureaux publics de pesage et de mesurage dépendant de l'administration municipale.

Ils visiteront fréquemment les romaines, les balances et autres instruments de pesage; ils s'assureront de leur justesse et de la liberté de leurs mouvements, et constateront les infractions.

Les maires et officiers de police veilleront à la fidélité dans le débit des marchandises qui, étant fabriquées au moule ou à la forme, se vendent à la pièce ou au paquet, comme correspondant à un poids déterminé ; néanmoins, les formes ou moules propres aux fabrications de ce genre ne seront jamais réputés instruments de pesage ni assujettis à la vérification.

Les vases ou futailles servant de récipient aux boissons, liquides ou autres matières, ne seront pas réputés mesures de capacité ou de pesanteur.

Il sera pourvu à ce que, dans le débit en détail, les boissons et autres liquides ne soient pas vendus à raison d'une certaine mesure présumée, sans avoir été mesurée effectivement.

Des infractions et du mode de les constater.

Indépendamment du droit conféré aux officiers de police judiciaire, par le code l'instruction criminelle, les vérificateurs constatent les contraventions prévues par les lois et réglements concernant les poids et mesures, dans l'étendue de l'arrondissement pour lequel ils sont commissionnés et assermentés.

Ils sont tenus de justifier de leur commission aux assujettis qui le requièrent.

Leurs procès-verbaux font foi en justice jusqu'à preuve contraire, conformément à l'article 7 de la loi du 4 juillet 1837.

Les vérificateurs saisissent tous les poids et mesures autres que ceux maintenus par la loi du 4 juillet 1837.

Ils saisissent également tous les poids, mesures, instruments de pesage et mesurages altérés ou défectueux, ou qui ne seraient pas revêtus des marques légales de la vérification.

Ils déposent à la mairie les objets saisis toutes les fois que cela est possible.

S'ils trouvent des mesures qui, par leur état d'oxydation, puissent nuire à la santé des citoyens, ils en donnent avis aux maires et aux commissaires de police.

Les assujettis sont tenus d'ouvrir leurs magasins, boutiques et ateliers, et de ne pas quitter leur domicile après que, par un ban publié dans la forme ordinaire, le maire aura fait connaître, au moins deux jours à l'avance, le jour de la vérification.

Ils sont tenus de se prêter aux exercices toutes les fois qu'ont lieu les visites prévues par les art. 19 et 20.

Dans les cas de refus d'exercice, et toutes les fois que les vérificateurs procèdent chez les débitants, avant le lever et après le coucher du soleil, aux visites autorisées, ils ne peuvent s'introduire dans les maisons, bâtiments ou magasins qu'en présence soit du juge-de-paix ou de son suppléant, soit du maire, de l'adjoint ou du commissaire de police.

Si des affiches ou annonces contiennent des dénominations de poids et mesures autres que celles portées dans le tableau annexé à la loi du 4 juillet 1837, les maires, adjoints, commissaires de police, sont tenus de constater cette contravention, et d'envoyer immédiatement leurs procès-verbaux aux receveurs de l'enregistrement.

Droit de vérification.

La vérification première des poids, mesures et instruments de pesage est faite gratuitement.

Il en est de même pour les poids, mesures et instruments de pesage rajustés qui sont soumis à une nouvelle vérification.

Les droits de la vérification périodique seront provisoirement perçus conformément au tarif annexé à l'ordonnance du 18 décembre 1825, modifiée par celles du 21 décembre 1832 et du 18 mai 1838.

La vérification périodique des poids, mesures et instruments de pesage appartenant aux établissements publics, est faite gratuitement.

Il en est de même pour les poids, mesures et instruments

de pesage présentés volonta'rement à la vérificaticn par des individus non assujettis.

Les droits de la vérification périodique sont payés pour les poids et mesures formant l'assortiment obligatoire de chaque assujetti, et pour les instruments de pesage sujets à la vérification.

Les poids et mesures excédant l'assortiment obligatoire sont vérifiés et poinçonnés gratuitement.

Les états-matrices des rôles sont dressés par les vérificateurs des poids et mesures, d'après le résultat des opérations qui doivent être consommées avant le 1er août.

Les états sont remis aux directeurs des contributions directes, à mesure que les opérations sont terminées dans les communes dépendant de la même perception, et au plus tard le 1er août de chaque année.

La perception des droits de vérification est faite par les agents du trésor public.

Le montant intégral des rôles est exigible dans la quinzaine de leur publication.

Dispositions générales.

Les contraventions aux arrêtés des préfets, à ceux des maires et à la présente ordonnance, sont poursuivies conformément aux lois.

PORTEURS DE CONTRAINTES.

Art. 1er. Les porteurs de contraintes sont nommés par le sous-préfet, sauf l'approbation du préfet. (Arrêté du 16 thermidor an viii.)

Art. 2. Ils font seuls les fonctions d'huissiers pour les contributions directes. (Art. 48.)

Art. 3. Les porteurs de contraintes sont munis de leur commission; ils en font mention quand ils en seront requis. (Art. 22.)

Art. 4. En cas d'injures ou de rebellion , ils se retirent chez le maire pour en dresser procès-verbal et l'affirmer.

Art. 5. Les porteurs de contraintes sont sous la surveillance des receveurs particuliers , des maires , des contrôleurs des contributions et des percepteurs qui les emploient. (*Ibid.*)

Art. 6. Le salaire d'un porteur de contraintes ne peut excéder deux francs, ni être au-dessous d'un franc. (*Ibid.*)

Art. 7. Le logement, la nourriture et une place au feu leur sont dus par les contribuables chez qui ils s'établissent.

Art. 8. Une liste visée par le maire est par lui remise au porteur de contraintes qui distribue à chacun des contribuables une sommation de payer sous trois jours.

Art. 9. Faute d'avoir satisfait à cette sommation, le porteur de contraintes s'établit à demeure successivement chez chacun des contribuables, sans pouvoir rester plus de dix jours dans une commune. (*Ibid.*)

Art. 10. Passé ce délai, on fait commandement au contribuable en retard de payer dans le délai de trois jours.

Art. 11. Après ce délai, on procède à la saisie des meubles et effets mobiliers.

Art. 12. Dix jours après la clôture du procès-verbal de saisie, il est procédé à la vente, en vertu d'une autorisation spéciale du préfet.

Art. 13. La vente se fait par le porteur de contraintes.

Art. 14. Les frais de séjour des porteurs de contraintes,

dans la commune, sont acquittés par tous les redevables, en proportion de leur débets.

Art. 15. Le porteur de contraintes ne peut recevoir des contribuables aucune somme, à peine de destitution et de restitution des sommes reçues.

Art. 16. Il est défendu aux redevables de faire aucun paiement entre les mains des porteurs de contraintes, à peine de payer deux fois.

PRÉFET.

(ATTRIBUTIONS ET JURIDICTIONS.)

Voici, d'après le savant auteur des *Questions sur le droit administratif*, les règles qui concernent la nature et les limites de la juridiction des préfets, et les autorités desquelles leurs actes ressortent.

« Les préfets ne font que des actes d'administration, et ils n'ont point, à proprement parler, de juridiction. C'est la règle générale.

» Du principe que les préfets sont administrateurs, il suit qu'ils ne peuvent statuer que sur des matières de pure administration ; qu'ainsi ils peuvent rapporter ou modifier les arrêts des maires et des sous-préfets ; de même que leurs propres arrêtés ou ceux de leurs prédécesseurs, à moins que lesdits actes n'aient déjà constitué des droits acquis, ou servi de base à des jugements de tribunaux ou arrêtés de conseils de préfecture, ou décision de ministres, passés en force de chose irrévocablement jugée.

» Du principe que les préfets ne sont que des administrateurs subordonnés, il suit qu'ils ne peuvent refuser ni modifier l'exécution des ordonnances royales, ni décisions des ministres, qu'ils ne peuvent dresser, interpréter, restreindre ou étendre des règlements d'administration publique, ni changer, de leur propre autorité, le mode de jouissance des biens communaux ; ni autoriser, ni interdire définitivement les usines ; ni, en général, prendre les actes de règlement et de haute administration qui ne peuvent émaner de l'autorité secondaire et locale, mais de l'autorité centrale et souveraine du Roi, sur la proposition de ses ministres.

» Du principe qu'il n'a été délégué aux préfets ni pouvoir de réformation, ni haute juridiction administrative, ni juridiction civile, il suit :

» Qu'ils ne peuvent rapporter ni les arrêtés des anciens directoires de département, ni ceux des administrations centrales, ni ceux des conseils de préfecture, rendus en matière contentieuse, ni juger dans le dispositif de leur arrêtés, ni préjuger, par leurs considérants, les questions contentieuses administratives, ni entraver l'exécution des arrêtés de conseils de préfecture, ni autoriser les communes à plaider, ni modifier l'application des arrêts du conseil d'État, ni réformer directement ou indirectement les jugements des tribunaux quels qu'ils soient, même ceux par défaut d'un simple juge-de-paix.

» Toutefois, la règle que les préfets n'ont pas de juridiction proprement dite, n'est pas tellement générale qu'elle ne reçoive quelques exceptions.

» Ainsi, les préfets statuent, 1° en matière de marchés de fournitures passés avec les régies ;

» 2° En matière de décompte du prix des ventes de biens nationaux, de déchéance, etc.;

» 3° En matière de grande voirie, sur les recours contre

les arrêtés des sous-préfets, et en matière de voirie ur-
baine, sur les arrêtés des maires ;

» 4° En matière électorale ;

» En matière de cadastre, etc., etc.

» Du principe que les préfets n'ont ni la haute administration, ni la haute juridiction, même dans les cas excep-
tionnels, il suit :

» Que leurs actes, dans le premier cas, et leurs arrêtés,
dans le second, sont susceptibles de recours.

» Pour bien connaître où le recours doit être porté, il y
a plusieurs distinctions à établir :

» Ou les préfets ont statué sur des matières de pure administration, ou ils ont statué sur des matières contentieuses que, par exception, les lois ou règlements leur attri-
buent,

» Ou ils ont excédé leur compétence en statuant sur des
matières contentieuses administratives qui appartiennent
aux conseils de préfecture ou aux ministres, ou sur des
matières contentieuses judiciaires qui appartiennent aux
tribunaux ;

» Ou ils ont excédé leurs pouvoirs en réformant des arrêtés de directoires de département, d'administrations centrales, de conseil de préfecture. ou leurs propres arrêtés,
ou ceux de leurs prédécesseurs qui ont servi de base à des
jugements passés en force de chose jugée, ou en annulant
ou paralysant les actes judiciaires dans leurs principes ou
dans leurs effets, ou en modifiant ou suspendant l'exécution des arrêtés des conseils de préfecture ou des ordonnances royales.

» Dans le premier cas, l'acte du préfet qui froisse, non
des droits acquis, mais des intérêts ou des convenances,

ne peut être attaqué que devant le ministre que la matière concerne.

» Dans le second cas, les lois et règlements ont déterminé l'autorité qui doit connaître en appel des arrêtés des préfets.

» En matière de décomptes, de déchance, le recours des parties est ouvert devant le ministre des finances; en matière d'élection, devant le conseil d'État.

FORMULE

D'UNE PÉTITION POUR DEMANDER EN TOUT OU EN PARTIE LA REMISE DE SES IMPOSITIONS.

A Monsieur le Sous-Préfet de l'arrondissement de...

Pierre-Louis Martin, propriétaire, habitant la commune de
A l'honneur de vous exposer,

Que le 20 juillet dernier une grêle des plus abondantes est venue porter la désolation la plus grande dans une partie de la commune qu'il habite. Toutes ses récoltes qui consistaient en blé, seigle, avoine et pommes de terre, ont été entièrement dévastées. Rien n'a été épargné par le terrible fléau; sa récolte de vin a eu le même sort que les autres; ses vignes ont été mutilées de la manière la plus déplorable.

Par ces motifs, il vous plaira, Monsieur le Sous-Préfet, faisant droit à sa demande, ordonner que, conformément à la loi, remise

Et sera justice,

Il a l'honneur d'être, Monsieur le Sous-Préfet, votre très-humble et très-obéissant serviteur.

A   le   mil...

(*Signatures.*)

PRÊT.

Le prêt est un contrat par lequel l'une des parties livre une chose à l'autre pour s'en servir, à la charge, après s'en être servi, de rendre cette même chose en nature, ca d'en rendre autant de même espèce et qualité.

Il y a trois sortes de prêts :

1° Celui des choses dont on peut user sans les détruire : on l'appelle *prêt à usage ou commodat* ;

2° Celui des choses qui se consomment par l'usage qu'on en fait : c'est là le prêt de consommation ou simple *prêt*.

3° Le *prêt à intérêt*, qui n'est qu'une modification apportée au *prêt de consommation*.

Le prêt à intérêt est un contrat par lequel l'une des parties livre à l'autre une somme d'argent, des denrées ou autres choses mobilières ou fongibles, pour en jouir moyennant un profit déterminé en faveur du prêteur.

Le prêt à intérêts ne se présume pas : il doit être stipulé expressément et par écrit, autrement la dette des intérêts ne pourrait être prouvée ni par témoins ni par les livres et registres du créancier, même en matière de commerce, la loi ne faisant aucune distinction entre les commerçants. (Arrêt de la cour de Rennes, du 19 avril 1811.)

Le taux de l'intérêt conventionnel doit être fixé par écrit.

L'intérêt conventionnel ne pourra excéder, en matière civile, cinq pour cent, ni en matière de commerce, six pour cent : le tout sans retenue.

L'intérêt légal sera, en matière civile, de cinq pour cent ; et, en matière de commerce, de six pour cent, aussi sans retenue.

La quittance du capital, donnée sans réserve des intérêts stipulés, en fait présumer le paiement et en opère la libération.

Les intérêts sont généralement dus en argent. Si le prêt a été fait en denrées, les intérêts se règlent ordinairement en argent, d'après les bases déterminées par la convention, sinon au moyen des mercuriales.

« Le droit dû sur le prêt d'une somme d'argent est de 1 fr. par
« cent francs. »

Prêt a usage ou commodat.

C'est un contrat par lequel l'une des parties livre une chose à l'autre, pour s'en servir, à la charge, par le preneur, de la rendre après s'en être servi.

Le prêt à usage est essentiellement gratuit. S'il y avait un prix, soit en argent, soit en services quelconques, ce serait, non pas un prêt à usage, mais un louage.

L'emprunteur doit veiller à la garde et à la conservation de la chose prêtée, ne s'en servir qu'à l'usage déterminé par sa nature ou par la convention, et la rendre en temps et lieux convenus, et en bon état.

ENREGISTREMENT.

« Le prêt à usage n'opérant pas de transmission de propriété, ne
« donne pas ouverture au droit proportionnel, mais seulement au
droit fixe de 1 fr. »

Prêt de consommation ou simple prêt.

C'est un contrat par lequel une partie livre à l'autre une certaine quantité de choses qui se consomment par l'usage, à la charge, par cette dernière, de lui en rendre autant de mêmes espèce et qualité.

Le prêt de consommation diffère, sous plusieurs rapports, du prêt à usage.

D'abord, par l'effet de ce prêt, l'emprunteur devient propriétaire de la chose prêtée ; d'où il suit qu'il a le droit de la consommer, et qu'elle périt pour son compte de quelque manière que la perte arrive.

L'emprunteur est tenu de rendre la qualité des choses prêtées, dans les mêmes espèces et quantités, et au terme convenu.

Le prêteur, de son côté, doit transmettre la propriété de la chose à l'emprunteur, et le garantir de l'éviction.

ENREGISTREMENT.

« Le prêt de consommation en argent, soit gratuit, soit à intérêt « est assujetti au droit de 1 fr. par cent francs. »

FORMULE
DU PRÊT A USAGE.

Entre les soussignés,

M. Luc Métrat, propriétaire, demeurant à

Et M. André Vigne, propriétaire, demeurant à

A été faite la convention suivante :

M. Métrat prête à M. Vigne, qui accepte, un cheval (*le désigner*) pour s'en servir dans le voyage qu'il doit faire à

M. Vigne reconnaît que M. Métrat lui a livré ledit cheval, et s'oblige à le rendre aussitôt son retour du voyage dont il est parlé ci-dessus.

Fait double à   le   mil.....

(*Signatures des parties.*)

FORMULE
DU PRÊT DE CONSOMMATION.

Entre les soussignés,

(*Le préambule des formules précédentes.*)

A été faite la convention suivante :

M. Louis prête au sieur Denis, qui accepte, une pièce de vin de Bourgogne, jusqu'au (*indiquer le terme*).

M. Denis reconnaît que M. Louis lui a livré ladite pièce de vin et s'oblige à lui en rendre, à l'époque plus haut fixée, une autre pièce de même nature, qualité et bonté.

Fait double à   le   mil...

(Signatures des parties.)

FORMULE

DU PRÊT A INTÉRÊT.

Enregistrement : 4 fr. pour cent francs.

Entre les soussignés,

(Le préambule des formules précédentes.

M. Lamy reconnaît devoir à M. Brun, qui accepte, la somme de *trois mille francs*, pour prêt de pareille somme qui lui a été fait à l'instant en espèces ayant cours, laquelle somme M. Lamy s'oblige de rendre à M. Brun, en mêmes espèces, dans deux ans, à partir de ce jour, et de lui en payer l'intérêt à cinq pour cent par an, de six mois en six mois, aussi à partir de ce jour.

Fait double à   le   mil...

(Signatures des parties.)

PRESCRIPTION.

L'art. 2219 du code civil définit la prescription un moyen d'acquérir ou de se libérer par un certain laps de temps et sous les conditions déterminées par la loi.

Ainsi, il y a deux espèces de prescriptions bien distinctes : l'une afin d'acquérir; l'autre, afin de se libérer.

On ne peut d'avance renoncer à la prescription : on peut renoncer à la prescription acquise.

Celui qui ne peut aliéner ne peut renoncer à la prescription acquise.

La prescription peut être opposée en tout état de cause. Les créanciers ou toute autre personne ayant intérêt à ce

que la prescription soit acquise, peuvent l'opposer, encore
que le débiteur ou le propriétaire y renonce.

On ne peut prescrire le domaine des choses qui ne sont
pas dans le commerce, telles que les chemins, rues, routes, à la charge de l'État.

De la possession..

La possession est le fondement de la prescription afin
d'acquérir. Pour pouvoir prescrire, il faut une possession
continue et non interrompue, paisible, publique, non équi-
voque et à titre de propriétaire.

Les actes de pure faculté et ceux de simple tolérance ne
peuvent fonder ni possession ni prescription. Pendant
trente ans, je n'ai pas bâti sur mon terrain ; si je veux y
bâtir, mon voisin ne pourra pas m'empêcher en préten-
dant qu'il a prescrit le droit de prospect ; car bâtir ou ne
pas bâtir sur mon terrain, sont des actes de pure faculté.
Je laisse paître, pendant quatre ans, les bestiaux de mon
voisin sur une terre en friche : c'est un acte de tolérance.

Les actes de violence ne peuvent fonder une possession
capable d'opérer la prescription.

Pour compléter la prescription, on peut joindre à sa possession celle de son auteur.

Des causes qui empêchent la prescription.

Ceux qui possèdent pour autrui ne prescrivent jamais,
par quelque laps de temps que ce soit. Ainsi, le fermier,
le dépositaire, l'usufruitier, et tous autres qui détiennent
précairement la chose du propriétaire, ne peuvent la prescrire.

Des causes qui interrompent la prescription.

La prescription peut être interrompue naturellement ou civilement.

Il y a interruption naturelle lorsque le possesseur est privé, pendant plus d'un an , de la jouissance de la chose , soit par l'ancien propriétaire, soit par un tiers.

Une citation en justice, un commandement ou une saisie, signifié à celui qu'on veut empêcher de prescrire forment l'interruption civile.

La citation en conciliation devant le bureau de paix , interrompt la prescription du jour de sa date , lorsqu'elle est suivie d'une assignation en justice , donnée dans les délais de droit : ce délai est d'un mois, à dater du jour ou la partie assignée aurait dû comparaître devant le juge-de-paix; ou , si elle a comparu , du jour qu'on a pu se concilier.

La citation en justice, donnée même devant un juge incompétent , interrompt la prescription.

La prescription est encore interrompue par la reconnaissance que le débiteur ou le possesseur fait du droit de celui contre lequel il prescrivait.

Des causes qui suspendent le cours de la prescription.

La prescription court contre toutes persones , à moins qu'elles ne soient dans quelque exception établie par une loi.

La prescription ne court pas contre les mineurs et les interdits, sous ce qui est dit à l'art. 2278 du code civil, et art. 2251 , 2252.

Cette exception est fondée sur une faveur due à ces personnes, et en même temps sur la nature des prescriptions.

Ainsi la prescription afin d'acquérir est fondée sur la présomption que celui qui laisse prescrire a consenti à l'aliénation : or , les mineurs et les interdits sont déclarés par la loi incapables d'aliéner; iis sont d'ailleurs restituables contre tous les actes qui leur préjudicient, et conséquemment contre la négligence dont la prescription serait la suite. Quant à la prescription afin de se libérer, le mineur et l'interdit ne pouvant agir par eux-mêmes pour exercer les droits que l'on voudrait prescrire contre eux, et ces droits pouvant être souvent ignorés par leurs tuteurs, la prescription ne devrait pas, dans ce cas plus que dans l'autre, courir contre eux.

Elle ne court point entre époux. La prescription court contre la femme mariée, encore qu'elle ne soit point séparée par contrat de mariage, ou en justice , à l'égard des biens dont le mari a l'administration, sauf son recours contre le mari.

Ainsi un tiers s'est mis en possession d'un fonds appartenant à la femme : comme son mari, qui exerce ses droits, peut interrompre la prescription, il n'y avait pas de raison pour la suspendre dans ce cas.

Néanmoins elle ne court point , pendant le mariage , à 'égard de l'aliénation d'un fonds constitué selon le régime dotal, conformément à l'art 1561, au titre du *contrat de mariage*.

La prescription est pareillement suspendue pendant le mariage, 1° dans le cas où l'action de la femme ne pourrait être exercée qu'après une action ou la renonciation à la communauté; 2° dans le cas où le mari ayant vendu le bien pr re de la femme sans son consentement, est garant de la vente; et dans tous les autres cas où l'action de la femme réfléchirait contre le mari.

Du temps requis pour prescrire.

La prescription se compte par jour et non par heure.

Elle est acquise lorsque le dernier jour du terme est accompli.

De la prescription trentenaire.

Toutes les actions, tant réelles que personnelles, sont prescrites par trente ans, sans que celui qui allègue cette prescription soit obligé d'en rapporter un titre, ou qu'on puisse lui opposer l'exception déduite de la mauvaise foi.

Après vingt-huit ans de la date du dernier titre, le débiteur d'une rente peut-être contraint à fournir, à ses frais, un titre nouveau à son créancier ou à ses ayant-cause.

De la prescription de dix et vingt ans.

Celui qui acquiert de bonne foi et par juste titre un immeuble, en prescrit la propriété par dix ans, si le véritable propriétaire habite dans le ressort de la cour royale dans l'étendue de laquelle l'immeuble est situé ; et par vingt ans, s'il est domicilié hors dudit ressort.

L'acquéreur de bonne foi, en vertu d'un juste titre, est évidemment plus favorable qu'un usurpateur; s'il est acquéreur, il a payé à un autre qu'au propriétaire, il est vrai, le prix de la chose, mais enfin il est devenu moins riche d'autant; il a dû bâtir, planter, s'engager dans des frais de défrichement ou d'éclusement ; l'ordre public exigeait que ses droits restassent moins longtemps incertains.

La bonne foi est toujours présumée : c'est à celui qui allègue la mauvaise foi à la prouver.

Il suffit que la bonne foi ait existé au moment de l'acquisition.

Après dix ans, les architectes et les entrepreneurs sont déchargés de la garantie de gros ouvrages qu'ils ont faits ou dirigés.

De quelques prescriptions particulières.

Elles sont fondées sur la présomption de paiement qui résulte du besoin que les divers créanciers de ces sortes d dettes ont été promptement soldés, et de l'habitude dans laquelle on est d'acquitter ces dettes sans retard, et souvent sans exiger de quittance.

L'action des maîtres et instituteurs des sciences et arts, pour les leçons qu'ils donnent au mois ; celles des hôteliers et traiteurs, à raison du logement et de la nourriture qu'ils fournissent ; celles des ouvriers et gens de travail pour le paiement de leurs journées, fournitures et salaires, se prescrivent par six mois.

L'action des médecins, chirurgiens et apothicaires, pour leurs visites, opérations et médicaments ; celles des huissiers, pour le salaire des actes qu'ils signifient et des commissions qu'ils exécutent ; celles des marchands, pour les marchandises qu'ils vendent aux particuliers non marchands ; celles des maîtres de pension, pour le prix de la pension de leurs élèves, et des autres maîtres, pour le prix de l'apprentissage ; celles des domestiques qui se louent à l'année, pour le paiement de leur salaire, se prescrivent par un an.

L'action des avoués. — voyez Avoué.

Néanmoins, ceux auxquels ces prescriptions seront opposées, peuvent déférer le serment à ceux qui les opposent, sur la question de savoir si la chose a été réellement payée.

Les prescriptions dont il s'agit courent contre les mineurs et les interdits, sauf leur recours contre leurs tuteurs.

PROCÈS-VERBAL.

On donne ce nom à tout acte par lequel un magistrat, un officier public, un agent de l'autorité, un expert, un arbitre, rend compte de ce qu'il a fait dans l'exercice de ses fonctions, de ce qu'il a vu, de ce qui s'est passé, fait ou dit en sa présence.

Parmi les procès-verbaux, les uns font foi jusqu'à inscription de faux, c'est-à-dire que le contenu n'en peut point être contesté devant les tribunaux, ni combattu par la preuve contraire. Pour contester les faits constatés par un pareil procès-verbal, il faut l'arguer de faux. Tels sont les procès-verbaux des employés des douanes ; des contributions indirectes. D'autres, au contraire, ne font foi que jusqu'à la preuve contraire : par exemple ceux qui sont dressés par les gardes-champêtres.

Le procès-verbal doit être clair et précis.

En toute matière criminelle, il doit énoncer :

L'an, le jour de la semaine, le quantième du mois et l'heure du matin ou de relevée ;

Les nom, prénoms et qualités de l'officier public qui procède, le lieu où le procès-verbal a été rédigé ;

Les noms, prénoms, âges, professions et domiciles du plaignant, requérant ou déclarant, et du contrevenant ou prévenu ; de même pour les témoins, s'il y en a, et pour toutes les personnes qui paraissent au procès-verbal ;

Le détail circonstancié du fai et du lieu, le jour et l'heure où il s'est passé ;

Le serment et le rapport des gens d'art ou des experts, et la quotité de leur salaire ;

En cas de crime, le rapport au procureur du Roi, avec invitation de se transporter sur les lieux ;

Les indices ou preuves à la charge des prévenus ;

Les noms, professions et demeures des personnes resonsables ;

Le transport sur les lieux, pour constater les traces du délit ;

Les arrestations et leurs résultats ;

Les perquisitions et leurs motifs ;

La mise en fourrière, s'il y a lieu ;

Le détail des pièces à conviction, leur reconnaissance par le prévenu, où il les a eues, et pour quel usage ;

Signatures de toutes les personnes qui ont paru au procès-verbal ; mention de celles qui ne savent signer ou qui refusent de signer, après toutefois la lecture du procès-verbal, et qu'elles ont déclaré y reconnaître la vérité. Instruction du procureur du Roi près le tribunal de la Seine, 1er janvier 1817.)

Pour les matières civiles, les procès-verbaux sont si variés, qu'il n'est pas possible d'indiquer, d'une manière générale, ce qu'ils doivent contenir : cependant on peut dire qu'ils doivent constater, avec la plus grande exactitude, les date, année mois, jour et heure ; les noms,

qualités, professions, demeures des parties, et de tous
ceux qui paraissent au procès-verbal; les dires, réquisitions, prétentions et oppositions des parties; les faits
relatifs à l'opération qui donne lieu au procès-verbal, les
signatures des rédacteurs et des parties, quand il y a lieu.
Formule. (Voyez *Garde-champêtre.*)

PROCURATION.

La procuration ou mandat est un acte par lequel une
personne donne à une autre le pouvoir de faire quelque
chose pour le mandant et en son nom.

Le contrat du mandat ne se forme que par l'acceptation
du mandataire. L'acceptation du mandat, qui est une
chose d'obligeance et de service, devient une chose de
devoir et d'obligation dès qu'elle a été consentie.

Celui-là seul peut donner un mandat qui a la faculté de
contracter les obligations que le mandat embrasse.

Le mandat peut être donné ou par acte public ou par
écrit sous seing-privé, même par titre; il peut aussi être
donné verbalement, mais la preuve testimoniale n'en est
reçue que conformément au titre *des contrats et des obli-*
gations.

Le mandat se donne par acte notarié en minute ou en
brevet. Le mandat est gratuit s'il n'y a convention contraire.

Le mandat donné à des arbitres n'est pas gratuit de sa
nature : ils ont droit à des honoraires. (Arrêt de la cour
de Bordeaux, du 14 janvier 1826.)

Le mandat est ou spécial, et pour une affaire ou pour
certaines affaires seulement; ou général, et pour toutes
les affaires du mandant.

Le mandataire est tenu d'accomplir le mandat tant qu'il en demeure chargé; il répond des dommages-intérêts qui pourraient résulter de son inexécution. Il est tenu d'achever la chose commencée du décès au mandant, s'il y a péril en la demeure.

Le mandant, de son côté, est tenu d'exécuter les engagements contractés par le mandataire, conformément au pouvoir qui lui a été donné. Il n'est tenu de ce qui a pu être fait au-delà, qu'autant qu'il l'a ratifié expressément ou tacitement.

Le mandat finit par la révocation du mandataire, par la renonciation de celui-ci au mandat, par la mort naturelle ou civile, l'interdiction ou la déconfiture, soit du mandant, soit du mandataire.

ENREGISTREMENT.

« Les procurations ou pouvoirs pour agir ne contenant aucune sti-
» pulation ni clause ne donnant lieu au droit proportionnel, sont
» sujets au droit fixe de 2 fr.

» Lorsqu'une procuration nomme plusieurs mandataires par le
» même acte, il est dû autant de droits fixes qu'il y a de mandataires
» ayant pouvoir d'agir séparément.

» Si la procuration contient, au profit du mandataire, la pro-
» messe d'une somme déterminée pour les honoraires, c'est un mar-
» ché sujet au droit proportionnel de 1 pour cent sur la somme pro-
» mise; outre le droit fixe pour la procuration. »

FORMULE

D'UN MANDAT SOUS SEING-PRIVÉ.

Je soussigné, Jean Rey, demeurant à   déclare constituer, par ces présentes, pour mon mandataire général et spécial, M. Louis Brun, propriétaire, demeurant à   auquel je donne pouvoir de   etc., pour moi et en mon nom (*détailler les pouvoirs qu'on intend donner , et mettre avec circonspection ces pouvoirs soulignés*), et généralement faire, relativement à ce que dessus , tout ce qui sera utile et nécessaire.

On peut terminer encore de la manière suivante :

Et généralement faire, relativement à ce que dessus , tout ce que le mandataire constitué jugera convenable, quoique non prévu par ces présentes, promettant d'exécuter les engagements qui seront contractés par ledit mandataire en vertu des présentes , même de ratifier lesdits engagements, s'il est besoin , m'obligeant à rembourser audit mandataire les avances et frais que celui-ci aura faits pour l'exécution du présent mandat , et lui payer les salaires convenables.

Fait à (*mentionner les jour, mois et an*).

(*Signature.*)

FORMULE
DE PROCURATION POUR RECEVOIR DES LOYERS.

Je soussigné, Auguste Villepré , propriétaire , demeurant à
    donne pouvoir à M. Jules Solis, négociant, demeurant à
de recevoir pour moi les loyers d'une maison située à
louée aux sieurs Vigne et Bonnet ; de donner aux locataires toute quittance et décharge ; de donner congé à ceux d'entre eux qui seraient en retard de paiement ; de faire, pour le recouvrement desdits loyers , toutes poursuites et diligences autorisées par la loi ; de citer et poursuivre lesdits locataires, pour les contraindre au paiement desdits loyers dus et échus , pour l'exécution des clauses et conditions portées dans leurs baux.

Comme aussi de renouveler les baux finis ou près de finir, ou dont les locataires auraient reçu congé.

Fait à   le   mil...

(*Signature du mandant.*)

FORMULE
D'UN MANDAT POUR RECEVOIR UNE SOMME DUE.

Je soussigné, André Roussin, propriétaire, demeurant à
donne pouvoir à Louis Mourier , négociant, demeurant à   de

recevoir pour moi un sieur Paul Gagne, agent d'affaires, demeurant à   la somme de   qu'il me doit en vertu de... (*Désigner la cause*); d'en donner reçu, quittance et décharge, et, à défaut de paiement, de faire contre lui toutes poursuites, diligences, oppositions, saisie-arrêt, saisie-exécution, expropriation forcée de biens qu'il croira nécessaires, traduire ledit sieur Gagne en conciliation devant le tribunal de paix ou de première instance; plaider, transiger, élire domicile, et généralement faire, pour le recouvrement de ladite somme, tout ce qu'il croira convenable.

Fait à   le   mil...

(*Signature du mandant.*)

PROPRIÉTÉ.

La propriété est le droit de jouir et de disposer des choses de la manière la plus absolue, pourvu qu'on n'en fasse pas un usage prohibé par les lois ou par les réglements.

Le droit de propriété comprend celui de jouir de tous les produits de la chose, de se servir de la chose pour quelque usage que ce soit, même d'en abuser, d'en changer la forme, de la détruire, de l'aliéner en tout ou en partie. (Potier, *Traité de la propriété.*)

La loi assure à chaque citoyen la garantie de la conservation de la propriété. C'est d'après ce principe que l'article 545 du code civil porte « que nul ne peut être contraint de céder sa propriété, si ce n'est pour cause d'utilité publique, et moyennant une juste et préalable indemnité. » Ce principe est encore confirmé par l'art. 9 de la Charte, d'après lequel l'État peut exiger le sacrifice d'une propriété pour cause d'utilité publique légalement constatée, mais avec une indemnité préalable.

Cette matière importante a fait l'objet d'une loi spéciale qui détermine à quelles conditions et dans quel cas on

peut exproprier un citoyen pour cause d'utilité publique ;
elle est du 7 juillet 1833 ; elle porte, article 53 : « Les in-
» demnités réglées par le jury seront, préalablement à la
» prise de possession, acquittées entre les mains des
» ayant-droit. »

Si le propriétaire refuse de les recevoir, la prise de possession aura lieu après offres réelles et consignation.

La propriété s'acquiert par donation et testament, par
contrat et par prescription.

L'occupation est encore un moyen d'acquérir la propriété de certaines choses, en s'en emparant le premier,
conformément à la loi.

La propriété peut se perdre de plusieurs manières, par
le fait immédiat du propriétaire, lorsque celui-ci transfère son droit à un autre, aliène et transmet sa propriété à
autrui.

Bornage.

C'est une opération par laquelle les propriétaires conti-
gus marquent, au moyen de bornes, les limites de leurs
héritages ruraux et forestiers, et à laquelle ils peuvent se
contraindre réciproquement.

On entend communément par bornes, des pierres plan-
tées et enfoncées en terre, aux confins de deux héritages.
Quelquefois on plante, à chaque extrémité des confins,
deux pierres réunies pour leur donner le caractère de
bornes ; d'autres fois on n'en plante qu'une seule, et,
pour mieux caractériser, on brise une brique ou bien une
pierre en deux morceaux que l'on réunit, puis on les place
au-dessous de la borne : c'est ce qu'on appelle des *témoins*.

Il est d'usage de faire mention des *témoins* dans le procès-verbal où il est très-essentiel d'indiquer la nature et la dimension de la pierre bornale.

La destruction ou le déplacement de bornes sont punis d'un emprisonnement d'un mois à un an, et d'une amende qui ne peut être au-dessous de 50 francs.

Il est de principe que le bornage se fait à frais communs.

L'existence des haies vives, de lisières d'arbres, ou de fossés qui indiquent les *limites* des propriétés contiguës, mais qui ne les fixent pas d'une manière immuable, n'autorise pas un voisin à se refuser au bornage. (Arrêt de cassation, 30 décembre 1848.)

ENREGISTREMENT.

« Sont sujets au droit fixe de 3 fr. les compromis ou nominations d'arbitres chargés d'opérer le bornage.

« Les procès-verbaux qu'ils dressent donnent ouverture à un droit fixe de 2 fr. »

PROTÊT.

Le protêt est un acte par lequel, faute d'acceptation ou de paiement de la lettre de change, on déclare que celui sur qui elle est tirée, et son correspondant, sont tenus de tous les préjudices qu'on en recevra.

Il y a deux sortes de protêts : 1° le protêt faute *d'acceptation*; 2° l'autre, faute de *payer*.

Pour ce qui concerne la faculté et l'obligation de présenter la lettre de change à l'acceptation ou au paiement, et de la faire protester, le délai du protêt, voyez *Lettre de change*. Quant à la forme du protêt, le code de commerce contient les dispositions suivantes :

« Art. 173. Les protêts, faute d'acceptation ou de paie-

» ment, sont faits par deux notaires, ou par un notaire et
» deux témoins.

» Le protêt doit être fait au domicile de celui sur qui la
» lettre de change était payable, ou à son dernier domi-
» cile connu ; au domicile des personnes indiquées par
» la lettre de change pour la payer au besoin ; au domi-
» cile du tiers qui a accepté par intervention : le tout par
» un seul et même acte.

» En cas de fausse indication de domicile, le protêt est
» précédé d'un acte de perquisition.

» Art. 174. Le protêt contient la transcription littérale
» de la lettre de change, de l'acceptation, des endosseurs
» et des recommandations qui y sont indiquées, la som-
» mation de payer le montant de la lettre de change.

» Il énonce :

» La présence ou l'absence de celui qui doit payer, les
» motifs du refus de payer, et l'impuissance ou le refus
» de signer.

» Art 175. Les notaires et les huissiers sont tenus, à
» peine de destitution, dépens, dommages-intérêts envers
» les parties, de laisser copie exacte des protêts, et de les
» inscrire en entier, jour par jour, et par ordre de dates,
» dans un registre particulier, coté, paraphé, et tenu dans
» les formes prescrites pour les répertoires. »

Le protêt ne doit être fait au domicile du payeur indiqué au besoin, que lorsqu'il a été désigné par un des endosseurs. (Arrêt de cassation, du 3 mars 1834.)

La non-visibilité équivaut à l'absence, dans le sens de
l'art. 174. (Arrêt de cassation, du 22 novembre 1829.)

PUISSANCE PATERNELLE.

La puissance paternelle est un droit fondé sur la nature et donné par la loi aux pères et mères sur la personne et les biens de leurs enfants.

L'enfant, dit la loi, à tout âge, doit honneur et respect à ses père et mère. Il est des devoirs imposés au fils envers le père, qui découlent purement de la loi naturelle, auxquels la loi civile n'a rien ajouté : ces devoirs sont perpétuels.

Il reste sous leur autorité jusqu'à sa majorité ou son émancipation ; jusqu'à cette époque, la puissance paternelle consiste principalement dans une autorité coërcitive. Après la majorité ou l'émancipation, elle a uniquement pour objet les conseils et l'assistance que le père doit donner à son fils, et que le fils doit recevoir avec respect.

Le père seul, comme chef de la famille, exerce cette autorité durant le mariage. Ce n'est pas cependant que la mère soit privée de la puissance paternelle : ses enfants doivent toujours la respecter, demander son consentement pour leur mariage ; mais tant que le mari est présent, elle n'a pas l'exercice de l'autorité ; en cas d'absence, elle prend cet exercice.

L'enfant ne peut quitter la maison paternelle sans la permission de son père, si ce n'est pour enrôlement volontaire, après l'âge de dix-huit ans révolus. Le père qui aura des sujets de mécontentement très-graves sur la conduite d'un enfant, aura les moyens de correction suivants :

Si l'enfant est âgé de moins de seize ans commencés, le père pourra le faire détenir pendant un temps qui ne pourra excéder un mois, et, à cet effet, le président du tribunal devra, sur la demande du père, délivrer l'ordre d'arrestation. Depuis l'âge de seize ans commencés jusqu'à la majorité ou l'émancipation, le père pourra seulement requérir la détention de son enfant pendant six mois au plus; il s'adressera au président du tribunal qui, après en avoir conféré avec le procureur du Roi, délivrera l'ordre d'arrestation ou le refusera; et pourra dans le premier cas, abréger le temps de la détention requis par le père.

C'est la détention par voie de réquisition; dans ce cas, on exige le concours du magistrat pour peser les motifs du père et prononcer la peine. La liberté d'un enfant parvenu à l'âge de seize ans est plus précieuse que lorsqu'il est dans un âge moins avancé.

Il ne peut y avoir, dans l'un et l'autre cas, aucune écriture ni formalité judiciaires, si ce n'est l'ordre d'arrestation, dans lequel les motifs ne sont pas énoncés. Le père sera seulement tenu de souscrire une soumission, de payer tous les frais, et de fournir des aliments convenables.

Le père est toujours maître d'abréger la durée de la détention par lui ordonnée ou requise. Si, après sa sortie, l'enfant tombe dans de nouveaux écarts, la détention pourra encore être ordonnée de la manière ci-devant prescrite.

Lorsque le père est remarié, il sera tenu, pour faire détenir son enfant du premier lit, de requérir la détention par voie de réquisition. Le législateur a craint que l'influence d'une marâtre n'inspirât souvent au père une injuste sévérité pour les enfants du premier lit.

La mère survivante et non remariée ne pourra faire detenir un enfant qu'avec le concours des deux plus proches parents paternels, et par voie de réquisition.

Lorsque l'enfant aura des biens personnels, ou lorsqu'il exercera un état, sa détention ne pourra, même au-dessous de seize ans, avoir lieu que par voie de réquisition. L'enfant détenu pou-ra adresser un mémoire au procureur général près la cour royale. Celui-ci se fera rendre compte par le procureur du Roi près le tribunal de première instance, et fera son rapport au président de la cour royale, qui, après en avoir donné avis au père, et après avoir recueilli tous les renseignements, pourra révoquer ou modifier l'ordre délivré par le président du tribunal.

Le père, durant le mariage, et, après la dissolution du mariage, le survivant des père et mère, auront la jouissance des biens de leurs enfants jusqu'à l'âge de dix-huit ans accomplis ou jusqu'à l'émancipation, qui pourra avoir lieu avant dix-huit ans. Avec cette jouissance, le père est tenu de la nourriture, l'entretien et l'éducation des enfants selon leur fortune ; des frais funéraires et de ceux de dernière maladie.

PURGE DES HYPOTHÈQUES.

Ces expressions désignent l'action de dégrever un immeuble des hypothèques et privilèges dont il est chargé, en observant les formalités prescrites par la loi.

Suivant l'art. 2180 du code civil, les hypothèques s'éteignent par l'accomplissement des formalités et conditions prescrites aux tiers détenteurs pour purger les biens par eux acquis.

§ I.

Du mode de purger les propriétés des privilèges et hypothèques.

Les contrats translatifs de la propriété d'immeubles ou droits réels immobiliers, que les tiers détenteurs voudront purger de privilèges et hypothèques, seront transcrits en entier par le conservateur des hypothèques dans l'arrondissement duquel les biens sont situés. Cette transcription se fera sur un registre à ce destiné, et le conservateur sera tenu d'en donner connaissance au requérant.

Cette transcription est la première formalité exigée pour faire purger les immeubles, mais elle est surtout nécessaire pour mettre les créanciers qui ont des hypothèques antérieures à l'aliénation, en demeure de les faire inscrire, puisque, aux termes de l'art. 834 du code de procédure, l'inscription de ces hypothèques doit être faite, au plus tard dans la quinzaine de la transcription pour que le droit de suivre l'immeuble dans les mains de l'acquéreur existe au profit des créanciers.

La simple transcription des titres translatifs de propriété sur les registres du conservateur, ne purge pas les hypothèques et privilèges établis sur l'immeuble. Le vendeur ne transmet à l'acquéreur que la propriété et les droits qu'il avait lui-même sur la chose vendue : il les transmet sous l'affectation des mêmes privilèges et hypothèques dont il était chargé.

Pour la transcription, on copie sur le registre l'acte entier ; pour l'inscription, on l'y insère par extrait.

Si le nouveau propriétaire veut se garantir de l'effet des

poursuites autorisées dans le chapitre vi du présent titre,
il est tenu, soit avant les poursuites, soit dans le mois, au
plus tard, à compter de la première sommation qui lui est
faite, de notifier aux créanciers, aux domiciles par eux élus
dans leurs inscriptions : 1° extrait de son titre contenant
seulement la date et la qualité de l'acte, le nom et la désignation précise du vendeur ou du donateur, la nature et la
situation de la chose vendue ou donnée; et, s'il s'agit d'un
corps de biens, la dénomination générale du domaine et des
arrondissements dans lesquels il est situé, le prix et les charges faisant partie du prix de la vente, ou l'évaluation de la
chose, si elle a été donnée; 2° l'extrait de la transcription
de l'acte de vente; 3° un tableau sur trois colonnes, dont
la première contiendra la date des hypothèques et celle des
inscriptions, la seconde le nom des créanciers, la troisième
le montant des créances inscrites.

L'acquéreur ou le donataire déclarera, par le même
acte, qu'il est prêt à acquitter sur-le-champ les dettes et
charges hypothécaires, jusqu'à concurrence seulement du
prix, sans distinction des dettes exigibles ou non exigibles.

Lorsque le nouveau propriétaire a fait cette notification
dans le délai fixé, tout créancier dont le titre est inscrit
peut requérir la mise de l'immeuble aux enchères et adjudications publiques, à la charge, 1° que cette réquisition
sera signifiée au nouveau propriétaire dans *quarante jours*
au plus tard de la notification faite à la requête de ce dernier, en y ajoutant deux jours par cinq myriamètres de
distance entre le domicile élu et le domicile réel de chaque
créancier requérant; 2° qu'elle contiendra soumission du
requérant de porter ou de faire porter le prix à un dixième
en sus de celui qui aura été stipulé dans le contrat, ou

claré par le nouveau propriétaire ; 3° que la même signification sera faite, dans le même délai . au précédent propriétaire débiteur ; 4° que l'original et les copies de ces
exploits seront signés par le créancier requérant ou par
un fonds de procuration expresse; 5° qu'il offrira de donner caution jusqu'à concurrence du prix et des charges :
le tout à peine de nullité.

A défaut par les créanciers d'avoir requis la mise aux
enchères dans les délais et les formes prescrits, la valeur
de l'immeuble demeure définitivement fixée au prix stipulé dans le contrat, ou déclaré par le nouveau proprié
taire, lequel est en conséquence libéré de tout privilège
et hypothèque, en payant ledit prix aux créanciers qui
seront en ordre de recevoir, ou en le consignant.

Si donc le nouveau propriétaire ne paie pas ou ne consigne pas son prix, il n'est pas libéré et reste obligé hypothécairement.

§ II.

Du mode de purger les hypothèques quand il n'existe pas d'inscription sur les biens des maris et des tuteurs.

Pourront, les acquéreurs d'immeubles appartenant a des
maris ou des tuteurs, lorsqu'il n'existera pas d'inscription sur lesdits immeubles, à raison de la gestion du tuteur, ou des dots, reprises et conventions matrimoniales
de la femme, purger les hypothèques qui existeraient sur
les biens par eux acquis.

A cet effet, ils disposeront copie dûment collationnée
du contrat translatif de propriété, au greffe du tribunal
civil du lieu de la situation des biens, et ils certifieront
par acte signifié, tant à la femme ou au subrogé-tuteur,

qu au procureur du Roi près le tribunal, le dépôt qu'ils auront fait ; extrait de ce contrat, contenant la date, les noms, prénoms, professions et domiciles des contractants, la désignation de la nature et de la situation des biens ; le prix et les autres charges de la vente, sera et restera affiché pendant deux mois dans l'auditoire du tribunal, pendant lequel temps les femmes, les maris, tuteurs, subrogés-tuteurs, mineurs, interdits, parents ou amis, et le procureur du Roi, seront reçus à requérir, s'il y a lieu, et à faire faire, au bureau du conservateur des hypothèques, des inscriptions sur les immeubles aliénés, qui auront le même effet que si elles avaient été prises le jour du contrat de mariage, ou le jour de l'entrée en gestion du tuteur.

Si, dans le cours des deux mois de l'exposition du contrat, il n'a pas été fait d'inscription du chef des femmes, mineurs ou interdits, sur les immeubles vendus, ils passent à l'acquéreur sans aucune charge, à raison des dots, reprises et conventions matrimoniales de la femme, ou de la gestion du tuteur, et sauf le recours, s'il y a lieu, contre le mari et le tuteur. — S'il a été pris des inscriptions du chef desdites femmes, mineurs ou interdits, et s'il existe des créanciers antérieurs qui absorbent le prix en totalité ou en partie, l'acquéreur est libéré du prix par lui payé aux créanciers placés en ordre utile, et les inscriptions, du chef des femmes, mineurs ou interdits, seront rayées ou en totalité, ou jusqu'à due concurrence. Si les inscriptions du chef des femmes, mineurs ou interdits, sont les plus anciennes, l'acquéreur ne pourra faire aucun paiement du prix au préjudice desdites inscriptions qui auront toujours, ainsi qu'il a été dit ci-dessus, la date du contrat de mariage, ou de l'entrée en gestion du tuteur ; et, dans ce cas, les inscriptions des autres créanciers qui ne viennent pas en ordre utile seront rayées.

QUITTANCE.

C'est un acte par lequel le créancier déclare qu'il a reçu du débiteur tout ou partie de son obligation, et qu'il l'en tient quitte.

Une quittance peut être donnée sous seing-privé ou devant notaire. Sous l'une et l'autre forme, elle opère la libération du débiteur, si le créancier qui l'a consentie était capable de recevoir.

Cependant il est certains cas où la loi exige que la quittance soit passée devant notaire ; tel est celui prévu par l'article 1250 du code civil, qui veut que lorsqu'il y a subrogation du prêteur dans les droits du créancier, l'acte d'emprunt et la quittance soient passés devant notaire.

Lorsque la quittance énonce la somme payée, sans exprimer la cause de la dette, le débiteur peut l'imputer sur la dette qu'il lui importe le plus d'acquitter.

Si la quittance n'énonce que la cause de la dette, sans exprimer la somme payée, elle fait foi du paiement de tout ce qui était dû auparavant pour la cause énoncée.

Toute quittance donnée en fraude d'un tiers, ou au préjudice de quelque opposition faite entre les mains du débiteur, est nulle dans l'intérêt du tiers fraudé ou opposant.

Les frais de quittance sont à la charge du débiteur, aux termes de l'article 1248 du code civil. Or, comme c'est le débiteur qui paie les frais, c'est à lui, s'il veut la quittance devant notaire, qu'appartient le choix de ce fonctionnaire.

TIMBRE.

« Les quittances devant notaire sont, comme tous leurs actes, su-
» jettes au timbre, sans nulle distinction.

» Quant aux quittances sous seing-privé entre particuliers, elles
» sont également sujettes au timbre, excepté celles des sommes non
» excédant 10 fr. quand il ne s'agit pas d'un à-compte ou d'une
» quittance finale sur une plus forte somme. »

ENREGISTREMENT.

« Il est de 50 c. par cent francs sur les quittances et tous autres
» actes et écrits portant libération de sommes et valeurs mobilières.

» Le droit des quittances et autres actes de délibération doit être
» perçu sur le total des sommes ou capitaux dont le débiteur se
» trouve libéré. »

FORMULE

D'UNE SOMME DUE PAR OBLIGATION.

Je soussigné, André Bonnet, cultivateur, demeurant à
reconnais et déclare, par les présentes, avoir reçu en numéraire, du
sieur Etienne Portier, maréchal, demeurant à   la somme de
quatre cent cinquante francs, en paiement d'une obligation qu'il avait
souscrite en ma faveur, le   devant M⁵   notaire
à   dont quittance; promettant, à première réquisition dudit
Portier, de faire radier l'inscription que j'avais prise contre lui au
sujet de ladite créance. En cas de refus de ma part, tous les frais des
présentes seront à ma charge.

Fait à   le   mil...

(*Signature.*)

FORMULE

D'UNE QUITTANCE DE PRIX DE VENTE.

Je soussigné, Antoine Burnier, déclare et reconnais avoir reçu de
M. Blanc, propriétaire, demeurant à   la somme de *quinze
cents francs*, en principal, pour prix de la vente d'une pièce de terre

situés à   que je lui ai vendue par acte du   reçu par

M⁰   notaire à

Plus, *soixante-quinze francs* pour intérêts légitimes de làdite somme, calculés jusqu'à ce jour.

Dont quittance.

Fait à   le   mil...

(Signature.)

FORMULE

D'UNE QUITTANCE DE FERMAGE.

Je soussigné, Pierre Martin, déclare avoir reçu du sieur Guichard, demeurant à   la somme de *cent cinquante francs,* pour le premier trimestre échu le   du loyer d'une maison ou d'une ferme située à   occupée par ledit   dont quittance d'autant.

Fait à   le   mil...

(Signature.)

RAPPORTS D'EXPERTS.

Un expert est un homme en état d'éclairer le juge sur des questions ou des faits que celui-ci ne peut approfondir ou connaître par lui-même, parce qu'ils exigent ou des matières étrangères à sa profession, ou un déplacement qu'elle ne permet pas toujours.

On appelle *expertise* l'opération à laquelle se livrent les experts, et *rapport*, l'exposé qu'ils fournissent de leurs opérations.

Comment nomme-t-on les experts, quelles règles doit-on observer dans les rapports, et quels peuvent être les résultats et les suites des rapports? Voilà ce que nous allons examiner. Nous devons d'abord faire observer que le rapport d'expert doit être ordonné par un jugement qui doit énoncer clairement les objets de l'expertise; cette règle a pour but d'empêcher les experts de s'écarter de leur mission ; et, pour atteindre plus facilement ce but, il est très-utile que les juges indiquent les opérations principales de l'expertise.

Nous devons faire encore observer que les experts ne peuvent examiner d'autres objets que ceux énoncés par le jugement, lors même que les parties leur en font la réquisition, à moins que les nouveaux objets n'aient de la liaison avec les premiers. (Rodier, titre XXI, art. 8.)

Nomination.

L'expertise est confiée à trois experts nommés par les parties en commun, ou lors du jugement, ou trois jours après la signification, sinon par le jugement même. Il ne peut être procédé par un seul, à moins que les parties n'y consentent.

Les experts nommés d'office peuvent seuls être récusés, et pour les mêmes causes que les témoins. La procédure, sur cet incident, est sommaire; le jugement qui la termine remplace l'expert dont il admet la récusation, ou condamne à des dommages le récusant mal fondé.

Le ministère des experts est entièrement libre; mais une fois qu'ils ont été acceptés par la prestation du serment auquel ils sont tenus, il faut qu'ils remplissent leur mission, sous peine de dépens et de dommages.

L'expert qui refuse, ou qui ne se présente pas pour le serment ou l'expertise, est remplacé sur-le-champ.

Rapport.

On prévient les parties des jour et lieu des opérations des experts, afin qu'elles puissent présenter les observations et faire les réquisitions qu'elles jugent convenables.

Il faut, dans ces opérations, distinguer le rapport de l'examen préparatoire qu'il exige : celui-ci doit être fait sur les lieux contentieux ; tandis que le rapport peut être rédigé ailleurs.

Pendant l'examen, les experts doivent prendre tous les renseignements qui sont nécessaires à la découverte de la vérité; consulter, par exemple, des habitants plus instruits qu'eux sur les localités et les faits. Le jugement doit même les autoriser à faire des interpellations aux parties. (Pigeau, t. I, p. 289.)

Les experts dressent leur rapport, et un rapport unique, où ils forment leur *avis* à la pluralité des voix, sauf à indiquer, en cas d'opinions différentes, les motifs de chacune, mais sans désigner ceux qui les ont émises. Ils doivent aussi l'écrire, le signer et le remettre au greffe, où il peut être levé par la partie la plus diligente.

Le rapport est ensuite signifié à avoué, et l'audience est poursuivie.

Résultats et suites du rapport.

Les experts, comme nous l'avons déjà dit, ne sont point des juges, mais seulement des hommes destinés à fournir des renseignements aux juges.

De là dérivent plusieurs conséquences :

1° Le juge, si sa conviction s'y oppose, n'est pas tenu de suivre l'avis des experts.

2° Les experts doivent renvoyer les parties aux tribunaux lorsqu'il s'élève entre elles des contestations qui arrêtent le cours de la procédure. (Pigeau.)

3° Si le juge n'est pas suffisamment éclairé par le rapport, il est libre d'en ordonner un second que feront de nouveaux experts nommés d'office, et autorisés à demander des renseignements aux premiers.

Mais quoique les experts ne soient pas des juges, comme le sont des fonctionnaires avoués par les parties ou par la justice, on doit tenir pour vrais les faits qu'ils énoncent dans leur rapport, lorsque les énonciations sont relatives à leur ministère. (Arrêt de la cour de cassation, du 6 frimaire an VII.)

ENREGISTREMENT.

« Les actes de nomination d'experts entre particuliers donnent lieu à un droit fixe de 2 fr.

» Les nominations en justice sont passibles d'un droit fixe de 1 fr. pour les justices de paix ; de 3 fr. pour les tribunaux de première instance ; et de celui de 6 fr. pour les cours royales. »

FORMULE
D'UN RAPPORT D'EXPERTS NOMMÉS PAR LE TRIBUNAL.

A Messieurs les président et juges du tribunal de première instance, séant à

Cejourd'hui vingt-neuf mai mil huit cent quarante, à sept heures du matin.

Nous, Pierre Brun, géomètre, demeurant à

André Gros, propriétaire, demeurant à

Et Jacques Moulin, cultivateur, demeurant à

Experts nommés par votre jugement du 30 mars dernier, entre les sieurs Ville et Denis, à l'effet de faire le rapport, détail et estimation de biens dépendant de la succession de feu M....., décédé à

Après avoir prêté préalablement serment devant M. le Président
du tribunal, à ces fins commis par ledit jugement, nous nous sommes transportés sur les lieux litigieux, où nous avons trouvé les
sieurs Ville et Denis, et M° un tel, avoué de   qui nous a remis
la grosse du jugement et nous a requis de procéder à nos opérations.

Ce faisant, nous avons d'abord estimé les immeubles de ladite
succession qui consistent :

1° En une pièce de terre, contenant vingt-quatre ares, située
à   quartier de   (détailler les confins), estimée huit cents
francs, ci. . . . . 800 fr.

2° Une autre pièce de terre labourable, complantée en
mûriers, de quinze à vingt ans, quartier de   (confins),
estimée douze cents francs, ci. 1,200

3° Une autre pièce de terre, complantée en vigne, de
.a contenance environ de quarante-cinq ares, située au
quartier de   (confins), estimée huit cents francs, ci. . . 800

4° En une maison de ferme, consistant en un rez-de-
chaussée, chambres, écurie, grenier à foin et cave; le tout
en bon état, située sur le territoire de la commune de
(confins), estimée cinq mille francs, ci. 5,000

Total, sept mille huit cents francs, ci. 7,800

Nous avons clos notre rapport cejourd'hui, le   qui a été
écrit par le sieur Brun, l'un de nous, lequel s'est chargé d'en faire
le dépôt au greffe. Nous avons employé trois vacations pour lesquelles nous requérons taxe; et avons signé...

AUTRE FORMULE.

L'an mil huit cent quarante, et le

Nous, soussignés, Joseph Tourneville, Fortuné Durand, géomè-
tres, André Vigne, propriétaire, tous trois domiciliés à   experts
nommés d'office par le tribunal civil de   par jugement en date
du   en la cause d'entre

Sieur Xavier Bonard, propriétaire, domicilié à
demandeur, d'une part;

Et sieur Louis Rivière, négociant, domicilié à
défendeur, d'autre part;

Lequel jugement, dans son dispositif, nous commet (*copier le dispositif du jugement*); »

Étant bien pénétrés du dispositif du jugement, et pour faciliter le tribunal à suivre nos opérations, nous allons répondre, article par article, aux questions qui nous sont posées.

1o Sur la première question (*donner son avis*).

2º Sur la deuxième question (*donner son avis*).

3o Sur la troisième question (*idem*).

4º Sur la quatrième question (*idem*).

Résumé du rapport.

Il résulte des opérations qui ont été faites pour la recherche de la vérité, que (*donner les raisons déterminantes*).

Tel est notre rapport que nous avons clos à l'unanimité, et que nous avons signé, après lecture faite, et requérons taxe, conformément à la loi.

À   le   mil...

S'il est nécessaire de remettre à une autre vacation, on rédige ainsi cette partie du rapport.

Et après avoir vaqué à tout ce qui vient d'être énoncé jusqu'à l'heure de...   nous avons, pour continuer nos opérations, remis à (*jour et heure*), auxquels les parties seront tenues de se trouver, sans nouvelle sommation; et ont, les parties, signé avec nous.

Si deux experts ont été d'un avis, et le troisième d'un autre avis, au lieu de : Avons été unanimement d'avis, *on met :* Avons été d'avis, à la pluralité, de ce qui suit.

Si chaque expert a émis un avis, on met : Il a été proposé trois avis, ainsi qu'il suit :

Le premier avis a été...

Le second avis a été...

Le troisième avis a été...

On termine en ces termes : Après avoir vaqué depuis une heure de   jusqu'à   nous avons clos et signé le procès-verbal.

L'art. 317 du code de procédure porte : « La rédaction

» sera écrite par un des experts et signée par tous ; s'ils
» ne savent pas tous écrire, elle sera écrite et signée par
» le greffier de la justice de paix du lieu où ils auront
» procédé. »

Vacations des experts.

Il sera taxé aux experts, par chaque vacation de trois
heures, quand ils opèrent dans les lieux où ils sont domiciliés, ou dans la distance de deux myriamètres, savoir:
aux artisans et laboureurs, 3 fr. ; aux architectes et autres
artistes, 6 fr.

Leurs vacations seront taxées par le président du tribunal, au bas de la minute du rapport, et il en sera délivré
exécutoire contre la partie qui aura requis l'expertise, ou
qui l'aura poursuivie, si elle a été ordonnée d'office.

RECEVEURS DE L'ENREGISTREMENT.

Les receveurs de l'enregistrement doivent donner aux
maires un récépissé des notes énonciatives des décédés
laissant pour héritiers des pupilles, des mineurs ou des
absents dans la commune. (Loi du 22 frimaire an vii.)

Le maire envoie tous les trois mois au receveur de l'enregistrement, un relevé sur papier libre des actes de décès. (*Ibid.*)

Il est paye au receveur de l'enregistrement un franc par
recherche de chaque année indiquée; et cinquante centimes pour chaque extrait, outre le papier timbré. (*Ibid.*)

Les receveurs de l'enregistrement ne peuvent délivrer
d'extraits de leurs registres que sur une ordonnance du
juge-de-paix, lorsque ces extraits ne sont pas demandés

par quelques-unes des parties contractantes ou leurs ayan.-
cause. (*Ibid.*)

Le bureau des receveurs d'enregistrement doit rester
ouvert tous les jours, pendant huit heures au moins, excepté le dimanche et les fêtes légales.

Lorsqu'un particulier croit que le receveur a perçu un
droit trop fort, il doit, pour obtenir une remise, adresser
une pétition, sur papier timbré, au directeur du département.

RÉDHIBITOIRES (vices et actions).

On nomme *vices rédhibitoires* les défauts cachés de la
chose vendue, qui la rendent impropre à l'usage auquel
on la destine, ou qui diminuent tellement cet usage, que
l'acheteur ne l'aurait pas acquise ou n'en aurait donné
qu'un prix moindre s'il les avait connus.

Les vices rédhibitoires sont principalement relatifs aux
animaux, aux marchandises. Jusqu'à présent cette matière
avait présenté de graves difficultés; le code civil, en traitant
de la garantie des défauts de la chose vendue, était muet
sur les cas qui devaient être réputés vices rédhibitoires, et
l'résultait de là que, dans chaque localité, ils étaient aban-
lonnés à la connaissance de l'homme de l'art, ce qui occa-
sionnait de nombreux procès pour le délai dans lequel de
vait être intentée l'action résultant des vices. Le code civi
s'en référait à l'usage des lieux où la vente avait été faite;
ce délai variait suivant les différents pays et suivant la nature des choses vendues : ainsi, il était de quarante jours
dans la coutume d'Orléans, de trente en Normandie, de
quinze en Bretagne, de neuf dans le ressort du parlement
de Paris et dans celui de Pau, et de huit jours dans la cou-

tume du Bourbonnais. Le législateur moderne a senti la
nécessité de réformer cette diversité de coutumes, par
une loi qui réglât la matière d'une manière uniforme pour
toute la France.

Le 26 mai 1838 a été promulguée la nouvelle loi sur les
vices rédhibitoires. Nous croyons être utiles aux propriétaires en transcrivant cette loi dans notre ouvrage.

LOI DU 26 MAI 1838,

CONCERNANT LES VICES RÉDHIBITOIRES, DANS LES VENTES ET ÉCHANGES D'ANIMAUX DOMESTIQUES.

Art. 1er. Sont réputés vices rédhibitoires, et donneront seuls ouverture à l'action résultant de i article 1641 du code civil, dans les
ventes ou échanges des animaux domestiques ci-dessous dénommés,
sans distinction des localités où les ventes ou échanges auront lieu
les maladies ou défauts ci-après, savoir : pour le cheval, l'âne ou le
mulet, la fluxion périodique des yeux, l'épilepsie ou mal caduc, la
morve, le farcin, les maladies anciennes de poitrine, ou vieille
courbature, l'immobilité, la pousse, le cornage chronique, le tic
sans usure des dents, les hernies inguinales intermittentes, la boite-
rie intermittente pour cause de vieux mal.

Pour l'espèce bovine : la phthisie pulmonaire ou pommelière,
l'épilepsie ou mal caduc, les suites de la non délivrance, le renver-
sement du vagin ou de l'utérus, après le port chez le vendeur.

Pour l'espèce ovine : la clavelée ; cette maladie, reconnue chez
un seul animal, entraînera la rédhibition de tout le troupeau. La
rédhibition n'aura lieu que si le troupeau porte la marque du vendeur. — Le sang de rate : cette maladie n'entraînera la rédhibition
du troupeau, qu'autant que, dans le délai de la garantie, sa perte
constatée s'élèvera au quinzième au moins des animaux achetés.
Dans ce dernier cas, la rédhibition n'aura lieu également que si le
troupeau porte la marque du vendeur.

Art. 2. L'action en réduction du prix, autorisée par l'art. 164, du code civil, ne pourra être exercée dans les ventes ou échanges d'animaux énoncés dans l'art. 1er ci-dessus.

Art. 3. Le délai pour intenter l'action rédhibitoire sera, non compris le jour de la livraison, de trente jours pour le cas de fluxion périodique des yeux et d'épilepsie ou mal caduc; de neuf jours pour les autres cas.

Art. 4. Si la livraison de l'animal a été effectuée, ou s'il a été conduit, dans les délais ci-dessus, hors du lieu du domicile du vendeur, les délais seront augmentés d'un jour par cinq myriamètres de distance du domicile du vendeur au lieu où l'animal se trouve.

Art. 5. Dans tous les cas, l'acheteur, à peine d'être non-recevable, sera tenu de provoquer, dans les délais de l'art. 3, la nomination d'experts chargés de dresser un procès-verbal; la requête sera présentée au juge de-paix du lieu où se trouvera l'animal. Le juge nommera immédiatement, suivant l'exigence des cas, un ou trois experts qui devront opérer dans le plus bref délai.

Art. 6. La demande sera dispensée du préliminaire de conciliation, et l'affaire instruite et jugée comme en matière sommaire.

Art. 7. Si, pendant la durée des délais fixés par l'article 3, l'animal vient à périr, le vendeur ne sera pas tenu de la garantie, à moins que l'acheteur ne prouve que la perte de l'animal provient de l'une des maladies spécifiées dans l'art. 1er.

Art. 8. Le vendeur sera dispensé de la garantie résultant de la morve et du farcin pour le cheval, l'âne et le mulet, et de la clavelée pour l'espèce bovine, s'il prouve que l'animal, depuis la livraison, a été mis en contact avec des animaux atteints de ces maladies.

RÉMÉRÉ,

OU FACULTÉ DE RACHAT.

La faculté de rachat ou de réméré est un pacte par lequel le vendeur se réserve de reprendre la chose vendue, moyennant la restitution du prix principal, des frais et des intérêts.

Lorsque le vendeur ne veut pas être dépouillé pour tou. jours de l'objet qu'il vend, lorsqu'il espère qu'une situation plus heureuse lui permettra d'en redevenir encore propriétaire, il vend à réméré.

Si quelquefois la faculté de rachat est un grand secours pour le débiteur qui se trouve momentanément dans la gêne, d'un autre côté les prêteurs de mauvaise foi trouvent dans cette clause une facilité déplorable pour dépouiller à vil prix un emprunteur malheureux. Les notaires ne sauraient prendre trop de précautions pour déjouer les intentions frauduleuses de ces hommes cupides ; ils doivent refuser leur ministère quand ils soupçonnent le piège dans lequel on veut amener le vendeur. Ils doivent lui faire comprendre à quel danger il va s'exposer. Ces dangers sont d'autant plus à redouter, que l'action en rescision pour lésion des sept douzièmes, ou de plus de la moitié, ne dure que deux ans, et que ce délai n'est pas suspendu pendant la durée du temps stipulé pour le pacte du rachat ; de telle sorte que, ce délai fatal expiré, le vendeur, qui s'est laissé bercer par de fausses espérances, est irrévocablement dépouillé d'une propriété qu'il avait acquise à la sueur de son front, et pour laquelle il n'a reçu qu'une valeur illusoire.

Il n'y a qu'un moyen de remédier aux effets désastreux de ce contrat : c'est de stipuler que le vendeur aura le droit, s'il n'est pas en position de rentrer dans sa propriété, de requérir la vente aux enchères dans les formes qui seraient convenues et déterminées dans l'acte.

Durée et mode d'exercice du réméré.

Le temps pendant lequel le réméré peut être exercé

doit être fixé par le contrat de vente; sinon, dès le lendemain même, il sera loisible au vendeur de l'exercer.

Dans notre ancien droit, la faculté de rachat pouvait être stipulée pour un temps très-long, et même pour un temps illimité, que la prescription toutefois réduisait à trente ans.

Notre code civil limite à cinq ans l'action en rachat. Il n'est pas permis de la stipuler pour un temps plus long. Si elle a été stipulée pour un plus long temps, elle est réduite à cinq ans. Ce terme est de rigueur et ne peut jamais être prolongé par le juge.

Faute par le vendeur d'avoir exercé son action en réméré dans le temps prescrit, l'acquéreur, de plein droit, demeure propriétaire incommutable, sans qu'il soit tenu de mettre le vendeur en demeure ou d'obtenir jugement.

Le délai court contre toutes personnes, même contre le mineur, sauf, s'il y a lieu, le recours contre qui de droit.

Le vendeur à pacte de rachat peut exercer son action contre un second acquéreur, quand même la faculté de réméré n'aurait pas été déclarée dans le second contrat.

L'acquéreur à pacte de rachat exerce tous les droits de son vendeur; il peut prescrire, tant contre le véritable maître, que contre ceux qui prétendraient des droits ou hypothèques sur la chose vendue.

Une demande judiciaire de la part du vendeur en réméré n'est pas nécessaire; il suffit qu'il fasse connaître son intention, en offrant à l'acquéreur de lui rembourser le prix et ses accessoires. Des offres réelles ne sont pas non plus exigées dans ce cas pour éviter la déchéance.

Le vendeur qui use du pacte de rachat doit rembourser :

1° Le prix principal de la vente;

2 Les frais et loyaux coûts de la vente, tels que les droits.

d'enregistrement, les frais du contrat, ceux de transcription et de notification;

3° Les réparations nécessaires et celles qui ont augmenté la valeur du fonds, jusqu'à concurrence de cette augmentation.

L'acquéreur à réméré ne peut être obligé de rendre l'héritage au vendeur, tant que celui-ci ne lui a pas remboursé tout ce qu'il lui doit.

Effet de l'exercice du réméré.

De son côté, l'acquéreur doit tenir compte au vendeur des détériorations survenues par sa faute.

L'exercice de la faculté de réméré a pour effet de résoudre la vente et de réintégrer le propriétaire dans tous ses droits.

Par suite, le vendeur reprend son héritage exempt de toutes charges et hypothèques dont l'acquéreur l'aurait grevé. Néanmoins il est tenu d'exécuter les baux faits par l'acquéreur, pourvu qu'ils l'aient été sans fraude.

S'il en était autrement, l'acquéreur ne trouverait pas à louer avantageusement, le locataire ou le fermier ayant sans cesse à craindre d'être expulsé par l'exercice de la faculté de rachat.

ENREGISTREMENT.

« La stipulation de réméré dans les actes de vente ne donne lieu à aucune perception particulière de droit d'enregistrement. »

FORMULE

DE VENTE MOBILIÈRE A RÉMÉRÉ.

Entre les soussignés,

M. Louis Durand, propriétaire, demeurant à

Et M. François Denis, négociant, demeurant à

A été faite la convention suivante :

M. Louis Durand vend à M. Denis, un billard (*le dénoncer exacte-ment*), ou les objets mobiliers dont le détail suit : 1º (*énoncer et dé-signer tous les objets*), lesquels objets, M. Durand a remis à l'instant à M. Denis qui e reconnaît et en donne quittance.

M. Louis Durand, vendeur, se réserve, pendant huit mois, à partir de ce jour, la faculté de reprendre les objets mobiliers ci-des-sus vendus, en remboursant à M. Denis ladite somme de

francs, ensemble tous les frais que le présent contrat pourrait occa-sioner.

Ce remboursement devra être fait en un seul paiement, et faute par M. Durand d'avoir exercé la faculté de réméré ci-dessus, avant l'expiration dudit délai, M. Denis demeurera propriétaire incom-mutable desdits objets mobiliers, sans qu'il soit besoin d'aucun acte de procédure.

Fait double à   le   mil...

(*Signatures des parties.*)

FORMULE

DE VENTE A RÉMÉRÉ D'UN IMMEUBLE.

Entre les soussignés,

M. Joseph Guy, marchand, demeurant à

Et M. Luc Vigne, propriétaire, demeurant à

A été faite la convention suivante :

M. Guy vend à M. Vigne une maison, avec tous ses accessoires et dépendances ; ladite maison située à   consistant (*désignation sommaire*).

M. Guy est propriétaire de cette maison au moyen de l'acquisition qu'il en a faite de M. Portier, par contrat passé devant Mᵉ Candy, notaire à   le   moyennant le prix de

qui a été payé, suivant quittance passée devant le même notaire, et qui constate que les formalités de transcription et de purge ont été remplies, et que le paiement a été régulier.

Cependant M. Guy se réserve la faculté, pendant trois ans, à par-

tir de ce jour, de reprendre ladite maison avec toutes ses dépendances, en remboursant à M. Vigne ladite somme de
et tous les frais mis par la loi à sa charge.

Ce remboursement ne pourra être fait qu'en un seul paiement, au domicile de M. Vigne, et faute par M. Guy de l'avoir effectué dans les termes et de la manière fixés, il sera déchu de plein droit de ladite faculté de réméré, et M. Vigne demeurera propriétaire incommutable, sans qu'il soit besoin d'aucun acte de procédure.

Le présent contrat sera passé devant le notaire, à la première réquisition de l'une des parties contractantes, et aux frais du réquérant.

Fait double à   le   mil.....

(Signatures des parties.)

Notar Ces ventes sont sujettes aux mêmes droits d'enregistrement que les ventes ordinaires.

RÉSILIATION.

La résiliation est un acte par lequel des parties contractantes se délient réciproquement de leurs engagements.

La résiliation prononcée en justice prend le nom de résolution.

La résolution anéantit les actes et remet les choses au même état que s'ils n'eussent pas existé.

Elle peut toujours être poursuivie contre celle des parties qui ne remplit pas l'engagement résultant d'un contrat synallagmatique où elle est de droit sous-entendue.

Résolution de la vente.

C'est surtout dans le cas de non-paiement du prix d'une vente que la résolution peut être demandée, car la principale obligation de l'acheteur est d'en payer le prix aux jour et lieu réglés par le contrat (1).

_____

(1) La vente est encore résolue par cause de lésion ou pour vice caché et rédhibitoire.

Le droit de demander la résiliation peut s'exercer non-seulement pour les ventes d'immeubles, mais encore à l'égard des ventes d'objets mobiliers, pourvu toutefois qu'ils n'aient pas été transmis à des tiers ;

Pour les cessions de fonds de commerce, les transports de créances, et toutes les fois que les acquéreurs ne paient pas leur prix. (Toullier, tome VI, n° 558; Persil, *Questions sur les privilèges.*)

Résolution de la rente perpétuelle.

A défaut de paiement de deux années des arrérages d'une rente perpétuelle, le créancier de la rente peut aussi exiger la résolution de la rente et le remboursement du capital.

Le créancier de la rente peut alors, si son titre est exécutoire, contraindre le débiteur à lui rembourser le capital, sans qu'il soit nécessaire, à cet effet, d'obtenir un jugement contre lui. Mais il en est autrement si le titre n'est pas exécutoire.

Le capital devient aussi exigible en cas de faillite ou de déconfiture du débiteur.

Résolution du bail à ferme

Le bail à ferme, à loyer, etc., peut être résolu dans plusieurs cas : 1° quand le preneur se refuse d'exécuter les clauses du contrat du bail; 2° pour les baux de maison, quand le preneur ne garnit pas suffisamment les lieux de meubles d'une valeur capable de répondre du loyer; 3° pour les baux à ferme, quand le preneur ne garnit pas les lieux de bestiaux et d'ustensiles nécessaires pour l'exploitation de la ferme, ou qu'il ne jouit pas en bon père de famille, ou lorsqu'il emploie les objets affermés à un autre usage que ceux auxquels ils sont destinés.

Quels sont les effets de la résolution ?

L'art. 1184 le résume en disant qu'elle remet les parties au même état que si l'obligation n'avait pas existé.

Ainsi, en cas de vente, le propriétaire rentre dans sa propriété, et est censé n'avoir jamais cessé de la posséder.

En telle sorte que toutes les aliénations, toutes les charges et hypothèques créées par le détenteur précaire, sont résolues de plein droit, conformément à la maxime *reso- luto jure dantis, resolvitur ejus accipientis.* Cette maxime, applicable à tous les contrats, est développée et expliquée aux donations et aux ventes à pacte de rachat, par les art. 954 et 1673 du code civil. (Toullier, tom. VI, n° 576).

Le créancier est obligé de restituer ce qu'il a reçu , aux termes de l'art. 1184 du code civil, c'est-à-dire le prix et les intérêts, si c'est un vendeur d'immeubles.

Le créancier doit encore tenir compte de la *plus-value* résultant des dépenses faites par l'acquéreur. (Arrêt de la cour de Bordeaux, du 6 août 1831).

De son côté, le défendeur doit restituer la chose avec se fruits, à moins que ceux-ci ne se compensent avec les intérêts du prix : c'est ce qui a lieu ordinairement.

Il est également tenu des détériorations arrivées par sa faute ou celle des personnes dont il est responsable.

ENREGISTREMENT.

« Lorsque la résolution est volontaire, elle donne lieu au droit de » 5 fr. 50 c. par cent francs.

» Les jugements des tribunaux civils, portant résolution de contrat

» pour cause de *nullité radicale*, ne sont soumis qu'à un droit fixe de
» 5 fr. et les arrêts des cours d'appel, à celui de 10 francs.

» Les jugements portant résolution d'un contrat de vente, par défaut de paiement quelconque sur le prix, lorsque l'acquéreur n'est
point entré en jouissance, ne sont assujettis qu'au droit fixe, tel
» qu'il est réglé pour les jugements portant résolution de contrat
» pour cause de *nullité radicale*. »

FORMULE

DE RÉSILIATION D'UNE VENTE.

Entre les soussignés,

M. Louis Roux, propriétaire, demeurant à

Et M. Joseph Bernard, marchand, demeurant à

A été faite la convention suivante :

Par acte sous signature privée, en date du mois de mai dernier,
enregistré le   le sieur Roux vendit au sieur Bernard une
maison située à   désignée et confinée audit acte.

Cette vente fut faite moyennant le prix de douze mille francs,
dont seulement la moitié fut payée comptant ; l'autre devait l'être
dix mois après le jour de la vente.

A raison de ce défaut de paiement, le sieur Roux a commencé des
poursuites contre ledit Bernard, tendant à faire prononcer la résolution de la vente ci-dessus énoncée.

Voulant éviter les frais qui sont la suite inévitable des procès,
ils ont, par ces présentes, résolu respectivement ledit acte de vente.
En conséquence, chacun des sus-nommés est remis au même état qu'il
était avant cet acte.

Au moyen de ce, ledit Roux rentre, dès ce jour, en possession de
la maison qu'il avait vendue, avec tous les droits de propriétaire.

De plus, ledit Roux a remboursé à l'instant la somme de six
mille francs qu'il avait reçue à valoir sur la maison vendue, de laquelle somme le sieur Bernard en a donné bonne et valable quittance.

Les frais de vente restent à la charge dudit Bernard, qui, en
outre, sera tenu de toutes les dégradations qui auraient été faites
dans ladite maison pendant le temps qu'il en a joui. A cet effet, elle

sera visitée à l'amiable dans la huitaine, par les susnommés.

Fait double et accepté respectivement de bonne foi, à Lyon, le mil

(*Signatures des parties.*)

Les partages ou licitations entre co-héritiers ne sont pas soumis au principe général posé par l'art. 1184 du code civil, et sujets à résolution pour inexécution de la part d'un des co-partageants et pour le non paiement de tout ou partie de la soulte et du prix (Arrêts de cassation, du 29 décembre 1829 et du 9 mai 1832); mais rien ne s'oppose à ce que la clause résolutoire soit stipulée.

RENTES PERPÉTUELLE, VIAGÈRE.

On appelle *rente* la redevance annuelle qui représente le revenu d'un capital ou d'un immeubl aliéné.

Ce contrat était inconnu dans le droit romain ; il a pris naissance dans le droit canonique, vers le quatorzième siècle. Pothier nous apprend, dans son *Traité de la constitution de rente*, que ce contrat n'avait été imaginé que pour qu'on pût se passer du prêt à intérêt défendu par les lois de l'Église, et pour lui substituer un moyen de trouver de l'argent sans être obligé de vendre ses fonds souvent à vil prix. Il fallait bien aussi trouver un moyen de procurer de l'argent à ceux qui n'en avaient pas, et, qui ne trouvaient pas toujours à emprunter gratuitement.

Au lieu de regarder cet acte comme un prêt, on feignait d'y voir une vente. On supposait que celui qui s'obligeait à fournir la rente, vendait cette rente moyennant le capital qui lui était compté, et, au lieu d'appeler ce contrat un prêt, il fut nommé *constitution de rente.*

L'interdiction de pouvoir exiger le remboursement du capital le faisait différer essentiellement du prêt de consommation ; mais, d'un autre côté, comme il ne paraissait pas juste qu'un homme restât obligé à perpétuité, lui et ses héritiers, l'on établit le principe que la constitution de rente en perpétuel serait essentiellement rachetable à la volonté du débiteur.

Mais depuis qu'il a été permis par la loi de retirer un intérêt de l'argent prêté, les contrats en constitution de rente sont devenus très-rares.

État actuel de la législation.

Les lois des 4 août 1789 et 1819 décembre 1790 déclarèrent rachetables les rentes foncières, et déterminèrent le mode et le taux du rachat.

Le temps nécessaire pour la prescription de leurs arrérages fut réduit, pour l'avenir, à cinq années, par la loi du 20 août 1792.

A dater de la loi du 11 brumaire an VII, qui disposait que les biens *territoriaux* seraient seuls susceptibles d'hypothèques, ces mêmes rentes ne furent plus considérées comme immobilières.

Notre code civil, qui a consacré les mêmes principes que la loi de brumaire, n'admet plus de rentes *foncières*.

En effet, aux termes de l'art. 530, toute rente établie à perpétuité pour le prix de la vente d'un immeuble, ou comme condition de la cession à titre onéreux ou gratuit d'un fonds immobilier est essentiellement rachetable.

Le même article ajoute qu'il est néanmoins permis au créancier de régler les clauses et conditions du rachat, et qu'il lui est également permis de stipuler que la rente ne pourra lui être remboursée qu'après un certain terme, lequel ne peut excéder trente anc, toute stipulation contraire étant nulle.

La constitution de rente est un contrat par lequel une des parties prête à l'autre un capital qu'elle s'interdit d'exiger, à la charge, par l'emprunteur, de payer un intérêt annuel. C'est cet intérêt qu'on nomme *rente*, de *reditus annus*, profit annuel.

Cette rente peut être constituée de deux manières : en *perpétuel* et en *viager*.

Dans le premier cas, l'emprunteur est obligé de servir la rente à perpétuité, à moins qu'il ne veuille se libérer en remboursant le capital. Dans la rente en viager, l'emprunteur doit la servir jusqu'à la mort de la personne sur la tête de laquelle elle était constituée.

La rente constituée en perpétuel, dit l'art. 1911 du code civil, est essentiellement *rachetable*; néanmoins, par dérogation aux anciens principes, on peut convenir que le rachat ne sera pas fait avant un délai qui ne pourra excéder dix ans, ou sans avoir averti le créancier aux termes d'avance qu'elles auront déterminé.

Mais si la rente perpétuelle est établie pour le prix de la vente d'un héritage, le délai peut être de trente ans, parce que le propriétaire se dépouillant d'un objet plus important, il doit avoir plus de latitude pour les conditions qu'il veut attacher à la vente.

Le débiteur d'une rente constituée en perpétuel peut être contraint au rachat : 1° s'il cesse de remplir ses obligations pendant deux années; 2° s'il manque de fournir au prêteur les sûretés promises par le contrat.

Le créancier de la rente peut alors, si son titre est exécutoire, contraindre le débiteur à lui rembourser le capi-

tal, sans qu'il soit nécessaire d'obtenir un jugement contre lui, mais il en serait autrement si son titre n'était pas
exécutoire.

Le débiteur, pour que le créancier puisse exiger son
remboursement, doit-il être mis en demeure de satisfaire
son obligation ? La jurisprudence distingue si la rente est
quérable, c'est-à-dire si le créancier est obligé d'aller toucher le montant de la rente chez le débiteur, ou si elle est
portable, c'est-à-dire si le débiteur est obligé de porter la
rente au domicile du créancier ; dans le premier cas, le débiteur doit être mis en demeure, car il doit être averti légalement d'exécuter son obligation; dans le second cas,
il n'est pas nécessaire qu'il soit mis en demeure, car il ne
pouvait, sous aucun prétexte, se dispenser de porter la
rente.

Le capital de la rente constituée en perpétuel devient
aussi exigible en cas de faillite ou de déconfiture du débiteur, le créancier ne trouvant plus de sûreté pour le paiement de la rente.

En thèse générale, le contrat de constitution de rente
n'est assujetti à aucune forme particulière : on peut, à la
rigueur, le rédiger par un acte sous signature privée; mais
à raison de la nature de cet acte, il est très-convenable et
prudent d'employer la forme authentique. Nous devons
faire observer que cette forme serait indispensable dans le
cas où l'on voudrait stipuler une garantie hypothécaire,
dans le cas où la rente serait constituée gratuitement.

Il est de la plus haute importance pour le créancier,
d'exiger un titre dont il reste minute, et dont il puisse,
en cas de perte, se procurer une nouvelle expédition ; car
le desservissement de la rente pendant un grand nombre

d'années, prouvé même par des quittances ou autres actes, ne serait pas suffisant pour établir le droit à la rente.
(Toullier).

Cependant, ajoute le même jurisconsulte, si les arrérages avaient été payés pendant plus de trente ans, cette
longue prestation opèrerait, au profit de celui qui aurait
reçu, un droit de propriété de la rente fondée sur la prescription.

L'art. 2177 du code civil porte que les arrérages des
rentes perpétuelles, et généralement tout ce qui est payable par année, ou à des termes périodiques plus courts, se
prescrivent par cinq ans.

Les rentes peuvent s'éteindre par la prescription, c'est-
à-dire par un laps de trente années écoulées depuis leur
création, sans aucun paiement d'arrérages.

C'est pour échapper à cet inconvénient que l'art, 2263
du code civil dispose qu'après vingt-huit ans de la date du
dernier titre, le débiteur d'une rente peut être contraint
de fournir, à ses frais, un nouveau titre à ses créanciers
ou ses ayant-cause.

ENREGISTREMENT.

« Les rentes constituées à titres onéreux donnent ouverture au
» droit proportionnel de 2 pour cent sur le capital

» Celles constituées à titre gratuit sont passibles :

. 1º Entre époux, de 1 et demi pour cent ;

2º Entre parents au degré successible, du droit de 2 et demi pour
» cent ;

» 3º Entre toutes autres personnes, de celui de 3 et demi pour cent.

» Si la rente est constituée par contrat de mariage au profit des
» futurs époux, il n'est perçu que moitié du droit.

» Dans le cas où l'acte de constitution ne mentionne aucun capital,

« le droit se calcule à raison d'un capital formé de vingt fois la rente
« perpétuelle.

« Pour les rentes stipulées payables en quantité fixe de grains et
« de denrées, dont la valeur est déterminée par des mercuriales, la
« liquidation du droit proportionnel d'enregistrement se fait d'après
« l'évaluation du montant des rentes résultant d'une année com-
« mune de la valeur des grains ou autres denrées, selon les mercu-
« riales du marché le plus voisin. On forme l'année commune d'a-
« près les quatorze dernières années antérieures à celles de l'ouverture
« du droit ; on retranche les deux plus fortes et les deux plus faibles;
« l'année commune est établie sur les dix années restantes.

« S'il est question d'objets dont les prix ne puissent être réglés par
« la mercuriale, les parties sont tenues d'en faire une déclaration
« affirmative. »

Rente viagère.

La rente viagère est celle dont la durée est subordonnée
à l'événement du décès d'une ou plusieurs personnes indiquées au contrat.

L'incertitude de l'époque à laquelle arrivera ce décès a
fait ranger la rente viagère au nombre des contrats aléa-
toires.

La rente viagère peut être constituée à titre onéreux,
moyennant une somme d'argent, ou pour une chose mobilière appréciable, ou pour un immeuble. Dans ce cas, les
parties peuvent choisir, pour la rédaction de l'acte, la
forme qu'elles préfèrent. Par conséquent, elles peuvent
contracter par acte sous seing-privé, même non fait double, aussi bien que devant notaire. Nous conseillons ce
dernier mode qui est beaucoup plus sûr que le premier,
et qui évite les contestations qui prennent presque toujours leur source dans les actes sous seing-privé qui quelquefois sont mal rédigés et entraînent les familles dans

des procès ruineux. Toute les fois que l'acte est important, il est presque indispensable d'aller chez le notaire.

Elle peut être constituée à titre purement gratuit, par donation entre vifs ou par testament : elle doit alors être revêtue des formes requises par la loi.

A raison de l'incertitude dont nous avons parlé, la loi ne fixe pas de taux auquel peut être constituée la rente viagère ; les parties ont, à cet égard, la plus entière liberté. Comme nous l'avons dit plus haut, c'est un contrat aléatoire : je vous ai abandonné mon capital ; tous les deux nous courons des chances de perte ou de gain, selon que je vivrai plus ou moins longtemps.

La rente viagère n'est point rachetable comme la rente perpétuelle. Le constituant ne peut s'en libérer, à moins d'une convention formelle, en offrant de rembourser le capital, et en renonçant à la répétition des arrérages payés ; il est tenu de servir la rente pendant toute la vie de la personne ou des personnes sur la tête desquelles elle a été constituée, quelle que soit la durée de la vie de ces personnes, et quelque onéreux qu'ait pu devenir le service de cette rente.

Le créancier peut toutefois demander la résiliation du contrat, si le constituant ne lui donne pas les sûretés stipulées pour son exécution, ou si les sûretés données venaient à s'évanouir ; il n'est pas tenu, du reste, à restituer, dans ce cas, les arrérages qu'il a perçus.

Comme toutes les prestations annuelles, les arrérages des rentes viagères se prescrivent par cinq ans.

Les rentes viagères s'éteignent par la mort de la personne sur la tête de laquelle elles ont été constituées.

La rente viagère ne s'éteint pas par la mort civile du

propriétaire ; le paiement doit en être continué pendant sa vie naturelle.

Comme la rente perpétuelle, elle est susceptible de se prescrire par le non-paiement des arrérages durant trente ans.

Le contrat de vente d'un immeuble, à charge de rente viagère, n'est pas soumis à l'action en rescision pour cause de lésion, à raison de sa nature aléatoire.

Les créanciers du propriétaire de la rente viagère ont le droit de la saisir comme tous les autres biens. Elle ne peut être stipulée insaisissable que lorsqu'elle est constituée à titre gratuit.

ENREGISTREMENT.

« Les règles sont les mêmes que pour la *rente perpétuelle*, avec
« cette différence que le capital se calcule sur dix fois la rente au
« lieu de vingt. »

FORMULE

DE CONSTITUTION DE RENTE PERPÉTUELLE.

Entre les soussignés,

Gabriel Blanc, propriétaire, demeurant à

Et Luc Journel, propriétaire, demeurant à

A été faite la convention suivante :

Le sieur Blanc déclare créer et constituer au profit du sieur Journel, mille francs de rente annuelle et perpétuelle, qu'il s'oblige à payer audit Journel, en sa demeure, en quatre paiements égaux, de trois mois en trois mois, aux quatre termes ordinaires de l'année, dont le premier sera fait le   le deuxième le

pour ainsi continuer tant que cette rente aura cours et sera due ;

Pour en jouir et disposer par ledit sieur Journel, en toute propriété, à partir de ce jour.

Cette constitution est faite sur le pied du denier vingt, moyen-

nant la somme de vingt mille francs que le sieur Blanc a payée à
l'instant, et que le sieur Journel reconnaît avoir reçue en bonnes
espèces ; dont quittance.

Fait double à le mil...

(*Signatures des parties.*)

FORMULE

DE CONSTITUTION DE RENTE VIAGÈRE A TITRE ONÉREUX.

Entre les soussignés,

(*Préambule de la formule précédente.*)

A été faite la convention suivante :

M. S... déclare créer et constituer, au profit de M. L... et sur sa
tête, mille francs de rente viagère qu'il s'oblige de lui payer chaque
année, en son domicile, de six mois en six mois, à partir du

Le premier desdits paiements, de la somme de francs,
sera fait le le deuxième, etc. (*énoncer*) ; pour ainsi
continuer de six mois en mois, jusqu'au décès de M. L... ou jusqu'à
l'amortissement de ladite rente.

Pour jouir et disposer par M. L... de ladite rente viagère de mille
francs à partir de ce jour.

La présente constitution est faite moyennant le prix de
que M. L... a payé à l'instant, et que M. S... reconnaît avoir reçu ;
dont quittance.

Fait double à mil:..

(*Signatures des parties.*)

RÉVOCATION DES DONATIONS.

Nous avons déjà vu, en parlant des donations entre vifs,
qu'un des principaux caractères de ces actes était l'irrévocabilité.

Toutefois, il y a des exceptions à ce principe, et ces exceptions sont au nombre de trois :

La loi déclare que les donations peuvent être révoquées :

1° Pour cause d'inexécution des conditions sous lesquelles elles ont été faites ;

2° Pour cause d'ingratitude du donataire envers le donateur ;

3° Pour cause de survenance d'enfants au donateur.

§ I.

Inexécution des conditions.

Lorsqu'une donation a été faite sous certaines conditions, le législateur suppose que ces conditions ont été la cause déterminante de la libéralité, et que, par conséquent, leur inexécution doit entraîner la révocation de la donation.

Mais comme les conditions sont de différentes natures, et qu'elles peuvent prêter à mille interprétations, leur inexécution peut dépendre quelquefois de circonstances de force majeure, etc.

Aussi la loi ne prononce-t-elle pas la révocation de plein droit ; le donateur qui voudra l'obtenir sera obligé de s'adresser aux tribunaux.

La cour royale de Bordeaux a décidé que les juges ne sont pas obligés de prononcer la révocation dès qu'elle est demandée, et qu'ils peuvent, comme dans toutes les autres conventions , accorder un délai au donateur. (Arrêt du 7 mars 1829.)

Lorsque la révocation est prononcée pour cause d'inexécution des conditions, le donateur reprend ses biens libres et quittes de toutes dettes et hypothèques ; il a contre les tiers-détenteurs les mêmes actions qu'il aurait contre le donateur.

Le délai dans lequel l'action en révocation peut être intentée, n'est pas fixé par le code civil, d'où il faut conclure que ce délai serait de trente ans, durée de toutes les actions pour lesquelles la loi n'a prescrit aucune disposition particulière.

§ II.

Révocation pour cause d'ingratitude.

Le législateur a mis l'ingratitude au nombre des causes de révocation; et comme tout doit être précisé dans la loi. 'e code civil déclare, art. 988, que l'ingratitude résulte de · une des trois circonstances suivantes :

1º Si le donataire a attenté à la vie du donateur ;

2º S'il s'est rendu coupable envers lui de sévices , délits ou injures graves ;

3º S'il lui a refusé des aliments.

Tels sont les trois cas d'ingratitude. C'est aux tribunaux qu'il appartient de prononcer si les faits qu'on lui soumet entrent dans l'une des trois catégories établies par la loi.

De même que la révocation pour cause d'inexécution des conditions, celle qui résulte de l'ingratitude n'a pas lieu de plein droit, et doit être formée dans l'année, à compter du jour du délit imputé au donataire, ou de celui auquel le donateur aura pu avoir connaissance.

La demande ne peut être intentée que contre le donataire seul et contre ses héritiers; elle ne peut l'être que par le donateur et non par ses héritiers, à moins que l'action n'ait été intentée par le donateur, ou qu'il ne soit décédé dans l'année du délit.

Dans le cas de révocation pour inexécution des conditions, nous avons vu que le donateur reprend ses biens
libres de toutes hypothèques; il n'en est pas de même en
cas de révocation pour ingratitude : elle ne préjudicie ni
aux aliénations faites par le donataire, ni aux hypothèques
et aux autres charges réelles qu'il aura pu imposer sur
l'objet de la donation, pourvu que tout soit antérieur à
l'inscription, qui aurait été faite de l'extrait de la demande
en révocation, en marge de la transcription.

La raison de cette différence est facile à comprendre :
la donation à laquelle sont attachées des charges n'est
faite que sous la condition résolutoire qu'elles seront acquittées; si elles ne le sont pas, tout est remis au même
état qu'avant la donation. Tandis qu'au contraire l'ingratitude du donataire ne peut pas avoir été prévue lors du
contrat, car si le donateur l'avait supposée comme possible, sa bienfaisance se serait arrêtée. La révocation pour
cette cause n'a été introduite que par un principe de morale, pour punir le donataire ingrat envers son bienfaiteur,
il ne fallait pas étendre cette punition personnelle aux tiers
qui ont traité de bonne foi avec lui.

Les donations en faveur du mariage ne sont pas révocables pour cause d'ingratitude, car elles sont censées faites
aussi bien pour les époux que pour les enfants à naître du
mariage, et les enfants ne peuvent être responsables des
fautes de leur père.

§ III.

Révocation pour cause de survenance d'enfants.

La loi a supposé que si le donateur avait eu des enfants

à l'époque où il a fait la donation, peut-être n'aurait-il pas été aussi facile dans sa générosité. Voilà pourquoi elle a déclaré que la survenance d'enfants révoquait les donations de quelque valeur qu'elles pussent être et à quelque titre qu'elles aient été faites, en encore qu'elles fussent mutuelles et rémunératoires, même celles qui auraient été faites en faveur du mariage, par autres que par les ascendants aux conjoints, ou par les conjoints l'un à l'autre. Cette révocation a eu lieu de plein droit, même par la légitimation d'un enfant naturel par mariage subséquent, s'il est né depuis la donation.

Les enfants adoptifs ne doivent pas révoquer les donations, parce que le donateur pourrait, par un contrat purement volontaire, tel que l'adoption, éluder la règle de l'irrévocabilité des donations cette décision ne contredit pas l'opinion qui attribue une réserve à l'enfant adoptif.

La cour royale de Bordeaux a décidé par arrêt du 8 février 1830, que la survenance d'enfant n'opère la révocation qu'autant que cet enfant est né *viable*.

Le délai pour intenter l'action en révocation pour survenance d'enfants est de trente ans, qui ne commencent à courir que du jour de la naissance du dernier enfant du donateur, même posthume, et ce, sans préjudice des interruptions telles que de droit, une citation en justice, un commandement, etc.

Il faut y ajouter les suspensions ordinaires ; par exemple celle résultant de la minorité des enfants après la mort du donateur.

§ IV.

Révocation de procuration.

C'est l'acte par lequel le mandant retire les pouvoirs qu'il avait donnés à son mandataire.

Cet acte doit être notifié au mandataire par le ministère d'un huissier ; la raison en est que le mandataire ignorant la révocation de ses pouvoirs, traiterait valablement les affaires du mandant, ce qu'il ne peut plus faire après la signification de la révocation.

FORMULE

D'UNE RÉVOCATION DE PROCURATION.

(Droit fixe d'enregistrement : 2 francs.)

Je soussigné, Jacques Guy, propriétaire, demeurant à déclare, par ces présentes, annuler et révoquer la procuration que j'ai donnée à M. Jean Louis, en date du   entendant que ledit sieur Louis ne s'immisce plus en aucune manière dans mes affaires, et que tous les actes qu'il pourrait faire en vertu de cette procuration soient nuls et de nul effet, à dater du jour de la signification des présentes.

Fait à   le   mil...

(*Signature.*)

RIVIÈRES.

§ I.

Des eaux courantes, des fleuves et rivières du domaine public; des rivières dites du domaine privé, en quoi consiste à leur égard la propriété des riverains; des canaux.

Les cours d'eau, dit Foucard. *Droit administratif,*

p. 248, sont la production de la nature ou l'ouvrage de l'art.

Les premiers sont les *sources* qui s'échappent de la terre et forment sur-le-champ un *cours d'eau* continu : s'il est peu important, on l'appelle *ruisseau*, quand il est plus considérable, il reçoit le nom de *rivière*, et celui de *fleuve* quand il se jette dans la mer. Il y a aussi des cours d'eau qui naissent à certaines époques de l'année, et sont desséchés dans quelques autres : on les appelle *torrents*.

Les cours d'eau artificiels, creusés de main d'hommes, reçoivent le nom de *canaux*.

Les cours d'eau se divisent en deux classes : les uns sont propres à la navigation des bateaux, ou seulement au transport des bois : ce sont les rivières *navigables* ou *flottables*. L'art. 538 du code civil, rappelant en cela les anciens principes, les range dans le domaine public ; les autres, qui ne sont ni navigables ni flottables, paraissent laissés par la loi dans le domaine privé. L'art. 538 ne place en effet dans le domaine public que les rivières navigables et flottables ; l'art. 644 paraît ranger les autres dans le domaine privé, en donnant aux riverains la jouissance de l'eau. L'art. 566 attribue à l'État les îles nées dans les cours d'eau navigables et flottables, parce qu'il est propriétaire du lit ; et quand l'art. 561 attribue aux riverains celles qui se forment dans les cours d'eau non navigables ni flottables, on en conclut que c'est en vertu du même principe. Enfin les riverains profitent de l'alluvion et de la pêche, et peuvent être tenus du curage, on a conclu de ces différentes considérations qu'ils sont propriétaires, non-seulement du courant, mais encore du lit des rivières non navigables ni flottables.

Mais cette conséquence n'est point admise par l'administration, et le ministre des finances a soutenu le systéme contraire, à la chambre des Pairs, lors de la discussion de la loi du 15 avril 1829, sur la pêche fluviale.

L'administration fonde son opinion sur ce motif, assurément très-puissant, que les rivières dont il est question appartenaient aux seigneurs hauts justiciers : l'abolition du droit féodal a dû les réunir au domaine public.

En effet, la loi du 1er janvier 1790 donne au pouvoir exécutif l'administration des rivières et des *autres choses communes*, sans distinguer entre les rivières navigables ou flottables et les autres.

La loi du 3 frimaire an VIII , sur l'assiette et la répartition de la contribution foncière, considère aussi le lit des rivières comme commun, puisqu'elle les range encore, sans distinction, au nombre des choses, telles que les rues, les places publiques, etc., qui ne doivent point être cotisées.

Le Gouvernement, quand il rend une rivière navigable, ne donne d'indemnité aux riverains qu'à raison du chemin de halage et de la suppression de la pêche. (Décret du 22 janvier 1808, loi du 15 avril 1829.) Enfin le code civil luimême reconnaît et consacre le même principe , puisque, dans le cas de changement de lit, même d'une rivière non navigable, l'ancien lit est abandonné à titre d'indemnité aux propriétaires des fonds nouvellement occupés, ce qui ne pourrait pas avoir lieu si la propriété de cet ancien lit avait appartenu aux riverains.

Le tribunal civil de l'Argentière a jugé, le 4 septembre 1829, que les graviers et autres matériaux qui se trouvent dans un cours d'eau qui n'est ni navigable ni flottable, n'appartiennent à personne , pas plus que l'eau courante, et qu'ainsi chacun peut les extraire sans être tenu de payer une

indemnité aux riverains. Ce jugement, rendu sur l'appel
d'une sentence de juge-de-paix, ayant été déféré à la cour
de cassation, l'avocat général partagea l'opinion du jugement sur la question, qui ne fut pas décidée par la cour.
(Dalloz, année 1834, part. 1re, p. 108.)

Ce que nous venons de dire des rivières ne s'applique pas
aux simples ruisseaux : on conçoit, en effet, qu'à l'égard
des uns le cours d'eau soit considéré comme la chose principale, tandis que, pour les autres, il reste l'accessoire du
terrain sur le quel il coule et qu'il fertilise. Mais comment
distinguer une rivière d'un ruisseau ? C'est là une question
le fait qui ne peut être résolue que par l'examen des lieux;
il faudra apprécier le volume des eaux, chercher quels sont
les usages auxquels elles peuvent être consacrées, avoir
égard au nom lui-même qui a été donné au cours d'eau dans
le pays, les anciens titres, etc. Comme il s'agit ici d'une
question de propriété, ce sont les tribunaux ordinaires qui
doivent être appelés à la résoudre.

Les *canaux* étant creusés de main d'hommes, sont du domaine public ou du domaine particulier, selon, dit encore
Foucard, qu'ils ont été créés dans l'intérêt public pour
servir à la navigation, ou dans un intérêt privé, pour servir
à l'irrigation ou au dessèchement, ou bien encore pour
conduire vers une usine un cours d'eau qui doit y servir
de moteur. Les canaux de canalisation ne pouvant avoir
lieu que sur des terrains dont les constructeurs sont propriétaires, on voit que la propriété ne se borne pas au
cours d'eau, mais qu'elle s'étend au lit et aux bords.

Les canaux construits pour servir à la navigation, peuvent aussi appartenir à des particuliers, par exemple, par

suite d'une concession perpétuel'e ou temporaire que l'État leur a faite.

§ II.

Cours d'eau navigables et flottables.

La loi du 12 novembre 1790, art. 2, et l'art. 5,38 du code civil, placent dans le domaine public les fleuves et les rivières navigables et flottables. D'après l'ordonnance de 1669, on ne considérait comme rivières navigables que celles portant bateaux, *sans artifices et ouvrages de main.* Aujourd'hui, cette distinction n'a plus lieu : pour qu'une rivière soit navigable, il faut qu'elle puisse être parcourue dans un espace assez considérable pour faire office de chemin et servir de moyen de transport.

On appelle rivières flottables, celles qui ont assez d'eau pour transporter, non plus des bateaux et des marchandises, mais seulement des morceaux de bois que l'on confie à leur courant. Il y a deux manières de faire ce transport : la première consiste à réunir des morceaux de bois au moyen de liens, et à en former ce qu'on appelle des trains; ce sont de longs radeaux qui peuvent être dirigés par les mariniers qui les montent. La seconde consiste à jeter le bois dans le courant, et à le faire surveiller par quelques hommes qui empêchent qu'il ne s'amoncèle et ne suspende le cours de l'eau : c'est le *flottage à bûches perdues.*

D'après les anciennes ordonnances, personne ne peut, sans autorisation, construire sur les rivières navigables et flottables aucun moulin, bâtardeau, écluse, gare, pertuis, etc. (Ordonnances de 1515 et de 1669.)

§ III.

Des chemins de halage.

L'établissement d'un chemin à titre de servitude sur les bords des fleuves et des rivières navigables, a été prescrit par les ordonnances de 1520, 1669 et 1672. D'après l'art. 7 du titre 28 de l'ordonnance de 1669, les propriétaires des héritages aboutissant aux rivières navigables doivent laisser, le long des bords, vingt-quatre pieds au moins de place en largeur pour le trait des chevaux ; ils ne peuvent planter d'arbres ni tenir de clôture ou de haies plus près de trente pieds du côté que les bateaux se tirent, et dix pieds de l'autre bord.

§ IV.

Des cours d'eau dits du domaine privé.

Nous avons vu que les cours d'eau susceptibles d'être employés comme moyen de transport étaient spécialement consacrés au service public ; les autres cours d'eau sont régis par des principes différents ; ils sont, d'après le code civil, spécialement consacrés à l'usage des riverains : ainsi le propriétaire qui a une source dans son fonds, peut en user à volonté, sauf le droit que le propriétaire inférieur peut avoir acquis par titre ou par prescription, et celui que la loi attribue aux habitants d'une commune, d'un village ou d'un hameau auquel la source fournit l'eau qui leur est nécessaire.

Le propriétaire dont l'héritage est traversé par un cours d'eau peut en user dans l'intervalle qu'il y parcourt, à la charge de le rendre, à la sortie de son fonds, à son cours ordinaire; et celui dont le fonds est riverain peut s'en servir, à son passage, pour l'irrigation de ses propriétés.

Le mode d'usage des eaux peut donner lieu entre les riverains à de nombreuses difficultés qui doivent être résolues par les tribunaux ordinaires, toutes les fois qu'il ne s'agit que de l'intérêt des parties. Le code civil trace dans ce cas les devoir des juges qui peuvent concilier l'intérêt de l'agriculture avec le respect dû à la propriété. Les cours d'eau sont trop importants, à cause des différents services qu'ils rendent, soit à l'industrie, soit à l'agriculture, pour les abandonner sans protection à l'action envahissante des intérêts individuels.

Les riverains dont un cours d'eau non navigable borde ou traverse les héritages, n'ont pas sur les eaux des droits absolus de propriété. Une loi qui est aussi ancienne que le monde, les transmet constamment des terrains supérieurs aux terrains inférieurs, et chacun, à son tour, a un droit égal, par la situation naturelle de son héritage, à jouir du cours d'eau : il en résulte que le droit de chacun devant se combiner avec le droit équivalent qu'ont les autres au-dessus et au-dessous, consiste à en user tellement que l'usage des autres n'en éprouve ni diminution ni obstacle.

Il ne faut pas croire que les cours d'eau soient la propriété exclusive du premier occupant; c'est un domaine commun entre tous; le riverain supérieur ne peut pas les absorber ni les intercepter au détriment du riverain inférieur. Il ne peut pas, dit Daniel, dans son savant *Traité des cours d'eau*, usurper exclusivement des avantages destinés à tous.

Ces principes étaient ceux de l'ancienne jurisprudence, soit dans l'intérêt des prairies inférieures, soit dans l'inté-

rêt des moulins. Les arrêts des parlements défendaient aux
riverains supérieurs de détourner entièrement ou d'absor
ber en trop grande partie le volume des rivières.

ROUTES (classification des).

On désigne ordinairement par route le chemin que l'on
suit pour aller en quelque lieu ; mais, dans la législation
administrative, on appelle ainsi les grands chemins.

Les routes se divisent en deux grandes catégories : les
routes royales et les routes départementales.

Routes royales.

Les routes royales se subdivisent en outre en trois classes, d'après les tableaux joints aux différents décrets.

Chaque fois qu'une route nouvelle est ouverte, l'ordonnance qui en ordonne la construction doit indiquer la
classe à laquelle elle appartient.

Les routes royales de première et de seconde classes
sont construites, reconstruites et entretenues aux frais de
l'État.

Les frais de construction, reconstruction et entretien
des routes de troisième classe, sont supportés concurremment par l'État et les départements qu'elles traversent.

Routes départementales.

Les routes départementales sont les grandes routes qui
ne sont pas comprises dans les tableaux des routes royales.

Elles sont établies par ordonnance, sur le vote des conseils généraux, d'après la loi du 7 juillet 1833, art. 3; et
une loi du 20 mars 1835 prescrit à cet égard ce qui suit :

« Art. 1er.-A l'avenir, aucune route ne pourra être clas-

« sée au nombre des routes départementales, sans que le
» vote du conseil général ait été précédé de l'enquête
» prescrite par la loi du 7 juillet 1833. Cette enquête sera
» faite par l'administration, ou d'office, ou sur la demande
» du conseil général. »

L'exécution des travaux des routes départementales est placée sous la surveillance d'une commission prise parmi les membres des conseils de département, arrondissement et municipaux, et parmi les particuliers ; le président et le secrétaire de cette commission sont nommés par le préfet.

Largeur des routes.

Le décret de 1811 n'a rien déterminé relativement à la largeur des routes ; on reste donc, à cet égard, dans les termes de l'arrêt du conseil, du 16 février 1776. Il résulte que les routes royales de première classe ont 42 pieds de largeur ; celles de seconde, 36 pieds ; et celles de troisième, 30. Quant aux routes départementales, elles ont de 24 à 30 pieds, suivant les circonstances ; le tout sans comprendre les fossés ni les empâtements des talus ou glacis.

§ I.

Chemins vicinaux.

Les chemins vicinaux légalement reconnus sont à la charge des communes, sauf les dispositions de l'art. 7 ci-après de la loi du 21 mai 1836.

En cas d'insuffisance des ressources ordinaires des communes, il sera pourvu à l'entretien des chemins vicinaux, à l'aide, soit des prestations en nature, dont le maximum est fixé à trois journées de travail, soit de centimes spéciaux en addition au principal des quatre contributions directes, et dont le maximum est fixé à cinq. Le conseil municipal pourra voter l'une ou l'autre de ces ressources, ou toutes les deux concurremment. Le concours des plus imposés ne sera pas nécessaire dans les délibérations prises pour l'exécution du présent article.

Tout habitant chef de famille ou d'établissement, à titre de propriétaire, de régisseur, de fermier ou de colon partiaire, porté au rôle des contributions directes, pourra être appelé à fournir, chaque année, une prestation de trois jours : 1° Pour sa personne et pour chaque individu mâle, valide, âgé de dix-huit ans au moins et de soixante au plus, membre ou serviteur de la famille et résidant dans la commune.

2° Pour chacune des charrettes ou voitures attelées, et en outre, pour chacune des bêtes de somme, de trait, de selle, au service de la famille ou de l'établissement dans la commune.

La prestation sera appréciée en argent, conformément à la valeur qui aura été attribuée annuellement pour la commune par le conseil général, sur les propositions des conseils d'arrondissement. La prestation pourra être acquittée en nature ou en argent, au gré du contribuable. Toutes les fois que le contribuable n'aura pas opté dans les délais prescrits, la prestation sera de droit exigible en argent.

La prestation non rachetée en argent pourra être convertie en tâche, d'après les bases et évaluations de travaux préalablement fixées par le conseil municipal.

Lorsqu'un chemin vicinal intéressera plusieurs communes, le préfet, sur l'avis des conseils municipaux, designera les communes qui devront concourir à sa construction ou à son entretien, et fixera la proportion dans laquelle chacune d'elles y contribuera.

§ II.

Chemins vicinaux de grande communication.

Les chemins vicinaux peuvent, selon leur importance, être déclarés chemins vicinaux de grande communication, par le conseil général, sur l'avis des conseils municipaux, des conseils d'arrondissement, et sur la proposition du préfet; sur les mêmes avis et propositions, le conseil général détermine la direction de chaque chemin vicinal de grande communication, et désigne les communes qui doivent contribuer à sa construction ou à son entretien. Le préfet fixe la largeur et les limites du chemin, et détermine annuellement la portion dans laquelle chaque commune doit concourir à l'entretien de la ligne vicinale dont elle dépend ; il statue sur les offres faites par les particuliers, association de particuliers ou de communes.

Les chemins vicinaux de grande communication, et, dans les cas extraordinaires, les autres chemins vicinaux, pourront recevoir des subventions sur les fonds départementaux. Il sera pourvu à ses subventions au moyen de centimes facultatifs ordinaires du département, et de centimes spéciaux votés annuellement par le conseil général. Les communes acquitteront la portion des dépenses mises à leur charge, au moyen de leurs revenus ordinaires ; et, en cas d'insuffisance, au moyen de deux journées de préstation sur les trois journées autorisées par l'art. 2 de la même loi du 21 mai 1836, et des deux tiers des centimes votés par le conseil municipal, en vertu du même article

Les travaux d'ouverture et de redressement des chemins vicinaux seront autorisés par arrêté du préfet.

SCELLÉS.

C'est un acte par lequel un magistrat constate qu'il a apposé son sceau sur les entrées d'un logement ou d'un meuble, pour empêcher d'y pénétrer et conserver ce qu'il renferme, et décrit sommairement tout ce qui peut ou doit être renfermé dans un lieu ou meuble fermant à scellé.

Le scellé peut s'apposer soit avant, soit après l'inhumation. (Argument de l'art. 913 du code civil.)

L'apposition des scellés a lieu dans les cas suivants :

1° Si une personne est disparue ; (Argument de l'art. 114 du code civil.)

2° Si le défunt ne laisse ni parents, ni enfants naturels ;

3° Si tous les héritiers ne sont pas présents ;

4° S'il y a parmi eux des mineurs interdits ;

5° S'il y a un conjoint survivant ;

6° S'il y a des créanciers qui aient titres exécutoires ou permission de juge ;

7° S'il y a une demande en interdiction, quand il n'y a auprès du défendeur personne pour veiller sur lui ; (Pieau, *Procédure civile*, tome II.)

8° Quand celui chez qui on va exécuter se trouve absent, et qu'il y a des papiers chez lui ;

9° Sur la demande de la femme en séparation ;

10° Quand un débiteur est en faillite.

ENREGISTREMENT.

« Il est dû 2 fr. pour chaque vacation. »

De ceux qui ont droit de requérir l'application des scellés.

1° Les ayant-droit dans la succession ou dans la communauté;

2° Les créanciers fondés en titre exécutoire, autorisés par une permission, soit du président du tribunal de première instance, soit du juge de paix du canton où le scellé doit être apposé;

3° Les personnes qui demeureraient avec le défunt, ou les serviteurs et domestiques;

4° Les prétendant-droit et les créanciers mineurs émancipés, qui peuvent requérir l'apposition des scellés sans l'assistance de leur curateur;

5° Les parents du mineur, si celui-ci est mineur non émancipé, et s'il n'a pas de tuteur ou s'il est absent.

Levée des scellés.

La levée des scellés peut être requise par tous ceux qui ont intérêt à cette levée, tels que les héritiers, créanciers, les parents ou alliés des mineurs, le tuteur ou subrogé-tuteur; en un mot, tous ceux qui ont le droit de faire apposer les scellés sont autorisés à en requérir la levée, excepté les personnes qui demeureraient avec le défunt; ses serviteurs ou domestiques, qui n'ont le droit de requérir l'apposition que pour la conservation des biens, dans l'intérêt des héritiers.

SEQUESTRE.

Ce mot se dit tant de la consignation d'une chose litigieuse en main tierce, pour la conserver à qui elle appartient, que de la personne même à laquelle le dépôt est confié.

Le séquestre est ou conventionnel ou judiciaire.

§ I.

Séquestre conventionnel.

Le séquestre conventionnel est le dépôt fait par une ou plusieurs personnes, d'une chose contentieuse, entre mains d'un tiers qui s'oblige de la rendre, après la contestation terminée, à la personne qui sera jugée devoir l'obtenir.

Le séquestre conventionnel peut n'être pas gratuit.

Le séquestre peut avoir pour objet, non-seulement des effets mobiliers, mais même des immeubles.

§ II.

Séquestre judiciaire.

La justice peut ordonner le séquestre : 1o des meubles saisis sur un débiteur ; 2o d'un immeuble ou d'une chose mobilière dont la propriété ou la possession est litigieuse entre deux ou plusieurs personnes : 3o des choses qu'un débiteur offre pour sa libération.

Le séquestre judiciaire diffère peu du séquestre conventionnel. La principale différence est que, pour le séquestre judiciaire, le gardien est nommé par la justice, soit d'office, soit sur la désignation des parties, et que de plein droit il lui est accordé un salaire ; tandis que, pour le séquestre conventionnel, le gardien est nommé par les parties, et n'est pas salarié de droit.

ENREGISTREMENT.

« L'acte qui transmet un séquestre conventionnel ne transmet
» rien : il n'est donc pas sujet au droit proportionnel. D'un autre côté,
» il n'est donc pas nommément tarifé au droit fixe par les lois sur
» l'enregistrement. Il n'est donc sujet qu'au droit fixe de 1 fr. »

FORMULE

DE SÉQUESTRE CONVENTIONNEL.

Entre les soussignés,

(*Le préambule des formules précédentes.*)

A été faite la convention suivante :

Les meubles qui sont actuellement en la possession de M. S..., et qui consistent (*désignation des meubles.*)

Formant entre les soussignés l'objet d'une contestation qui doit être décidée par des arbitres,

Les sieurs R   et S   déclarent qu'ils entendent que lesdits meubles restent séquestrés entre les mains du sieur T...   propriétaire, demeurant à   jusqu'à ce que la contestation soit définitivement jugée, et qu'ils ne pourront être remis qu'à celui qui, par l'évènement du jugement arbitral à intervenir, en sera reconnu définitivement propriétaire.

L'indemnité allouée au séquestre pour les frais de garde et autres, est fixée à   par mois, du consentement de toutes les parties.

Tous ces frais et autres seront supportés par la partie contre laquelle le jugement arbitral sera prononcé.

A l'effet des conventions ci-dessus est comparu le sieur T... qui a déclaré se charger volontairement du séquestre desdits objets, dans les termes fixés par les présentes conventions ; et a signé.

Fait triple à   le   mil...

(*Signatures des trois parties.*)

SERVITUDE.

Une servitude est une charge imposée sur un héritage, pour l'usage et l'utilité d'un héritage appartenant à un autre propriétaire.

La servitude est une chose essentiellement incorporelle, qui n'a aucune existence sur la propriété qui s'en trouve grevée.

La servitude ne peut exister que sur un fonds et en faveur d'un autre fonds, et ne peut être imposée à une personne, ni en faveur d'une personne. Les servitudes consistent à souffrir et à laisser faire, et jamais à faire, parce qu'elles ne pèsent que sur les héritages, et que les héritages ne peuvent être soumis à l'obligation de faire.

De ce que la servitude est un droit d'un fonds sur un fonds, il résulte nécessairement qu'il faut qu'il y ait deux héritages, et, de plus, la servitude s'exerce sur un fonds dont on n'est pas propriétaire. C'est à titre de propriété, et non de servitude, que le propriétaire de deux immeubles jouit de l'utilité que l'un des deux peut retirer de l'autre : la servitude ne commence que lorsque les deux fonds cessent de se trouver dans la même main.

L'héritage auquel la servitude est due, s'appelle *héritage dominant;* celui qui la doit, *héritage servant.*

Les servitudes n'établissent aucune prééminence d'un héritage sur l'autre; elles dérivent, ou de la situation naturelle des lieux, ou des obligations imposées par la loi, des conventions entre les propriétaires.

§ I.

Servitudes qui dérivent de la situation des lieux.

Les fonds inférieurs sont assujettis envers ceux qui sont plus élevés à recevoir les eaux qui en découlent naturellement, sans que la main de l'homme y ait contribué.

Le propriétaire inférieur ne peut point élever de digue qui empêche cet écoulement. Le propriétaire supérieur ne peut rien faire qui aggrave la servitude du fonds inférieur.

Le principe que le propriétaire du fonds supérieur ne peut rien faire qui aggrave la servitude dont est grevé le fonds inférieur, quant à l'écoulement naturel des eaux, est applicable alors même que les deux fonds sont séparés par la voie publique; dans ce cas, comme dans celui où les deux héritages se joignent, il n'est pas permis au propriétaire supérieur de faire sur son fonds des travaux qui, en dirigeant les eaux sur la voie publique, ont pour résultat de porter dommage aux propriétés inférieures. (Arrêt de cassation, du 8 janvier 1834.)

Ce qui distingue particulièrement les servitudes qui dérivent de la situation des lieux, c'est qu'elles existent par la seule position des héritages, sans autre titre.

On en distingue trois :

1° Les obligations qui concernent les eaux ;

2° Le droit des propriétaires voisins, de se contraindre réciproquement au bornage de leurs propriétés contiguës;

3° La faculté de clore un héritage pour le soustraire à la vaine pâture et au parcours.

§ II.

Servitudes établies par la loi.

Les servitudes établies par la loi ont pour objet l'utilité publique ou communale, ou l'utilité des particuliers.

Celles établies pour l'utilité publique ou communale ont pour objet le marche-pied le long des rivières navigables ou flottables, la construction ou réparation des chemins et autres ouvrages publics ou communaux. Tout ce qui concerne cette espèce de servitude est déterminé par des lois ou des règlements particuliers.

§ III.

Servitudes établies par le fait de l'homme.

Il est permis aux propriétaires d'établir sur leurs propriétés, ou en faveur de leurs propriétés, telles servitudes que bon leur semble, pourvu néanmoins que les services établis ne soient imposés ni à la personne, ni en faveur de la personne, mais seulement à un fonds et pour un fonds, et pourvu que ces services n'aient d'ailleurs rien de contraire à l'ordre public.

Les servitudes sont établies ou par l'usage des bâtiments, ou par celui des fonds de terre. Celles de la première espèce s'appellent *urbaines,* soit que les bâtiments auxquels elles sont dues soient situés à la ville ou à la campagne, celles de la seconde espèce se nomment *rurales.*

Les principales servitudes urbaines sont : que le bâtiment d'un voisin soutiendra le bâtiment de l'autre; qu'on pourra appuyer des poutres sur son mur; qu'il recevra sur son terrain l'égoût des toits; qu'on pourra avoir des fenêtres, des balcons donnant sur sa propriété, sans conserver la distance requise ; qu'il ne pourra pas élever son bâtiment de manière à nuire aux jour et vues.

Les servitudes rurales sont celles qui résultent du droit de passage sur le fonds voisin : cette servitude peut varier selon qu'on a le droit de passer à pied, avec des troupeaux ou avec des charriots, le droit d'aqueduc, c'est-à-dire le droit de conduire de l'eau par le terrain d'autrui, celui de puiser de l'eau, de mener boire un troupeau, etc.

Les servitudes sont ou continues ou discontinues : les servitudes continues sont celles dont l'usage est ou peut être continuel sans avoir besoin du fait actuel de l'homme : tels sont les conduits d'eau, les égouts, les vues et autres de cette espèce. Les servitudes discontinues sont celles qui ont besoin du fait actuel de l'homme pour être exercées :

tels sont les droits de passage , puisage , pacage et autres
semblables.

Cette division est fort importante, parce que les servitudes
continues ou discontinues ne s'établissent pas de la même
manière. En effet , les servitudes continues et apparentes
peuvent s'acquérir par titres ou par la prescription, tandis
que les autres ne peuvent s'acquérir que par titres.

Les servitudes sont apparentes ou non apparentes. Les
servitudes apparentes sont celles qui s'annoncent par des
ouvrages extérieurs , tels qu'une porte , une fenêtre , un
aqueduc. Les servitudes non apparentes sont celles qui
n'ont pas de signes extérieurs de leur existence, comme,
par exemple, la prohibition de bâtir sur un fonds , ou de
ne bâtir qu'à une hauteur déterminée. Même importance
pour cette division.

§ IV.

Comment s'établissent les servitudes.

Les servitudes continues et apparentes s'acquièrent par
titres, ou par la possession de trente ans. Les servitudes continues non apparentes et les servitudes discontinues apparentes ou non apparentes, ne peuvent s'établir que par titres. La possession même immémoriale ne suffit pas pour
les établir.

Celui auquel est due une servitude a droit de faire tous les
ouvrages nécessaires pour en user et pour la conserver.

Si l'héritage pour lequel la servitude a été établie vient
à être divisé, la servitude reste due pour chaque portion,
sans néanmoins que la condition du fonds assujetti soit
aggravée.

Le propriétaire du fonds débiteur de la servitude ne peut rien faire qui tende à en diminuer l'usage ou à la rendre plus incommode; de son côté, celui qui a un droit de servitude ne peut en user que suivant son titre, sans pouvoir faire, ni dans le fonds qui doit la servitude, ni dans le fonds à qui elle est due, de changement qui aggrave la condition du premier.

§ V.

Comment s'éteignent les servitudes.

Les servitudes cessent lorsque les choses se trouvent en tel état qu'on ne peut plus en user. Elles revivent si les choses sont rétablies de manière qu'on puisse en user, à moins qu'il ne se soit écoulé un espace de temps suffisant pour faire présumer l'extinction de la servitude.

Ainsi lorsque l'eau revient à la source qui avait été tarie, lorsque la rivière se retire du chemin qu'elle avait inondé, lorsque le mur abattu est reconstruit, toutes les servitudes revivent. Cependant, lorsqu'il s'est écoulé trente ans pendant lesquels il était impossible d'exercer la servitude, celle-ci est éteinte par prescription.

SOCIÉTÉS COMMERCIALES

La société est un contrat par lequel deux ou plusieurs personnes conviennent de mettre quelque chose en commun, dans la vue de partager le bénéfice qui pourra en résulter.

Toute société doit avoir un objet licite, et être contractée pour l'intérêt commun des parties. Chaque associé doit apporter ou de l'argent, ou d'autres biens, ou son industrie.

Toutes sociétés doivent être rédigées par écrit, lorsque leur objet est d'une valeur de plus de cent cinquante francs.

La preuve testimoniale n'est point admise contre et outre le contenu en l'acte de société, ni sur ce qui serait allégué avoir été dit avant, lors et depuis cet acte, encore qu'il s'agisse d'une valeur moindre de cent cinquante francs.

Les sociétés commerciales se régissent par les dispositions du code civil, dans tous les points qui n'ont rien de contraire aux lois et usages de commerce; par les dispositions du code de commerce, et par les conventions des parties.

La loi reconnaît trois espèces de sociétés commerciales : la société en nom collectif, la société en commandite, la société anonyme. Indépendamment de ces trois sociétés commerciales, le code de commerce en reconnaît encore une quatrième, sous le titre d'association en participation.

§ I.

De la société en nom collectif.

La société en nom collectif est celle que contractent deux personnes ou un plus grand nombre, et qui a pour objet de faire le commerce sous une raison sociale.

On appelle *raison sociale*, la dénomination sous laquelle la société est connue et a contracté ses engagements. Cette raison sociale se compose du nom de l'un ou de quelques-uns des associés, avec addition de ces mots, *et compagnie*; il n'y a que les associés qui puissent, aux termes de l'art. 21 du code de commerce, faire partie de la raison sociale. La cour de cassation a décidé qu'un commis intéressé ne pouvait être considéré comme un associé. (Arrêt du 31 mai 1831.)

Le caractère distinctif de la société en nom collectif est rendre les associés solidaires pour tous les engagements de la société , encore qu'un seul des associés ait signé , pourvu que ce soit sous la raison sociale.

§ II.

De la société en commandite.

La société en commandite est celle qui se contracte entre un ou plusieurs associés responsables ou solidaires, et un ou plusieurs associés , simples bailleurs de fonds , qu'on nomme commanditaires ou associés en commandite ; elle est régie sous un nom social qui doit être nécessairement celui d'un ou plusieurs des associés responsables et solidaires.

Celui qui, sous le titre de prêt, a fourni des fonds à une maison de commerce, avec stipulation d'un intérêt déterminé, doit être réputé associé commanditaire, et non simple prêteur, si, outre l'intérêt convenu, il s'est réservé une quote-part dans les bénéfices présumés, le droit de prendre communication des registres , celui d'assister aux inventaires et autres prérogatives de ce genre, qui régulièrement n'appartiennent qu'à un associé. (Arrêt de la cour de Paris, du 10 août 1807.)

Les sociétés en commandite peuvent, comme celles en nom collectif, être constatées par des actes publics ou sous signature privée.

Le nom d'un associé commanditaire ne peut faire partie de la raison sociale.

Il est de l'essence de la société en commandite qu'il existe un associé responsable, ou plusieurs associés solidaires , qui soient tenus *indéfiniment* de tous les engagements de la société, sans pouvoir, par aucune convention, limiter leurs risques à leur mise. Il est même de l'essence de la société en commandite :

1° Que l'associé commanditaire ne soit passible des pertes que jusqu'à concurrence des fonds qu'il a mis ou a dû mettre dans la société;

2° Qu'il ne puisse faire aucun acte de gestion, ni être employé pour les affaires de la société, même en vertu d'une procuration; et, en cas de contravention à la prohibition mentionnée dans cet article, l'associé commanditaire est obligé solidairement avec les associés en nom collectif, pour toutes les dettes de la société.

Le capital des sociétés en commandite peut être divisé en actions, sans aucune dérogation aux règles établies pour ce genre de société.

Ces actions peuvent être au porteur. (Arrêt de la cour de Paris, du 7 février 1832.)

Les sociétés en commandite diffèrent des sociétés anonymes ou compagnies de banque, relativement au sort du dividende ou partage des bénéfices. Une société en commandite n'est réellement en profit ou en perte qu'à l'expiration de sa durée; tout partage de bénéfices est donc essentiellement provisoire et soumis au rapport. Ainsi, l'associé commanditaire qui, avant la dissolution de la société, a retiré des sommes à titre de bénéfices, est tenu dans le cas où la société vient à faillir, de faire compte aux créanciers des sommes qu'il a retirées, bien qu'il les eût retirées en vertu d'une clause de l'acte de société. (Arrêt de la cour de Paris, du 11 février 1811.)

§ III.

De la société anonyme.

La société anonyme n'existe point sous un nom social;

elle n'est désignée par le no.n d'aucun des associés ; elle est qualifiée par la désignation de l'objet de son entreprise.

Les sociétés anonymes prennent plus particulièrement le nom de *compagnie*, quand elles se composent d'un grand nombre d'associés, et qu'elles ont pour objet une entreprise considérable. Des associations mal combinées dans leur origine, ou mal gérées dans leur exécution, pourraient compromettre la fortune des actionnaires et des administrateurs, et altérer même le crédit général. Ces graves considérations ont déterminé le législateur à exiger qu'aucune société anonyme ne pût exister qu'avec l'autorisation du Roi, et avec son approbation pour l'acte qui la constitue. Cette approbation doit être donnée dans la forme prescrite par les règlements d'administration publique.

Les sociétés anonymes ne peuvent être formées que par des actes publics.

Un règlement du ministère de l'intérieur, en date du 31 décembre 1807, a prescrit les formes dans lesquelles l'autorisation du Gouvernement doit être demandée et accordée. Au terme de ce règlement, la demande de l'autorisation est nécessaire pour l'établissement d'une société anonyme ; elle doit être formée par une pétition signée par ceux qui veulent former la société.

Cette pétition doit être adressée au préfet du département, et, à Paris, au préfet de police. (Art. 1er du règlement.)

La pétition doit contenir la désignation de l'affaire ou des affaires que la société veut entreprendre, les termes de sa durée, le domicile des pétitionnaires, le montant du capital que la société devra posséder, la manière dont ils entendront former le capital, soit par souscription simple, soit par action ; les délais dans lesquels ce capital devra être réalisé, le domicile choisi où sera placée l'administration, le mode d'administration, enfin l'acte ou les actes l'association passés entre les intéressés.

Si les souscripteurs de la pétition ne complètent pas eux seuls la société qui doit être formée ; s'ils déclarent avoir l'intention de la compléter lorsque seulement ils auront reçu l'approbation du Gouvernement, ils devront, dans ce cas, composer au moins le quart en somme du capital, et s'obliger de payer le contingent aussitôt après l'autorisation donnée.

Le préfet, après avoir fait prendre des informations sur les qualités et la moralité, soit des auteurs du projet, soit des pétitionnaires, comme aussi sur les facultés de ces derniers, à l'effet de s'assurer s'ils sont en état de réaliser la mise de fonds pour laquelle ils ont déclaré vouloir s'intéresser, donne son avis sur la nature et l'objet de l'entreprise ; sur son utilité, sur la probabilité du succès qu'elle peut obtenir, sur les conséquences qui peuvent en résulter sous le rapport de l'intérêt général ou particulier. Le préfet transmet son avis avec la pétition et toutes les pièces, au ministre de l'intérieur ; et, sur le rapport de ce ministre, fait au Roi en son conseil d'État, l'autorisation est accordée ou refusée.

Rien ne pourra être changé aux bases et au but de la société anonyme, après l'approbation reçue, sans avoir obtenu, dans les formes qui sont prescrites par les articles ci-dessus rapportés, une nouvelle autorisation du Gouvernement, et ce, à peine d'interdiction de la société.

La société anonyme est administrée par des mandataires

à temps, révocables, associés ou non associés, salariés ou gratuits.

Les administrateurs ne sont responsables que de l'exécution du mandat qu'ils ont reçu. Ils ne contractent, à raison de leur gestion, aucune obligation personnelle ni solidaire relativement aux engagements de la société.

Le capital de la société anonyme se divise en actions et même en coupons d'actions d'une valeur égale. L'action peut être établie sous la forme d'un titre au porteur. Dans ce cas, la cession s'opère par la tradition du titre.

A la différence des sociétés dont nous venons de parler, la société n'est jamais dissoute par la mort de l'un des associés, les droits de celui-ci étant essentiellement transmissibles à des tiers, sans l'intervention des autres associés. De même, la faillite d'un associé n'empêcherait pas la continuation de la société avec les créanciers, qui peuvent le représenter, et vendre son action si bon leur semble.

Obligations imposées par la loi pour les diverses sociétés commerciales.

L'art. 42 du code de commerce porte : L'extrait des actes de société en nom collectif et en commandite doit être remis au greffier du tribunal de commerce de l'arrondissement dans lequel est établie la maison du commerce social, pour être transcrit sur le registre et affiché pendant trois mois dans la salle des audiences. Les formalités seront observées, à peine de nullité, à l'égard des intéressés; mais le défaut d'aucune d'elles ne pourra être opposé à des tiers par des associés. L'ordonnance du Roi qui autorise les sociétés anonymes devra être affiché avec l'acte d'association et pendant le même temps.

§ IV.

Des associations commerciales en participation.

Ces associations n'ont pour objet que des opérations momentanées, quelquefois une seule ; et en cela elles diffèrent essentiellement des trois autres sociétés commerciales dont nous venons de parler, qui constituent entre les associés une longue série de rapports et d'intérêts communs, et par suite les unissent par des liens beaucoup plus durables.

Elles sont relatives à une ou plusieurs opérations de commerce ; elles ont lieu pour les objets, dans les formes, avec les proportions d'intérêts et aux conditions convenues entre les parties.

Les associations en participation peuvent être formées par des particuliers entre eux, pour l'exploitation d'entreprises mises en adjudication, soit par le Gouvernement, soit par une autorité ou administration quelconque.

Les associations en participation n'ayant pour objet que des opérations passagères et presque toujours d'une courte durée, telles que l'achat et la revente de certaine quantité de bestiaux, de denrées ou autres marchandises, et se formant souvent inopinément et à l'instant même où ces opérations doivent s'effectuer, et le plus communément dans les foires et marches, elles ne pouvaient pas être assujetties aux formalités prescrites par les autres sociétés ; c'est pourquoi elles en ont été affranchies par une disposition expresse du code de commerce, art. 50. L'art. 49 porte qu'elles peuvent être constatées par la représentation des livres, de la correspondance, ou par la preuve testimoniale, si le tribunal juge qu'elle peut être admise.

§ V.

Différentes manières dont finissent les sociétés.

La société finit, 1° par l'expiration du temps pour lequel elle a été constituée ; 2° par l'extinction de la chose, ou la consommation de la négociation ; 3° par la mort naturelle de quelques-uns des associés ; 4° par la mort civile, l'interdiction ou la déconfiture de l'un d'eux ; 5° par la volonté qu'un seul ou plusieurs expriment de no plus être en société.

La prorogation d'une société à temps limité ne peut être prouvée que par un écrit revêtu des mêmes formes que le contrat de société.

FORMULE

D'UN ACTE DE SOCIÉTÉ EN NOM COLLECTIF

(Les mises de fonds des associés n'opérant aucune obligation ou libération, ne sont passibles d'aucun droit particulier.)

Entre les soussignés,

(Préambule de la formule précédente.)

Ont constitué entre eux une société en nom collectif aux condi-ons suivantes :

Les opérations de la société pourront embrasser toute sorte de ,ommerce, d'achats et ventes de marchandises.

Pour cet effet, **M. B.** a présentement apporté dans la société une somme de   francs, et **M. R.** a déposé aussi, pour sa portion, dans la société, la somme principale de   francs en numéraire ; plus une pareille valeur en marchandises.

Les valeurs de la société, ci-dessus exprimées, seront déposées dans une caisse à deux clefs, et n'en seront sorties que pour acheter des marchandises ou entreprendre des opérations de commerce qui auront été respectivement convenues entre les parties.

Il sera établi un registre spécial pour établir l'emploi des fonds communs aux achats et ventes. Ces livres seront tenus par les associés, suivant les règles du commerce.

La raison sociale sera B.... et R....., sous laquelle seront signés et consentis tous les actes et opérations communs. Cette signature engagera solidairement les associés, encore qu'elle ne soit donnée que par un seul.

Le siége de la société sera établi à

La présente société est consentie pour six ans, à compter de ce jour. Chaque année il sera fait inventaire des marchandises, de l'actif et du passif de la société, afin d'en constater la situation. Les bénéfices seront partagés par moitié entre les soussignés.

Les soussignés se réservent de proroger la présente société, si bon leur semble, lorsque le terme en sera expiré.

En cas de décès de l'un des associés, pendant le terme ci-devant fixé, la société sera dissoute, et sa liquidation sera confiée au survivant.

Enfin il est convenu que ni l'un ni l'autre des associés ne pourra entreprendre aucune opération ou spéculation de commerce qui serait étrangère à la société, sous peine de tels dommages-intérêts qu'il appartiendra.

Fait double, à   le   mil...

(Signatures des parties.)

FORMULE

D'UN ACTE DE SOCIÉTÉ EN COMMANDITE.

Nous soussignés,

(Préambule de la formule précédente.)

Avons constitué entre nous une société de commerce en commandite, aux conditions suivantes :

La société est fondée pour faire entreprendre toutes les opérations de commerce, achats et ventes de marchandises quelconques, suivant qu'elles seront d'abord approuvées et convenues par les associés solidaires et responsables, ci-après nommés.

La masse de la société sera composée d'une somme principale de

300,000 fr·, de laquelle somme cent mille francs ont été fournis présentement par G.... T...., cent autres mille francs ont été aussi fournis à l'instant par R.... S..., et les cent mille francs restant seront fournis par S... D...

Ces fonds seront versés dans la caisse sociale, dont l'administration sera confiée à un caissier comptable, qui ne pourra faire aucun emploi de l'argent de la société que pour les paiements des affaires, négociations, achats et autres objets qui lui seront désignés par les soussignés ou par les livres de la société.

Les sus-nommés nomment, pour leur caissier, le sieur G...., qui ne pourra entrer en exercice qu'après avoir versé un cautionnement de la somme de   entre les mains des soussignés, qui lui en donneront décharge et lui en paieront l'intérêt à pour cent par an.

Ce cautionnement lui sera remis lorsqu'il cessera ses fonctions.

La raison sociale de la société sera celle de R.... S.... et S.... D.... Tous les actes de la société seront exclusivement signés sous cette raison, et chacun des associés responsables pourra le signer seul; les actes qu'il signera ainsi obligeront la société.

Les soussignés désignent pour associés solidaires responsables lesdits R.... S.... S.... D... En conséquence, ils administreront exclusivement la masse sociale.

Le siège de la société sera fixé dans la maison de S... D...

A l'égard de G... T..., il n'est reconnu qu'associé en commandite dans la présente société; en conséquence, il ne sera tenu des pertes que jusqu'à concurrence du fonds qu'il a mis dans la société; il aura droit au tiers des profits, à quelque valeur qu'ils puissent se monter.

La présente société en commandite est faite pour le temps de huit ans, pendant lesquels elle ne pourra être dissoute que du consentement des parties, ou en cas de la mort de l'un des associés. En ce cas, les héritiers du décédé pourront demander la restitution de sa mise, aux charges de droit, sauf à supporter les pertes, s'il y en a.

Les associés responsables et solidaires rendront compte de leur gestion tous les six mois; ils partageront avec les autres associés les bénéfices qu'ils auront pu faire dans la société. A la fin de chaque année, ils feront un inventaire des meubles, effets, marchandises, créances et immeubles de la société, afin d'en constater la situation. . . . . .

Les livres et registres de la société seront tenus suivant les règles du commerce. Les associés gérants et solidaires fixeront le traitement du caissier et des commis.

Fait triple à   le   mil...

(*Signatures des parties.*)

FORMULE

D'UN ACTE DE SOCIÉTÉ EN PARTICIPATION.

Les soussignés:

Louis Roux, marchand, demeurant à

Et Luc Bernard, marchand, demeurant à

Reconnaissant avoir acheté en participation un bateau chargé de blé de Bourgogne, du sieur Guy, qu'ils ont payé comptant, chacun pour leur moitié, suivant quittance dudit Guy, en date du

Ce blé sera vendu au comptant par les soussignés, ensemble ou séparément, soit sur les lieux, soit sur les places où il en sera fait des demandes.

Chacun des associés rendra compte à l'autre tous les mois, des ventes qu'il aura faites séparément: le produit en sera partagé par moitié, sauf la réduction des frais de magasinage, d'ouvriers, et autres déboursés. Si, au lieu de profit, il résultait des pertes desdites ventes, elles seraient supportées par moitié, et chacun en fera raison à l'autre.

La présente association cessera de plein droit aussitôt que le blé dont il s'agit sera vendu, et que les comptes de vente en seront respectivement réglés.

Fait double à   le   mil...

(*Signatures des parties.*)

§ VI.

Du jugement des contestations entre associés.

Toute contestation entre associés , et pour raison de la société, doit être jugée par des arbitres.

Les difficultés sur les associations commerciales en participation sont , comme celles qui ont eu lieu dans toutes les autres sociétés, du domaine de l'arbitrage forcé. (Arrêt de cassation, du 28 mars 1815.)

L'art. 51 du code de commerce doit être entendu dans un sens absolu et impératif : de telle sorte que les tribunaux de commerce ne peuvent , même du consentement des parties , connaître des contestations entre associés , bien qu'il s'agisse d'une société commerciale en participation ; ils doivent les renvoyer d'office devant les arbitres. (Arrêt de cassation , du 7 janvier 1818.)

Toutes actions contre les associés non liquidateurs et leurs veuves , héritiers ou ayant-cause , sont prescrites cinq ans après la fin ou la dissolution de la société, si l'acte de société qui en énonce la durée , ou l'acte de la dissolution , a été affiché et enregistré , conformément aux articles 42, 43, 44, et 46, et si, depuis cette formalité remplie, la prescription n'a été interrompue à leur égard par aucune poursuite judiciaire.

ENREGISTREMENT.

» Les actes de société ou de leur dissolution sont soumis au droit fixe de 5 fr.

» Les actes sous seing-privé contenant établissement, changement, prolongation ou dissolution de société, doivent être enregistrés avant la remise au greffe du tribunal de commerce des extraits dont l'affiche est ordonnée.

» La déclar. tion signée par les associés ou gérants, portant que
» la société a été formée par convention verbale, doit également
» être enregistrée avant d'être reçue au greffe du tribunal de com-
» merce, au droit fixe de 5 francs.

» Les actes contenant cession de portion d'intérêt dans une société
» en commandite, sont assujettis au droit de 50 c. ou 2 fr. par cent
» francs, suivant que le titre de cession ne confère pas ou confère
» une propriété dans l'entreprise.

SUCCESSION.

On entend par succession la transmission des biens ,
droits et charges d'une personne décédée , à une ou plusieurs autres.

Les successions sont transmises par la force de la loi ,
ou par la volonté de l'homme. Les premières s'appellent
légitimes, parce qu'elles font passer les biens dans l'ordre
voulu par la loi : elles forment la règle générale. Les secondes, qu'on nomme *successions testamentaires*, ne sont
que des exceptions que la volonté de l'homme apporte à
cette règle générale.

§ 1.

De l'ouverture des successions.

Les successions s'ouvrent par la mort naturelle et par
la mort civile.

On dit qu'une succession est ouverte , lorsque les biens
qui la composent, étant restés sans maître , doivent passer
aux héritiers désignés par la loi. Il est très-important de
déterminer le moment précis de cette ouverture , pour
savoir quels sont les héritiers.

Des divers ordres de successions.

Les successions sont déférées aux enfants et descendants du défunt, à ses ascendants et à ses parents collatéraux, dans l'ordre et suivant les règles ci-après déterminées.

Toute succession échue à des descendants ou à des collatéraux se divise en deux parts égales ; l'une, pour les parents de la ligne *paternelle* ; l'autre, pour les parents de la ligne *maternelle*. Les parents *utérins* ou *consanguins* ne sont pas exclus par les germains, mais ils ne prennent part que dans leurs lignes : les germains prennent part dans les deux lignes. Il ne se fait aucune dévolution d'une ligne à l'autre, que lorsqu'il ne se trouve aucun ascendant ni collatéral de l'une des deux lignes.

La ligne paternelle est celle qui comprend tous les parents du père défunt. La ligne maternelle est celle qui comprend tous les parents de la mère du défunt.

Cette division entre les lignes paternelle et maternelle est fondée sur cette considération, que les biens du défunt proviennent ordinairement de ses parents dans l'une et l'autre ligne.

Les frères *germains* sont ceux qui sont issus d'un même père et d'une même mère. On distingue des frères *consanguins*, qui n'ont que le père commun ; et des frères *utérins*, qui n'ont que la même mère. Les frères germains sont issus tout à la fois des parents *paternels* et *maternels* ; les frères utérins ne tiennent qu'à la ligne *maternelle* ; les frères consanguins, à la ligne *paternelle* seulement.

La proximité de parenté s'établit par le nombre de générations ; chaque génération s'appelle un *degré*.

La suite des degrés forme la ligne. On appelle ligne directe, la suite des degrés entre personnes qui descendent les unes des autres; ligne collatérale, la suite des degrés entre personnes qui ne descendent pas les unes des autres, mais qui descendent d'un auteur commun. On distingue la ligne directe, en ligne directe descendante et ligne directe ascendante. La première est celle qui lie le chef avec ceux qui descendent de lui : la deuxième est celle qui lie une personne avec ceux dont elle descend.

En ligne directe, on compte autant de degrés qu'il y a de générations entre les personnes : ainsi, le fils est, à l'égard du père, au premier degré ; le petit-fils, au second, et réciproquement du père et de l'aïeul à l'égard des fils et petits-fils.

En ligne collatérale, les degrés se comptent par les générations, depuis l'un des parents jusques et non compris l'auteur commun, et depuis celui-ci jusqu'à l'autre parent. Ainsi, deux frères sont au deuxieme degré; l'oncle et le neveu sont au troisième ; les cousins-germains au quatrième, ainsi de suite.

§ III.

De la représentation.

La représentation est une fiction de la loi, dont l'effet est de faire entrer les représentants dans la place, dans le degré et dans les droits du représenté.

La représentation a lieu à l'infini dans la ligne directe descendante; elle est admise dans tous les cas, soit que les enfants du défunt concourent avec les descendants d'un enfant prédécédé, soit que tous les enfants du défunt étant morts avant lui, les descendants des dits enfants se trouvent entre eux en degrés égaux ou inégaux.

La représentation n'a pas lieu en faveur des ascendants; le plus proche, dans chacune des deux lignes, exclut toujours le plus éloigné. En ligne collatérale, la représentation est admise en faveur des enfants et des descendants de frères ou de sœurs du défunt, soit qu'ils viennent à sa succession concurremment avec des oncles ou tantes, soit que tous les frères ou sœurs du défunt étant prédécédés, la succession se trouve dévolue à leurs descendants en degrés égaux ou inégaux. Quand la représentation est admise, le partage s'opère par souche. Si une même souche a produit plusieurs branches, la subdivision se fait aussi par souche dans chaque branche, et les membres de la même branche partagent entre eux par tête.

§ IV.

Des successions déférées aux descendants.

Les enfants ou leurs descendants succèdent à leur père et mère, aïeuls, aïeules, ou autres descendants sans distinction de sexe ni de primogéniture, et encore qu'ils soient issus de différents mariages. Ils succèdent par égale portion et par tête, quand ils sont tous au premier degré et appelés de leur chef; ils succèdent par souche lorsqu'ils viennent tous en partie par la représentation.

Ainsi, les enfants mâles ne sont pas plus favorisés que les enfants de l'autre sexe, les aînés que les cadets : toutes ces distinctions ont été proscrites par la raison bien naturelle que tous les enfants du défunt ayant eu la même part à son affection, ils doivent avoir des droits égaux dans sa succession.

§ V.

Des successions déférées aux ascendants.

Si le défunt n'a laissé ni postérité, ni frère, ni sœur, ni descendants d'eux, la succession se divise par moitié entre les ascendants de la ligne paternelle et les ascendants de la ligne maternelle. L'ascendant qui se trouve au degré le plus proche recueille la moitié affectée à sa ligne, à l'exclusion de toutes autres. Les ascendants au même degré succèdent par tête.

Les ascendants succèdent, à l'exclusion de tous autres, aux choses par eux données à leurs enfants ou descendants décédés sans postérité, lorsque les objets donnés se trouvent en nature dans la succession. Si les objets ont été aliénés, les ascendants recueillent le prix qui peut en être dû. Ils succèdent aussi à l'action en reprise que pouvait avoir le donataire.

Lorsque les père et mère d'une personne morte sans postérité lui ont survécu, si elle a laissé des frères, sœurs, ou descendants d'iceux, la succession se divise en deux portions égales, dont la moitié seulement est déférée au père et à la mère qui la partagent entre eux également ; l'autre moitié appartient aux frères, sœurs ou descendants d'eux.

Dans le cas où la personne morte sans postérité laisse des frères, sœurs ou descendants d'eux, si le père ou la mère sont prédécédés, la portion qui lui aurait été dévolue se réunit à la moitié déférée aux frères, sœurs ou à leurs représentants.

§ VI.

Des successions collatérales.

En cas des prédécès de père et mère d'une personne morte sans postérité, ses frères, sœurs ou leurs descendants, sont appelés à la succession, à l'exclusion des ascendants ou autres collatéraux. Si le père et la mère de la personne morte sans postérité lui ont survécu, ses frères, sœurs ou leurs représentants ne sont appelés qu'à la moitié de la succession ; si le père où la mère seulement a survécu, ils sont appelés à recueillir les trois quarts.

A défaut de frères ou sœurs, ou de descendants d'eux, et à défaut d'ascendants dans l'une ou l'autre ligne, la succession est déférée par moitié aux ascendants survivants, et, pour l'autre moitié, aux parents les plus proches de l'autre ligne. S'il y a concours de parents collatéraux au même degré, ils partagent par tête.

Dans le cas de l'article précédent, le père ou la mère survivent à l'usufruit du tiers des biens auxquels ils ne succèdent pas en propriété.

Les parents au-delà du douzième degré ne succèdent pas. A défaut de parents au degré successible dans une ligne, les parents de l'autre ligne succèdent pour le tout

§ VII.

Des successions irrégulières.

Il y a trois sortes d'héritiers irréguliers : 1° les enfants naturels ; 2° le conjoint survivant ; 3° le fisc ou l'État.

Droits des enfants naturels. — Les enfants naturels ne sont point héritiers, la loi ne leur accorde de droit sur les biens de leur père ou mère décédés, que lorsqu'ils ont été reconnus.

Le droit de l'enfant naturel sur la succession de ses auteurs n'est donc point un droit héréditaire proprement dit : « C'est, dit M. Toullier, un droit comparable à celui du légataire à titre universel. »

Du reste, les enfants naturels n'ont aucun droit sur les biens des parents de leur père et mère, avec lesquels ils n'ont aucune relation de parenté civile.

Leurs droits s'exercent ainsi qu'il suit :

Ils prennent la totalité des biens composant l'hérédité de leur père ou mère, lorsque ceux-ci ne laissent point de parents au degré successible, c'est-à-dire au-dessous du douzième degré.

Dans le cas contraire, voici comment cette qualité se détermine : si le père ou la mère ont laissé des descendants légitimes, le droit de l'enfant naturel est *d'un tiers* de la portion héréditaire qu'il aurait eue s'il eût été légitime ; il est de *la moitié* lorsque le père ou la mère ne laissent pas de descendants, mais bien des ascendants, ou des frères ou sœurs ; il est des *trois quarts* lorsque le père ou la mère ne laissent ni descendants, ni ascendants, ni frères ni sœurs, ni descendants de frères ou de sœurs. (Toullier, n° 254, et Chabot, n° 9.)

§ VIII.

Des droits du conjoint survivant et de l'État.

Lorsque le défunt ne laisse ni parents au degré successible, ni enfants naturels, les biens de sa succession appartiennent au conjoint non divorcé qui lui survit.

Quoique le conjoint du défunt ne lui tienne plus par aucun lien de parenté civile ou naturelle, il était juste de lui déférer la succession par préférence à l'État.

A défaut du conjoint survivant, la succession est acquise à l'État. Ce n'est qu'en l'absence et au défaut de tout ayant-droit que l'État est appelé à succéder.

Les enfants naturels, l'époux survivant et l'État appelés à succéder seuls, ne peuvent s'immiscer dans les biens qu'après avoir demandé l'envoi en possession au tribunal de première instance dans le ressort duquel la succession est ouverte, et le tribunal ne peut statuer sur la demande qu'après trois publications et affiches dans les formes usitées, et après avoir entendu le procureur du Roi.

Déclaration de succession.

Cette déclaration doit être faite au bureau d'enregistrement de la situation des biens, dans les six mois du décès de celui qui délaisse les biens composant la succession.

Il est dressé deux états : l'un pour le mobilier, sur papier timbré; et l'autre pour les immeubles, sur papier libre. Le premier ne doit être dressé que lorsqu'il n'y a point d'inventaire.

Droits de succession.

Voyez *Mutations*, page. 277.

FORMULE

D'UN ÉTAT ESTIMATIF ET DESCRIPTIF D'OBJETS MOBILIERS.

Etat du mobilier et créances délaissés par   décédé à le   après avoir fait son testament le   par lequel il

lègue le quart en propriété et le quart en usufruit de tous ses biens

meubles et immeubles, situés à   à l'un de ses enfants; les

autres co-héritiers sont : 1°   2°

*(Faire l'énumération et l'évaluation de tous les objets mobiliers,
ensuite des immeubles.)*

Cet état estimatif doit être présenté au receveur de l'enregistrement quand on va payer les droits de la succession.

TARIF.

FRAIS DUS AUX HUISSIERS, GREFFIERS, AVOUÉS ET NOTAIRES.

§ I.

Des huissiers.

Les huissiers sont des fonctionnaires publics, établis dans chaque arrondissement pour faire toutes citations, notifications et significations requises pour l'instruction des procès, tous actes et exploits nécessaires à l'exécution des ordonnances de justice, jugements et arrêts, et le service personnel près les cours et tribunaux.

Ils sont nommés par le Roi; ils doivent être âgés de vingt-cinq ans accomplis.

Dans les lieux où il n'y a pas de commissaires-priseurs, ils ont le droit de procéder, concurremment avec les greffiers et les notaires, aux prisées et ventes publiques des meubles et effets mobiliers.

§ II.

Des huissiers des juges-de-paix.

Pour l'original de chaque citation contenant demande:

Paris, 1 fr. 50 c. ; villes où il y a un tribunal de première instance, 1 fr. 25 c. ; autres villes et cantons ruraux, 1 fr 25 c. ; de signification de jugement, 1 fr. 25 c. ; pour l'original d'opposition au jugement par défaut, contenant assignation à la prochaine audience, 1 fr. 50 c. ; demande en garantie, 1 fr. 50 c. ; citation aux témoins, 1 fr. 50 c. ; citation en conciliation, 1 fr. 50 c. ; citation aux membres qui doivent composer le conseil de famille, 1 fr. 50 c. ; oppositions aux scellés, 1 fr. 50 c. ; sommation à la levée des scellés, 1 fr. 50 c. ; et pour chaque copie des actes ci-dessus énoncés, le quart de l'original.

Pour transport qui ne pourra être alloué qu'autant qu'il y aura plus d'un demi-myriamètre (une lieue ancienne) de distance entre la demeure de l'huissier et le lieu où l'exploit devra être posé, aller et retour, par myriamètre, 2 fr. Il n'est rien alloué aux huissiers des juges-de-paix pour un *visa* par le greffier de la justice de paix, ou par les maires et adjoints des communes du canton, dans les différents cas prévus par le code de procédure.

§ III.

Des huissiers ordinaires.

(Actes de première classe.)

Pour l'original d'un exploit d'appel d'un jugement du juge-de-paix,—d'un exploit d'ajournement : Paris, 2 fr. ; partout ailleurs, 1 fr. 50 c.—Pour les copies de pièces qui doivent être données avec l'exploit d'ajournement, et autres actes, par rôle contenant vingt lignes à la page et dix syllabes à la ligne : Paris, 25 c. ; partout ailleurs, 20 c.

Pour l'original d'une sommation d'être présent à la pres-

tation d'un serment ordonné, d'une signification de jugement à domicile,—de signification de jugement par défaut
contre la partie , — pour l'original d'opposition au jugement rendu par le tribunal de commerce, — de signification des jugements contradictoires, etc., et autres actes :
Paris, 2 fr. ; partout ailleurs, 1 fr. 50 c. Les copies doivent
être correctes et lisibles, à peine de rejet de la taxe.

§ IV.

(Actes de seconde classe.)

ginal de la récusation du juge-de-paix : Paris,
3 fr. ; villes où il y a un tribunal de première instance,
2 fr. 25 c. ; autres villes et cantons ruraux, 2 fr. 25 c. ;
et pour la copie, le quart.

Pour un procès-verbal de saisie-exécution qui durera trois
heures : Paris, y compris 1 fr. 50 c. pour chaque témoin,
8 fr. ; partout ailleurs, y compris 1 fr. pour chaque témoin,
6 fr. — Vacation du commissaire de police qui aura été
requis d'être présent à l'ouverture des portes et des meubles fermant à clef : Paris , 5 fr. ; villes où il y a un tribunal de première instance, 3 fr. 75 c. ; autres villes et cantons ruraux, 2 fr. 50 c. — Pour vacation de l'huissier ou
autre officier qui aura procédé à la vente, pour faire taxer
ses frais par le juge , sur la minute de son procès-verbal :
Paris, 3 fr. ; villes où il y a un tribunal de première instance, 2 fr. ; autres villes et cantons ruraux, 1 fr. 50 c., et
pour consigner les deniers provenant de la vente : Paris,
3 fr. ; villes où il y a un tribunal de première instance,
2 fr. ; autres villes et cantons ruraux, 1 fr. 50 c.—Pour un
procès-verbal de saisie-brandon quand il n'y sera pas employé plus de trois heures : Paris, 6 fr. ; villes où il y a un

tribunal de première instance, 5 fr. ; autres villes et cantons ruraux, 4 fr. — Pour un procès-verbal de saisie-immobilière auquel il n'aura été employé que trois heures : Paris, 6 fr. ; villes où il y a un tribunal de première instance, 5 fr. ; autres villes et cantons ruraux, 5 fr. L'huissier ne se fera point assister de témoins. — Pour le procès-verbal d'emprisonnement d'un débiteur, y compris l'assistance de deux recors et l'écrou : Paris, 60 fr. 25 c. ; villes où il y a un tribunal de première instance, 40 fr. ; autres villes et cantons ruraux, 30 fr. — Pour l'original d'un protêt, avec perquisition, assistance et copies comprises : Paris, 5 fr. ; partout ailleurs, 4 fr.

Nota. Il ne sera rien alloué aux huissiers pour transport, jusqu'à un demi-myriamètre, pour frais de voyage, qui ne pourra excéder une journée de cinq myriamètres (dix lieues anciennes), savoir : en deçà d'un myriamètre, jusqu'à un myriamètre, pour aller et retour : Paris, 4 fr. ; villes et cantons ruraux, 4 fr. — Au-delà d'un myriamètre, il sera alloué par chaque demi-myriamètre, sans distinction, 2 fr. Il sera taxé pour *visa* des actes qui y sont assujettis : Paris, 1 fr. ; partout ailleurs, 75 c.

§ V.

Des greffiers des juges-de-paix.

Expéditions d'actes de juges-de-paix.— Les expéditions doivent contenir vingt lignes à la page et dix syllabes à la ligne.

Il est taxé au greffier, par chaque rôle d'expédition, savoir : à Paris, 50 c. ; dans les villes où il y a un tribunal de première instance, 40 c. ; et dans les autres villes et cantons ruraux, 40 c.

Les greffiers des juges-de-paix ne peuvent délivrer d'expédition entière des procès-verbaux d'appositions, reconnaissances et levées de scellés, qu'autant qu'ils en seront expressément requis.

§ VI.

Greffiers des tribunaux de première instance.

Les expéditions doivent contenir vingt lignes à la page et huit à dix syllabes à la ligne.

Les expéditions de jugements définitifs rendus par les tribunaux civils et de commerce, soit contradictoirement, soit par défaut, sont payés 2 fr. le rôle.

Les expéditions des jugements définitifs rendus par les tribunaux civils, soit contradictoires, en dernier ressort ou sujets à l'appel, celles des décisions des arbitres, celles des jugements rendus sur l'appel des juges-de-paix, celles des ventes et baux judiciaires, seront payées 1 fr. 25 e.

Aucune expédition de jugement ne peut être délivrée avant la signature des minutes, à peine de faux.

Les greffiers ne peuvent non plus délivrer aucune copie ou expédition d'actes et jugements, sans qu'ils aient été enregistrés, à peine de 50 fr. d'amende.

Les expéditions des jugements interlocutoires et préparatoires, d'instruction, des enquêtes, interrogatoires, rapports d'experts, délibération, avis de parents, dépôts de bilans, pièces et registres, déclaration, affirmation, renonciation à la communauté, à la succession, et généralement de tous actes faits ou déposés au greffe, non spécifiés aux art. 7 et 8 de la loi, ensemble tous les jugements des tribunaux de commerce, seront payés 1 fr. le rôle.

Défense leur est faite d'exiger ni recevoir aucun droit de prompte expédition, à peine de 100 fr. d'amende et de destitution.

Ils ne peuvent exiger aucun droit de recherche des actes et jugements faits ou rendus dans l'année, ni de ceux dont ils feront les expéditions; mais quand il n'y a pas d'expédition, il leur est attribué un droit de recherche fixé à 50 c. pour l'année qui sera indiquée; et s'il leur est indiqué plusieurs années, il ne leur revient que 25 c. pour chacune des autres.

§ VII.

Des avoués.

CHAPITRE I. — MATIÈRE SOMMAIRE.

Les dépens, dans ces matières, sont liquidés, tant en demandant qu'en défendant, savoir : pour l'obtention d'un jugement par défaut contre la partie ou avoué, y compris les qualités et la signification à avoué, s'il y a lieu, quand la demande n'excède pas 1,000 fr. . Paris, 7 fr. 50 c.; dans le ressort, les trois quarts; et quand elle excèdera 1,000 fr. jusqu'à 5,000 fr., 15 fr. — Et pour l'obtention d'un jugement contradictoire ou définitif, quand la demande n'excèdera pas 1,000 fr., 15 fr.; quand elle excèdera 1,000 fr. jusqu'à 5,000 fr., 20 fr.; et quand elle excèdera 5,000 fr., 30 fr.

Nota. Si la valeur de l'objet de la contestation est indéterminée, le juge allouera l'une des sommes ci-dessus indiquée.

S'il y a lieu à enquête, ou à visite et estimation d'experts ordonnées contradictoirement, il sera alloué un demi-droit, et, en outre, pour copie des procès-verbaux d'enquête et d'expertise, par chaque rôle : à Paris, 15 c. ; dans le ressort, les trois quarts — il sera passe à l'avoué qui lèvera le jugement rendu contradictoirement, pour dresse des qualités et de signification de jugement à avoué, le quart du droit accordé pour l'obtention du jugement contradictoire. Il ne sera alloué aucun honoraire aux avocats dans ces sortes de causes.

CHAPITRE II. — MATIÈRE ORDINAIRE.

Droit de consultation.

Pour la consultation sur toute demande principale, intervention, tierce-opposition et requête civile, tant en demandant qu'en défendant, sans qu'il puisse être passe plus d'un droit pour chaque avoué et par cause, le droit ne pourra être exigé qu'autant qu'il aura été obtenu un jugement par défaut contre la partie, ou qu'il aura eu constitution d'avoué : Paris, 10 fr. ; dans le ressort, 7 fr. 50 c. Il n'est alloué aucun émolument à l'avoué, dans le cas où il paraîtrait devant le juge-de-paix pour une demande en conciliation.

§ VIII.

(Actes de première classe.)

Pour l'original d'une constitution d'avoué : Paris, 1 fr., dans le ressort, 75 c. — Pour acte d'avoué à avoué, pour suivre l'audience, sans qu'il puisse en être passé plus d'un seul pour chaque jugement par défaut, interlocutoire ou contradictoire, idem. — De la sommation contenant indication des jour et heure choisis par les experts, si la partie

n'était pas présente à la prestation de serment, *idem.*
— De la signification du rapport d'experts, *idem.* — De
l'acte de signification du cahier des charges en licitation
aux avoués des colicitants, *idem.*

§ IX.

(Actes de deuxième classe.)

Acte de production nouvelle en instruction par écrit,
contenant l'état des pièces : Paris, 5 fr. ; dans le ressort,
3 fr. 75 c. — Acte contenant les moyens de récusation
contre les experts, *idem.* — Acte contenant réponse aux
moyens de récusation, *idem.* — Pour chaque copie, indépendamment des copies de pièces, le quart. — Pour l'original ou grosse des requêtes servant de défense aux demandes, contenant vingt-cinq lignes à la page et douze
syllabes à la ligne : Paris, 2 fr. ; dans le ressort, 4 fr. 50 c.

Les copies de pièces qui seront données avec les défenses, seront taxées à raison du rôle de vingt-cinq lignes à
la page et douze syllabes à la ligne : Paris, 30 c. ; dans le
ressort, 25 c.

Pour l'original ou grosse des requêtes, contenant réponse aux défenses, dans la forme ci-dessus, pour chaque
rôle : Paris, 2 fr. ; dans le ressort, 1 fr. 50 c. — Des requêtes en instruction par écrit, terminées par l'état des
pièces, *idem.*

Dans les instructions par écrit, les grosses et les copies
de toutes les requêtes porteront la déclaration du nombre
de rôles dont elles sont composées, à peine de rejet de la
taxe. Pour la grosse de la requête d'opposition au jugement
par défaut, contenant les moyens pour chaque rôle : Paris,
2 fr. ; dans le ressort, 1 fr. 50 c.

§ X.

Plaidoiries et assistance aux jugements.

Pour honoraires de l'avocat qui aura plaidé la cause contradictoirement : Paris, 15 fr. ; dans le ressort, 10 fr.

Pour l'assistance de l'avoué à l'audience, à l'effet de demander acte de sa constitution, en cas d'abréviation des délais : Paris, 1 fr. 50 c. ; dans le ressort, 1 fr. — Assistance et plaidoiries aux jugements par défaut : Paris, 3 fr.; dans le ressort, 2 fr. — Pour honoraires de l'avocat qui aura pris le jugement par défaut : Paris, 5 fr. ; dans le ressort, 4 fr. — Quand le jugement par défaut aura été pris par un avocat, le droit d'assistance de l'avoué ne sera . à Paris, que de 1 fr.; dans le ressort, 75 c.

Pour l'assistance de chaque avoué à tout jugement portant remise de cause ou indication de jour, sans que les jugements puissent être levés, ni qu'il soit signifié de qualité : Paris, 3 fr. ; dans le ressort, 2 fr. 25 c.

Pour assistance aux jugements sur délibéré ou instruction par écrit, y compris les notes qu'ils pourront fournir : Paris, 5 fr.; dans le ressort, 4 fr.

Pour assistance des avoués à chaque journée des plaidoiries qui précèdent les jugements interlocutoires et définitifs : Paris, 5 fr. ; dans le ressort, 2 fr. 25 c. ; et quand les avoués plaideront eux-mêmes : Paris, 10 fr.; dans le ressort, 6 fr.

§ XI.

Des vacations.

Vacations pour mettre la cause au rôle, pour communi-

quer les pièces de la cause au ministère public, et les retirer, le tout ensemble : Paris, 1 fr. 50 c. ; dans le ressort,
4 fr. 15 c. — Vacations pour donner et prendre communication des pièces de la cause à l'amiable, sur récépissé ou
par la voie du greffe : Paris, 3 fr.; dans le ressort, 2 fr.
25 c. — Pour être présent à la prestation de serment des
experts devant le juge-commissaire, *idem.* — Pour faire insérer l'extrait du jugement qui aura prononcé la séparation
de biens, dans le journal; pour faire insérer l'extrait du jugement qui prononcera la séparation de corps, dans le
journal; pour assister à huis-clos les époux dans le cas
de demande en séparation de corps; pour assistance à la
délibération du conseil de famille qui suit la demande en
interdiction; pour extrait du jugement qui admet à la cession de biens, et le faire insérer au greffe du tribunal de
commerce et du tribunal de première instance : Paris, 6 fr.;
dans le ressort, 4 fr. 50 c. — Vacation pour requérir une
apposition de scellés, pour chaque vacation de trois heures : Paris, 6 fr.; dans le ressort, 4 fr.

Nota. La partie condamnée aux frais, qui croirait que
l'avoué a pris des droits plus forts que ceux qui lui sont
alloués par le tarif, peut toujours exiger, avant de payer
l'état des frais, que l'avoué le fasse taxer par le président
du tribunal, ou par un juge commis à cet effet.

§ XII.

Des notaires.

I.

Il sera taxé aux notaires, pour tous les actes indiqués
par le code civil et par le code judiciaire :

Pour chaque vacation de trois heures,

1° Aux compulsoires faits en leur étude ;

2° Devant le juge, en cas que leur transport devant lui ait été requis ;

3° A tout acte respectueux et formel, pour demander le conseil du père et de la mère, ou celui des aïeuls ou aïeules, à l'effet de contracter mariage ;

4° Aux inventaires contenant estimation des biens meubles ou immeubles des époux qui veulent demander séparation de corps et de biens ;

5° Aux inventaires après décès ;

6° En référé devant le président du tribunal, s'il s'élève des difficultés, ou s'il est formé des réquisitions pour l'administration de la communauté ou de la succession, ou pour tous autres objets ;

7° A tous procès-verbaux qu'ils dresseront en tous autres cas, et dans lesquels ils seront tenus de constater le temps qu'ils y auront employé ;

8° Au greffe, pour y déposer la minute du procès-verbal des difficultés élevées dans les partages, contenant les dire des parties :

A Paris, 9 fr. ; dans les villes où il y a un tribunal de première instance, 6 fr. ; partout ailleurs, 4 fr.

Dans tous les cas où il est alloué des vacations aux notaires, il ne leur sera rien passé pour les minutes de leurs procès-verbaux.

II.

Quand les notaires seront obligés de se transporter à plus d'un myriamètre de leur résidence, indépendamment de leur journée, il leur sera alloué, pour tous frais de voyage et nourriture, par chaque myriamètre, un cinquième de leurs vacations.

III.

Il sera passé aux notaires, pour la formation des comptes que les co-partageants peuvent se devoir, de la masse générale de la succession, des lots et des fournissements à faire à chacun des co-partageants, une somme correspondante au nombre des vacations que le juge arbitrera avoir été employées à la confection de l'opération.

IV.

Les remises accordées aux avoués sur les prix de ventes d'immeubles seront allouées aux notaires, dans les cas où les tribunaux renverront des ventes d'immeubles par devant eux, mais sans distinction de celles dont le prix n'excédera pas 2,000 fr. ; et au moyen de cette remise, ils ne pourront rien exiger pour les minutes de leurs procès-verbaux de publication d'adjudication.

V.

Tous les actes du ministère des notaires, notamment les partages et ventes volontaires qui auront lieu pardevant eux, seront taxés par le président du tribunal de première instance de leur arrondissement, suivant leur nature et les difficultés que leur rédaction aura présentées, et sur les renseignements qui lui seront fournis par les notaires et les parties.

VI.

Les expéditions de tous les actes reçus par les notaires, y compris celles des inventaires de tous procès-verbaux.

contiendront *vingt-cinq lignes* à la page et *quinze syllabes* à la ligne, et leur seront payées par chaque rôle :

A Paris, 6 fr.; dans les villes où il y a un tribunal de première instance, 2 fr ; partout ailleurs, 1 fr. 50.

VII.

Les notaires seront tenus de prendre à leur chambre de discipline, et de faire afficher dans leurs études, l'extrait des jugements qui auront prononcé des interdictions contre des particuliers, ou qui leur auront nommé des conseils, sans qu'il soit besoin de leur signifier de jugement

NOUVEAU TARIF DES FRAIS POUR LES VENTES JUDICIAIRES.

La loi relative aux ventes judiciaires d'immeubles est l'une des plus importantes de l'avant-dernière session. Son effet immédiat sera la diminution des lenteurs et des frais de la procédure ; et, de toutes parts, on reconnaît l'heureuse influence qu'elle doit exercer sur la valeur de la propriété immobilière et sur le crédit foncier.

Pour arriver à ces résultats, il a fallu supprimer des formalités, abréger des délais, donner à plusieurs actes des formes nouvelles et meilleures.

Après avoir accompli ces importantes modifications, il était indispensable de réviser le tarif des frais et dépens. Les mêmes émoluments ne pouvaient plus être accordés aux officiers ministériels, lorsqu'ils n'avaient plus les mêmes travaux à faire ; aussi nous avons cru, dans l'intérêt de nos lecteurs, donner le texte exact du nouveau tarif sur les ventes judiciaires, promulgué le 10 octobre 1841

TITRE PREMIER.

DISPOSITIONS COMMUNES A TOUT LE ROYAUME.

CHAPITRE PREMIER.

Greffiers des tribunaux de première instance.

Art. 1er Il est alloué aux greffiers des tribunaux de première instance :

Pour la communication, sans déplacement, tant du cahier des
charges que du procès-verbal d'expertise. . . . . 15 fr. 00

Ce droit sera dû, soit qu'il y ait, soit qu'il n'y ait pas d'expertise.
Toutefois, si l'expertise á été ordonnée en matière de licitation , le
droit sera réduit à. . . . . 12 fr. 00

Il sera perçu lors du premier dépôt au greffe, soit du procès-verbal
d'expertise, soit du cahier des charges.

CHAPITRE II.

Conservateur des hypothèques.

Art. 2. Il est alloué aux conservateurs des hypothèques, pour :

La transcription de chaque procès-verbal de saisie immobilière
et de chaque exploit de dénonciation de ce procès-verbal au saisi
(art. 677 et 678 du code de procédure civile), par rôle d'écriture du
conservateur, contenant vingt-cinq lignes à la page et dix-huit
syllabes à la ligne. . . . . 1 fr. 00

L'acte du conservateur contenant son refus de transcription, en cas
de précédente saisie (art. 680 du code de procédure civile). 1 fr. 00

Chaque extrait d'inscription ou certificat qu'il n'en existe aucune
(arg. de l'art. 692 du code de procédure civile). . . . . 1 fr. 00

La mention des deux notifications prescrites par les art. 691 et
692 du code de procédure (art. 693 *ibid*). . . . . 1 fr. 00

La radiation de la saisie immobilière (art. 693, code de procédure
ivile). . . . . 1 fr. 00

La mention du jugement d'adjudication (art. 716, code de procédure civile). . . . . 1 fr. 00

La mention du jugement de conversion (art. 748, code de procédure civile)... . . . . 1 fr. 60

TITRE II.

DISPOSITIONS POUR LE RESSORT DE LA COUR ROYALE DE PARIS.

CHAPITRE PREMIER.

HUISSIERS.

§ 1er. *Huissiers ordinaires.*

Art. 8. *Actes de première classe.*

Il est alloué aux huissiers ordinaires (code de procédure, art. 673):

Pour l'orignal du commandement tendant à saisie immobilière :

A Paris, 2 fr.; dans le ressort, 1 fr. 50 c.

Pour chaque copie, le quart de l'original.

Pour droit de copie du titre ; par rôle contenant vingt lignes à la page et dix syllabes à la ligne, ou évalué sur ce pied :

A Paris, 25 c. ; dans le ressort, 90 c.

(Art. 681.) Pour l'original de l'assignation en référé.

(Art. 684.) De la demande en nullité de bail ;

(Art. 685.) De l'acte d'opposition entre les mains des fermiers ou locataires, ou de la simple sommation aux mêmes.

(Art. 687.) De la signification aux créanciers inscrits de l'acte de la consignation faite par l'acquéreur en cas d'aliénation, qui peut avoir lieu après saisie immobilière, sous la condition de consigne.

(Art. 691, 692.) De la sommation à la partie saisie et aux créanciers inscrits de prendre communication du cahier des charges.

(Art. 716.) De la signification du jugement d'adjudication.

(Art. 717.) De la demande en résolution qui doit être formée avant l'adjudication et notifiée au greffe.

(Art. 718.) De l'exploit d'ajournement.

(Art. 723.) De la demande en distraction de tout ou partie des objets saisis immobilièrement, contre la partie qui n'a pas avoué en cause.

(Art. 732.) De l'acte d'appel qui doit être en même temps notifié au greffier du tribunal et visé par lui.

(Art. 765.) De la signification du bordereau de collocation avec commandement.

(Art. 736) De la signification des jour et heure de l'adjudication sur folle enchère.

(Art. 837.) De la sommation à faire à l'ancien et au nouveau propriétaire, et, s'il y a lieu, au créancier surenchérisseur.

(Art. 962.) De l'avertissement qui doit être donné au subrogé-tuteur.

(Art. 969.) De la demande en partage.

Et généralement de tous actes simples non compris dans l'article suivant :

A Paris, 2 fr. ; dans le ressort, 1 fr. 50 c.

Pour chaque copie, le quart de l'original.

Art. 4. *Procès-verbaux et actes de seconde classe.*

(Art. 675.) Pour un procès-verbal de saisie immobilière auquel il n'aura été employé que trois heures :

A Paris, 6 fr. ; dans le ressort, 5 fr.

Et cette somme sera augmentée par chacune des vacations subséquentes qui auront pu être employées, de :

A Paris, 5 fr. ; dans le ressort, 4 fr.

L'huissier ne se fera pas assister de témoins.

(Art. 677.) Pour la dénonciation de la saisie immobilière à la partie saisie :

A Paris, 2 fr. 50 c. : dans le ressort, 2 fr.

Pour la copie de ladite dénonciation, le quart.

(Art. 832, code civil, art. 2185.) Pour l'original de l'acte contenant réquisition d'un créancier inscrit, à fin de mises aux enchères et adjudication publique de l'immeuble aliéné par son débiteur :

A Paris, 5 fr. ; dans le ressort, 4 fr.

Et pour la copie, le quart.

L'original et la copie de cette réquisition seront signés par le requérant ou par son fondé de procuration spéciale.

(Art. 699, 704, 709, 735, 741, 743, 836, 959, 972, 988, 997.) Pour le procès-verbal d'apposition de placards dans toutes les ventes judiciaires, y compris le salaire de l'afficheur :

A Paris, 8 fr. ; dans le ressort, 6 fr.

Art. 5. Il ne sera rien alloué aux huissiers pour transport, jusqu'à un demi-myriamètre.

Il leur sera alloué, au-delà d'un myriamètre, pour frais de voyage, qui ne pourra jamais excéder une journée de cinq myriamètres (dix lieues anciennes), savoir : au-delà d'un demi-myriamètre et jusqu'à un myriamètre, pour aller et retour :

A Paris, 4 fr. ; dans le ressort, 4 fr.

Au-delà d'un myriamètre, il sera alloué par chaque demi-myriamètre, sans distinction, 2 fr.

Il sera taxé pour visa de chacun des actes qui y sont assujettis :

A Paris, 1 fr. ; dans le ressort, 75 c.

§ 2. *Huissiers-audienciers des tribunaux de première instance.*

Art. 6. Il est alloué aux huissiers-audienciers des tribunaux de première instance (code de procédure civile, art. 659);

Pour la publication du cahier des charges :

A Paris, 1 fr. ; dans le ressort, 75 c.

(Art. 705, 706.) Lors de l'adjudication, y compris les frais de bougie que les huissiers disposeront et allumeront eux-mêmes :

A Paris, 5 fr. ; dans le ressort, 3 fr. 75 c.

Ce droit sera alloué à raison de chaque lot adjugé, quelle qu'en soit la composition, sans qu'il puisse être exigé sur un nombre de lots supérieur à six.

Lorsque après l'ouverture des enchères, l'adjudication n'aura pas lieu, il sera alloué aux huissiers, y compris les frais de bougie, et quel que soit le nombre des lots :

A Paris, 5 fr. ; dans le ressort, 3 fr. 75 c.

CHAPITRE II.

Avoués de première instance.

§ 1er. *Emoluments spéciaux à chaque nature de vente.*

Art. 7. *Saisie immobilière.*

Il est alloué aux avoués de première instance, pour chacune des vacations suivantes (code de procédure civile, art. 675) :

Vacation à faire transcrire la saisie immobilière et l'exploit de dénonciation ;

(Art. 692.) Vacation pour se faire délivrer l'extrait des inscriptions ;

(Art. 691.) Vacation à l'examen de l'état d'inscription et pour préparer la sommation au vendeur de l'immeuble saisi ;

(Art. 693.) Vacation à la mention aux hypothèques, de la notification prescrite par les art. 691 et 692 du code de procédure civile ;

(Art. 716.) Vacation à la mention sommaire du jugement d'adjudication en marge de la transcription de la saisie ;

(Art. 748.) Vacation à la mention sommaire du jugement de conversion, en marge de la transcription de la saisie ;

A Paris, 6 fr. ; dans le ressort, 4 fr. 50 c.

(Art. 695.) Pour la vacation à la publication, compris les dires qui pourront avoir lieu :

A Paris, 3 fr. ; dans le ressort, 2 fr. 45 c.

(Art. 720.) Pour l'acte de la dénonciation de la plus ample saisie au premier saisissant, à la requête du plus ample saisissant, avec sommation de se mettre en état :

A Paris, 3 fr. ; dans le ressort, 2 fr. 25 c.

Pour la copie, le quart.

(Art. 725.) Vacation pour déposer au greffe les titres justificatifs d'une demande en distraction d'objets immobiliers saisis :

A Paris, 3 fr. ; dans le ressort, 2 fr. 45.

(Art. 745.) Requête non grossoyée et non signifiée, sur le consentement de toutes les parties intéressées, pour demander, après saisie immobilière, que l'immeuble saisi soit vendu aux enchères par devant notaire ou en justice ;

A chaque avoué signataire à la requête :

A Paris, 6 fr. ; dans le ressort, 4 fr. 50 c.

Art. 8. *Surenchère sur aliénation volontaire.*

(Art. 832.) Requête pour faire commettre un huissier :

A Paris, 2 fr. ; dans le ressort, 1 fr. 50 c.

Vacation pour faire au greffe la soumission de la caution et déposer les titres justificatifs de sa solvabilité :

A Paris, 3 fr. ; dans le ressort, 5 fr. 25 c.

Vacation pour prendre communication des pièces justificatives de la solvabilité de la caution :

A Paris, 3 fr. ; dans le ressort, 2 fr. 25.

Art. 9. *Vente de biens de mineurs.*

(Art. 954.) Requête à fin d'homologation de l'avis du conseil de famille pour aliéner les immeubles des mineurs :

A Paris, 7 fr. 50 c. ; dans le ressort, 5 fr. 50 c.

(Art. 956.) Vacation à prendre communication de la minute du rapport des experts :

A Paris, 6 fr. ; dans le ressort 4 fr. 50 c.

Requête pour demander l'entérinement du rapport :

A Paris, 7 fr. 50 c. ; dans le ressort 5 fr. 50 c.

Il sera alloué aux avoués, sans distinction de résidence, dans le cas où l'expertise n'aura pas lieu , à raison des soins et démarches nécessaires pour la fixation de la mise à prix..... 25 fr.

Sans préjudice du supplément de remise proportionnelle, accordé par l'art. 11 de la présente ordonnance.

(Art. 954.) Vacation à prendre communication du cahier des charges, au cas de renvoi devant notaire :

A Paris, 6 fr. ; dans le ressort, 4 fr. 50 c.

(Art. 963.) Requête pour obtenir l'autorisation de vendre au-dessous de la mise à prix :

A Paris, 7 fr. 50 c. ; dans le ressort, 5 fr. 50 c.

Ces émoluments seront les mêmes lorsqu'il s'agira de la vente d'immeubles dépendant d'une succession bénéficiaire d'immeubles dotaux, ou provenant, soit d'une succession vacante, soit d'un débiteur failli ou qui a fait cession.

Art. 10. *Partages et licitations.*

(Art. 969.) Requête à fin de remplacement du juge ou du notaire commis :

A Paris, 3 fr. ; dans le ressort, 2 fr. 25.

(Art. 971.) Vacation à prendre communication du procès-verbal d'expertise :

A Paris, 6 fr. ; dans le ressort, 4 fr. 50 c.

Acte de conclusion d'avoué à avoué pour demander l'entérinement du rapport :

A Paris, 7 fr. 50 c. ; dans le ressort, 5 fr. 50 c.

Pour chaque copie, le quart.

Il sera alloué aux avoués, sans distinction de résidence, dans le cas où l'expertise n'aura pas lieu, à raison des soins et démarches nécessaires pour la fixation de la mise à prix en cas de vente, ou pour l'estimation et la composition des lots, en cas de partage en nature..... 25 fr.

Sans préjudice du supplément de remise proportionnelle, accordé par l'art. 11 de la présente ordonnance. Aucune remise proportionnelle ne sera due toutefois dans le cas de partage en nature.

(Art. 973.) Sommation de prendre communication du cahier des charges :

A Paris, 1 fr. ; dans le ressort, 75 c.

Pour chaque copie, le quart.

Vacation à prendre communication du cahier des charges au greffe, pour chaque avoué colicitant ;

En l'étude du notaire, pour l'avoué poursuivant et pour chaque avoué colicitant :

A Paris, 6 fr. ; dans le ressort, 4 fr. 50 c.

Acte de conclusion d'avoué à avoué pour obtenir l'autorisation de vendre au-dessous de la mise à prix :

A Paris, 7 fr. 50 c. ; dans le ressort, 5 fr. 50 c.

Pour chaque copie, le quart.

§ 2. *Émoluments communs aux différentes ventes.*

Art. 11. (Code de proc. civil, art. 690.) Pour la grosse du cahier es charges, qui ne sera signifiée dans aucun cas, par rôle contenant ingt-cinq lignes à la page et douze syllabes à la ligne :

A Paris, 2 fr. ; dans le ressort, 1 fr. 50 c.

Vacation pour déposer au greffe le cahier des charges :

A Paris, 3 fr.; dans le ressort, 2 fr. 45.

(Art. 696.) Pour l'extrait qui doit être inséré dans le journal désigné par les cours royales :

A Paris, 2 fr.; dans le ressort, 1 fr. 50 c.

Il sera passé autant de droits à l'avoué qu'il y aura eu d'insertions prescrites par le code.

(Art. 697.) Pour obtenir l'ordonnance tendant à faire l'insertion extraordinaire :

A Paris, 2 fr.; dans le ressort, 1 fr. 50 c.

Cette vacation ne sera allouée qu'autant que l'autorisation aura été obtenue.

Pour faire l'insertion extraordinaire :

A Paris, 2 fr.; dans le ressort, 1 fr. 50 c.

(Art. 698.) Pour faire légaliser la signature de l'imprimeur par le maire :

A Paris, 2 fr.; dans le ressort, 1 fr. 50 c.

(Art. 699.) Pour l'extrait qui doit être imprimé et placardé, et qui servira d'original et ne pourra être grossoyé.

A Paris, 6 fr.; dans le ressort, 4 fr. 50 c.

L'avoué poursuivant aura droit à cette allocation toutes les fois que de nouvelles appositions de placards auront été nécessaires.

(Art. 702.) Vacation à l'adjudication :

A Paris, 15 fr.; dans le ressort, 12 fr.

Ce droit sera alloué à raison de chaque lot adjugé, quelle qu'en soit la composition, sans que ce droit puisse être exigé sur un nombre de lots supérieur à six.

Néanmoins, la somme provenant de la réunion de tous les droits alloués sera répartie également entre tous les adjudicataires, quel qu'en soit le nombre.

Indépendamment des émoluments ci-dessus fixés, il sera alloué à l'avoué poursuivant, sur le prix des biens dont l'adjudication sera faite au-dessus de 2,000 fr.; savoir : depuis 2,000 jusqu'à 10,000 francs, 1 p. 0|0; sur la somme excédant 10,000 fr. jusqu'à 50,000 fr., 1|2 p. 0|0; sur la somme excédant 50,000 fr. jusqu'à 100,000 fr., 1|4 p. 0|0; et sur l'excédant de 100,000 fr. indéfiniment, 1|8 p. 0|0. En cas d'adjudication par lots de biens compris dans la même poursuite, en l'état où elle se trouvera lors de l'adjudication, la totalité du prix des lots sera réunie pour fixer le montant de la remise.

Le montant de la remise sera calculé sur le prix de chaque lot séparément, lorsque les lots seront composés d'immeubles distincts.

Cette remise, lorsque le tribunal n'aura pas ordonné l'expertise dans les cas où elle est facultative, sera, depuis 2,000 fr. jusqu'à 10,000 fr., de 1 1|2 p. 0|0 ; sur la somme excédant 10,000 fr. jusqu'à 100,000 fr., de 1 p. 0|0 ; sur l'excédant de 100,000 francs, jusqu'à 300,000 fr., de 1|2 p. 0|0 ; et sur l'excédant de 300,000 fr. indéfiniment, de 1|4 p. 0|0.

La remise proportionnelle sur le prix de l'adjudication sera divisée en licitation, ainsi qu'il suit :

Moitié appartiendra à l'avoué poursuivant.

La seconde moitié sera partagée, par égales portions, entre tous les avoués qui ont occupé dans la licitation, y compris l'avoué poursuivant, qui aura sa part comme les autres dans cette seconde moitié.

(Art. 703.) Vacation au jugement de remise :
A Paris, 6 fr. ; dans le ressort, 4 fr. 90 c.

(Art. 706.) Vacation pour enchérir :
A Paris, 7 fr. 50 c. ; dans le ressort, 5 fr. 63 c.

(Art. 707.) Vacation pour enchérir et se rendre adjudicataire :
A Paris, 15 fr. ; dans le ressort, 11 fr. 25 c.

(Art. 707.) Vacation pour faire la déclaration de command :
A Paris, 6 fr. ; dans le ressort, 4 fr. 50 c.

Les vacations pour enchérir ou pour les déclarations de command, sont à la charge de l'enchérisseur ou de l'adjudicataire.

Art. 12. (Code de procédure civ., art. 708.) Vacation pour faire au greffe la surenchère, du sixième au moins du prix principal de l'adjudication :
A Paris, 15 fr. ; dans le ressort, 11 fr. 25 c.

Pour acte de la dénonciation de la surenchère contenant à venir :
A Paris, 1 fr. ; dans le ressort, 75 c.

Pour chaque copie, le quart.

(Art. 734-964.) Vacation pour requérir le certificat du greffier su du notaire, constatant que l'adjudicataire n'a pas justifié de l'acquit des conditions exigibles de l'adjudication :

A Paris, 3 fr. ; dans le ressort, 2 fr. 25 c

Les émoluments des avoués pour le dépôt de l'acte tenant lieu du cahier des charges, pour les extraits à placarder ou à insérer dans les journaux. pour enchérir, se rendre adjudicataires et faire la déclaration de command, par suite de la surenchère autorisée par l'art. 708, ou de la folle-enchère, seront taxés comme il est dit dans l'art. 11 Le droit de remise proportionnelle sur l'excédant produit par la surenchère ou la folle enchère, sera alloué à l'avoué qui les aura poursuivies.

Les autres incidents des ventes judiciaires ne pourront donner lieu à d'autres et plus forts droits que ceux établis pour les matières sommaires.

Art. 13. Les copies de pièces qui appartiendront à l'avoué, seront taxées à raison de vingt-cinq lignes à la page et de douze syllabes à la ligne :

A Paris, 30 c. ; dans le ressort, 25 c.

CHAPITRE III.

Des notaires.

Art. 14. Dans les cas où les tribunaux renverront des ventes d'immeubles pardevant les notaires, ceux-ci auront droit. pour la grosse du cahier des charges, par rôle contenant vingt-cinq lignes à la page et douze syllabes à la ligne :

A Paris, 2 fr ; dans le ressort, 1 fr. 50 c.

Ils auront droit en outre, sur le prix des biens vendus, jusqu'à 10,000 fr., à 1 p. 0|0; sur la somme excédant 10,000 fr. jusqu'à 50,000 fr., à 1|2 p. 0|0; sur la somme excédant 50,000 fr. jusqu'à 100,000 fr., à 1|4 p. 0|0; et sur l'excédant de 100,000 fr. indéfiniment, à 1|8 de 1 p. 0|0. Moyennant les allocations ci-dessus, les notaires sont chargés de la rédaction du cahier des charges, de la réception des enchères et de l'adjudication ; ils ne pourront rien exiger pour les minutes de leurs procès-verbaux d'adjudication.

Les avoués restent chargés de l'accomplissement des autres acte de la procédure; ils auront droit aux émoluments fixés pour ces actes; et, lorsque l'expertise est facultative et n'aura pas été ordonnée, les avoués auront droit en outre à la différence entre la remise allouée pour ce cas par l'art. 11 de la présente ordonnance, et la remise fixée par le paragraphe 2º du présent article.

CHAPITRE IV.

Des experts.

Art. 15. (Code de proc. civ., articles 955, 956.) Il sera taxé aux experts, par chaque vacation de trois heures, quand ils opéreront dans les lieux où ils sont domiciliés ou dans la distance de deux myriamètres, savoir, dans le département de la Seine :

Pour les artisans ou laboureurs. . . . . . . 4 fr. 00 c.
Pour les architectes et autres artistes. . . 8 fr. 00 c.
    Dans les autres départements :
Aux artisans et laboureurs. . . . . . . 3 fr. 00 c.
Aux architectes et autres artistes. . . 6 fr. 00 c.

Au-delà de deux myriamètres, il sera alloué, par chaque myriamètre, pour frais de voyage et de nourriture, aux architectes et autres artistes, soit pour aller, soit pour revenir :

A ceux de Paris, 6 fr.; à ceux des départements, 4 fr. 50 c.

Il leur sera alloué pendant leur séjour à la charge de faire quatre vacations par jour, savoir :

A ceux de Paris, 32 fr.; à ceux des départements, 24 fr.

La taxe sera réduite dans le cas où le nombre des quatre vacations n'aurait pas été employé.

S'il y a lieu à transport d'un laboureur au-delà de deux myriamètres, il sera alloué 3 fr. par myriamètre pour aller, et autant pour le retour, sans néanmoins qu'il puisse être rien alloué au-delà de cinq myriamètres.

Il sera encore alloué aux experts deux vacations : l'une pour leur prestation de serment; l'autre, pour le dépôt de leur rapport, indépendamment de leurs frais de transport s'ils sont domiciliés à plus de deux myriamètres de distance du lieu où siège le tribunal; il leur

era accordé, par myriamètre, en ce cas, le cinquième de leur journée de campagne.

Au moyen de cette taxe, les experts ne pourront rien réclamer,
ni pour frais de voyage et de nourriture, ni pour s'être fait aider
par des écrivains ou par des toiseurs et porte-chaînes, ni sous quelque autre prétexte que ce soit, ces frais, s'ils ont eu lieu, restant à
leur charge.

Le président, en procédant à la taxe de leurs vacations, en ré-
duira le nombre, s'il lui paraît excessif.

TITRE III.

DISPOSITIONS POUR LES RESSORTS DES AUTRES COURS ROYALES.

Art. 16. Le tarif réglé par le titre précédent, pour le tribunal de
première instance établi à Paris, sera commun aux tribunaux de
première instance, établis à Marseille, Lyon, Bordeaux et Rouen.

Toutes les sommes portées en ce tarif seront réduites d'un dixième
dans la taxe des frais et dépens, pour les tribunaux de première
instance établis dans les villes où siège une cour royale, ou dans les
villes dont la population excède 30,000 âmes.

Dans tous les autres tribunaux de première instance, le tarif sera
le même que celui qui est fixé pour les tribunaux du ressort de la
cour royale de Paris, autres que celui qui est établi dans cette
capitale.

Néanmoins le droit fixe de 25 fr., établi par les art. 9 et 10 de la
présente ordonnance, et les remises proportionnelles fixées par les
art. 11 et 14, seront perçus dans tout le royaume, sans distinction
de résidence.

Les dispositions du chapitre iv du titre précédent, seront appli-
quées sans autres distinction, à raison de la résidence, que celle qui
se trouve indiquée dans ce chapitre.

TITRE IV.

DISPOSITIONS GÉNÉRALES.

Art. 17. Tous actes et procédures relatifs aux incidents des ventes
immobilières qui ne sont pas l'objet de dispositions spéciales dans

la présente ordonnance, seront taxés comme actes et procédures en matière sommaire, conformément à l'art. 718 du code de procédure civile, et suivant les règles établies par le dernier paragraphe de l'art. 12 qui précède.

Si, à l'occasion d'une procédure de vente judiciaire d'immeubles, il s'élève une contestation qui n'ait pas le caractère d'incident, et qui doive être considérée comme matière ordinaire, les actes relatifs à cette contestation seront taxés suivant les règles établies pour les procédures en matière ordinaire.

Art. 18. Dans tous les cahiers des charges il est expressément défendu de stipuler, au profit des officiers ministériels, d'autres et plus grands droits que ceux énoncés au présent tarif. Toute stipulation, quelle qu'en soit la forme, sera nulle de droit.

Art. 19. Outre les fixations ci-dessus, seront alloués les simples déboursés justifiés par pièces régulières.

Le timbre des placards autorisés par les art. 699 et 700 du code de procédure, ne passera en taxe que sur un certificat délivré par le président de la chambre des avoués, constatant que le nombre des exemplaires a été vérifié par lui.

Art. 20. Sont et demeurent abrogés les nos 11, 12, 13, 14 et 15 du tableau annexé au décret du 21 septembre 1810; les paragraphes 44, 45, 46, 47, 48, 49 de l'art. 29; les articles 47, 48, 49, 50 et 63; les paragraphes 14, 15, 16 et 17 de l'art. 78; les art. 153, 154, 155, 172 du premier décret du 16 février 1807; la disposition de l'art. 65 du même décret, relative à l'apposition des placards; le paragraphe de l'art. 70 applicable à l'acte de signification du cahier des charges; le paragraphe de l'art. 75 applicable aux requêtes, contenant demande ou réponse en entérinement du rapport des experts; le paragraphe de l'art. 75 applicable à la commission d'un huissier, à l'effet de notifier la réquisition de mises aux enchères.

Sont également abrogées les dispositions des art. 102, 103, 104, 105, 106, 107, 108, 109, 110, 111, 112, 113, 114, 115, 116, 117, 118, 119, 120, 121, 122, 123, 124, 125, 126, 127, 128 et 129, en tant qu'elles concernent les saisies immobilières, les surenchères sur aliénation volontaire, les ventes d'immeubles de mineurs, et de biens dotaux dans le régime dotal; les ventes sur licitations, les ventes d'immeubles dépendant d'une succession bénéficiaire ou vacante, ou provenant d'un débiteur failli, ou qui a fait cession.

Art. 21. Notre garde des sceaux ministre de la justice et des cultes, est chargé de l'exécution de la présente ordonnance, qui sera insérée au *Bulletin des lois.*

Donné au palais de Saint-Cloud, le 10 octobre 1841.

LOUIS-PHILIPPE.

Par le Roi :

Le garde des sceaux, ministre secrétaire d'Etat au département de la justice et des cultes,

N. MARTIN (DU NORD).

TESTAMENT.

Le testament est un acte par lequel on dispose, pour le temps où l'on ne sera plus, de la totalité ou d'une partie de ses biens en faveur d'une ou plusieurs personnes. Cet acte est toujours révocable. Ce droit est conféré à l'homme par les lois civiles, et remonte à la plus haute antiquité.

L'ancienne jurisprudence française avait conservé un grand nombre de manières de disposer à titre gratuit; outre les donations entre vifs et le testament, on connaissait les substitutions, les donations à cause de mort, etc. Le code civil a réformé cette diversité de législations, et aujourd'hui toute distinction entre la qualité d'héritier et celle de légataire a été abolie. Chacun peut disposer par testament, soit sous le titre d'institution d'héritier, soit sous le titre de legs, soit sous toute autre dénomination propre à manifester sa volonté.

L'acte qui contient le testament ne doit être l'expression

de la volonté que d'une seule personne. Ainsi, par le même acte ne peuvent tester deux personnes, soit au profit de l'une ou de l'autre, soit d'un tiers, ou même de personnes totalement étrangères.

La loi ne connaît pas de testament verbal.

Il y a trois sortes de testaments : le testament olographe, le testament par acte public, et le testament mystique.

Le testament olographe doit être écrit en entier, daté et signé de la main du testateur ; il est assimilé aux actes sous seing-privé, et suivant les articles 2323 et 2324, la vérification, tant de l'écriture que de la signature du testateur, peut être ordonnée en justice.

Le testament olographe doit être écrit en entier de la main du testateur ; un seul mot tracé d'une main étrangère, du vivant du testateur et à sa connaissance, annulerait le testament ; il peut être écrit en forme de lettre missive, pourvu qu'elle contienne des dispositions réelles, et qu'elle réunisse les autres qualités nécessaires au testament olographe ; peu importe la matière sur laquelle et avec laquelle il aura été décrit. Il doit être daté, c'est-à-dire qu'il doit indiquer le jour, le mois et le lieu où il a été écrit.

Le testament olographe peut avoir plusieurs dates ; les erreurs de dates sont réparables, mais elles ne peuvent être rectifiées que par des preuves tirées du corps même de l'acte ; des dispositions non datées qui suivraient la signature seraient nulles ; mais si plusieurs dispositions étaient signées et une seule datée, elles n'en seraient pas moins valables.

Le testament olographe doit être signé ; la signature doit être celle que le testateur apposait ordinairement à ses actes. Le testament olographe peut être fait dans tout pays.

Le testament par acte public est sujet à certaines formalités qui, par leur inexécution, entraînent la nullité du testament.

Pour connaître ces formalités, il faut combiner le code
civil avec la loi du 25 ventôse an xi, sur le notariat, qui
est toujours applicable à cet acte.

Le testament par acte public est reçu par deux notaires,
ou par un notaire et quatre témoins ; le testateur dicte, et
le notaire ou l'un deux écrit sous sa dictée : ainsi le notaire
ne pourrait écrire un testament qui serait fait par signes, car
la loi exige expressément que le testateur puisse parler,
c'est-à-dire prononcer mot pour mot ce qui doit être écrit.

Le testament doit être lu au testateur en présence des
témoins ; il est signé par le notaire, le testateur et le témoin ;
mention est faite dans le testament de la dictée, de l'écriture, de la lecture, si le testateur ne sait ou ne peut signer.

Il est aussi fait mention de la signature des témoins du
testateur, de la réquisition à eux faite par le notaire de signer, de leurs déclarations qu'ils ne savent ou qu'ils ne
peuvent signer.

Les témoins appelés aux testaments par acte public doivent être mâles, majeurs, citoyens français, avoir l'exercice des droits civils.

Les notaires sont responsables de la nullité des actes
qu'ils rapportent, et par conséquent de la nullité des testaments.

L'omission de la date, quoique le code civil n'en parle
pas, annulerait le testament ; car la date seule peut faire
connaître si, à l'époque où il a été reçu, le testateur était
capable de disposer.

Le testament mystique ne peut pas être écrit par le testateur, ni être daté, ni même être signé de lui; il est nécessaire de savoir lire pour faire ce testament. Le testateur le présente au notaire et à six témoins, clos et scellé, ou le fait clore et sceller en leur présence; il déclare que le papier qu'il présente est son testament, écrit et signé de lui, ou écrit par un autre et signé de lui, ou enfin écrit par un tiers et non signé de lui. Le notaire, en présence des témoins, dresse sur le testament ou l'enveloppe l'acte de suscription; cet acte est signé du testateur et du notaire. Si le testateur n'a pu signer, mention en est faite, un témoin de plus est appelé, et mention a lieu de la cause qui l'a fait appeler; le tout est fait de suite et sans divertir à autre chose. Tous les témoins doivent signer l'acte à peine de nullité.

Pour faire un testament il faut être sain d'esprit.

Le mineur âgé de seize ans accomplis, émancipé ou non, pourra disposer par testament, mais seulement jusqu'à concurrence de la moitié des biens dont la loi permet au majeur de disposer.

La femme mariée n'a besoin ni du consentement du mari, ni de l'autorisation de la justice, pour disposer par testament.

Ces libéralités, soit par acte entre vifs, soit par testament, ne pourront excéder la moitié des biens, si le testateur n'a qu'un enfant à son décès; le tiers, s'il laisse deux enfants: le quart s'il en laisse trois ou un plus grand nombre.

Les donations entre vifs ou les legs par testaments ne pourront excéder la moitié des biens, si, à défaut d'enfants, le défunt laisse un ou plusieurs ascendants dans chacune des lignes paternelle et maternelle; et les trois quarts s'il

A défaut d'ascendants et de descendants , les libéralités pourront épuiser la totalité des biens.

Les dispositions qui excéderont la quotité disponible ne seront point nulles, mais seulement réductibles à cette quotité lors de l'ouverture de la succession.

La portion qu'on peut donner à une seconde femme ne peut excéder une portion d'enfant le moins prenant, c'est-à-dire que, s'il y a cinq enfants, le legs ne peut être que d'un sixième.

Dans toute disposition testamentaire, les conditions impossibles, celles qui sont contraires aux lois et aux mœurs, sont réputées non écrites.

FORMULE

D'UN TESTAMENT OLOGRAPHE.

Je soussigné (*noms, prénoms, qualité du testateur*; et si c'est une femme mariée ou veuve, ajouter : femme de... *noms, prénoms et qualité de son mari*), donne et lègue, par préciput et hors part, à M.   mon neveu (*expliquer ici les objets de la donation ou du legs*), à compter du jour de mon décès.

J'institue mes légataires universels (*nom, prénoms et qualité des institués et légataires*).

Je nomme pour exécuteur testamentaire (*nom, prénoms, profession et qualité*).

Je révoque tous autres testaments et codiciles que j'ai faits antérieurement.

Fait à   ce cinq janvier mil huit cent quarante.

(*Signature du testateur.*)

FORMULE

DE LA DISPOSITION PORTANT RECONNAISSANCE D'UN ENFANT NATUREL.

Je déclare que je me reconnais (*père ou mère*, d'un enfant du sexe   qui a été présenté le premier mai mil huit cent

trente-quatre, à l'officier de l'état civil de la commune de
canton de   département de   et qui a été inscrit sur le
registre de l'état civil sous le nom de   etc.

FORMULE

DE LA DISPOSITION QUI CONFÈRE L'ADOPTION.

Désirant user de la faculté que la loi me donne, je déclare, dans
la prévoyance de mon décès, adopter, par mon présent testament,
M... (*nom et prénoms*), âgé de vingt ans, dont la tutelle officieuse
m'a été conférée par acte du   ou par délibération
du conseil de famille, reçue par M. le juge-de-paix du canton de
en date du

Le testament est présenté au président du tribunal de
première instance de l'arrondissement dans lequel la succession est ouverte. Procès-verbal de l'ouverture et de
l'état de ce testament est dressé par le président, qui en
ordonne le dépôt entre les mains du notaire par lui commis.

Le greffier en délivre expédition au notaire, avec un
extrait ou expédition du procès-verbal, qui lui tient lieu
de minute de dépôt.

FORMULE.

(*Droit d'enregistrement : 5 fr. 50 c.*)

Si l'on veut donner toute sa fortune à une personne,
sans faire aucune disposition particulière, on peut faire
son testament simple comme il suit :

J'institue M. Louis Bernard, propriétaire, demeurant à
mon légataire universel.

A   le   janvier mil huit cent quarante.

(*Signature du testateur.*)

Si l'on veut instituer plusieurs personnes, dans l'intention que la part que l'une d'elles ne pourra pas recueillir, parce que sa mort est arrivée avant celle du testateur, ou par quelque autre évènement, accroisse à l'autre, on peut tester comme il suit :

J'institue M. André A..., négociant, demeurant à   et Jacques B..., peintre, demeurant à   mes légataires universels.

A   le   mars mil huit cent quarante.

(Signature du testateur.)

Si l'on veut instituer un légataire à titre universel, on teste ainsi :

Je lègue à M. Adrien N..., propriétaire, demeurant à la moitié de ma succession.

A   le   avril mil huit cent quarante.

(Signature du testateur.)

Si l'on veut faire des dispositions particulières que devra acquitter le légataire universel, on fait son testament ainsi qu'il suit :

J'institue M. André L..., propriétaire, demeurant à mon légataire universel.

Je lègue au sieur Louis B..., avocat, demeurant à   une maison située à   (désigner exactement.)

Je lègue au sieur Stanislas B..., négociant, demeurant à la somme de

Je lègue, etc.

A   le .   mil huit cent quarante.

(Signature du testateur.)

TIMBRE PROPORTIONNEL.

SUR LES EFFETS DE COMMERCE.

Il y a deux sortes de droits de timbre : celui imposé en raison de la dimension du papier, et celui gradué en raison des sommes exprimées dans les effets négociables.

Depuis le 1er janvier 1835, le timbre est gradué à raison de 50 centimes par 1,000 fr.

Les billets de 300 fr. et au-dessous sont assujettis au timbre du 15 c.; ceux de 300 fr. à 500 fr., à celui de 25 c.; ceux de 500 fr. à 1,000 fr., à celui de 50 c. L'amende de contravention a été portée à 12 pour 100 du montant des sommes exprimées dans les billets. Cette amende est supportée par moitié entre le tireur ou le souscripteur, et le premier endosseur.

Quant au timbre de dimension, il coûte 35 c., 70 c., 1 fr. 25 c., 1 fr. 50 c. ou 2 fr., suivant la dimension du papier pour les actes.

Nous n'avons pas besoin d'énumérer ici les actes qui sont soumis au timbre et ceux qui en sont exceptés : sous chaque mot de l'ouvrage, nous rappelons toutes les dispositions des lois qui concernent chaque matière. Il nous suffit d'ajouter que l'obligation de se servir de papier timbré est la règle générale, que l'exception doit être formellement exprimée dans la loi, et qu'en général les actes d'administration sont exemptes de cette formalité.

TOITS (ÉGOUTS DES)

Tout propriétaire doit établir des toits de manière que

les eaux pluviales s'écoulent sur son terrain ou sur la voie
publique ; il ne peut les faire verser sur le fonds de son
voisin , parce que l'héritage voisin n'est tenu de recevoir
les eaux que lorsqu'elles coulent naturellement et sans le
fait de l'homme. Cependant l'on peut acquérir par titre ou
par prescription le droit de laisser couler les eaux de son
toit sur l'héritage voisin ; ce serait alors une véritable servitude : les Romains la nommaient *servitus stillicidii*, quand
l'eau s'écoulait goutte à goutte ; *servitus fluminis*, quand
elle se réunissait dans des gouttières qui la versaient sur le
fonds voisin.

Du droit de passage.

Le propriétaire dont les fonds sont enclavés, et qui n'a
aucune issue sur la voie publique, peut réclamer un passage sur le fonds de ses voisins, pour l'exploitation de son
héritage, à la charge d'une indemnité proportionnée au
dommage qu'il peut occasioner.

Cet article est fondé sur l'intérêt général, qui ne veut
pas que les fonds soient mis hors du domaine des hommes,
et condamnés à la stérilité faute de pouvoir y arriver.

Ce passage doit régulièrement être pris du côté où le
trajet est le plus court, du fonds enclavé à la voie publique.
On doit toujours le fixer dans l'endroit le moins domma-
geable à celui sur le fonds duquel il est accordé. Si, par
exemple, le trajet le plus court traverse une cour, un jardin, un verger, on pourra forcer le voisin à prendre le
passage autre part, quoique ce soit plus long ou plus incommode pour lui ; car ce passage n'est point accordé
pour sa commodité, mais seulement parce qu'il lui est
nécessaire.

TRANSACTION.

C'est un contrat par lequel les parties terminent une contestation née ou préviennent une contestation à naître.

Les notions qui se rattachent à ce contrat sont relatives, 1o à la forme dans laquelle il peut être passé ; 2o à la capacité nécessaire aux parties qui y figurent ; 3o à son objet et aux effets qu'il produit ; 4o enfin aux motifs qui peuvent le faire annuler ou modifier.

Ce contrat doit être rédigé par écrit. On exige que la transaction soit rédigée par écrit, même au-dessous de 150 fr., parce qu'elle a pour but d'éteindre ou de prévenir les procès ; il ne faut donc pas qu'elle puisse en faire naître, ce qui aurait lieu si une partie niant qu'il y ait eu transaction, l'autre pouvait le prouver par témoin. Du reste, la transaction est un contrat non *solennel*, pour lequel il n'y a pas de formalités particulières. Elle est *judiciaire* ou *extra-judiciaire* : judiciaire, lorsque, dans le cours d'un procès, les parties rédigent leur transaction en forme de jugement et la font sanctionner par le tribunal : on la nomme alors *expédient* ; extra-judiciaire, lorsqu'elle est rédigée par acte sous signature privée ou devant notaire.

Pour transiger, il faut avoir la capacité de disposer des objets compris dans la transaction. Le tuteur ne peut transiger pour le mineur ou l'interdit, que conformément à l'article 467, au titre *de la minorité, de la tutelle et de l'émancipation* ; et il ne peut transiger avec le mineur devenu majeur, sur le compte de tutelle, que conformément à l'article 472, au même titre. Les communes, les établissements publics, ne peuvent transiger qu'avec l'autorisation expresse du Roi.

En effet, dans une transaction, les parties, dans le but de terminer leurs différends, se font des concessions mutuelles et aliènent une partie des droits qu'elles pouvaient avoir sur les objets de la transaction. Ainsi, le mineur émancipé peut transiger sur ses revenus, il ne le peut pas sur ses capitaux ; la femme séparée de biens, sur son mobilier, et non sur ses immeubles.

On peut transiger sur l'inté-êt civil qui résulte d'un délit ; la transaction n'empêche as la poursuite du ministère public.

On distingue bien le préjudice causé par le délit, du délit lui-même : le préjudice est fait à des particuliers, c'est à eux à en demander la réparation ; le délit trouble l'ordre public et blesse la société, c'est à elle à en poursuivre la vengeance.

Les transactions ont, entre les parties, l'autorité de la chose jugée en dernier ressort. Elles ne peuvent être attaquées pour cause d'erreur de droit, ni pour cause de lésion.

Ainsi, par une transaction valable, la contestation est éteinte irrévocablement, et les parties ne peuvent plus revenir.

La lésion n'est pas admise dans les transactions, parce qu'il est de la nature de ces actes que les parties abandonnent des prétentions qui peuvent être fondées, et s'exposent ainsi à être lésées, dans l'intention d'éviter un procès.

Néanmoins, une transaction peut être rescindée, lorsqu'il y a erreur dans la personne ou sur l'objet de la contestation. Elle peut l'être dans tous les cas où il y a dol ou violence.

Il y a également lieu à l'action en rescision contre une transaction, lorsqu'elle a été faite en exécution d'un titre nul, à moins que les parties n'aient expressément traité sur la nullité.

Si, par exemple, une contestation s'élève entre un héritier et un légataire, relativement à un legs dont ce dernier demande la délivrance, l'héritier transige. Postérieurement il découvre que le testament invoqué par le légataire est nul, il en fait alors prononcer la nullité ; il pourra aussi demander celle de sa transaction. Mais si la contestation s'était élevée sur la validité du testament, et que la transaction eût été passée sur la cause de nullité existante, elle ne pourrait plus être annulée, quand même on découvrirait que le testament est réellement nul.

La transaction faite sur pièces qui depuis ont été reconnues fausses, est entièrement nulle. La transaction sur procès terminé par un jugement passé en force de chose jugée, dont les parties, ou l'une d'elles n'avaient point connaissance, est nulle. Si le jugement, ignoré des parties, était susceptible d'appel, la transaction serait valable, parce que, dans ce dernier cas, la contestation n'étant pas encore terminée irrévocablement, il restait encore à la partie condamnée une voie qui lui était toujours ouverte. Ainsi le doute subsistant, la transaction doit être valable.

L'erreur de calcul dans une transaction doit être réparée. Cette erreur est évidemment contraire à l'intérêt des parties.

ENREGISTREMENT.

« Les transactions qui ne contiennent aucune stipulation de som-
» mes et valeurs, ni dispositions soumises à plus fort droit d'enre-
» gistrement, ne sont passibles que du droit fixe de 3 fr. »

FORMULE

DE TRANSACTION.

Entre les soussignés,

M. Jules Robert, propriétaire, demeurant à

Et M. Luc Brun, négociant, demeurant à

A été observé :

Que par acte d'huissier, en date du   (énoncer la cause
du procès existant entre les parties).

MM. Robert et Brun, voulant terminer le procès, dont il vient
d'être parlé, ont fait, à titre de transaction irrévocable, la convention suivante :

M. Robert s'oblige à payer à M. Brun la somme de
(énoncer la somme et l'objet de l'obligation.)

M. Brun déclare accepter ladite obligation.

Au moyen de la présente transaction, le procès existant entre
les parties, au tribunal de   demeure éteint et terminé.

Fait double à   le   mil.....

(Signatures des parties.)

TRANSPORT DE CRÉANCE.

C'est un acte par lequel on cède à quelqu'un une créance
ou autre droit incorporel.

Celui qui fait le transport se nomme *cédant*; le *cessionnaire* est celui au profit de qui il a lieu.

Tout ce qui est dans le commerce peut être l'objet d'un
transport.

Cet acte peut être fait dans la forme authentique ou sous seing-privé, comme la vente ordinaire. Il pourrait même avoir lieu verbalement. Cependant la forme authentique est préférable, car elle permet au cessionnaire de faire substituer son nom, sur le registre des inscriptions hypothécaires, à celui du cédant, et de procéder, au besoin, à la saisie immobilière.

Le prix convenu doit être énoncé ; quelle qu'en soit la vileté, le cédant ne peut jamais exercer d'action en rescision pour cause de lésion.

Le cessionnaire, aussitôt que la délivrance lui a été faite, est irrévocablement saisi, vis-à-vis du cédant, de la créance ou du droit de transport ; c'est-à-dire que ce dernier ne pourra en céder valablement la propriété à un autre.

Cette délivrance s'opère par la remise du titre ; mais il en est autrement à l'égard des tiers, tels que les créanciers du cédant, ou le débiteur lui-même.

Postérieurement au transport, ces créanciers auraient encore le droit de faire des saisies-arrêts entre les mains du débiteur, et celui-ci pourrait valablement se libérer soit entre leurs mains, soit entre celles de son créancier originaire. Si le cédant tombait en faillite, les syndics pourraient le faire annuler, en sorte que le cessionnaire, en cas d'insolvabilité de ce créancier, éprouverait une perte irréparable.

Pour obvier à cet inconvénient, deux moyens sont offerts au cessionnaire : il peut faire intervenir le débiteur dans l'acte, afin qu'il accepte le transport, et, dans ce cas, l'acte doit nécessairement être authentique, ou bien lui signifier le même transport.

Le cessionnaire se trouve alors saisi, à l'égard des tiers, d'une manière incommutable.

La signification faite au débiteur par le cédant produirait le même effet.

C'est au domicile réel du débiteur que doit avoir lieu la signification.

L'effet du transport est de mettre le cessionnaire aux lieu et place du cédant, et de lui conférer tous les droits qui appartiennent à son vendeur.

Si donc il s'agit d'une créance, le transport comprend tous les accessoires de cette créance, tels que caution, privilèges et hypothèques.

Deux sortes d'obligations pèsent sur le cédant :

1° Il doit délivrer l'objet transporté ;

2° Il est tenu de la garantie.

Le cédant ne répond de la solvabilité du débiteur que lorsqu'il s'y est engagé, et jusqu'à concurrence seulement du prix qu'il a retiré de la créance. Du reste, lorsqu'il a promis la garantie de la solvabilité du débiteur, cette promesse ne s'entend que de la solvabilité actuelle, et ne s'étend pas au temps à venir, si le cédant ne l'a expressément stipulé.

ENREGISTREMENT.

« Toute cession de créance est passible d'un franc pour cent francs » sur le capital exprimé dans l'acte et qui en fait l'objet. »

FORMULE

DE TRANSPORT DE CRÉANCE ET AUTRES DROITS INCORPORELS.

Entre les soussignés,

M. Joseph Douvier, architecte, demeurant à

Et M. François Burnier, avocat, demeurant à

A été faite la convention suivante :

M. Bouvier cède et transporte à M. Burnier la somme de
due audit Bouvier par le sieur Gagne, en vertu d'un acte (*énoncer*
le titre constitutif de la créance);

M. Bouvier déclare, en outre, subroger ledit Burnier dans tous ses
droits, actions, privilèges et hypothèques résultant dudit acte.

En conséquence, ledit M. Bouvier a remis à l'instant, au sieur
Burnier, ledit titre, ainsi qu'il le reconnaît.

Ce transport est fait moyennant la somme de   que le sieur
Burnier a comptée au sieur Bouvier, dont quittance.

Fait double à   le   mil...

(Signatures des parties.)

TRIBUNAL DE COMMERCE.

La rapidité des opérations commerciales, la bonne foi
qui doit toujours y présider, l'expérience qu'exige le jugement des contestations qu'elles font naître, la nécessité
d'une procédure expéditive rendent indispensable pour le
commerce une juridiction particulière, dégagée des formes lentes et compliquées de la justice ordinaire.

§ I.

NOUVELLE LOI SUR LES TRIBUNAUX DE COMMERCE,
DU 5 MARS 1840.

Cette loi est le complément d'une série de modifications
proposées à nos lois sur l'organisation judiciaire; dans son
état actuel, cette loi modifie la rédaction ou ajoute au
texte de quelques articles du code de commerce.

Art. 1er. L'art. 639 du code du commerce est rectifié ainsi qu'il
suit : Les tribunaux de commerce jugeront en dernier ressort :

1° Toutes les demandes dans lesquelles les parties justiciables de ces tribunaux, et usant de leurs droits, auront déclaré vouloir être jugées définitivement et sans appel ;

2° Toutes les demandes dont le principal n'excèdera pas la valeur de quinze cents francs ;

3° Les demandes reconventionnelles ou en compensation, lors même que, réunies à la demande principale, elles excéderaient quinze cents francs.

Si l'une des demandes principales ou reconventionnelles s'élève au-dessus des limites ci-dessus indiquées, le tribunal se prononcera sur toutes qu'en premier ressort.

Néanmoins, il sera statué en dernier ressort sur les demandes en dommages-intérêts, lorsqu'elles seront fondées exclusivement sur la demande principale elle-même.

Ces dispositions ne s'appliquent pas aux demandes introduites avant la promulgation de la présente loi.

Art. 2. L'art. 616 du code de commerce sera rectifié ainsi qu'il suit : Dans les limites de la compétence fixée par l'article 639, pour le dernier ressort, l'appel ne sera pas reçu, encore que le jugement n'énonce pas qu'il est rendu en dernier ressort, et même quand il énoncerait qu'il est rendu en dernier ressort, et même quand il énoncerait qu'il est rendu à la charge d'appel.

Art. 3. L'art. 623 du code de commerce est rectifié ainsi qu'il suit : Le président et les juges, sortant d'exercice après deux années pourront être réélus immédiatement pour deux autres années. Cette nouvelle période expirée, ils ne seront exigibles qu'après un an d'intervalle.

Tout membre élu en remplacement d'un autre, par suite de décès ou de toute autre cause, ne demeurera en exercice que pendant la durée du mandat confié à son prédécesseur.

Art. 4. A l'art. 627 du même code, sera ajoutée la disposition qui suit : Dans les causes portées devant les tribunaux de commerce, aucun huissier ne pourra ni assister comme conseil, ni représenter les parties en qualité de procureur fondé, à peine d'une amende de 25 à 50 fr., qui sera prononcée sans appel par le tribunal, sans préjudice des peines disciplinaires contre les huissiers contrevenants.

Cette disposition n'est pas applicable aux huissiers qui se trouveront dans l'un des cas prévus par l'art. 86 du code de procédure civile.

Art. 5. Chaque tribunal de commerce sera composé d'un président, de juges et de suppléants. Le nombre des juges ne pourra pas être au-dessous de deux, ni au-dessus de quatorze, non compris le président. Le nombre des suppléants sera proportionné aux besoins du service.

Art. 6. Il sera ajouté à l'art. 622 du code de commerce, la disposition suivante : Tous les membres compris dans une même élection, seront soumis simultanément au renouvellement périodique, encore bien que l'institution de l'un ou de plusieurs d'entre eux ait été différée.

§ II.

Attributions.

Les tribunaux de commerce connaissent :

1° De toutes contestations relatives aux engagements et transactions entre négociants, marchands et banquiers;

2° Entre toutes personnes, des contestations relatives aux actes de commerce;

3° Des actions contre les facteurs, commis des marchands, ou leurs serviteurs, pour le fait seulement du trafic du marchand auquel ils sont attachés ;

4° Des billets faits par les receveurs, payeurs, percepteurs ou autres comptables des deniers publics;

5° Des actes relatifs aux faillites.

Les tribunaux de commerce sont juges d'appel à l'égard des conseils de prud'hommes, et juges de première instance dans les matières qui leur sont ci-dessus attribuées.

Dans les arrondissements où il n'y a pas de tribunaux de commerce, les juges du tribunal civil en exercent les fonctions et connaissent des matières attribuées aux juges de commerce.

L'instruction, dans ce cas, a lieu dans la même forme que devant les tribunaux de commerce, et les jugements produisent les mêmes effets. ●

§ III.

Procédure.

Les tribunaux de commerce ne connaissent pas de l'exécution de leurs jugements, c'est aux tribunaux civils ordinaires qu'il faut s'adresser.

Les jugements sont exécutoires, nonobstant appel; mais la cour peut permettre de citer extraordinairement à jour et a heures fixes, pour plaider sur appel.

Le délai pour appel est de trois mois. Il n'est pas reçu pour une somme au-dessous de 1,000 fr.

Les appels des jugements des tribunaux de commerce sont instruits et jugés dans les cours, comme appels de jugements rendus en matière sommaire.

TROUPEAUX.

On entend par bestiaux les animaux domestiques, tels que les bœufs, les vaches, les brebis, les chèvres, etc.; en général, les chevaux, mulets et juments ne sont pas compris dans cette dénomination. C'est ce que la cour suprême a jugé par arrêt du 17 juin 1806.

§ I.

Dégats commis par les animaux. — Peines.

Seront punis d'amende, depuis 1 fr. jusqu'à 5 fr. inclu-

sivement, ceux qui auront laissé passer leurs bestiaux ou
leurs bêtes de trait, de charge ou de monture, sur le terrain d'autrui, avant l'enlèvement des récoltes. (Code pénal, art. 471.)

Les dégâts que les bestiaux de toute espèce, laissés à
l'abandon, feront sur les propriétés d'autrui, soit dans l'enceinte des habitations, soit dans un enclos rural, soit dans
les champs ouverts, seront payés par les personnes qui ont
la jouissance des bestiaux. Si elles sont insolvables, ces
dégâts seront payés par celles qui en ont la propriété. Le
propriétaire qui éprouvera des dommages aura le droit de
saisir les bestiaux, sous l'obligation de les faire conduire,
dans les vingt-quatre heures, au lieu du dépôt qui sera désigné à cet effet par la municipalité.

Il sera satisfait aux dégâts par la vente des bestiaux, s'ils
ne sont pas réclamés, ou si le dommage n'a pas été payé
dans la huitaine du jour du délit.—Si ce sont des volailles,
de quelque espèce que ce soit, qui causent du dommage,
le propriétaire, le détenteur ou le fermier qui l'éprouvera,
pourra les tuer, mais seulement sur le lieu, au moment
du dégât. (Art. 12 de la loi du 6 octobre 1791.)

Le tarif des frais et dépens en matière criminelle porte,
art. 39 : Les animaux et tous objets périssables, pour quelque cause qu'ils aient été saisis, ne peuvent rester en fourrière ou sous le séquestre plus de huit jours. Après ce délai, la main-levée provisoire pourra être accordée. S'ils ne
doivent ou ne peuvent être restitués, ils sont mis en vente,
par privilège et préférence à tous autres.

Seront punis d'une amende de 11 à 15 fr. inclusivement,
ceux qui mèneront sur le terrain d'autrui des bestiaux de
quelque nature qu'ils soient, et notamment dans les prairies

artificielles, dans les vignes, oseraies, dans les plants de câ-
priers, dans ceux d'oliviers, de mûriers, d'orangers et
d'arbres du même genre; dans tous les plants ou pépinières
d'arbres fruitiers ou autres faits de main d'homme. (Article 479 du code pénal.)

Les propriétaires d'animaux trouvés le jour en délit,
dans les bois de dix ans et au-dessus, seront condamnés
à une amende de 1 fr. pour un cochon; 2 fr. pour une
bête à laine; 3 fr. pour un cheval ou une bête de somme,
4 fr. pour une chèvre; 5 fr. pour un bœuf, une vache ou
un veau. — L'amende sera double si les bois ont moins de
dix ans, sans préjudice, s'il y a lieu, des dommages-intérêts. (Code forestier.)

Quiconque sera trouvé gardant à vue ses bestiaux dans
les récoltes d'autrui, sera condamné en outre du paiement
du dommage, et pourra l'être, suivant les circonstances,
à une détention qui n'excédera pas une année. (Loi du 6
octobre 1791.)

Dans les lieux de parcours ou de vaine pâture, comme
dans ceux où ces usages ne sont point établis, les pâtres
et les bergers ne pourront mener les troupeaux d'aucune
espèce dans les champs moissonnés et ouverts, que deux
jours après la récolte entière, sous peine d'une amende de
la valeur d'une journée de travail. L'amende sera double,
si les bestiaux d'autrui ont pénétré dans un enclos rural.
(Même loi.)

§ II.

Des catégories dans lesquelles sont rangés les animaux.

Les animaux sont rangés dans deux catégories principales :

1º Les animaux sauvages, en état de liberté absolue, qui n'appartiennent à personne tant qu'ils ne sont pas au pouvoir d'un maître;

2º Les animaux domestiques qui servent pour la culture des terres, pour nos besoins et nos plaisirs.

Les premiers appartiennent au premier occupant; les seconds sont protégés d'une manière spéciale par le législateur, et placés dans la classe des propriétés privées, dont ils sont l'accessoire.

Les animaux sont en général regardés comme meubles par leur nature; mais ils deviennent immeubles par destination, quand ils sont placés dans un fonds par le propriétaire, pour le service et l'exploitation de ce fonds. Ils ne peuvent alors devenir l'objet d'une saisie-exécution, même pour des créances de l'État, telles que les contributions publiques.

§ III.

Vol de bestiaux.

Celui auquel il a été volé ou qui a perdu des bestiaux, peut les revendiquer pendant trois ans, comme toute autre chose mobilière, à compter du jour de la perte ou du vol, contre celui entre les mains duquel il se trouve.

Toutefois, si, après avoir été volés ou perdus, les bestiaux ont été achetés dans une foire ou un marché, ou dans une vente publique, ou d'un marchand vendant des choses pareilles, le propriétaire originaire ne peut se les faire rendre qu'en remboursant au possesseur le prix qu'ils lui ont coûté.

Celui qui vole, dans les champs, des bestiaux, est puni correctionnellement. Le code pénal punit encore de la même peine ceux qui auront empoisonné ou tué, sans nécessité, des animaux privés, placés sous la puissance de l'homme. Le même code prononce des peines de simple police contre tous ceux qui auraient, même par imprudence, fait des blessures à ces animaux.

§ IV.

Responsabilité des propriétaires d'animaux.

Le propriétaire d'un animal, ou celui qui s'en sert, pendant qu'il est à son usage, est responsable du dommage que l'animal a causé, soit que l'animal fût sous sa garde, soit qu'il fût égaré ou échappé.

§ V.

De la maladie contagieuse des animaux.—Peines sévères.

Tout détenteur ou gardien d'animaux ou bestiaux soupçonnés d'être infectés de maladie contagieuse, qui n'aura pas averti sur-le-champ le maire de la commune où ils se trouvent, et qui, même avant que le maire ait répondu à l'avertissement, ne les aura pas tenus renfermés, sera puni d'un emprisonnement de six jours à deux mois, et d'une amende de 16 à 200 fr. (Code pénal.)

Il importait de réprimer par des peines sévères la négligence des propriétaires de bestiaux atteints de maladies contagieuses, dont les effets désastreux peuvent s'étendre à des provinces entières.

Seront également punis d'un emprisonnement de deux mois à six mois, et d'une amende de 100 fr. à 500 fr., ceux qui, au mépris des défenses de l'administration, auront laissé leurs animaux ou bestiaux infectés communiquer avec d'autres. (Code pénal.)

. Si, de la communication mentionnée au précédent article, il est résulté une contagion parmi les autres animaux, ceux qui auront contrevenu aux défenses de l'autorité administrative, seront punis d'un emprisonnement de deux ans à cinq ans et d'une amende de 160 fr. à 1,000 fr.; le tout sans préjudice de l'exécution des lois et règlements relatifs aux maladies épizootiques, et de l'application des peines y portées. (Même code.)

Un troupeau atteint de maladie contagieuse qui sera rencontré au pâturage, sur les terres du parcours ou de la vaine pâture, autres que celles qui auront été désignées pour lui seul, pourra être saisi par les gardes-champêtres et même par toute personne; il sera ensuite mené au lieu du dépôt qui sera indiqué par la municipalité. — Le maître de ce troupeau sera condamné à une amende de la valeur d'une journée de travail par tête de bêtes à laine, et à une amende triple par tête d'autre bétail. Il pourra, en outre, suivant la gravité des circonstances, être responsable du dommage que son troupeau aura occasioné, sans que cette responsabilité puisse s'étendre au-delà des limites de la municipalité. (Loi du 6 octobre 1791.)

Les bestiaux morts seront enfouis, dans la journée, à quatre pieds de profondeur, par le propriétaire et dans son terrain, ou voiturés à l'endroit désigné par la municipalité, pour y être également enfouis, sous peine, par le délinquant, de payer une amende de la valeur d'une journée de travail, et les frais de transport et d'enfouissement. (Même loi.)

§ VI.

Des épizooties.—Mesures de police pour arrêter les com
munications.

Nous croyons être utiles à MM. les propriétaires, en
donnant dans notre ouvrage l'instruction de M. le Ministre de l'intérieur, relative aux épizooties.

Tout propriétaire ou détenteur de bêtes à cornes, à
quelque titre que ce soit, qui aura une ou plusieurs bêtes
malades ou suspectes, sera obligé, sous peine de 150 fr.
d'amende, d'en avertir sur-le-champ le maire de sa commune, qui les fera visiter par l'expert le plus prochain ou
par celui qui aura été désigné par le préfet.

Lorsque, d'après le rapport de l'expert, il sera constaté
qu'une ou plusieurs bêtes sont malades, le maire veillera
à ce que ces animaux soient séparés des autres et ne com-
muniquent avec aucun animal de la commune. Les propriétaires, sous quelque prétexte que ce soit, ne pourront
les faire conduire dans les pâturages, ni aux abreuvoirs
communs, et ils seront tenus de les nourrir dans des lieux
renfermés, sous peine de 100 fr. d'amende.

Le maire en informera dans le jour le sous-préfet de
l'arrondissement, auquel il indiquera le nom du propriétaire, le nombre des bêtes malades ; le sous-préfet fera
part de tout au préfet du département.

Afin d'éviter toute communication des bestiaux des pays
infectés avec ceux des pays qui ne le sont pas, il sera fait
de temps en temps des visites chez les propriétaires des
bestiaux, dans les communes infectées, pour s'assurer
qu'aucun animal n'en a été distrait.

Il est enjoint à tout fonctionnaire public qui trouvera sur les chemins, ou dans les foires ou marchés, des bêtes à cornes marquées de la lettre M, de les conduire devant le juge-de-paix, lequel les fera tuer sur-le-champ, en sa présence. Pourront néanmoins les propriétaires de bêtes saines, en pays infectés, en faire tuer chez eux ou en vendre aux bouchers de leur commune, mais aux conditions suivantes : 1° il faudra que l'expert ait constaté que les bêtes ne sont point malades ; 2° le boucher n'entrera pas dans l'étable ; 3° le boucher tuera les bêtes dans les vingt-quatre heures ; 4° le propriétaire ne pourra s'en dessaisir, et le boucher les tuer, qu'ils n'en aient la permission par écrit du maire, qui en fera mention sur son état. Toute contravention à cet égard sera punie de deux cents francs d'amende, le propriétaire et le boucher demeurant solidaires.

Il est ordonné de tenir, dans les lieux infectés, tous les chiens à l'attache, et de tuer tous ceux qu'on trouverait divagant. Aussitôt qu'une bête sera morte, au lieu de la traîner, on la transportera à l'endroit où elle doit être enterrée, qui sera, autant que possible, au moins à cinquante toises des habitations ; on la jettera seule dans un fossé de huit pieds de profondeur, avec toute sa peau, tailladée en plusieurs parties, et on la couvrira de toute la terre sortie de la fosse. Dans le cas où le propriétaire n'aurait pas la facilité d'en faire le transport, le maire en requerra un autre, et même les manœuvriers nécessaires, à peine de cinquante francs d'amende contre les refusants.

Ce n'est qu'en suivant, avec une rigueur très-scrupuleuse, les mesures que j'ai indiquées, qu'il sera possible de prévenir, dans la plupart des départements, la maladie, et d'arrêter dans ceux qui sont infectés, les effets.

d'une contagion ruineuse pour l'agriculture en général et pour les propriétaires.

Caractère de la maladie.

Dans tous les lieux où règne l'épizootie, les hommes de l'art qui l'ont observée s'accordent à la regarder comme une inflammation générale, qui se termine toujours par celle du poumon ou du foie, le plus souvent par la première.

Cause de la maladie.

L'altération des fourrages, par l'effet des pluies abondantes et du débordement des ruisseaux et des rivières, à l'époque de la récolte des foins, doit sans doute être considérée comme une des causes principales de l'épizootie.

Traitement de la maladie.

Dès qu'une bête à cornes paraît affectée de la maladie régnante, on ne doit pas hésiter à soumettre au traitement toutes celles de l'étable, quel qu'en puisse être le nombre. L'expérience ayant constamment prouvé que les animaux qui guérissaient sans autre secours que ceux de la nature, devaient leur guérison à une éruption dont leur corps se couvrait, toutes les vues de l'art doivent se diriger vers les moyens d'amener cette éruption ou de la suppléer.

Ce serait en vain qu'on attendrait ces effets des cordiaux qu'on emploie presque exclusivement dans ces sortes de maladies. Le vin, l'eau-de-vie, le cidre, la bière, le poivre, la canelle, le girofle, la noix muscade, le gingembre, l'orviétan; le mythridate, le theriaque, le quinquina, et un grand nombre d'autres médicaments échauffants, ne produisent sur les bêtes à cornes aucun effet à petites doses ; à grandes doses, ils augmentent considérablement l'inflammation e précipitent la perte des animaux. Ce n'est que par des appli-cations extérieures qu'on peut se flatter d'obtenir ces dépôts si conformes aux vœux de la nature. Le séton, chargé d'un caustique, remplit parfaitement le double objet d'attirer au dehors l'humeur qui tend à se porter sur le poumon ou sur le foie, et d'en favoriser l'évacuation. Le fanon, que dans quelques lieux on nomme la *lampe,* la *nappe,* est la partie qu'on doit préférer pour y placer le séton. Il doit être placé de manière que les deux ouvertures se répondent de haut en bas, afin que l'humeur puisse s'écouler aisément. Pour établir un point d'irritation capable d'attirer brusquement cette humeur au dehors, on attache sur le séton un mor-ceau d'ellébore noir, ou l'on y fixe, avec un peu de linge, du sublimé ou de l'arsenic en poudre.

Lorsque l'engorgement a acquis le volume d'une tête hu-maine, on retourne le séton pour en retirer l'ellébore ou autre caustique dont on l'a chargé. Dans le cas où le séton ainsi préparé ne produirait pas, dans l'espace de quinze à vingt heures un engorgement aussi considérable, on appli-quera sur les deux côtés de la poitrine, après avoir rasé le poil. un large cataplasme vésicatoire, composé avec une once de mouches cantharides et une once d'euphorbe, éten-dues dans une suffisante quantité de levain, qu'on maintien-dra avec un bandage et qu'on entretiendra jusqu'à parfaite guérison. On placera tous les jours, une heure le matin et autant le soir, dans la gueule de l'animal, un billot autour duquel on aura disposé et maintenu, avec un linge, de l'ail, du poivre, de l'assa-fœtida, des racines de poivre d'eau ; d'arum ou pied-de-veau, des feuilles de grand raifort, des feuilles de tabac, le tout haché et pilé : une seule de ces substances peut suppléer toutes les autres. On donnera, autant qu'il sera possible, des aliments de la première qualité, il sera bon de les asperger d'eau dans laquelle on aura fait dissoudre une poignée de sel de cuisine par sceau. Lorsqu'il sera possible de faire boire les animaux à l'étable, on blanchira leur eau avec un peu de son, et on y mettra un verre de vinaigre sur dix pintes ou environ.

Le bouchonnement très-souvent répété, l'évaporation d'eau chaude sous le ventre, les bains de rivière, même lorsque l'eau sera réchauffée, favorisent puissamment la transpiration; les lavements avec l'eau légèrement vinaigrée produisent aussi de très-bons effets. La propreté des étables, le soin de les tenir très-aérées, sont des conditions également essentielles. Lorsqu'il y aura des animaux malades, on se gardera bien d'en remettre de sains avant de les avoir purifiées.

Désinfection des étables.

Les fumigations aromatiques ou autres, tant vantées, ainsi que le simple blanchissage avec la chaux, sont des moyens insuffisants pour purifier des étables infectées : c'est de l'eau et du feu, et surtout de leur combinaison, qu'on peut attendre cet effet. Les murs, les mangeoires, les râteliers, seront lavés exactement avec de l'eau bouillante, et on les ratissera avec des balais de bruyère, de genêt, et mieux encore, avec de fortes brosses quand on pourra s'en procurer. On ne blanchira jamais à la chaux qu'après avoir ainsi lavé et ratissé. Si l'étable est pavée, il faudra laver avec l'eau bouillante, et ratisser également les pavés. Si le sol est en terre, on enlèvera une couche de deux ou trois pouces, qu'on brûlera et qu'on enfouira dans une fosse dont la terre

qu'on en aura retirée remplacera celle enlevée de l'étable.
On aura soin de battre le sol pour l'unir et l'affermir, et
s'opposer à l'évaporation qui pourrait s'élever des couches
inférieures. On tiendra pendant quelque temps les écuries
ouvertes jour et nuit, et l'on n'y remettra les animaux que
lorsqu'elles seront parfaitement sèches.

Du charbon.

Le charbon suit constamment les grandes chaleurs et
les grandes sécheresses. Il est le résultat d'une nourriture
trop échauffante ou mal conditionnée, d'une mauvaise
boisson, de travaux forcés, et de la malpropreté des loge-
ments des animaux. Il les attaque tous indistinctement,
mais plus particulièrement les moutons, les bœufs et les
chevaux. Les animaux qui en sont atteints meurent quelquefois sur-le-champ, et avant qu'on ait pu s'apercevoir
qu'ils étaient malades. Il est très-dangereux de soigner,
de fouiller ou de dépouiller les animaux malades ou morts.
Plusieurs personnes sont mortes ou ont été grièvement
malades pour s'être livrées à ces opérations. Dans les circonstances où les ravages de cette maladie sont à craindre,
il est important de les prévenir; les moyens en sont sim
ples, peu dispendieux et à la portée de tous les habitants
de la campagne : 1° il est urgent, de la part des propriétaires, de faire appeler sur-le-champ le vétérinaire pour
constater la maladie et ordonner le traitement convenable, si l'animal en est susceptible; 2° s'il n'est pas possible de donner de la nourriture verte aux animaux, il
faudra avoir soin d'asperger leurs fourrages avec de l'eau
dans laquelle on aura fait fondre une poignée de sel de
cuisine par seau, et où l'on ajoutera un verre de vinaigre;

3° dans les saisons et les lieux où l'eau est mauvaise, il faut la corriger avant de la faire boire, en y mêlant du son de froment ou de la farine d'orge, avec une bonne pincée de sel et un demi-verre de vinaigre par seau; 4° les animaux qui vont aux champs n'y seront conduits que le matin et le soir; on les rentrera dans le milieu du jour; 5° il faudra éviter, autant que possible, les bords des grandes routes où ils respirent constamment une poussière épaisse et étouffante; 6° ceux qui travaillent seront ménagés; 7° les habitations des animaux seront nettoyées, lavées s'il en est besoin, bien aérées, et on y répandra du vinaigre une ou deux fois par jour, surtout lorsqu'ils y rentreront pendant la chaleur; 8° enfin celles où il y aura eu des animaux malades ou morts, seront désinfectées de la manière suivante.

Désinfection des bergeries, bouveries, écuries, etc.

La propreté, la libre circulation de l'air, le lavage à grande eau, et les fumigations minérales, sont la base de toutes désinfection. On balayera l'aire, les murs et les planchers des bergeries, bouveries et écuries; on n'y laissera ni fumier, ni fourrage, ni toiles d'araignées, ni aucune matière combustible. On ouvrira les portes et les fenêtres pour faciliter la libre circulation de l'air; on pratiquera même des ouvertures si celles qui existent ne suffisent pas. Les murs à la hauteur d'un mètre (trois pieds), seront lavés à grande eau, avec des balais, jusqu'à ce qu'ils soient parfaitement nettoyés. La terre de l'aire des bergeries, bouveries, écuries, sera enlevée de six centimètres (deux pouces) d'épaisseur, renouvelée et rebattue. On y fera ensuite la fumigation suivante :

On portera dans les bergeries, bouveries et écuries un échaud rempli de charbons allumés, sur lequel on mettra une terrine à moitié pleine de cendres. On posera sur cette cendre une autre terrine ou un vase large quelconque, dans lequel on mettra 125 grammes (quatre onces environ) de sel commun un peu humide ; on versera 95 grammes (trois onces environ) d'huile de vitriol ; on fermera les portes et les fenêtres, et on se retirera aussitôt, pour ne pas respirer la vapeur très-abondante qui se dégage et qui bientôt remplira tout le local. On n'ouvrira que lorsque la vapeur sera entièrement dissipée ; on pourra alors y faire entrer les animaux.

Cette fumigation pourra être faite pendant que les animaux seront aux champs ; il suffira d'ouvrir les portes et les fenêtres un moment avant que les animaux rentrent dans les bergeries, bouveries et écuries. Toutes autres fumigations de plantes aromatiques sont inutiles ; elles ne servent qu'à déplacer une odeur par une autre.

TUTELLE, TUTEUR.

La tutelle est la charge imposée à quelqu'un par la loi, ou par la volonté de l'homme en vertu des dispositions de la loi, d'administrer gratuitement la personne et les biens d'un incapable. On nomme tuteur (de *tueri*, défendre) celui qui exerce cette charge.

§ 1.

De la tutelle des père et mère.

Le père est, durant le mariage, administrateur des biens personnels de ses enfants mineurs. Après la dissolution du

mariage, arrivée par la mort naturelle ou civile de l'un d
époux, la tutelle des enfants mineurs et non émancipés
appartient de plein droit au survivant des père et mère.

Le père cependant peut modifier la tutelle de la mère,
s'il la juge incapable d'administrer seule les biens de ses
enfants; mais il ne pourrait, dans aucun cas, la lui enlever entièrement. Quant à la tutelle du père, elle ne peut
jamais être limitée.

Si, lors du décès du mari, la femme est enceinte, il
sera nommé un curateur au ventre par le conseil de famille. A la naissance de l'enfant, la mère en deviendra
tutrice, et le curateur en sera de plein droit subrogé-tuteur. C'est le seul cas où le subrogé-tuteur l'est de plein
droit.

La mère n'est point tenue d'accepter la tutelle; néanmoins, et en cas qu'elle refuse, elle en devra remplir les
devoirs jusqu'à ce qu'elle ait fait nommer un tuteur.

Si la mère tutrice veut se remarier, elle devra, avant
l'acte de mariage, convoquer le conseil de famille, qui décidera si la tutelle doit lui être conservée. A défaut de cette
convocation, elle perdra la tutelle de plein droit, et son
nouveau mari sera solidairement responsable de toutes les
suites de la tutelle qu'elle aura indûment conservée.

Lorsque le conseil de famille, dûment convoqué, conservera la tutelle à la mère, il lui donnera nécessairement
pour co-tuteur le second mari, qui deviendra solidairement responsable, avec sa femme, de la gestion postérieure
au mariage.

§ II.

De la tutelle déférée par le père et la mère.

On nomme aussi cette tutelle *testamentaire;* mais cette dénomination n'est pas tout-à-fait exacte, parce que cette tutelle peut être déférée autrement que par un acte testamentaire; par exemple, au moyen d'une déclaration faite devant le juge-de-paix, déclaration qui ne constitue pas un testament. Aussi le code ne l'a-t-il pas appelé *testamentaire,* mais seulement déférée *par le père ou la mère.*

Le droit de choisir un tuteur parent, ou même étranger, n'appartient qu'au dernier mourant des père et mère.

La mère mariée, et non maintenue dans la tutelle des enfants de son premier mariage, ne peut leur choisir un tuteur. Lorsque la mère remariée et maintenue dans la tutelle aura fait choix d'un tuteur aux enfants de son premier mariage, ce choix ne sera valable qu'autant qu'il sera confirmé par le conseil de famille.

Le tuteur élu par le père ou la mère n'est pas tenu d'accepter la tutelle, s'il n'est d'ailleurs dans la classe des personnes qu'à défaut de cette élection spéciale le conseil de famille eût pu en charger.

En général, il est vrai de dire que la tutelle est une charge qu'on ne peut refuser, excepté lorsqu'on se trouve dans la catégorie des causes d'excuses légitimes expliquées par la loi. Ainsi une personne étrangère à l'enfant peut refuser la tutelle lorsqu'il se trouve dans la distance de quatre myriamètres (huit lieues) des parents ou alliés en état de la gérer.

§ III.

De la tutelle des ascendants.

Cette tutelle se nomme *légitime*, parce qu'elle est déférée par la loi. Lorsqu'il n'a pas été choisi au mineur un tuteur par le dernier mourant des père et mère, la tutelle appartient de droit à son aïeul paternel ; à défaut de celui-ci, à son aïeul maternel, et ainsi en remontant, de manière que l'ascendant paternel soit toujours préféré à l'ascendant maternel du même degré.

Si, à défaut d'aïeul paternel et d'aïeul maternel du mineur, la concurrence se trouvait établie entre deux ascendants du degré supérieur, qui appartinssent tous deux à la ligne paternelle du mineur, la tutelle passera de droit à celui des deux qui se trouvera être l'aïeul paternel du père du mineur.

Si la même concurrence a lieu entre deux bisaïeuls de la la ligne maternelle, la nomination sera faite par le conseil de famille, qui ne pourra néanmoins que choisir l'un de ces deux ascendants.

§ IV.

De la tutelle à l'égard des enfants admis dans les hospices

Cette tutelle rentre dans la tutelle *légitime*, parce que la loi désigne à l'avance, directement, d'une manière générale et absolue, le tuteur de ces enfants.

La tutelle appartient, dans ce cas, à l'un des membres de la commission des hospices, désigné par la commission, laquelle remplit l'office de conseil de famille.

30

§ V.

De la tutelle déférée par le conseil de famille, ou tutelle dative.

Cette tutelle se nomme *dative* (de *dare*, donner, déférer). Le conseil de famille auquel est laissé le droit de la donner, est une assemblée composée des parents ou alliés du mineur, et présidé par le juge-de-paix. Il a différentes attributions dans l'intérêt du mineur.

Lorsqu'un enfant mineur et non émancipé restera sans père ni mère, ni tuteur élu par ses père et mère, ni ascendant mâle ; comme aussi lorsque le tuteur de l'une des qualités ci-dessus exprimées se trouvera ou dans le cas des exclusions dont il sera parlé ci-après, ou valablement excusé, il sera pourvu par le conseil de famille à la nomination d'un tuteur.

Ce conseil sera convoqué, soit sur la réquisition et à la diligence des parents du mineur, de ses créanciers ou d'autres parties intéressées, soit même d'office, à la poursuite du juge-de-paix du domicile du mineur. Toute personne pourra dénoncer à ce juge-de-paix le fait qui donnera lieu à la nomination du tuteur.

Pour ce qui concerne la convocation et le mode de délibération du conseil de famille, voyez au mot *Conseil de famille*, page 110,

§ VI.

Effets et responsabilité.

Le tuteur agira et administrera en cette qualité, du jour de sa nomination, si elle a eu lieu en sa présence, sinon du qu'elle lui aura été notifiée

La tutelle est une charge personnelle qui ne passe point aux héritiers du tuteur. Ceux-ci seront seulement responsables de la gestion de leur auteur, et, s'ils sont majeurs, ils seront tenus de la continuer jusqu'à la nomination d'un nouveau tuteur.

§ VII.

Du subrogé-tuteur.

Le subrogé-tuteur est la personne chargée dans toute tutelle de veiller aux intérêts du pupille, et de les défendre, lorsqu'ils sont en opposition avec ceux du tuteur.

Dans toute tutelle, il y aura un subrogé-tuteur nommé par le conseil de famille. Ses fonctions consistent à agir pour les intérêts du mineur, lorsqu'ils seront en opposition avec ceux du tuteur.

Dans toutes les tutelles naturelles ou légitimes, le père, la mère ou l'ascendant tuteur doivent, avant d'entrer en fonctions, faire convoquer le conseil de famille pour la nomination du subrogé-tuteur ; et s'ils s'ingèrent dans la gestion avant d'avoir rempli cette formalité, le conseil de famille, convoqué, soit sur la réquisition des parents, soit d'office, par le juge-de-paix, peut, s'il y a lieu, lui retirer la tutelle, sans préjudice des indemnités dues au mineur.

Dans les autres tutelles, la nomination du subrogé-tuteur a lieu immédiatement après celle du tuteur.

Hors le cas où le conseil de famille ne se trouve composé que de frères germains, qui appartiennent tout à la fois à la ligne paternelle et à la ligne maternelle, le subrogé-tuteur doit être pris dans celle des deux lignes à laquelle n'appartient pas le tuteur.

Ainsi, en cas de mort, de destitution ou de démission du tuteur, si son successeur est pris dans la ligne à laquelle appartient le subrogé-tuteur, il faut nommer un nouveau subrogé-tuteur choisi dans l'autre ligne. (Toullier, t. ii, n. 1132); et s'il n'y a de parents que dans une des deux lignes, et que le tuteur ait été choisi parmi eux, le subrogé-tuteur doit être pris parmi les amis qui représentent l'autre ligne.

Le tuteur ne peut, en aucun cas, voter pour la nomination du subrogé-tuteur qui est appelé à surveiller sa gestion ; il ne peut non plus, par la même raison, en provoquer la destitution ni voter dans les conseils de famille convoqués pour cet objet.

Les fonctions de subrogé-tuteur cessent à la même époque que celles du tuteur.

Le subrogé-tuteur doit obliger l'époux commun survivant à faire inventaire, sous peine d'être avec lui solidairement tenu de toutes les condamnations qui peuvent être prononcées au profit des mineurs. Cet inventaire doit avoir lieu contradictoirement avec lui ou avec son mandataire spécial. (Toullier, t. ii.)

Il est tenu, sous sa responsabilité personnelle, et sous peine de tous dommages-intérêts, de veiller à ce qu'il soit pris inscription sans délai sur les biens du tuteur, pour raison de sa gestion, même de faire faire cette inscription. Ses biens ne sont grevés d'aucune hypothèque légale.

C'est contre le subrogé-tuteur que doit être formée la demande du tuteur qui veut faire réduire l'hypothèque générale que la loi accorde au pupille sur ses biens.

L'incapacité de recevoir du pupille, prononcée contre

le tuteur, ne peut être étendue au subrogé-tuteur, dont l'article 907 du code civil ne fait aucune mention.

§ VIII.

Des causes qui dispensent de la tutelle.

La tutelle est une charge publique instituée dans l'intérêt particulier du mineur, que personne ne peut refuser sans excuse ou dispense légitime.

Néanmoins, tout citoyen non parent ni allié ne peut être forcé d'accepter la tutelle que dans le cas où il n'existerait pas, dans la distance de quatre myriamètres, des parents ou alliés en état de gérer la tutelle.

Sont encore dispensés de la tutelle les personnes désignées dans l'acte du 18 mai 1804.

Sont encore dispensés de la tutelle les individus âgés de soixante-cinq ans accomplis, et celui qui aura été nommé avant cet âge pourra, à soixante-dix ans se faire décharger de la tutelle.

Tout individu atteint d'une infirmité grave et dûment justifiée, pourra s'en faire décharger, si cette infirmité est survenue depuis sa nomination.

Sont aussi dispensées les personnes déjà chargées de deux tutelles.

Celles qui auront cinq enfants légitimes, etc.

§ IX.

De l'incapacité, des exclusions et destitutions de la tutelle

Le code civil dispose à ce sujet :

« Art. 442. Ne peuvent être tuteurs, ni membres des » conseils de famille : 1° les mineurs, excepté le père ou la

» mère; 2o les interdits; 3o les femmes, autres que la mère et
» les ascendants ; 4° tous ceux qui ont, ou dont les père et
» mère ont, avec le mineur, un procès dans lequel l'état
» de ce mineur, sa fortune, ou une partie notable de ses
» biens sont compromis. »

La condamnation à une peine afflictive ou infamante
emporte de plein droit l'exclusion de la tutelle. Elle emporte de même la destitution, dans le cas où il s'agirait
d'une tutelle antérieurement déférée.

Sont aussi exclus de la tutelle, et même destituables s'ils
sont en exercice : 1o les gens d'une inconduite notoire ;
2o ceux dont la gestion attesterait l'incapacité ou l'infidélité.

Tout individu qui aura été exclu ou destitué d'une tutelle, ne pourra être membre du conseil de famille.

Toutes les fois qu'il y aura lieu à une destitution de tuteur, elle sera prononcée par le conseil de famille, convoquée à la diligence du subrogé-tuteur, ou d'office, par le
juge-de-paix.

§ X.

De l'administration du tuteur et des comptes de tutelle.

Le tuteur prendra soin de la personne du mineur et le
représentera dans tous les actes civils. Il administrera ses
biens en bon père de famille, et répondra des dommages-
intérêts qui pourraient résulter d'une mauvaise gestion. Il
ne peut ni acheter les biens du mineur, ni les prendre à
ferme, à moins que le conseil de famille n'ait autorisé le
subrogé-tuteur à lui en passer bail ; ni accepter la cessation
d'aucun droit ou créance contre son pupille.

Dans les dix jours qui suivront celui de sa nomination,

dûment connue de lui, le tuteur requerra la levée des scellés, s'ils ont été apposés, et fera procéder immédiatement à l'inventaire des biens du mineur ; il devra le déclarer dans l'inventaire, à peine de déchéance, et ce, sur la réquisition que l'officier public sera tenu de lui en faire, et dont mention sera faite au procès-verbal.

Dans le mois qui suivra la clôture de l'inventaire, le tuteur fera vendre, en présence du subrogé-tuteur, aux enchères reçues par un officier public, et après des affiches ou publications dont le procès-verbal de vente fera mention, tous les meubles autres que ceux que le conseil de famille l'aura autorisé à conserver en nature.

Le tuteur, même le père ou la mère, ne peuvent emprunter pour le mineur, ni aliéner et hypothéquer ses biens immeubles, sans y être autorisés par un conseil de famille.

Cette autorisation ne devra être accordée que pour cause d'une nécessité absolue, ou d'un avantage évident. Dans le premier cas, le conseil de famille n'accordera son autorisation qu'après qu'il aura été constaté, par un compte sommaire présenté par le tuteur, que les deniers, effets mobiliers et revenus du mineur, sont insuffisants. Le conseil de famille indiquera, dans tous les cas, les immeubles qui devront être vendus de préférence, et toutes les conditions qu'il jugera utiles.

Les délibérations du conseil de famille relatives à cet objet, ne seront exécutées qu'après que le tuteur en aura demandé et obtenu l'homologation devant le tribunal de première instance, qui statuera en la chambre du conseil, et après avoir entendu le procureur du Roi.

La vente sera faite publiquement, en présence du subrogé-tuteur aux enchères, qui, seront reçues par un membre

du tribunal, ou par un notaire à ce commis, et à la suite
de trois affiches apposées, pendant trois dimanches consécutifs, aux lieux accoutumés dans le canton.

Le tuteur ne pourra accepter ni répudier une succession
échue au mineur, sans une autorisation préalable du conseil de famille. L'acceptation ne pourra avoir lieu que sous
bénéfice d'inventaire.

La donation faite au mineur ne pourra être acceptée
par le tuteur qu'avec l'autorisation du conseil de famille.
Elle aura, à l'égard du mineur, le même effet qu'a l'égard
du majeur.

Le tuteur ne pourra transiger au nom du mineur qu'a-
près y avoir été autorisé par le conseil de famille, et de
l'avis de trois jurisconsultes désignés par le procureur du
Roi ; la transaction ne sera valable qu'autant qu'elle aura
été homologuée par le tribunal de première instance, après
avoir entendu le procureur du Roi.

Tout tuteur est comptable de sa gestion lorsqu'elle finit,
même le père et la mère.

Le compte définitif de tutelle sera rendu aux dépens du
mineur, lorsqu'il aura atteint sa majorité ou obtenu son
émancipation. Le tuteur en avancera les frais.

Tout traité qui pourra intervenir entre le tuteur et le
mineur devenu majeur, sera nul, s'il n'a été précédé de
la reddition d'un compte détaillé et de la remise des pièces justificatives, le tout constaté par un récépissé de
l'ayant-compte, dix jours au moins avant le traité.

Toute action du mineur contre son tuteur, relativement
aux frais de la tutelle, se prescrit par dix ans, à compter
de la majorité.

FORMULE

De compte sommaire présenté par le tuteur, pour constater que les deniers, effets mobiliers et revenus du mineur sont insuffisants.

(L'art. 467 ne dit pas, comme l'art. 470, que le compte sera rédigé sur papier non timbré.)

Compte sommaire que présente M. Joseph-Adrien MOULIN, *tuteur de* Louis BERNARD, *fils mineur de..... au conseil de famille dudit* BERNARD, *en conformité de l'article 457 du code civil.*

CHAPITRE PREMIER. — *Recettes.*

Les recettes consistent :

1° Dans une somme de... provenant de, etc;

2° Dans une somme de... produit annuel du loyer d'une maison située à... et appartenant audit mineur;

3° Dans la somme de... etc.

CHAPITRE II. — *Dépenses.*

Les dépenses consistent :

1° Dans une somme de... pour frais de nourriture, habillement et entretien dudit mineur;

2° Dans une somme de... nécessaire pour faire face aux frais d'é-ucation dudit mineur;

3° Dans la somme de... etc.

BALANCE.

Les dépenses s'élèvent à la somme de........ 000 fr. 00 c.
Les recettes à celle de................. 000 fr. 00 c.

Les dépenses excèdent les recettes de la somme de 000 fr. 00 c.

J'affirme sincère et véritable le présent compte sommaire.

Fait à le mil...

(*Signature du tuteur.*)

FORMULE

D'UN COMPTE DÉFINITIF DE TUTELLE.

Compte de tutelle que rend M. E..., au sieur L. B..., actuellement majeur ou émancipé par acte du..., comme ayant eu la tutelle dudit sieur L. B..., mineur, depuis le... jusqu'au...

DATE des RECETTES.	CHAPITRE PREMIER. — *Recettes.*		
	Art. 1er.		
Année 1839 10 janvier.	Reçu la somme de... provenant de la vente des meubles et effets dépendant de la succession du sieur L. B..., père dudit L. B..., mineur, suivant procès-verbal de ladite vente, dressé le..., par Me P..., commissaire-priseur, ci............	000 fr.	00 c.
	Art. 2.		
8 mars.	Reçu la somme de... du sieur Pierre D..., débiteur du sieur B..., défunt, en vertu d'un acte de prêt contracté le.... ci............	000	00
	Art. 3.		
6 avril.	Reçu la somme de... du sieur G... pour remboursement de la rente de... constituée par lui au profit dudit B..., par acte... en date du..... ci......	000	00
	Art. 4.		
ANNÉE 1840 4 février.	Reçu la somme de..., montant d'une reconnaissance souscrite par le sieur..., ci............	000	00
	Total.......	000	00

DATE des DÉPENSES.	CHAPITRE II. — *Dépenses.*		
	### Art. 1er.		
Année 1839. 2 janvier.	Payé à M. le juge-de-paix de..., pour frais d'apposition, reconnaissance et levée des scellés, après le décès dudit sieur B..., la somme de..., suivant quittance du greffier dudit juge-de-paix . ci	009	00
	### Art. 2.		
4 mars.	Payé au sieur C..., notaire à..., pour frais d'inventaire des meubles, effets, titres et papiers de la succession dudit B..., la somme de..., suivant quittance, ci	000	00
	### Art. 3.		
2 avril.	Payé pour frais de maladie dudit sieur B..., la somme de..., suivant les quittances des sieurs G..., ci . . .	000	00
	### Art. 4.		
Idem.	Payé pour frais de maladie dudit sieur B..., la somme de..., suivant les quittances de..., ci	000	00
	### Art. 5.		
	Payé six mois de pension dudit mineur B..., suivant quittance du sieur R..., ci	000	00
	### Art. 6.		
Aannée 1840. 1er juillet.	Payé à... (*continuer ainsi*)	000	00
	Total	000	00

SOMMES A RECOUVRER.

Art. 1er.

La somme de... due par le sieur M..., en vertu d'un jugement du tribunal de... en date du..., ci 000   00

D'autre part. . . . . 000 fr. 00 c.

Art. 2.

La somme de... due par le sieur M..., en vertu d'une obligation passée devant Me L..., notaire à... ladite obligation non encore exigible, ci. . . .   000   00

Total. . . . . 000 fr. 00

BALANCE ET RÉCAPITULATION.

Chapitre Ier. Recettes. 000   00
Chapitre II. Dépenses. 000   00

L'excédant de la recette formant le reliquat est de. . . . . 000 fr. 00

Chapitre III. Les sommes à recouvrer s'élèvent à la somme de. 000   00

J'affirme sincère et véritable le présent compte de tutelle.

A   -   le   mil...

(*Signature du tuteur.*)

USUFRUIT.

§ I.

L'usufruit, dit l'empereur Justinien, dans ses *Institutes*, est le droit de jouir d'une chose dont un autre a la propriété, d'en tirer tout le profit, toute l'utilité et toute la commodité qu'elle peut produire. (Merlin, *Rép.*) Suivant le code civil, l'usufruit est le droit de jouir des choses dont un autre a la propriété, comme le propriétaire lui-même, mais à la charge d'en conserver la substance.

L'usufruit est établi par la loi ou par la volonté de l'homme : par la loi, lorsqu'elle attribue aux pères et mères 'usufruit des biens de leurs enfants, jusqu'à l'âge de dix-huit ans, ou jusqu'à leur émancipation ; elle attribue encore aux pères et mères l'usufruit des biens que prennent les collatéraux dans un partage.

Par la volonté de l'homme : par testament, par donation, par vente, etc.

L'usufruit peut être établi, ou *purement*, c'est-à-dire pour commencer desuite et finir à la mort de l'usufruitier, ou *à certain jour*, à partir de tel jour, *ex die*, ou jusqu'à tel jour, *ad diem*, ou *à condition*. La condition peut être suspensive ou résolutoire : suspensive, lorsqu'elle ne doit commencer qu'à l'évènement de la condition : par exemple, je vous donne l'usufruit de ma maison si mon fils se marie ; la condition est résolutoire, lorsque l'usufruit commence à l'instant même, et s'éteint si l'évènement arrive : je vous donne l'usufruit de ma maison actuellement, mais il cessera si mon fils se marie.

L'usufruit peut être établi sur toutes sortes de biens, meubles et immeubles.

§ II.

Usufruitier.

L'usufruitier est celui qui possède un usufruit. Il a le droit de jouir de toutes sortes de fruits, soit naturels, soit industriels, soit civils, que peut produire l'objet dont il a l'usufruit.

Les fruits naturels sont ceux qui sont le produit spontané de la terre. Le produit et le croît des animaux sont aussi des fruits naturels. Les fruits industriels d'un fonds sont ceux qu'on obtient par la culture. Les fruits civils sont les loyers des maisons, les intérêts des sommes exigibles, les arrérages des rentes ; les prix des baux à ferme sont aussi rangés dans la classe des fruits civils : les fruits civils sont réputés s'acquérir jour par jour, et appartiennent à l'usufruitier, à proportion de la durée de son usufruit. Cette règle s'applique aux prix des baux à ferme, comme aux loyers des maisons et autres fruits civils.

Si l'usufruit comprend des choses dont on ne peut faire usage sans les consommer, comme l'argent, les grains, les liqueurs, l'usufruitier a le droit de s'en servir, mais à la charge d'en rendre de pareille quantité, qualité et valeur, ou leur estimation, à la fin de l'usufruit. S'il comprend des choses qui, sans se consommer de suite, se détériorent peu à peu par l'usage, comme du linge, des meubles meublants, l'usufruitier a le droit de s'en servir pour l'usage auquel elles sont destinées, et n'est obligé de les rendre à la fin de l'usufruit, que dans l'état où elles se trouvent, non détériorées par son dol ou par sa faute. S'il comprend des bois taillis, il est tenu d'observer l'ordre et la quotité des coupes, conformément à l'usage constant du propriétaire. Dans aucun cas, l'usufruitier ne peut toucher aux arbres de haute futaie, si ce n'est pour les réparations dont il est tenu ; il peut cependant prendre dans les bois des échalas pour les vignes.

L'usufruitier peut jouir par lui-même, donner à ferme à un autre, ou même vendre ou céder son droit à titre gratuit. Il jouit aussi des droits de servitude.

§ III.

Des obligations de l'usufruitier.

L'usufruitier prend les choses dans l'état où elles sont,

mais il ne peut entrer en jouissance qu'après avoir fait dresser, en présence du propriétaire, ou lui dûment appelé,
un inventaire des meubles et un état des immeubles à l'u-
sufruit. Il doit donner caution de jouir en bon père de famille, s'il n'en est dispensé par l'acte constitutif de l'usufruit. Cependant les pères et mères ayant l'usufruit légal
du bien de leurs enfants, le vendeur ou le donateur sous
réserve d'usufruit n'est pas tenu de donner caution.

L'usufruitier n'est tenu qu'aux réparations d'entretien;
les grosses réparations demeurent à la charge du propriétaire. Le propriétaire ni l'usufruitier ne sont pas tenus de
rebâtir ce qui est tombé de vétusté, ou ce qui a été détruit
par cas fortuit. L'usufruitier est tenu de payer les contributions. Si, pendant la durée de son usufruit, un tiers
commet quelque usurpation sur le fonds, ou attente aux
droits du propriétaire, il est tenu de le dénoncer à celui-
ci : faute de ce, il est responsable de tout le dommage qui
peut en résulter pour le propriétaire.

Si l'usufruit n'est établi que sur un animal qui vient à
périr, sans la faute de l'usufruitier, celui-ci n'est pas tenu
d'en rendre un autre, ni d'en payer l'estimation. Si le
troupeau sur lequel l'usufruit a été établi périt entièrement
par accident ou par maladie, et sans la faute de l'usufruitier, celui-ci n'est tenu, envers le propriétaire, que de lui
rendre compte des cuirs ou de leur valeur. Si le troupeau
ne périt pas entièrement, l'usufruitier est tenu de remplacer, jusqu'à concurrence du croît, les têtes des animaux
qui ont péri.

§ IV.

Comment l'usufruit prend fin.

L'usufruit s'éteint par la mort naturèlle et par la mort civile de l'usufruitier ; par l'expiration du temps pour lequel il a été accordé ; par la consolidation ou par la réunion sur la même tête des deux qualités d'usufruitier et de propriétaire ; par le non-usage du droit pendant trente ans ; par la perte totale de la chose sur laquelle l'usufruit est établi.

L'usufruit peut aussi cesser par l'abus que l'usufruitier fait de sa jouissance, soit en commettant des dégradations sur le fonds, soit en le laissant périr faute d'entretien. Les créanciers de l'usufruit peuvent intervenir dans les contestations, pour la conservation de leurs droits ; ils peuvent offrir la réparation des dégradations commises, et des garanties pour l'avenir.

L'usufruit qui n'est pas accordé à des particuliers, ne dure que trente ans, par exemple, s'il est accordé à une commune, à un hospice. Si la loi n'avait pas fixé un terme, la nue-propriété serait devenue insignifiante, parce que les communautés peuvent durer éternellement.

Si l'usufruit n'est établi que sur un bâtiment, et que le bâtiment soit détruit par un incendie ou autre accident, ou qu'il s'écroule de vétusté, l'usufruitier n'aura le droit de jouir ni du sol ni des matériaux. Si l'usufruit était établi sur un domaine dont le bâtiment faisait partie, l'usufruitier jouira du sol et des matériaux.

VENTE.

§ I.

De la nature et de la forme de la vente.

La vente est une convention par laquelle l'un s'oblige à livrer une chose et l'autre à la payer. Elle peut être faite par acte authentique ou sous seing-privé.

Trois choses sont de l'essence du contrat de vente : une chose vendue, le prix de cette chose, et le consentement des parties.

La vente étant un contrat non solennel, n'est assujettie à aucune forme particulière : on peut donc la faire par acte authentique ou sous seing-privé, même verbalement; mais, dans ce dernier cas, on ne pourrait prouver la vente qu'autant que le prix sera au-dessous de 150 fr., à moins qu'il n'existât un commencement de preuve par écrit.

Elle est parfaite entre les parties, et la propriété est acquise de droit à l'acheteur à l'égard du vendeur, dès qu'on est convenu de la chose et du prix, quoique la chose n'ait pas encore été livrée, ni le prix payé.

Lorsque ces marchandises ne sont pas vendues en bloc, mais au poids, au compte ou à la mesure, la vente n'est point parfaite en ce sens que les choses vendues sont aux risques du vendeur jusqu'à ce qu'elles soient pesées, comptées ou mesurées ; mais l'acheteur peut en demander la délivrance, ou des dommages-intérêts, s'il y a lieu, en cas d'inexécution de l'engagement.

En bloc, c'est-à-dire en totalité, sous un seul et même prix, comme si je vous vends pour 400 fr. tout le blé qui est dans mon grenier ; au compte ou à la mesure, par exemple, si je vous vends tout le blé qui est dans mon grenier, à 30 fr. la mesure.

Si, au contraire, les marchandises ont été vendues en bloc, la vente est parfaite, quoique les marchandises n'aient pas été pesées, comptées ou mesurées.

A l'égard du vin, de l'huile et des autres choses que l'on est dans l'usage de goûter avant d'en faire l'achat, il n'y a point de vente tant que l'acheteur ne les a pas goûtées et agréées.

La promesse de vente vaut vente, lorsqu'il y a consentement réciproque des deux parties sur la chose et sur le prix.

Si la promesse de vente a été faite avec des arrhes, chacun des contractants est maître de s'en départir : celui qui les a données, en les perdant ; et celui qui les a reçues, en en restituant le double.

Le prix de la vente doit être déterminé et désigné par les parties. Il peut cependant être laissé à l'arbitrage d'un tiers ; et si le tiers ne veut ou ne peut faire l'estimation, il n'y a point de vente.

Les frais d'actes et autres accessoires à la vente sont à la charge de l'acheteur.

§ II.

Celui qui peut acheter ou vendre.

Tous ceux auxquels la loi ne l'interdit pas, peuvent acheter ou vendre. La vente est de droit commun ; aussi chacun peut-il acheter ou vendre s'il n'en est déclaré incapable par la loi. Les incapacités générales sont celles dont le mineur, l'interdit, la femme mariée sont frappés. Il y a aussi quelques incapacités particulières : celui dont le créancier a saisi les immeubles ne peut plus les vendre du jour où la saisie lui a été dénoncée; le failli ne peut plus vendre à compter du jour de la faillite, car il est dessaisi de l'administration de ses biens.

§ III.

Des choses qui peuvent être vendues.

Tout ce qui est dans le commercé peut être vendu, lorsque des lois particulières n'en ont pas prohibé l'aliénation.

La vente de la chose d'autrui est nulle; elle peut donner lieu à dommages-intérêts, lorsque l'acheteur a ignoré que la chose fût à autrui. On ne peut vendre la succession d'une personne vivante, même de son consentement.

§ IV.

Des obligations du vendeur.

Le vendeur est tenu d'expliquer clairement ce à quoi il s'oblige. Tout pacte obscur ou ambigu s'interprète contre le vendeur. Il y a deux obligations principales : celle de délivrer, et celle de garantir la chose qu'il vend.

§ V.

De la délivrance.

La délivrance est le transport de la chose vendue en la puissance et possession de l'acheteur. L'obligation de délivrer les immeubles est remplie de la part du vendeur, lorsqu'il a remis les clefs, s'il s'agit d'un bâtiment; et par la remise des titres, s'il s'agit d'un fonds de terre. Les frais de la délivrance sont à la charge du vendeur, et ceux de l'enlèvement, à la charge de l'acheteur s'il n'y a eu stipulation contraire.

Le vendeur n'est pas tenu de délivrer la chose, si l'acheteur n'en paie pas le prix, et que le vendeur ne lui ait pas accordé un délai pour le paiement.

La chose doit être délivrée en l'état où elle se trouve au moment de la vente; depuis ce jour, tous les fruits appartiennent à l'acquéreur. L'obligation de délivrer la chose comprend ses accessoires, et tout ce qui a été destiné à son usage perpétuel.

Le vendeur est tenu de délivrer la contenance telle qu'elle est portée au contrat, sous les modifications ci-après exprimées.

Si la vente d'un immeuble a été faite avec indication de la contenance, à raison de tant la mesure, le vendeur est obligé de délivrer à l'acquéreur, s'il l'exige, la quantité indiquée au contrat; et si la chose ne lui est pas possible, ou si l'acquéreur ne l'exige pas, le vendeur est obligé de souffrir une diminution proportionnelle du prix.

Si, au contraire, dans le cas de l'article précédent, il se trouve une contenance plus grande que celle exprimée au contrat, l'acquéreur a le choix de fournir le supplément du prix, ou de se désister du contrat, si l'excédant est d'un vingtième au-dessus de la contenance déclarée.

Par exemple, le domaine que vous m'aviez vendu comme contenant 60 ares, au prix de 10,000 fr. l'hectare, en contient 65 : il y a donc 5 hectares de plus que la contenance indiquée, ce qui fait plus d'un vingtième en sus, car le vingtième de 60 est 3. Aussi pourrais-je résilier la vente.

Dans tous les cas où l'acquéreur a le droit de se désister du contrat, le vendeur est tenu de lui restituer, outre le prix, s'il l'a reçu, les frais de ce contrat.

L'action doit être intentée dans l'année, à compter du jour du contrat, à peine de déchéance.

§ VI.

De la garantie.

La garantie, en fait de vente, est l'obligation où est le vendeur de répondre à l'acquéreur de la possession paisible de la chose vendue et des défauts cachés de cette chose. La garantie est de la nature de la vente : pour qu'elle existe, il n'est pas nécessaire qu'elle soit expressément stipulée.

Le vendeur est tenu de la garantie à raison des défauts cachés de la chose vendue qui la rendent impropre à l'usage auquel on la destine, ou qui diminuent tellement cet usage, que l'acheteur ne l'aurait pas acquise, ou n'en aurait donné qu'un moindre prix, s'il les avait connus.

Le vendeur cependant n'est pas tenu des vices apparents et dont l'acheteur a pu se convaincre lui-même. Il est tenu des vices cachés, quand même il ne les aurait pas connus, à moins que, dans ce cas, il n'ait stipulé qu'il ne sera obligé à aucune garantie.

L'action résultant des vices rédhibitoires doit être intentée, par l'acquéreur, dans les délais fixés par la loi sur les vices et actions rédhibitoires.

Elle n'a pas lieu dans les ventes faites par autorité de justice.

§ VII.

Obligations de l'acheteur.

La principale obligation de l'acheteur est de payer le prix au jour et au lieu réglés par la vente.

S'il n'a rien été réglé à cet égard lors de la vente, l'acheteur doit payer au lieu et dans le temps où doit se faire la délivrance. Si l'acheteur ne paie pas le prix, le vendeur peut demander la résolution de la vente.

En matière de vente de denrées et effets mobiliers, la résolution de la vente aura lieu de plein droit et sans sommation, au profit du vendeur, après l'expiration du terme convenu.

§ VIII.

De la rescision de la vente pour cause de lésion.

Si le vendeur a été lésé de plus de sept douzièmes dans le prix d'un immeuble, il a le droit de demander la rescision de la vente, quand même il aurait expressément renoncé, dans le contrat, à la faculté de demander cette rescision, et qu'il aurait déclaré donner la plus-value.

Pour savoir s'il y a lésion de plus de sept douzièmes il faut estimer l'immeuble suivant son état et sa valeur au moment de la vente. Il est évident qu'on ne doit avoir aucun égard aux améliorations ou détériorations survenues depuis la vente. Pour savoir si, au moment de cette vente, il y a eu lésion, il faut estimer l'immeuble tel qu'il était alors et d'après la valeur des immeubles à cette époque.

La demande n'est plus recevable après l'expiration de deux années à compter du jour de la vente; ce délai court contre les femmes mariées, contre les absents, les interdits et les mineurs venant du chef d'un majeur qui a vendu. Ce délai court aussi et n'est pas suspendu pendant la durée du temps stipulé pour le pacte de rachat.

La preuve de la lésion ne pourra être admise que par jugement, et dans le cas seulement où les faits articulés seraient assez vraisemblables et assez graves pour faire pré sumer la lésion. Cette preuve sera faite par trois experts d'office, à moins que les parties ne se soient accordées pour les nommer tous les trois conjointement.

La rescision pour cause de lésion n'a pas lieu en faveur de l'acheteur. On ne peut présumer, comme à l'égard du vendeur, que j'aie acheté par quelque besoin d'argent ; d'ailleurs la chose pouvait avoir, pour le vendeur, un prix d'affection que j'ai dû payer.

VENTES D'IMMEUBLES ET DE MEUBLES.

ENREGISTREMENT.

« Les ventes d'immeubles faites sous signature privée, sont enre-
» gistrables dans les trois mois de leur date ; celles faites par actes
» notariés doivent être enregistrées dans les dix jours, si le notaire
» réside dans la commune où le bureau est établi, et de quinze jours
» pour ceux des notaires qui n'y résident pas. (Loi du 22 frimaire
» an VII.) »

§ I.

Quotité du droit d'enregistrement.

« Le droit dont sont passibles les ventes d'immeubles est en géné-
» ral de 4 ou 5 et demi pour 100 fr. Toutefois, certaines transmis-
» sions sont passibles de droits proportionnels moindres, ce qui
» conduit à parler de la quotité des droits pour les ventes ordi-
» naires. »

§ II.

Ventes ordinaires.

« Les ventes, reventes, adjudications, cessions, rétrocession et tous
» autres actes civils et judiciaires, translatifs de propriété ou d'usu-
» fruit de biens immeubles à titre onéreux, ont été assujettis au droit
» de 4 pour 100 par la loi du 22 frimaire an VII, et ce taux a été
» élevé à 5 fr. 50 c. pour 100 fr., par la loi du 28 avril 1816. »

Vente d'usufruit.

« Le droit proportionnel fixe pour les cessions d'usufruit de biens
« meubles est exigible sur l'acte par lequel une mère constitue une
« rente en faveur de son fils, à condition qu'elle jouira, sa vie durant,
« de la part qu'il est appelé à recueillir dans la succession de son
« père; si cet acte n'a pas été enregistré dans les trois mois de sa
« date, il est passible du double droit. (Cassation, 1823.) »

§ III.

Quotité du droit d'enregistrement des ventes de meubles.

« Les ventes de meubles ou objets réputés tels, sont passibles du
« droit proportionnel de 2 pour 100, ou de 50 c. pour 100 fr., ou
« du droit fixe de 1 fr. »

IV.

Droit de 2 pour 100.

« Les adjudications, ventes, reventes, cessions, rétrocessions, mar-
« chés, traités et autres actes, soit civils, soit judiciaires, translatifs
« de propriété, à titre onéreux, de meubles, récoltes de l'année sur
« pied, coupes de bois taillis et de haute futaie, et autres objets mobi-
« liers généralement quelconques, même les ventes de cette nature
« faites par l'État, opèrent les droits de 2 pour 100 par cent francs.
« (Art. 69 de la loi du 22 frimaire an VII.) »

§ V.

Droit de 50 c. pour 100 fr.

« Les ventes publiques de marchandises, faites conformément au
« décret du 17 avril 1812, à la bourse et aux enchères, par le minis-
« tère de courtiers de commerce, sont passibles du droit de 50 c.
« pour 100 fr. (Loi du 15 mai 1828, art. 75.)

« Les ventes de meubles et marchandises qui seront faites confor-
« mément à l'article 492 du code de commerce, ne sont assujetties
« qu'au droit de 50 c. pour cent francs. (Loi du 24 mai 1834.) »

§ VI.

Droit fixe de 1 franc.

« Les procès-verbaux de vente de marchandises avariées par suite
» d'événements de mer, et qui doivent être dressés par des courtiers
» de commerce ou d'autres officiers publics, sous la surveillance du
» directeur des douanes, sont sujets au droit fixe de 1 fr. (Art. 56.
» de la loi du 21 avril 1818.) »

FORMULE

D'ACTE DE VENTE MOBILIÈRE AVEC PAIEMENT A L'INSTANT MÊME.

(Enregistrement 2 fr. pour cent fr.)

Entre les soussignés,

M. Jules Adrien, propriétaire demeurant à

Et M. Luc Cavord, négociant, demeurant à

A été faite la convention suivante :

M. Adrien vend à M. Cavard un billard *(le désigner exactement)*,
avec les objets mobiliers dont le détail suit :

1° *(Énoncer et désigner tous les objets);* lesquels objets M. Adrien
a remis à l'instant à M. Cavard, qui le reconnaît.

Cette vente est faite moyennant le prix de   que
M. Cavard a payé à l'instant à M. Adrien, qui le reconnaît et en
donne quittance.

Fait double à   le   mil...

(Signatures des parties.)

FORMULE

DE VENTE MOBILIÈRE AVEC DÉLAI POUR LE PAIEMENT.

Entre les soussignés,

*(Suivre, pour le commencement, la formule qui précède, jusqu'aux
mots : Cette vente est faite, et continuer ainsi :)*

Cette vente est faite moyennant le prix de...   que

M. S.. , acquéreur, promet et s'oblige de payer à M. R..., dans le délai de...   à partir de ce jour, en sa demeure ci-dessus indiquée.

Si, par suite du défaut de paiement de la part de l'acquéreur, l'ènregistrement du présent était nécessaire, il aurait lieu aux frais de M. S...

Fait double à   le   mil..,

(Signatures des parties.)

<h2 style="text-align:center">FORMULE</h2>

DE VENTE DE RÉCOLTE.

Entre les soussignés,

M. Jules Rey, propriétaire, demeurant à

Et M. Luc Girard, fermier, demeurant à

A été faite la convention suivante :

M. Rey vend au sieur Girard la récolte de

ésigner la pièce dont on vend la récolte et la nature de la récolte),

pour la présente année, moyennant le prix de   que

M. Girard, acquéreur, s'oblige de payer le   en un

seul paiement, à M. Rey.

Fait double à   le   mil...

(Signatures des parties.)

<h2 style="text-align:center">FORMULE</h2>

D'UNE VENTE DE COUPE DE BOIS.

Entre les soussignés,

(*Le préambule de la formule précédente jusqu'aux mots :* convention suivante, *et continuer ainsi :*)

M. R... vend au sieur S...

la coupe, pour une fois seulement, de   hectares de

bois taillis, en une seule pièce, dite pièce de   située

au terroir de   tenant du nord à   du midi à

du levant à   du couchant à

Pour en jouir et disposer par le sieur S..., en toute propriété, à compter de ce jour, en se conformant aux lois et réglements sur les forêts et aux usages locaux.

Cette vente est faite à la charge, par le sieur S..., qui s'y oblige, de faire cette coupe dans le délai de   de l'enlever et rendre la place nette avant l'expiration dudit délai, à peine de tous dommages-intérêts.

En outre, moyennant le prix de   que le sieur S... a payé à l'instant à M. R..., en un billet à ordre de pareille somme, en date du   et qui doit être soldé le   dont l'acquit, à l'échéance, opérera quittance définitive du prix de la présente vente.

Fait double à   le

(Signatures des parties.)

FORMULE

D'UN ACTE DE VENTE D'UN FONDS DE COMMERCE.

Entre les soussignés,

M. André Blanc, marchand de nouveauté, demeurant à

Et M. François Brun, aussi marchand de nouveautés, demeurant à

A été faite la convention suivante :

Le sieur Blanc vend au sieur Brun, qui accepte, le fonds de commerce de nouveautés qu'il exerce rue   n°   et l'achalandage qui en dépend, ensemble les marchandises qui en font partie, et dont le détail suit :

(Détailler les marchandises avec estimation.)

Pour en jouir en toute propriété, et pour entrer en possession   jour auquel le sieur Blanc lui en fera livraison.

Cette vente est faite moyennant le prix de   dont la somme de   pour l'achalandage, et celle de   pour le mobilier.

Laquelle somme de   le sieur Blanc reconnaît avoir à l'instant reçu du sieur Brun.

De plus, le sieur Blanc cède au sieur Brun qui accepte, son droit au bail des lieux où s'exploite ledit commerce, consistant   pour le temps qui en reste à courir, c'est-à-dire pour   à la charge de se conformer à toutes les obligations qui lui ont été imposées par cet acte, dont il a donné connaissance au sieur Brun, par la remise de *(un double de l'acte sous seing-privé ou de l'expédition du bail).*

Fait double à   le   mil...

(Signatures des parties.)

FORMULE

D'ACTE DE VENTE D'UNE MAISON.

(Droit d'enregistrement : 5 fr. 50 c. pour cent francs.)

Entre les soussignés,

Sieur Jules Adrien, architecte, demeurant à

Et le sieur Luc Salomon, peintre, demeurant à

A été faite la convention suivante :

Le sieur Jules Adrien vend au sieur Luc Salomon une maison avec tous ses accessoires et dépendances, ladite maison située à consistant *(Désignation sommaire.)*

Le sieur Adrien est propriétaire de cette maison en vertu d'un acte d'acquisition reçu par Mᵉ Candi, notaire à   *ou bien* comme héritier du sieur T..., son oncle.

Pour jouir et disposer, par le sieur Salomon, de ladite maison et dépendances, en pleine propriété, à compter de ce jour.

Cette vente est faite aux charges et conditions suivantes, que le sieur Salomon promet d'exécuter et accomplir, savoir :

1° De prendre ladite maison dans l'état où elle se trouve, avec les servitudes actives et passives qui peuvent en dépendre ou la grever ;

2° D'entretenir tous les baux, verbaux ou écrits, et particulièrement, etc. *(désigner les baux).*

La présente vente est faite moyennant le prix de   que le sieur Salomon s'oblige et promet de payer au sieur Adrien, savoir : 000 francs comptant, et 000 fr. le   prochain, etc., avec intérêts légitimes sur le pied de cinq pour cent par an, et le restant, six mois après. Les intérêts diminueront au fur et à mesure de chaque paiement partiel.

S'il convenait au sieur Salomon de déposer le présent contrat chez un notaire, le sieur Adrien promet de se présenter à toutes réquisitions pour intervenir à l'acte de dépôt qui en sera dressé par ce notaire, et de reconnaître sa signature, pour donner à cet acte le caractère d'acte authentique.

Fait double à   le   mil...

(Signatures des parties.)

VOITURIER.

C'est celui qui fait profession de transporter des marchandises, soit par terre, soit par eau.

Les voitures par terre et par eau sont assujetties, pour la garde et la conservation des choses qui leur sont confiées, aux mêmes obligations que les aubergistes.

Ils répondent non-seulement de ce qu'ils ont déjà reçu dans leur bâtiment ou voiture, mais encore de ce qui leur a été remis sur le port ou dans l'entrepôt pour être placé dans leur bâtiment ou voiture.

Ils sont responsables de la perte et des avaries des choses qui leur sont confiées, à moins qu'ils ne prouvent qu'elles ont été perdues ou avariées par cas fortuit ou force majeure.

Les voituriers sont garants de la perte des objets à transporter, hors le cas de force majeure.

Ils sont aussi garants des avaries autres que celles qui proviennent du vice propre de la chose ou de la force majeure.

Si, par l'effet de la force majeure, le transport n'est pas effectué dans le délai convenu, il n'y a pas lieu à indemnité contre le voiturier, pour cause de retard.

La réception des objets transportés et le paiement du

prix de la voiture éteignent toute action contre le voiturier

En cas de refus ou contestation pour la réception de objets transportés, leur état est vérifié et constaté par de experts nommés par le président du tribunal de commerce, ou, à son défaut, par le juge-de-paix et par ordonnance au bas d'une requête.

Le dépôt ou séquestre, et ensuite le transport dans un dépôt public, peuvent être ordonnés.

La vente peut en être ordonnée en faveur du voiturier, jusqu'à concurrence du prix de la voiture.

Les mêmes dispositions sont communes aux maîtres de bateaux, entrepreneurs de diligences et de voitures publiques.

Toutes actions contre le commissionnaire et le voiturier, à raison de la perte ou de l'avarie des marchandises, sont prescrites après six mois, pour les expéditions faites dans l'intérieur de la France, et, après un an, pour celles faites à l'étranger ; le tout à compter, pour le cas de perte, du jour où le transport des marchandises aurait dû être effectué; et, pour les cas d'avaries, du jour où la remise des marchandises aura été faite, sans préjudice des cas de fraude ou d'infidélité.

Lorsqu'une personne reçoit des ballots ou des marchandises qui paraissent avoir éprouvé des avaries, elle doit les faire constater par le président du tribunal civil ou de commerce, ou par le commissaire de police, ou bien encore par le juge-de-paix, pour les requérir de faire vérifier par des hommes de l'art l'état des ballots ou marchandises. Cette requête doit être faite sur papier timbré

FORMULE.

A M. le Président du tribunal de commerce de

Ou A M. le juge-de-paix du canton de

A l'honneur d'exposer :

Le sieur Louis Blanc, négociant, demeurant à

que, par l'entremise du sieur Laurent, voiturier, demeurant à

il lui a été expédié par M... négociant à

(détailler les marchandises), qui viennent d'arriver à l'instant ; qu'à la première inspection des caisses et ballots les contenant, il s'est aperçu qu'elles étaient avariées, et qu'il a refusé de les recevoir. A ces causes, il vous demande, Monsieur le Président, ou Monsieur le juge-de-paix, de nommer des experts pour vérifier et constater l'état desdites marchandises, afin que, sur leurs rapports, il soit statué ce qu'il appartiendra ;

Et vous ferez justice.

(Signature.)

(Le président met au bas de la requête l'ordonnance qui nomme les experts.)

VUE (DROIT DE).

Des vues sur la propriété de son voisin.

L'un des voisins ne peut, sans le consentement de l'autre, pratiquer dans le mur mitoyen aucune fenêtre ou ouverture, en quelque manière que ce soit, même à verre dormant : on appelle ainsi le verre incrusté dans un chassis qui ne peut s'ouvrir.

Le propriétaire d'un mur non mitoyen, joignant immédiatement l'héritage d'autrui, peut pratiquer dans le mur des jours ou fenêtres à fer maillé (on nomme ainsi un grillage ou treillis en fer) et à verre dormant.

Ces fenêtres doivent être garnies d'une treille de fer, dont les mailles auront un décimètre (environ trois pouces huit lignes) d'ouverture au plus, et d'un chassis à verre dormant. Ces fenêtres ou jours ne peuvent être établis qu'à vingt-six décimètres (huit pieds) au-dessus du plancher ou sol de la chambre qu'on veut éclairer, si c'est le rez-de-chaussée ; à dix-neuf décimètres (six pieds) au-dessus du plancher, pour les étages supérieurs.

Il faut bien distinguer les jours d'avec les vues. On a des jours quand la lumière pénètre à travers la fenêtre ; mais on n'a pas le droit de regarder dans le fond du voisin. On a des vues lorsqu'on peut non-seulement recevoir la lumière, mais encore regarder chez le voisin.

On ne peut avoir des vues droites ou fenêtres d'aspect, c'est-à-dire des vues où des fenêtres pratiquées dans un mur parallèle à la ligne qui sépare les deux héritages, ni balcon ou autres semblables saillies sur l'héritage clos ou non clos de son voisin, s'il n'y a dix-neuf décimètres (six pieds) de distance entre le mur où on les pratique et ledit héritage. On ne peut non plus avoir des vues par côté ou obliques sur le même héritage, s'il n'y a six décimètres (deux pieds) de distance.

La vue est oblique lorsqu'elle est pratiquée dans un mur qui fait angle avec la ligne de séparation ; il faut observer que si c'est un balcon ou autre saillie qu'on construit sur ce mur, le côté du balcon forme une vue droite qui regarde en face l'héritage voisin, et qui doit être à la distance de dix-neuf décimètres. Cette distance se compte depuis le parement extérieur du mur où l'ouverture se fait, et s'il y a balcons ou autres semblables saillies, depuis leur ligne extérieure jusqu'à la ligne de séparation des deux propriétés. Lorsque la séparation est un mur mitoyen, la distance se compte jusqu'à la ligne formant le milieu de l'épaisseur du mur. Si le mur appartient totalement à celui qui pratique les vues, on compte jusqu'au parement extérieur. Le voisin, en acquérant par la suite la mitoyenneté de ce mur, ne pourrait pas faire boucher les vues sous prétexte que la distance n'est pas observée; mais si le bâtiment dans lequel elles se trouvent vient à être détruit, il faudra, en le reconstruisant, que les vues soient reculées à la distance requise.

FORMULES DIVERSES.

MODÈLE DE RÉQUISITION.

Nous, maire de la commune de   canton de
arrondissement d   département de
  Ou adjoint en l'absence du maire, ou délégué du maire ;
  Ou membre du conseil municipal désigné par la loi, en l'absence du maire et de l'adjoint, ou délégué du maire ;
  Requérons, en vertu de la loi,
    Le commandant de gendarmerie de
    Ou le commandant de la garde nationale de
    Ou le commandant de la troupe de ligne à la résidence de... (*désigner le lieu*);
  De prêter le secours nécessaire que nous estimons devoir s'élever à la force de tant d'hommes... (*mettre le chiffre*) pour prévenir et repousser les attroupements.
  Ou prévenir tel dessein criminel. (*En indiquer la nature.*)
Fait à   le   du mois   l'an

(*Signature.*)

AUTRE MODÈLE DE RÉQUISITION.

Nous, maire de la commune de   canton de
arrondissement de   département de
    Ou adjoint en l'absence du maire ou délégué du maire de la commune de , etc.
    Ou membre du conseil municipal en l'absence du maire et de l'adjoint, ou délégué du maire ;

32

Requérons, en vertu de la loi et sous les peines de l'art. 475 du code pénal.

Le nommé Jacques B..., domicilié dans cette commune, de venir au secours et de prêter main-forte à l'autorité (*Expliquer l'exécution ou la mesure à prendre*); chargeons le garde-champêtre de cette commune , agent de la force publique, de la notification de la présente réquisition, en conformité de l'art. 72 du décret du 18 juin 1811.

Fait à le mois an

(*Signature.*)

MODÈLE D'ACTE DE SIGNIFICATION.

L'an mil et le du mois de heure de

A la requête de M. le Maire de la commune, et en vertu de sa commission , en date de ce jour ;

Je (*nom, prénoms*), agent de la force publique, garde-champêtre de la commune de canton do arrondissement de département de me suis transporté au domicile du nommé Jacques B..., auquel j'ai fait connaître et remis la réquisition de M. le Maire, et l'ai requis de me suivre. A quoi il m'a répondu qu'il refusait de se rendre à l'injonction à lui faite. (*Indiquer les motifs s'ils sont donnés.*)

De laquelle déclaration j'ai dressé le présent acte pour valoir ainsi que de droit.

(*Signature.*)

MODÈLE DE PROCÈS-VERBAL.

L'an le du mois de heure de nous, maire de la commune de canton de arrondissement de département de

Ou adjoint en l'absence du maire, ou délégué du maire;

Ou membre du conseil municipal en l'absence du maire et de l'adjoint, ou délégué du maire ;

Au moment où nous exercions nos fonctions administratives dans le lieu de situé dans cette commune le nommé Pierre X... s'est livré à des violences répréhensibles, outrages et voies de fait (*énoncer la nature des actes*).

En conséquence, nous avons, conformément aux articles 504 et 509 du code d'instruction criminelle, fait arrêter le nommé Pierre a..., domicilié à profession de et rédigé le présent procès-verbal qui sera envoyé, ainsi que le prévenu, devant le procureur du Roi de l'arrondissement de

Fait à lesdits an, jour et heure que dessus.

(*Signature.*)

MODÈLE DE PROCÈS-VERBAL DE DÉLIT CORRECTIONNEL FLAGRANT.

Nous, maire et adjoint de la commune de   canton de
arrondissement de   département de   officier
de police judiciaire ;

Sur l'avis qui nous a été donné, ou instruit par la clameur publique, d'un délit commis à

Nous nous sommes de suite transporté sur les lieux, et il nous a été rapporté (*énoncer les faits*).

Nous avons nous-mêmes reconnu (*rapporter les indices du délit, ou décrire le corps de délit s'il est apparent, comme s'il s'agissait, par exemple, de plantations coupées ou d'animaux mutilés ou tués, etc.*)

A peu de distance du lieu du délit, nous avons trouvé un instrument (*en rapporter la nature*) qui paraît avoir servi à commettre ledit délit ; ou tel objet nous a été remis ; nous l'avons pris et retenu comme pièce de conviction.

Nous avons fait appeler à notre procès-verbal les nommés témoins du délit, qui nous ont déclaré (*consigner leurs témoignages.*)

Des renseignements ci-dessus consignés, il en résulte que le nommé   est gravement soupçonné d'être l'auteur du délit : en conséquence, nous avons ordonné son arrestation. Ledit nommé sera de suite transféré par devant M. le Procureur du Roi, ainsi que les pièces de conviction, et ensemble notre procès-verbal. (*Les pièces de conviction et le procès-verbal devront être envoyés au procureur du Roi.*)

(*Signature.*)

MODÈLE DE PROCÈS-VERBAL DE PLAINTE.

L'an   et le   du mois de
à l'heure de

          par devant nous, maire ou adjoint de
la commune de   canton de   arrondissement
de   département de
procédant comme officier de police judiciaire, auxiliaire du procureur du Roi, s'est présenté le sieur Antoine C..., propriétaire, domicilié à
lequel nous a exposé que (*détailler les faits de la plainte.*)

          ledit sieur Antoine C... nous a déclaré qu'il dénonce les faits dans l'intérêt de la vindicte publique, et qu'il n'entend pas se porter partie civile (1).

———

constituant un crime ou un délit dans l'in-

Le plaignant, à l'appui de sa déclaration, nous a indiqué pour té
moins :

1° Le nommé

2°

3°

Il nous a représenté et remis, comme pièces de conviction, les objets suivants (*décrire les objets*): lesquels nous avons scellés et rete-
nus pour être joints au présent procès-verbal, et pour être de suite
transmis le tout ensemble au procureur du Roi, les faits de la plainte
n'ayant pas le caractère du flagrant délit.

De tout quoi nous avons rédigé le présent procès-verbal que ledi.
sieur Antoine C... a signé avec nous, ou a déclaré ne savoir signer,
et avons clos ledit procès-verbal lesdits jour et an que dessus.

(*Signature.*)

MODÈLE.

La présente déclaration a été présentée à nous, maire ou adjoint
de la commune de   officier de police auxiliaire,
aujourd'hui   du mois de   de l'an
                                        par le sieur Jacques
B... qui nous a affirmé pour lui (*ou pour le sieur Louis D... dont il
est fondé de pouvoirs, ainsi que cela résulte de la procuration ci-jointe*),
l'exactitude des faits exposés dans la plainte, et à l'appui desquels
des témoins y sont indiqués.

En conséquence, nous avons donné acte de la remise de ladite
plainte pour être transmise, en cet état, à M. le Procureur du Roi,
avec les pièces de conviction (*s'il en est remis, les décrire*) que nous
avons cachetées et scellées.

Le présent acte a été signé par nous et le plaignant (*ou par son
mandataire*) lesdits jour et an que dessus, *ou ils ont déclaré ne savoir signer.*

(*Signature.*)

MODÈLE D'UN MANDAT DE DÉPOT.

Nous, maire ou adjoint de la commune de
canton de   arrondissement de   département de
          officiers de police auxiliaire du procureur du Roi, opéran
conformément à l'article 32 du code d'instruction criminelle;

---

térêt de la vindicte publique, doit être rédigé sur papier libre. Ces actes sont exempts
de la formalité de l'enregistrement. (Art. 16 et 70 des 13 brumaire et 22 frimaire
an VII.)

Il en est autrement lorsque le plaignant déclare vouloir se porter partie civile, c'est-
à-dire obtenir contre le prévenu des dommages et intérêts. Dans ce cas, la plainte
doit être rédigée sur papier timbré, et le procès-verbal soumis à l'enregistrement.

Vu l'article 34 dudit code d'instruction :

Attendu que le nommé (*énoncer le nom s'il est connu*) est contrevenu à notre défense de s'éloigner du lieu du crime ;

Ordonnons à tous agents de la force publique de conduire à la maison d'arrêt de   le nommé (*mettre exactement les noms et prénoms*). Requérons le gardien de ladite maison d'arrêt de le recevoir et de le retenir en dépôt, jusqu'à ce qu'il en soit ordonné autrement sur les poursuites de M. le Procureur du Roi.

Fait à   le

Sceau,   (*Signature*.)

MODÈLE DE RÉQUISITION.

Nous, maire, ou adjoint de la commune de

canton de   arrondissement de   département

de   officier de police auxiliaire du procureur du Roi ;

Vu l'article 44 du code d'instruction criminelle ;

Invitons M.   médecin de la commune dans

canton de   de se transporter immédiatement dans notre

commune, au village de   pour procéder à l'examen du

cadavre du nommé   mort assassiné ou présumé décédé

de mort violente.

Fait à   le

(*Signature.*)

MODÈLE D'UN MANDAT D'AMENER.

Nous, maire ou adjoint de la commune de

arrondissement de   département de

agissant comme officier de police judiciaire auxiliaire du procureur du Roi, et procédant conformément aux articles 47 et 50 du code d'instruction criminelle, en cas de flagrant délit ;

Ordonnons au sieur   agent de la force publique, d'amener par devant nous le nommé   prévenu du crime de

énoncer le crime) ; ledit prévenu se trouvant actuellement au village de   chez le nommé   ou en tout autre lieu de cette commune ;

À l'effet de s'expliquer et d'être entendu sur le crime qui lui est imputé.

Requérons tout dépositaire de la force publique de prêter mainforte, si besoin est, pour l'exécution du présent mandat d'amener, que nous avons signé et marqué de notre sceau.

À   le   l'an

Sceau   (*Signature.*)

TARIF GÉNÉRAL
DES PATENTES

L'APPLICATION DE LA LOI NOUVELLE.

LOI SUR LES PATENTES.

Au palais des Tuileries, le 25 avril 1844.

LOUIS-PHILIPPE, Roi des Français, à tous présents et à venir SALUT.

Nous avons proposé, les Chambres ont adopté, NOUS AVONS ORDONNÉ et ORDONNONS ce qui suit :

ARTICLE 1er. — Tout individu, français ou étranger, qui exerce en France un commerce, une industrie, une profession non compris dans les exceptions déterminées par la présente loi est assujetti à la contribution des patentes.

ART. 2. — La contribution des patentes se compose d'un droit fixe et d'un droit proportionnel.

ART. 3. — Le droit fixe est réglé conformément aux tableaux A, B, C, annexés à la présente loi.

Il est établi :

Eu égard à la population, et d'après un tarif général, pour les industries et professions énumérées dans le tableau A ;

Eu égard à la population, et d'après un tarif exceptionnel, pour les industries et professions portées dans le tableau B ;

Sans égard à la population, pour celles qui font l'objet du tableau C.

ART. 4. — Les commerces, industries et professions non dénommés dans ces tableaux n'en sont pas moins assujettis à la patente. Le droit fixe auquel ils doivent être soumis est réglé, d'après l'analogie des opérations ou des objets de commerce, par un arrêté spécial du préfet, rendu sur la proposition du directeur des contributions directes, et après avoir pris l'avis du maire.

Tous les cinq ans, des tableaux additionnels contenant la nomenclature des commerces, industries et professions classés par voie d'assimilation, depuis trois années au moins, seront soumis à la sanction législative.

ART 5. — Pour les professions dont le droit fixe varie en raison de la population du lieu où elles sont exercées, les tarifs seront appliqués d'après la population qui aura été déterminée par la dernière ordonnance de dénombrement.

Néanmoins, lorsque ce dénombrement fera passer une commune dans une catégorie supérieure à celle dont elle faisait précédemment partie, l'augmentation du droit fixe ne sera appliquée que pour moitié pendant les cinq premières années.

propriétaire, peut être passible de l'amende portée par la loi, et des dommages-intérêts que son troupeau occasionnerait, j'ai, afin que son délit fût constaté, rédigé le présent procès-verbal, les jour, mois et an que dessus; et j'ai signé.

(La signature.)

MODÈLE DE PROCÈS-VERBAL

QUI DOIT ÊTRE DRESSÉ PAR LE GARDE FORESTIER.

L'an mil   le   jour du mois de   heure de   moi (*les nom et prénoms*), garde forestier de la commune de   faisant mes tournées accoutumées, passant sur *telle* grande route, si vu qu'un arbre de *telle* espèce, de *telle* dimension venait d'être coupé, et que la coupe était toute fraîche; imaginant que le délinquant pouvait n'être pas éloigné, j'ai porté mes regards de tous les côtés. En accélérant ma marche, j'ai découvert qu'un individu vêtu d'un *tel* habit, paraissant de *telle* taille, et prêt à entrer par *telle* rue ou *tel* endroit dans la commune, faisait porter du bois par son cheval, j'ai couru pour le rejoindre, mais je n'ai pu l'atteindre. Soupçonnant que ce pouvait être *tel* individu, j'ai requis M. le maire de la commune de m'assister dans la recherche que j'étais dans l'intention de faire chez ledit individu. M. le maire ayant déféré à ma réquisition, nous nous sommes, à l'instant transportés chez ledit

Entrés dans sa maison, et ayant pénétré dans sa cour, nous avons trouvé sous un petit hangar de forts morceaux de bois : en ayant mesuré le diamètre, nous l'avons trouvé le même que celui de l'arbre coupé. Ayant examiné la nature et l'écorce du bois, nous les avons trouvées aussi identiquement les mêmes que celles de l'arbre coupé. Ayant réuni les morceaux de bois bout à bout, nous avons reconnu qu'ensemble ils avaient la longueur de l'arbre coupé. Après plus grandes perquisitions, dans le four dudit   nous avons trouvé les branchages de l'arbre tout fagotés. M. le maire l'a interrogé pour savoir s'il n'était pas l'auteur du délit, et, en cas qu'il ne le fût pas, pourquoi il avait tout le bois de l'arbre coupé sur la grande route. Il n'a pu nier qu'il en fût l'auteur, et a cherché à excuser son action. M. le maire a fait aussitôt transporter le bois de délit à la mairie, et l'a confié à la garde du concierge pour le représenter en temps et lieu. De tout quoi j'ai fait et dressé le présent procès-verbal, les jour, mois et an que dessus, pour servir et valoir ce que de droit; et M. le maire a signé avec moi.

(Le signatures.)

MODÈLE DE PROCÈS-VERBAL

CONSTATANT LE MAUVAIS ÉTAT D'UN MUR D'UNE MAISON.

le   jour du mois de   nous,

commissaire de police de *telle* division (*ou* maire *ou* adjoint
de la commune de   ), avertis que dans *telle* rue le mur de
face de *telle* maison, appartenant à   se lézardait considérablement, que déjà les crevasses ou fentes étaient profondes; nous nous
y sommes transportés afin de vérifier l'état dudit mur. Nous avons
vu qu'en effet il y avait deux lézardes ou crevasses très-étendues;
que le mur paraissait se déchirer, et qu'il y avait le plus grand danger pour la sûreté publique à le laisser subsister. Avons déclaré au
sieur   propriétaire, qu'il fallait qu'il se mît en devoir de
faire réparer ce mur, sinon qu'avant peu de temps il serait exposé à
le voir tomber, et les passagers blessés; qu'alors les dommages-intérêts, indépendamment de l'amende qu'il pourrait encourir, augmen-
teraient de beaucoup les dépenses que lui aurait coûtées la seule
réparation. Et afin que notre inspection et notre avertissement
fussent constatés pour servir en temps et lieu, en cas de besoin, nous
avons fait et dressé le présent procès-verbal, que nous avons signé.

(La signature.)

MODÈLE DU PROCÈS-VERBAL

A DRESSER EN CAS DE CONTRAVENTION A LA LOI SUR L'ÉCHENILLAGE.

L'an mil   le vingt-cinq février, nous, maire *ou* adjoint de
la commune de   faisant notre tournée à l'effet de vérifier si, en exécution de la loi du 26 ventôse an IV, publiée de nouveau le   au son du tambour, par *tel* citoyen commis par
nous à cet effet, et affichée aux lieux accoutumés, les propriétaires,
fermiers, locataires ou autres détenteurs de terrains garnis d'arbres,
d'arbustes, de haies ou de buissons avaient fait ou fait faire l'échenillage requis, avons, dans *telle* pièce plantée de *tels* arbres, possédée
par le sieur   propriétaire, *ou* fermier, *ou* locataire en
cette commune, remarqué qu'auxdits arbres étaient attachées nombre de bourses et toiles de chenilles, qu'en un mot ledit propriétaire *ou* fermier n'avait pas fait l'échenillage ordonné, et qu'ainsi
il était en contravention : pourquoi avons commis *un tel*, citoyen
de cette commune pour faire ledit échenillage aux frais et dépens
dudit sieur   propriétaire *ou* fermier, et avons rédigé le
présent procès-verbal pour être ladite contravention constatée, et
requis contre le contrevenant la condamnation à l'amende et aux
frais voulus par la loi.

Fait à la mairie de ladite commune de   les jour, mois
et an que dessus; et nous avons signé.

(La signature du maire ou de l'adjoint.)

PROCÈS-VERBAL
CONSTATANT LE REFUS DE PRETER SECOURS.

Le   mil   nous (*nom et prénoms*), maire de la commune
de   d'après l'avertissement qui nous a été donné qu'un incendie venait de se déclarer chez le sieur (*les nom, profession et demeure*), nous nous y sommes à l'instant transportés. Ayant remarqué
qu'il se manifestait d'une manière effrayante, et que les secours des
maçons, couvreurs et charpentiers seraient particulièrement nécessaires pour faire quelques tranchées et arrêter ainsi les progrès des
flammes, avons sommé verbalement le sieur   maçon, de s'y
rendre à l'instant avec nous, avec ses outils et instruments nécessaires; le sieur   charpentier de s'y rendre également avec ses
outils, haches et instruments nécessaires, et le sieur   couvreur,
de même, et d'amener l'un et l'autre leurs ouvriers, compagnons et
apprentis.

Les sieurs   couvreur et maçon, s'y seraient transportés de suite; mais le sieur   charpentier, aurait éludé, en
prétextant d'ouvrage qu'il avait à terminer, etc.; nous lui avons déclaré à l'instant que nous prenions ses prétextes pour refus, et que
nous allions, contre lui, dresser procès-verbal. Ledit sieur
n'ayant eu aucun égard à notre observation, ayant continué ses travaux chez lui, et n'ayant point obtempéré à notre nouvelle réquisition verbale de se transporter avec nous, nous avons rédigé le présent, pour servir et valoir ce que de raison, dans le cas où serait
requise contre lui l'amende portée par les dispositions du Code pénal; et nous avons signé.

(*La signature du maire.*)

PROCÈS-VERBAL
DE SAISIE D'UN TROUPEAU ATTEINT DE MALADIE CONTAGIEUSE.

L'an mil   le   jour du mois de   moi (*les
nom et prénoms*) soussigné, garde champêtre de la commune de
faisant mes tournées accoutumées, ai vu sur *telle terre* ou *telle prairie* un troupeau de tant de brebis et moutons appartenant au sieur
        boucher *ou* fermier de ladite commune, lequel troupeau
atteint du claveau, suivant la déclaration faite à la mairie le *tel
jour*, par ledit sieur   se trouvait conséquemment sur une
terre autre que celle désignée audit sieur   pour la pâture de
son troupeau, puisque celle qui lui a été assignée par M. le maire de
la commune est *telle* terre *ou telle* prairie (*la désigner*). J'ai, à l'instant, saisi et mis sous la main de la justice ledit troupeau, composé
de *tant* de têtes, et l'ai fait de suite amener à la porte de la mairie
par *telle* personne, à laquelle les frais de conduite seront payés par
ledit sieur   propriétaire, afin que par M. le maire soit indiqué le
dépôt où sera conduit ledit troupeau; et comme ledit sieur

Art. 6. — Dans les communes dont la population totale est de 5,000 âmes et au-dessus, les patentables exerçant dans la banlieue des professions imposées, eu égard à la population, payeront le droit fixe d'après le tarif applicable à la population non agglomérée.

Les patentables exerçant lesdites professions dans la partie agglomérée payeront le droit fixe d'après le tarif applicable à la population totale.

Art. 7. — Le patentable qui exerce plusieurs commerces, industries ou professions, même dans plusieurs communes différentes, ne peut être soumis qu'à un seul droit fixe.

Ce droit est toujours le plus élevé de ceux qu'il aurait à payer s'il était assujetti à autant de droits fixes qu'il exerce de professions.

Art. 8. — Le droit proportionnel est fixé au vingtième de la valeur locative pour toutes les professions imposables, sauf les exceptions énumérées au tableau D annexé à la présente loi.

Art. 9. — Le droit proportionnel est établi sur la valeur locative, tant de la maison d'habitation que des magasins, boutiques, usines, ateliers, hangars, remises, chantiers et autres locaux servant à l'exercice des professions imposables.

Il est dû, lors même que l'exigeant et les locaux occupés sont concédés à titre gratuit.

La valeur locative est déterminée, soit au moyen de baux authentiques, soit par comparaison avec d'autres locaux dont le loyer aura été régulièrement constaté, ou sera notoirement connu, et, à défaut de ces bases, par voie d'appréciation.

Le droit proportionnel pour les usines et les établissements industriels est calculé sur la valeur locative de ces établissements, pris dans leur ensemble et munis de tous leurs moyens matériels de production.

Art. 10. — Le droit proportionnel est payé dans toutes les communes où sont situés les magasins, boutiques, usines, ateliers, hangars, remises, chantiers et autres locaux servant à l'exercice des professions imposables.

Si, indépendamment de la maison où il fait sa résidence habituelle et principale, et qui, dans tous les cas, sauf l'exception ci-après, doit être soumise au droit proportionnel, le patentable possède, soit dans la même commune, soit dans des communes différentes, une ou plusieurs maisons d'habitation, il ne paye le droit proportionnel que pour celles de ces maisons qui servent à l'exercice de sa profession.

Si l'industrie pour laquelle il est assujetti à la patente ne constitue pas sa profession principale, et s'il ne l'exerce pas par lui-même, il ne paye le droit proportionnel que sur la maison d'habitation de l'agent préposé à l'exploitation.

Art. 11. — Le patentable qui exerce dans un même local, ou dans des locaux non distincts, plusieurs industries ou professions passibles d'un droit proportionnel différent, paye ce droit d'après le taux applicable à la profession pour laquelle il est assujetti au droit fixe.

Dans le cas où les locaux sont distincts, il ne paye pour chaque local que le droit proportionnel attribué à l'industrie ou à la profession qui y est spécialement exercée.

Dans ce dernier cas, le droit proportionnel n'en demeure pas moins établi sur la maison d'habitation, d'après le taux applicable à la profession pour laquelle le patentable est imposé au droit fixe.

Art. 12. — Dans les communes dont la population est inférieure à vingt mille âmes, mais qui, en vertu d'un nouveau dénombrement, passent dans la catégorie des communes de vingt mille âmes et au-dessus, les patentables des septième et huitième classes ne seront soumis au droit proporfionnel que dans le cas ou une seconde ordonnance de dénombrement aura maintenu lesdites communes dans la même catégorie.

ART 13. — Ne sont pas assujettis à la patente :

1° Les fonctionnaires et employés salariés, soit par l'État, soit par les administrations départementales ou communales, en ce qui concerne seulement l'exercice de leurs fonctions,

2° Les notaires, les avoués, les avocats au Conseil, les greffiers, les commissaires-priseurs, les huissiers ;

3° Les avocats ;

Les docteurs en médecine ou en chirurgie, les officiers de santé, les sages-femmes et les vétérinaires,

Les peintres, sculpteurs, graveurs et dessinateurs considérés comme artistes, et ne vendant que le produit de leur art ;

Les architectes considérés comme artistes, ne se livrant pas, même accidentellement, à des entreprises de construction

Les professeurs de belles-lettres, sciences et arts d'agrément ; les chefs d'institution, les maîtres de pension, les instituteurs primaires,

Les éditeurs de feuilles périodiques.

Les artistes dramatiques,

4° Les laboureurs et cultivateurs, seulement pour la vente et la manipulation des récoltes et fruits provenant des terrains qui leur appartiennent ou par eux exploités, et pour le bétail qu'ils y élèvent, qu'ils y entretiennent ou qu'ils y engraissent ;

Les concessionnaires de mines pour le seul fait de l'extraction et de la vente des matières par eux extraites;

Les propriétaires ou fermiers des marais salants;

Les propriétaires ou locataires louant accidentellement une partie de leur habitation personnelle;

Les pêcheurs, même lorsque la barque qu'ils montent leur appartient ;

5° Les associés en commandite, les caisses d'épargne et de prévoyance administrées gratuitement, les assurances mutuelles régulièrement autorisées ;

6° Les capitaines de navire de commerce ne naviguant pas pour leur compte ;

Les cantiniers attachés à l'armée ;

Les écrivains publics ;

Les commis et toutes les personnes travaillant à gages, à façon et à la journée, dans les maisons, ateliers et boutiques des personnes de leur profession, ainsi que les ouvriers travaillant chez eux ou chez les particuliers, sans compagnons, apprentis, enseigne ni boutique. Ne sont point considérés comme compagnons ou apprentis, la femme travaillant avec son mari, ni les enfants non mariés travaillant avec leurs père et mère, ni le simple manœuvre dont le concours est indispensable à l'exercice de la profession;

Les personnes qui vendent en ambulance dans les rues, dans les lieux de passage et dans les marchés, soit des fleurs, de l'amadou, des balais, des statues et figures en plâtre; soit des fruits, des légumes, des poissons du beurre, des œufs, du fromage et autres menus comestibles ;

Les savetiers, les chiffonniers au crochet, les porteurs d'eau à la bretelle ou avec voiture à bras, les rémouleurs ambulants, les gardes-malades.

ART. 14. — Tous ceux qui vendent en ambulance des objets non compris dans les exemptions déterminées par l'article précédent, et tous marchands sous échoppe ou en étalage, sont passibles de la moitié des droits que payent les marchands qui vendent les mêmes objets en boutique. Toutefois, cette disposition n'est pas applicable aux bouchers, épiciers et autres marchands ayant un état permanent ou occupant des places fixes dans les halles et marchés.

Art. 15. — Les mari et femme séparés de biens ne doivent qu'une patente, à moins qu'ils n'aient des établissements distincts, auquel cas chacun d'eux doit avoir sa patente et payer séparément les droits fixes et proportionnels.

Art. 16. — Les patentes sont personnelles et ne peuvent servir qu'à ceux à qui elles sont délivrées. En conséquence, les associés en nom collectif sont tous assujettis à la patente.

Toutefois l'associé principal paye seul le droit fixe en entier : les autres associés ne sont imposés qu'à la moitié de ce droit, même quand ils ne résident pas tous dans la même commune que l'associé principal.

Le droit proportionnel est établi sur la maison d'habitation de l'associé principal, et sur tous les locaux qui servent à la société pour l'exercice de son industrie.

La maison d'habitation de chacun des autres associés est affranchie du droit proportionnel, à moins qu'elle ne serve à l'exercice de l'industrie sociale.

Art. 17. — Les sociétés ou compagnies anonymes ayant pour but une entreprise industrielle ou commerciale, sont imposées à un seul droit fixe sous la désignation de l'objet de l'entreprise, sans préjudice du droit proportionnel.

La patente assignée à ces sociétés ne dispense aucun des sociétaires ou actionnaires du paiement des droits de patente auxquels ils pourraient être personnellement assujettis pour l'exercice d'une industrie particulière.

Art. 18. — Tout individu transportant des marchandises de commune en commune, lors même qu'il vend pour le compte de marchands ou fabricants, est tenu d'avoir une patente personnelle, qui est, selon les cas, celle de colporteur avec balle, avec bêtes de somme ou avec voiture.

Art. 19. — Les commis-voyageurs des nations étrangères seront traités, relativement à la patente, sur le même pied que les commis-voyageurs français chez ces mêmes nations.

Art. 20. — Les contrôleurs des contributions directes procéderont annuellement au recensement des imposables et à la formation des matrices de patentes.

Le maire sera prévenu de l'époque de l'opération du recensement, et pourra assister le contrôleur dans cette opération, ou se faire représenter, à cet effet, par un délégué.

En cas de dissentiment entre les contrôleurs et les maires ou leurs délégués, les observations contradictoires de ces derniers seront consignées dans une colonne spéciale.

La matrice, dressée par le contrôleur, sera déposée, pendant dix jours, au secrétariat de la mairie, afin que les intéressés puissent en prendre connaissance, et remettre au maire leurs observations. A l'expiration d'un second délai de dix jours, le maire, après avoir consigné ses observations sur la matrice, l'adressera au sous-préfet.

Le sous-préfet portera également ses observations sur la matrice, et a transmettra au directeur des contributions directes, qui établira les taxes conformément à la loi, pour tous les articles non contestés. A l'égard des articles sur lesquels le maire ou le sous-préfet ne sera pas d'accord avec le contrôleur, le directeur soumettra les contestations au préfet avec son avis motivé. Si le préfet ne croit pas devoir adopter les propositions du directeur, il en sera référé au ministre des finances.

Le préfet arrête les rôles et les rend exécutoires.

A Paris, l'examen de la matrice des patentes aura lieu, pour chaque arrondissement municipal, par le maire, assisté soit de l'un des membres de la commission des contributions, soit de l'un des agents attachés à cette commission, délégué à cet effet par le préfet.

ART. 21. — Les patentés qui réclameront contre la fixation de leurs taxes seront admis à prouver la justice de leurs réclamations, par la représentation d'actes de société légalement publiés, de journaux et livres de commerce régulièrement tenus, et par tous autres documents.

ART. 22. — Les réclamations en décharge ou réduction, et les demandes en remise ou modération, seront communiquées aux maires : elles seront d'ailleurs présentées, instruites et jugées dans les formes et délais prescrits pour les autres contributions directes.

ART. 23. — La contribution des patentes est due pour l'année entière, par tous les individus exerçant au mois de janvier une profession imposable.

En cas de cession d'établissement, la patente sera, sur la demande du cédant, transférée à son successeur ; la mutation de cote sera réglée par arrêté du préfet.

En cas de fermeture des magasins, boutiques et ateliers par suite de décès ou de faillite déclarée, les droits ne seront dus que pour le passé et le mois courant. Sur la réclamation des parties intéressées, il sera accordé décharge du surplus de la taxe.

Ceux qui entreprennent, après le mois de janvier, une profession sujette à patente, ne doivent la contribution qu'à partir du 1er du mois dans lequel ils ont commencé d'exercer, à moins que, par sa nature, la profession ne puisse pas être exercée pendant toute l'année. Dans ce cas, la contribution sera due pour l'année entière, quelle que soit l'époque à laquelle la profession aura été entreprise.

Les patentés qui, dans le cours de l'année, entreprennent une profession d'une classe supérieure à celle qu'ils exerçaient d'abord, ou qui transportent leur établissement dans une commune d'une plus forte population, sont tenus de payer au prorata un supplément de droit fixe.

Il est également dû un supplément de droit proportionnel par les patentables qui prennent des maisons ou locaux d'une valeur locative supérieure à celle des maisons ou locaux pour lesquels ils ont été primitivement imposés, et par ceux qui entreprennent une profession passible d'un droit proportionnel plus élevé.

Les suppléments seront dus à compter du 1er du mois dans lequel les changements prévus par les deux derniers paragraphes auront été opérés.

Art. 24. — La contribution des patentes est payable par douzième, et le recouvrement en est poursuivi comme celui des contributions directes : néanmoins les marchands forains, les colporteurs, les directeurs de troupes ambulantes, les entrepreneurs d'amusements et jeux publics non sédentaires, et tous autres patentables dont la profession n'est pas exercée à demeure fixe, sont tenus d'acquitter le montant total de leur cote, au moment où la patente leur est délivrée.

Dans le cas où le rôle n'est émis que postérieurement au 1er mars, les douzièmes échus ne sont pas immédiatement exigibles : le recouvrement en est fait par portions égales, en même temps que celui des douzièmes non échus.

ART. 25. — En cas de déménagement hors du ressort de la perception, comme en cas de vente volontaire ou forcée, la contribution des patentes sera immédiatement exigible en totalité.

Les propriétaires, et à leur place, les principaux locataires qui n'auront pas, un mois avant le terme fixé par le bail ou par les conventions verbales, donné avis au percepteur du déménagement de leurs locataires, seront responsables des sommes dues par ceux-ci pour la contribution des patentes.

Dans le cas de déménagements furtifs, les propriétaires, et, à leur place, les principaux locataires, deviendront responsables de la contribution de leurs locataires, s'ils n'ont pas, dans les trois jours, donné avis du déménagement au percepteur.

La part de la contribution laissée à la charge des propriétaires ou principaux locataires par les paragraphes précédents, comprendra seulement le dernier douzième échu et le douzième courant dus par le patentable.

Art. 26. — Les formules de patentes sont expédiées par le directeur des contributions directes sur des feuilles timbrées de un franc vingt-cinq centimes. Le prix du timbre est acquitté en même temps que le premier douzième des droits de patente.

Les formules de patentes sont visées par le maire et revêtues du sceau de la commune.

Art. 27. — Tout patentable est tenu d'exhiber sa patente lorsqu'il en est requis par les maires, adjoints, juges de paix, et tous autres officiers ou agents de police judiciaire.

Art. 28. — Les marchandises mises en vente par les individus non munis de patentes, et vendant hors de leur domicile, seront saisies ou séquestrées aux frais du vendeur, à moins qu'il ne donne caution suffisante jusqu'à présentation de la patente ou la production de la preuve que la patente a été délivrée. Si l'individu non muni de patente exerce au lieu de son domicile, il sera dressé un procès-verbal qui sera transmis immédiatement aux agents des contributions directes.

Art. 29 — Nul ne pourra former de demande, fournir aucune exception ou défense en justice, ni faire aucun acte ou signification extrajudiciaire pour tout ce qui sera relatif à son commerce, sa profession ou son industrie, sans qu'il soit fait mention, en tête des actes, de sa patente, avec désignation de la date, du numéro et de la commune où elle aura été délivrée, à peine d'une amende de vingt-cinq francs, tant contre les particuliers sujets à la patente, que contre les officiers ministériels qui auraient fait et reçu les dits actes sans mention de la patente. La condamnation à cette amende sera poursuivie, à la requête du procureur du Roi, devant le tribunal civil de l'arrondissement.

Le rapport de la patente ne pourra suppléer au défaut de l'énonciation, ni dispenser de l'amende prononcée.

Art. 30. Les agents des contributions directes peuvent, sur la demande qui leur en est faite, délivrer des patentes avant l'émission du rôle, après toutefois que les requérants ont acquitté entre les mains du percepteur les douzièmes échus, s'il s'agit d'individus domiciliés dans le ressort de la perception, ou la totalité des droits, s'il s'agit des patentables désignés en l'art. 24 ci-dessus, ou d'individus étrangers au ressort de la perception.

Art. 31 — Le patenté qui aura égaré sa patente ou qui sera dans le cas d'en justifier hors de son domicile, pourra se faire délivrer un certificat par le directeur ou par le contrôleur des contributions directes. Ce certificat fera mention des motifs qui obligent le patenté à le réclamer, et devra être sur papier timbré.

Art. 32. Il est ajouté au principal de la contribution des patentes cinq centimes par franc, dont le produit est destiné à couvrir les décharges, réductions, remises et modérations, ainsi que les frais d'impression et d'expédition des formules des patentes.

En cas d'insuffisance des cinq centimes, le montant du déficit est prélevé sur le principal des rôles.

Il est en outre prélevé sur le principal huit centimes, dont le produit est versé dans la caisse municipale.

ART. 33. — Les contributions spéciales destinées à subvenir aux dépenses des bourses et chambres de commerce, et dont la perception est autorisée par l'article 11 de la loi du 23 juillet 1820, seront réparties sur les patentables des trois premières classes du tableau A annexé à la présente loi, et sur ceux désignés dans les tableaux B et C, comme passibles d'un droit fixe égal ou supérieur à celui desdites classes.

Les associés des établissements compris dans les classes et tableaux susdésignés contribueront aux frais des bourses et chambres de commerce.

ART. 34. — La contribution des patentes sera établie conformément à la présente loi, à partir du 1er janvier 1845.

ART. 35. — Toutes les dispositions contraires à la présente loi seront et demeureront abrogées, à partir de la même époque, sans préjudice des lois et des règlements de police qui sont ou pourront être faits.

La présente loi, discutée, délibérée et adoptée par la Chambre des pairs et par celle des députés, et sanctionnée par nous cejourd'hui, sera exécutée comme loi de l'État.

DONNONS EN MANDEMENT à nos Cours et Tribunaux, Préfets, Corps administratifs, et tous autres, que les présentes ils gardent et maintiennent, fassent garder, observer et maintenir, et, pour les rendre plus notoires à tous, ils les fassent publier et enregistrer partout où besoin sera ; et, afin que ce soit chose ferme et stable à toujours, nous y avons fait mettre notre sceau.

Fait au palais des Tuileries, le 25e jour du mois d'avril, l'an 1844.

Signé LOUIS-PHILIPPE.

Par le Roi :

Le Ministre Secrétaire d'État au département des finances.

Signé LAPLAGNE.

Vu et scellé du grand sceau :

Le Garde des sceaux de France, Ministre Secrétaire d'État au département de la justice et des cultes,

Signé N. MARTIN (du Nord).

TABLEAU A.

Tarif général des Professions imposées eu égard à la population.

CLASSES.	DE 100.000 âmes et au-dessus.	DE 50,000 à 100,000	DE 30,000 a 50,000	DE 20 000 à 30,000	DE 10,000 à 20,000	DE 5,000 a 10,000	DE 2,000 à 5,000	DE 2,000 âmes et au dessous.
	fr.	fr.	fr	fr.	fr	fr	fr.	fr
1re...	300	240	180	120	80	60	45	35
2e...	150	120	90	60	45	40	30	25
3e...	100	80	60	40	30	25	22	18
4e...	75	60	45	30	25	20	18	12
5e...	50	40	30	20	15	12	9	7
6e...	40	32	24	16	10	8	6	4
7e...	28	16	12	8	*8	*5	*4	*3
8e...	12	10	8	6	*5	*4	*3	*2

Le signe * veut dire : exemption du droit proportionnel.

Sont réputés :

Marchands en gros, ceux qui vendent habituellement aux marchands en demi-gros et aux marchands en détail,

Marchands en demi-gros, ceux qui vendent habituellement aux détaillants et aux consommateurs;

Marchands en détail, ceux qui ne vendent habituellement qu'aux consommateurs.

DROIT FIXE.

Le droit fixe est établi eu égard à la population et d'après un tarif général pour les professions et industries énumérées dans le tableau A. Quant au chiffre des droits fixes applicables aux professions comprises dans les tableaux B et C de la loi, il est porté, au présent tarif, dans la colonne des classes, et ainsi désigné : 50 fr., 100 fr., etc., etc.

DROIT PROPORTIONNEL.

Le droit proportionnel est établi sur la valeur locative. — Voir les articles 8, 9, 10, 11 et 12 de la loi.

NOTA. Tous les droits proportionnels ainsi désignés au présent Tarif : 25/20e, 40/20e, 50/20e, en regard desquels il n'y aura pas d'explications, devront être appliqués comme suit :

Au 20e, 1° Sur la maison d'habitation ·

2° Sur les magasins de vente complètement séparés de l'établissement,

Aux $\begin{cases} 25e \\ 40e \\ 50e \end{cases}$ sur l'établissement industriel.

PROFESSIONS.

●

	CLASSES et demi-fixe	DROITS proportionnels
ABATTOIR PUBLIC (Concessionnaire ou fermier d').........	2	20°
Proportionnel sur le loyer d'habitation seulement.		
ACCORDEUR DE PIANOS, harpes et autres instruments.......	7	40
ACCOUCHEMENT (Chef de maison d').....................	5	20/40
Au 20° sur le loyer d'habitation ; au 40° sur les locaux servant à l'exercice de la profession.		
ACCOUTREUR.......................................	8	40
ACHEVEUR EN MÉTAUX.................................	7	40
ACIER FONDU, ou acier de cémentation (Fabrique d'), ayant 3 ouvriers et au-dessous...........................	fixe. 15	20/40
Et 3 fr. par chaque ouvrier en sus, jusqu'au maximum de 300 fr.		
Proportionnel au 20° : 1° Sur la maison d'habitation ; 2° Sur les magasins de vente complètement séparés de l'établis. Au 40° sur l'établissement industriel.		
Ce droit sera réduit de moitié pour les fabriques qui sont forcés de chômer, par crue ou par manque d'eau, pendant une partie de l'année, équivalente au moins à quatre mois.		
ACIER NATUREL (Fabrique d'). (Voir *Forges* et *Hauts-fourneaux*.)	»	»
ACIER POLI (Fabricant d'objets en) pour son compte.......	5	20
ACIER POLI (Fabricant d'objets en) à façon..............	7	40
AFFICHES (Entrepreneur de la pose et de la conservation des).	6	20
AFFILOIRS (Marchand d').............................	8	40
AFFINEUR D'OR, D'ARGENT OU DE PLATINE................	3	20
AFFINAGE DE MÉTAUX autres que l'or, l'argent et le platine...	5	20
AGARIC (Marchand d')	6	20
AGENCE, OU BUREAU D'AFFAIRES (Directeur d').............	4	20
AGENT DE CHANGE	fixe.	
A Paris..	1,000 fr.	15°
Dans les villes de cent mille âmes et au-dessus........	250	15
De cinquante mille à cent mille âmes.............	200	15
De trente mille à cinquante mille, et dans les villes de quinze mille à trente mille âmes qui ont un entrepôt réel...	100	15
Dans les villes de quinze mille à trente mille âmes, et dans les villes d'une population inférieure à quinze mille âmes, qui ont un entrepôt réel...............	100	15
Dans toutes les autres communes....................	75	15
AGENT DRAMATIQUE.................................	6	20
AGNEAUX (Marchand d'.) (Voir *Moutons*.)..............	»	»
AGRAFES (Fabrique d') par les procédés mécaniques........	fixe. 50	20/40
AGRAFES (Fabricant d'), par procédés ordinaires (pour son compte)...	5	20
AGRAFES (Fabricant d'), par procédés ordinaires, à façon...	8	40
AGRÉEUR..	3	20

AIGUILLES A COUDRE ou à faire des bas, par procédés ordinai-   fixe.
res, fabricant pour son compte...................... 25 20/40

> Proportionnel au 20° :
> 1° Sur le loyer d'habitation ;
> 2° Sur les magasins de vente completem séparés de l'établis.
> Au 25° sur l'établissement industriel

AIGUILLES A COUDRE, ou à tricoter, ou pour métiers à faire
des bas, par procédés mécaniques (Manufacture d'),   fixe.
ayant cinq ouvriers et au-dessous.................. 25 20/40
> Plus, 3 fr. par ouvrier en sus, jusqu'au maximum de
> 300 fr.

AIGUILLES à coudre et à tricoter (Marchand d') en gros.....   1 15
AIGUILLES à coudre et à tricoter (Marchand d') en demi-gros.   2 20
AIGUILLES à coudre et à tricoter (Marchand d') en detail....   4 20
AIGUILLES, clefs et autres petits objets pour montres ou pen-
dules (Fabricant d'), pour son compte...............   6 20
AIGUILLES, clefs et autres petits objets pour montres ou pen-
dules (Fabricant d'), à façon......................   8 40
AIGUILLES à coudre ou à faire des bas, par procédés ordinai-
res (Fabricant d'), à façon........................   8 40
AIGUILLES pour les métiers à faire des bas (Monteur d')......   8 40
ALAMBICS et autres grands vaisseaux en cuivre (Fabricant
ou marchand d').................................   4 20
ALBÂTRE (Fabricant ou marchand d'objets en)............   5 20
ALEVIN (Marchand d')..............................   7 40
ALLÈGES (Maître d')...............................   7 40
ALLUMETTES CHIMIQUES (Fabricant et marchand d')........   6 20
ALLUMETTES et AMADOU (Fabricant et marchand d').........   8 40
ALMANACHS, ou Annuaires (Éditeur propriétaire d')........   5 20
AMADOU (Fabricant et marchand d'). (Voir Allumettes.)....   » »
AMBULANTS (Marchands).............................   exempts.

> Ceux qui vendent dans les rues et dans les marchés, soit
> des fleurs, de l'amadou, des balais, des statues et figu-
> res en plâtre, soit des fruits, des légumes, des poissons,
> du beurre, des œufs, du fromage et autres menus co-
> mestibles.
>
> Tous ceux qui vendent en ambulance des objets non
> compris dans les exemptions ci-dessus, et tous marchands
> sous échoppe ou en étalage, sont passibles de la moitié
> des droits que payent les marchands qui vendent les mê-
> mes objets en boutiques. Toutefois, cette disposition n'est
> pas applicable aux bouchers, épiciers et autres marchands
> ayant un étal permanent ou occupant des places fixes
> dans les halles et marchés. (Art. 15 de la loi du 25 avril
> 1844.)

    fixe.
AMIDON (Fabrique d'), ayant dix ouvriers et au-dessous..... 25 20/25
> Et 3 fr. par chaque ouvrier en sus, jusqu'au maximum
> de 200 fr.

ANATOMIE (Fabricant de pièces d')....................   6 20
ANATOMIE (Tenant un cabinet d').....................   6 20
ANCHOIS (Saleur d')...............................   4 20
....   6 20
....   7 40

Artificier...	6	20°
Artiste en cheveux.................................	8	40
Artiste dramatique................................	exempt.	
Assembleur...	8	40
Associé en commandite............................	exempt.	

Voir, pour tous les autres associés, l'art. 16 de la loi.

Assurances, non mutuelles, dont les opérations s'étendent à :	fixe.	
1° Plus de 20 départements....................	1000	r.15°
2° De 6 à 20 départements....................	500	15
3° A moins de six départements..............	300	15
Assurances mutuelles..............................	exemptes.	
Attelles pour colliers de bêtes de trait (Fabr. et march. d').	7	40°
Aubergiste...	4	20
Aubergiste ne logeant qu'à cheval.................	5	20
Avironnier...	7	40
Avocat...	exempt.	
Avoué..	exempt.	
Bacs (Fermier de), pour un fermage de 1,000 fr. et au-dessus.	4	20°

Proportionnel sur le loyer d'habitation seulement.

Bacs (Fermier de), pour un prix de fermage au-dessous de 1,000 fr..	6	20

dito.

Badigeonneur.......................................	7	40
Baies de genièvre (Marchand de)...................	6	20
Bains publics (Entrepreneur de)...................	5	20/10

Au 20° sur le loyer d'habitation; au 40° sur les locaux servant à l'exercice de la profession.

Bains de rivière en pleine eau (Entrepreneur de)........	6	20/10

dito.   dito.

Balanciers (Marchand de)..........................	5	20
Balancier (Fabricant), pour son compte............	6	20
Balancier (Fabricant) à façon.....................	7	40
Balais de bouleau, de bruyère et de grand millet (Marchand de), avec voitures ou bêtes de somme...............	8	40
Balançons (Marchand de)...........................	6	20
Balayage (Entreprise générale de). (Voir *Entreprise de*)....	»	»
Balayage (Entreprise partielle de)................	6	20
Baleines (Marchand de brins de)...................	4	20
Bals publics (Entrepreneur de)....................	5	20
Ballons pour lampes (Fabricant de), pour son compte......	7	40
Ballons pour lampes (Fabricant de) à façon...........	8	40
Bandagiste...	6	20
Bandagiste à façon.................................	7	40
	fixe.	
Banque de France, y compris des comptoirs..........	10000	1
Banque dans les départements, ayant un capital de deux millions et au-dessous,......................	fixe. 1000	1
Par chaque million de capital en sus, 200 francs, jusqu'au maximum de 2,000 fr		
Banquier..	fixe.	
A Paris...	1000	15
Dans les villes d'une population de cinquante mille		

âmes et au-dessus...........................	500	15
Dans les villes de trente mille à cinquante mille âmes, et dans celles de quinze mille à trente mille âmes, qui ont un entrepôt réel..........	400	15
Dans les villes de quinze mille à trente mille âmes, et dans les villes d'une population inférieure à quinze mille âmes, qui ont un entrepôt réel....	300	15
Dans toutes les autres communes............	200	15
BAQUETS en sapin (Fabricant de). (Voir Seaux)...........	»	»
BARBIER.....................................	8	40
BARDEAUX (Marchand de)......................	6	20
BARDEAUX (Fabricant de), pour son compte..........	7	40
BARDEAUX (Fabricant de), à façon..........	8	40
BAROMÈTRES (Fabricant ou marchand de)...............	6	20
BARGES, bateaux ou canots (Constructeur de)...........	6	20
BARIQUES (Voir Cuves)...........	»	»
BAS ET BONNETERIE (Marchand de) en gros...........	1	15
BAS ET BONNETERIE (Marchand de) en demi-gros........	2	20
BAS ET BONNETERIE (Marchand de) en détail........	4	20
BATEAUX A LAVER (Exploitant de)............	6	20
BATEAUX ET PAQUEBOTS à vapeur, pour le transport des voyageurs (Entreprise de).....................	fixe.	
	300	15
1° Pour voyages de long cours..........	200	15
2° Sur fleuves, rivières, et le long des côtes.......	fixe.	
BATEAUX ET PAQUEBOTS à vapeur, pour le transport des marchandises (Entreprise de).....................	200	15
	fixe.	
BATEAUX à vapeur remorqueurs (Entreprise de)..........	150	15
BATELIER.....................................	8	40
BATIER.....................................	7	40
BATIMENTS (Entrepreneur de)......................	3	20
BATONNIER.....................................	8	40
BATTENDIER	6	20
BATTEUR de bois de teinture.................	6	20
BATTEUR d'écorce............................	6	20
BATTEUR de graine de trèfle.................	6	20
BATTEUR d'or et d'argent....................	7	40
BATTOIRS DE PAUME (Fabricant de).............	8	40
BAUDELIER.....................................	6	20
BAUDRUCHE (Apprêteur de)....................	7	40
BAUGEUR.....................................	3	20
BAZAR DE VOITURES (Tenant).................	1	15
BEURRE FRAIS OU SALÉ (Marchand de) en gros............	6	20
BEURRE frais ou salé (Marchand de) en détail	6	20
BIÈRE (Marchand ou débitant de).............	2	20
BIJOUTIER (Marchand fabricant), ayant atelier et magasin..	3	20
BIJOUTIER (Marchand), n'ayant point d'atelier..........	5	20
BIJOUTIER (Fabricant), pour son compte, sans magasin......	7	40
BIJOUTIER à façon	6	20
BIJOUX EN FAUX (Fabricant), pour son compte..........	5	20
BIJOUX EN FAUX (Marchand de)......................	7	40
BIJOUTIER EN FAUX (Fabricant), à façon.............	4	20
BILLARDS (Fabricant de), ayant magasin.................	6	20
BILLARDS (Fabricant de), sans magasin.................	3	20
BIMBELOTIER (Marchand) en gros.................		

BIMBELOTIER (Marchand) en détail...................... 7 40°

BIMBELOTERIE (Fabricant d'objets de), sans boutique ni magasin.. 7 40
fixe.

BISCUIT DE MER (Fabrique de)..................... 50 20/40

BISETTE (Fabricant et marchand de)..................... 6 20

BLANC DE BALEINE (Raffinerie de), ayant cinq ouvriers et au-dessous.. fixe. 25 20/25

       Et 3 francs par chaque ouvrier en sus, jusqu'au maximum de 200 francs.

BLANC DE CRAIE (Fabricant et marchand de)............... 6 20

BLANCHISSERIE de toiles et fils pour le commerce, par procédés mécaniques, ayant cinq ouvriers et au-dessous. fixe. 25 20/40

       Et 3 francs par chaque ouvrier en sus, jusqu'au maximum de 300 francs.

BLANCHISSEUR de toiles et fils, pour les particuliers........ 5 20

BLANCHISSEUR de chapeaux de paille.................... 7 40°

BLANCHISSEUR de fin........................... 7 40

BLANCHISSEUR de linge, ayant un établissement de buanderie.. 7 40

BLANCHISSEUR de linge, sans établissement de buanderie.... 8 40

BLANCHISSEUR sur pré........................... 7 40

BLATIER avec voitures............................ 5 20

BLATIER avec bêtes de somme......................... 6 20

BLONDES (Marchand de) en gros...................... 1 15

BLONDES (Marchand de) en demi-gros.................... 2 20

BLONDES (Marchand de) en détail..................... 4 20

BLOUSES (Marchand de). (Voir *Sarraux*)............... » »

BLUTEAUX OU BLUTOIRS (Fabricant et marchand de)........ 6 20

BOBINES pour les manufactures (Fabricant de)............. 8 40

BOCCARD, PATOUILLET ou lavoir de minerai. Pour chaque usine.. fixe. 15 20/40

       Jusqu'au maximum de 100 fr.

       Ce droit sera réduit de moitié pour les boccards, patouillets ou lavoirs qui sont forcés de chômer, par crue ou par manque d'eau, pendant une partie de l'année équivalente au moins à quatre mois.

BŒUFS (Marchand de)............................. 3 20

BŒUF CUIT (Marchand de). (Voir *Bouillon*)............... » »

       Au 15° sur le loyer d'habitation; au 30° sur les locaux servant à l'exercice de la profession.

BOIS A BRULER (Marchand de). Celui qui, ayant chantier ou magasin, vend au stère, ou par quantité équivalente ou supérieure.................................... 1 15/30

       Au 15° sur le loyer d'habitation; au 30° sur les locaux servant à l'exercice de la profession.

BOIS A BRULER (Marchand de) Celui qui, n'ayant ni chantier ni magasin, vend sur bateau ou sur les ports, au stère ou par quantité équivalente ou supérieure........ 2 20

BOIS A BRULER (Marchand de). Celui qui, n'ayant ni chantier, ni magasin, ni bateau, vend par voiture au domicile des consommateurs.............................. 5 20

BOIS A FRUITS (Marchand de). Qui vend à la falourde, au fagot et au cotret............................. 8 40

BOIS DE BATEAUX (Marchand de)..................... 5 20

Bois de BOISSELLERIE (Marchand de.................... 5 20*
Bois D'ÉBÉNISTERIE (Marchand des................... 3 20
Bois FEUILLARD (Marchand de...................... 5 20
Bois DE GALOCHES ET SUCOLES (Faiseur de).......... 8 40
Bois EN GRUME ou de charronnage (Marchand de)..... 3 20
Bois DE MARINE ou de construction (Marchand de).... 1 15.30

    Au 15° sur le loyer d'habitation; au 30° sur les locaux servant
à l'exercice de la profession.

Bois MERRAIN (Marchand de) en gros. S'il vend par bateau ou
    charrette.. 1 15.30

      dito.   dito.

Bois MERRAIN (Marchand de). S'il ne vend qu'aux tonneliers
    et aux particuliers.................................. 6 20

    Au 15° sur le loyer d'habitation; au 30° sur les locaux servant
à l'exercice de la profession.

Bois DE SCIAGE (Marchand de) en gros................ 1 15.30
Bois DE SCIAGE (Marchand de). S'il vend chantier ou magasin,
    il ne vend qu'aux menuisiers, ébénistes, charpen-
    tiers et particuliers................................ 3 20
Bois DE TEINTURE (Marchand de) en demi-gros........ 2 20
Bois DE TEINTURE (Marchand de) en détail........... 4 20
Bois DE VOLIGE (Marchand de........................ 5 20
BOISERIES (Marchand de) vieilles................... 6 20
BOISSELIER (Marchand) en gros..................... 3 20
BOISSELIER (Marchand) en détail................... 6 20
BOISSELIER... 7 40
BOISSELIER (Fabricant) à façon.................... 8 40
BOITES ET BIJOUX A MUSIQUE (Fabricant de mécaniques pour),
    pour son compte.................................... 5 20
BOITES ET BIJOUX A MUSIQUE (Fabricant de mécaniques pour),
    à façon.. 7 40
BOMBAGISTE.. 6 20
BONDEUR DE TERRES................................. 6 20
BONNETERIE (Voir Bas.............................. » »
BONNETIER... 6 20
BOTTIER (Marchand)................................ 4 20
BOTTES ramontées (Marchand de)................... 7 20
BOTTIER et CORDONNIER en chambre................. 7 40
BOUCHER (Marchand)................................ 4 20
BOUCHER en détail................................. 5 20
BOUCHONNIER....................................... 6 20
BOUCHONS (Marchand de) en gros................... 3 20
BOUCHONS (Marchand de) en détail................. 6 20
BOUCHONS de flacons (Ajusteur de)................ 8 40
BOUCLIERE (Fabricant de), pour son compte........ 5 20
BOUCLIERE (Fabricant de), à façon................ 8 20
BOUES (Entreprise partielle de l'enlèvement des).. 6 20
                       8×

BOUGIES, CIRAGES, etc. (Fabrique de)............. 25 24.25
    Ayant cinq ouvriers et au-dessous, et 3 fr. par chaque
    ouvrier en sus, jusqu'au maximum de 240 fr.

BOUGIES (Marchand de)............................. 5 20

Bouilleur ou bruleur d'eau-de-vie......................	6	20
Bouillon et bœuf cuit (Marchand de)...................	6	20
Boulanger...	5	20
Boules a teinture (Fabricant de).....................	4	20
Boules vulnéraires dites d'acier ou de Nancy (Fabricant de).	7	40
Bouquetière (Marchande) en boutique.................	7	40
Bouquiniste...	7	40
Bourre de soie (Marchand de)........................	6	20
Bourrées (Marchand de) (Voir Fagots.)		
Bourrelets d'enfants (Fabricant et marchand de)........	7	40
Bourrelier..	6	20
Boursier..	7	40
Bouteilles de verre (Marchand de)...................	5	20
Boutons de métal, corne, cuir bouilli, etc. (Fabricant de), pour son compte..	5	20
Boutons de métal, corne, cuir bouilli (Fabric. de), à façon.	8	40
Boutons de soie (Fabricant de), pour son compte..........	7	40
Boutons de soie (Fabricant de), à façon................	8	40
Boyaudier...	6	20
Brais, goudrons, poix, résines et autres matières analogues (Fabrique de)....................................	fixe. 25 f. 20/25	
Brasserie. Pour chaque chaudière cont. moins de dix hect.	10	20/40
Pour chaque chaudière de dix à vingt hectolitres....	20	20/40
Pour chaque chaudière de vingt à trente hectolitres.	30	20/40
Pour chaque chaudière de trente à quarante hectol.	40	20/40
Pour chaque chaudière de quarante à soixante hect.	60	20/40
Pour chaque chaudière au-dessus de soixante hect.	100	20/40
Jusqu'au maximum de 400 fr.		

Ce droit sera réduit de moitié pour les brasseries qui ne brassent que quatre fois au plus par an.

Brasseur à façon.....................................	6	20
Bretelles et jarretières (Marchand de)................	6	20
Bretelles et jarretières (Fabric. de), pour son compte..	6	20
Bretelles et jarretières (Fabricant de), à façon........	8	40
Brioches (Marchand de). (Voir Galettes.)		
Brioleur, avec bêtes de somme.......................	8	40
Briou (Fabricant de).................................	6	20
Briques (Fabrique de), ayant cinq ouvriers et au-dessous,..	fixe. 15 f. 20/25	
Et deux francs pour chaque ouvrier en sus, jusqu'au maximum de 100 francs.		
Briques (Marchand de)...............................	6	20
Briquetier à façon...................................	8	40
Briquets phosphoriques et autres (Fabricant de).......	6	20
Briquets phosphoriques et autres (Marchand de)........	7	40
Briquettes factices. (Voir Bûches.)		
Brocanteur en boutique ou magasin..................	5	20
Brocanteur d'habits en boutique....................	6	20
Brocanteur d'habits sans boutique..................	8	40
Broches et cannelets pour la filature (Fabricant de), pour son compte...	5	20
Broches et cannelets pour la filature (Fabric. de), à façon.	8	40
Broches pour la filature (Rechargeur de).............	7	40
Broderies (Fabricant et marchand de) en gros..........	3	20

Broderies (Fabricant et marchand de) en détail..........	5	20
Broderies (Blanchisseur et apprêteur de)..............	7	40
Broderies (Dessinateur, imprimeur de,.................	7	40
Broderies (Fabricant à façon de)....................	7	40
Brodeurs sur étoffes, en or et en argent..............	4	20
Bronzes, dorures et argentures sur métaux (Marchand de) en gros........................	1	15
Bronzes, dorures et argentures sur métaux (Marchand de) en détail.........................	4	20
Brosses (Fabricant de bois pour)....................	8	40
Brossier (Marchand)...........................	6	20
Brossier (Fabricant), pour son compte..............	6	20
Brossier (Fabricant), à façon....................	8	40
Bruleur d'eau-de-vie (Voir Bouilleur)...............	»	»
Brunisseur.................................	7	40
Buches et Briquettes faciles (Marchand de)...........	8	40
Buffletier (Marchand)..........................	6	20
Buffletier (Fabricant), pour son compte..............	7	40
Buffletier (Fabricant), à façon...................	8	40
Buis ou racines de buis (Marchand de)...............	6	20
Bureau de distribution d'imprimés (Entrepreneur d'un)....	5	20
Bureau d'indication et de placement (Tenant un).........	5	20
Bustes en cire pour les coiffeurs (Fabricant de)..........	7	40
Bustes en platre (Mouleur de	6	20
Cabaretier.................................	6	20
Cabaretier ayant billards	5	20
Cabas (Faiseur de)............................	8	40
Cabinets d'aisances publics (Tenant)................	6	20
Cabinet de figures en cire (Tenant un)...............	7	40
Cabinet de lecture (Tenant un) où l'on donne à lire les journaux et les nouveautés littéraires................	6	20
Cabinet de lecture (Tenant un) où l'on donne à lire les journaux seulement......................	7	40
Cabinet particulier de tableaux, d'objets d'histoire naturelle ou d'antiquités (Tenant un)...............	7	40
Cabriolet sur place ou sous remise (Loueur de), s'il a plusieurs cabriolets........................	5	20
Cabriolets sur place ou sous remise (Loueur de), s'il n'a qu'un cabriolet........................	7	40
Cachemires de l'Inde (Marchand de).................	1	15
Cadrans de montres et de pendules (Fabricant de), pour son compte	6	20
Cadrans de montres et de pendules (Fabricant de), à façon.	8	40
Cadres pour glaces et tableaux (Marchand de)...........	6	20
Café de chicorée (Fabrique de)............ fixe.	50	20/25
Café de chicorée en poudre (Marchand de)..............	6	20
Café tout préparé (Débitant de).....................	8	40
Cafetier..................................	4	20
Cafetières du Levant ou marabouts (Fabricant de), pour son compte...............................	6	20
Cafetières du Levant ou marabouts (Fabricant de), à façon.	8	40
Cages, Souricières et Tournettes (Fabricant de)..........	8	40
Caisse ou Comptoir d'avances ou de prêts (Tenant)........	1	15
Caisse ou Comptoir de recettes et de paiement (Tenant)....	1	15

CAISSE D'ÉPARGNE administrée gratuitement............	exempt.	
CAISSE D'ESCOMPTE (Tenant).....................	1	15
CAISSES DE TAMBOUR Facteur de)...............	6	20
CALANDREUR d'étoffes neuves...................	5	20
CALANDREUR de vieilles étoffes..................	7	40
CALFAT. Radoubeur de navires..................	6	20
CAMBREUR de tiges de bottes..................	7	40
CAMÉES faux ou moulés (Fabricant de)...........	7	40
	fixe.	
CANAUX navigables avec péage (Concessionnaire de)........	200	15
Plus 20 fr. par myriamètre complet, en sus du premier, jusqu'au maximum de 1,000 fr.		
CANEVAS (Dessinateur de)......................	8	40
CANNELETS pour la filature. (Voir *Broches*.)...........	»	»
CANNELLES et robinets en cuivre (Fabricant de), pour son compte..........................	6	20
CANNELLES et robinets en cuivre (Fabricant de), à façon.....	7	40
CANNES (Marchand de) en boutique.................	6	20
CANNES (Fabricant de), pour son compte............	7	40
CANNES (Fabricant de), à façon..................	8	40
CANNETILLE (Fabricant de).....................	7	40
CANTINIER, dans les prisons, hospices et autres établissements publics......................	6	20
CANTINIER attaché à l'armée....................	exempt.	
CAOUTCHOUC (Fabricant ou marchand d'objets confectionnés, ou d'étoffes garnies en).................	4	20
CAPARAÇONNIER, pour son compte..............	6	20
CAPARAÇONNIER, à façon......................	8	40
CAPITAINE de navire, ne naviguant pas pour son compte.....	exempt.	
	fixe.	
CAPSULES ou amorces de chasse (Fabricant de)...........	50	20/25
CAPSULES métalliques pour boucher les bouteilles (Fabricant de)...........................	6	20
CARACTÈRES d'imprimerie (Fondeur de).............	3	20
CARACTÈRES d'imprimerie (Fondeur de), à façon...........	7	40
CARACTÈRES d'imprimerie (Graveur en).............	7	40
CARACTÈRES mobiles en métal (Fabricant de)...........	5	20
CARACTÈRES mobiles en bois ou en terre cuite (Fabricant et marchand de)........................	7	40
CARCASSES ou montures de parapluies (Fabricant de), pour son compte.........................	7	40
CARCASSES ou montures de parapluies (Fabricant de), à façon...........................	8	40
CARCASSES pour modes (Fabricant de).............	8	40
	fixe.	
CARDES (Manufacture de) par procédés mécaniques.........	200	20/50
CARDES (Fabricant de), par les procédés ordinaires, pour son compte.........................	6	20
CARDES (Fabricant de) par les procédés ordinaires, à façon..	8	40
CARDEUR de laine, de coton, de bourre de soie, filoselle, etc..	7	40
CARREAUX à carreler (Marchand de)...............	6	20
CARRELEUR..............................	7	40
CARRÉS de montres (Fabricant de), pour son compte........	6	20
CARRÉS de montres (Fabricant de), à façon.............	8	40

		fixe.
CARRIÈRES souterraines ou à ciel ouvert (Exploitant de), ayant moins de dix ouvriers....................		25 15
Plus 3 fr. par chaque ouvrier en sus, jusqu'au maximum de 200 fr.		
Proportionnel sur le loyer d'habitation seulement		
CARRIOLES (Loueur de)...............		7 40
CARROSSIER (Fabricant)..................		2 20
CARROSSIER raccommodeur..............		5 20
CARTES de géographie (Marchand de)..............		6 20
CARTIER, Fabricant de cartes à jouer............		4 20
CARTON ou CARTON-PIERRE (Marchand fabricant d'ornements en pâte de)....................		3 20
CARTONNAGE (Fabrique de). 30 fr. par cuve jusqu'au maximum do 150 fr....................		» 20/40
Ce droit sera réduit de moitié pour les fabriques qui sont forcées de chômer, par manque ou par crue d'eau, pendant une partie de l'année équivalente au moins à quatre mois		
CARTONNAGE fin (Fabricant et marchand de)..............		5 20
CARTONS pour bureaux et autres (Fabricant de), pour son compte....................		6 20
CARTONS pour bureaux et autres (Fabricant de), à façon.....		8 40
CASQUETTES (Fabricant de, pour son compte............		6 20
CASQUETTES (Fabricant de), à façon............		8 40
CANTINE (Marchand de)...............		8 40
CEINTURONNIER, pour son compte............		7 40
CEINTURONNIER, à façon............		8 40
CENDRES (Laveur de)....................		6 20
		fixe.
CENDRES GRAVELÉES (Fabrique de)............		25 20/25
		fixe.
CENDRES NOIRES (Extracteur de), ayant moins de dix ouvriers....................		25 15
Plus 3 fr. pour chaque ouvrier en sus, jusqu'au maximum de 200 fr.		
Proportionnel sur le loyer d'habitation seulement.		
CENDRES ORDINAIRES (Marchand de)..............		7 40
CERCEAUX (Marchand de). (Voir Cercles)............		» »
CERCLES ou SOCIÉTÉS (Fournisseur des objets de consommation dans les)....................		5 20
Proportionnel sur le loyer d'habitation seulement.		
CERCLES ou CERCEAUX (Marchand de)..............		6 2'
CERCLIER....................		8 40
CHAÎNES de fil, laine ou coton, préparées pour la fabrication des tissus (Marchand de)..............		6 20
CHAISES (Loueur de), pour un prix de ferme de 2,000 fr., et au-dessus....................		6 20
CHAISES (Loueur de), pour un prix de ferme de 500 à 2,000 fr....................		7 40
CHAISES (Loueur de), pour un prix de ferme au-dessous de 500 fr....................		8 40
CHAISES fines (Marchand et fabricant de)..............		6 20
CHAISES communes (Marchand et fabricant de)............		8 40
CHALES (Marchand de) en gros....................		1 15

CHALES (Marchand de) en détail......................	3	20
CHAMOISEUR, pour son compte........................	6	20
CHAMOISEUR à façon................................	8	40
CHANDELIERS en fer et en cuivre (Fabricant de), pour son compte.......................	6	20
CHANDELIERS en fer ou en cuivre (Fabricant de), à façon...	8	40
	fixe.	
CHANDELLES (Fabricant de), ayant 5 ouvriers et au-dessous.	10	20/25
Et 3 fr. par chaque ouvrier en sus, jusqu'au maximum de 100 fr.		
CHANGEUR de monnaies.............................	1	15
CHANVRE (Marchand de) en détail....................	6	20
CHANVRE (Marchand de) en gros et demi-gros. (Voir *Lin*.)..	»	»
CHAPEAUX (Marchand de vieux), en boutique ou magasin...	8	40
CHAPEAUX de feutre et de soie (Fabricant de)............	4	20
CHAPEAUX de paille (Marchand de) en gros.............	1	15
CHAPEAUX de paille (Marchand de) en demi-gros.........	2	20
CHAPEAUX de paille (Marchand de) en détail..........	5	20
CHAPELETS (Fabricant et marchand de).................	7	40
CHAPELIER en grosse chapellerie......................	6	20
CHAPELLERIE (Marchand de matières premières pour la)...	1	15
CHAPELLERIE (Marchand de fournitures pour la)..........	5	20
CHAPELLERIE, en fin...............................	5	20
CHARBON DE BOIS (Marchand de) en gros.............	1	15/30
Au 15e sur le loyer d'habitation,		
Au 30e sur les locaux servant à l'exercice de la profession.		
CHARBON DE BOIS (Marchand de) en demi-gros............	5	20
CHARBON DE BOIS (Marchand de) en détail.............	8	40
CHARBON DE TERRE épuré on non (Marchand de) en gros....	2	20/30
Au 20e sur le loyer d'habitation.		
Au 30e sur les locaux servant à l'exercice de la profession.		
CHARBON DE TERRE épuré ou non (Marchand de) en demi-gros.	5	20
CHARBON DE TERRE épuré ou non (Marchand de) en détail..	8	40
CHARBONNIER-VOITURIER.............................	8	40
CHARCUTIER......................................	4	20
CHARCUTIER revendeur..............................	6	20
CHARNIÈRES EN FER, cuivre ou fer-blanc (Fabricant de), par les procédés ordinaires, pour son compte........	7	40
CHARNIÈRES EN FER, cuivre ou fer-blanc (Fabricant de), par les procédés ordinaires, à façon.................	8	40
CHARPENTIER, entrepreneur fournisseur.................	4	20
CHARRÉE (Marchand de).............................	6	20
CHARRETTES (Loueur de).............................	8	40
CHARRON...	6	20
CHASSE (Marchand d'ustensiles de)...	5	20
CHASSES DE LUNETTES (Fabricant de, pour son compte.....	6	20
CHASSES DE LUNETTES (Fabricant de), à façon...........	8	40
CHASUBLIER (Marchand).............................	4	20
CHASUBLIER, à façon...............................	7	40
CHATAIGNES (Marchand de). (Voir *Marrons*.)............		»
CHAUDIÈRES EN CUIVRE (Fabricant de).................		20

	fixe.	
CHAUDRONNERIE pour les appareils à vapeur, à distiller, à concentrer, etc. (Fabrique de)	200	20/10
CHAUDRONNIER (Marchand)	5	20
CHAUDRONNIER rhabilleur	7	40
	fixe.	
CHAUSSÉES ET ROUTES (Entrepreneur de l'entretien des)	25	15
Proportionnel sur le loyer d'habitation seulement.		
CHAUSSONS EN LISIÈRES et autres (Marchand de)	7	40
CHAUSSONS EN LISIÈRES (Fabricant de)	8	40
CHAUX (Marchand de)	6	20
CHAUX artificielle (Fabrique de).	fixe.	
Pour un four	20	20/25
Pour deux fours	50	20/25
Pour trois fours et au-dessus	80	20/25
CHAUX naturelle (Fabrique de).	fixe.	
Pour un four	15	20/25
Pour deux fours	30	20/25
Pour trois fours et au-dessus	50	20/25
CHEFS DE PONTS ET PERTUIS	6	20
	fixe.	
CHEMIN DE FER AVEC PÉAGE (Concessionnaire de)	200	20/10
Plus, 20 fr. par myriamètre en sus du premier, jusqu'au maximum de 1,000 fr.		
CHEMINÉES, dites économiques (Fabricant et marchand de)	5	20
CHENILLE EN SOIE (Fabricant de), pour son compte	7	40
CHENILLE EN SOIE (Fabricant de) à façon	8	40
CHEVAUX (Courtier de)	7	40
CHEVAUX (Loueur de)	5	20
CHEVAUX (Marchand de)	4	20
CHEVAUX (Tenant pension de)	5	20
CHEVEUX (Marchand de)	8	40
CHEVILLEUR	8	40
CHICORÉE EN POUDRE. (Voir Café.)	»	»
CHÈVRES ET CHEVREAUX (Marchand de)	7	40
CHIFFONNIER en gros	1	15
CHIFFONNIER en détail	7	40
CHIFFONNIER au crochet	exempt.	
CHINEUR	7	40
CHIRURGIEN	exempt.	
CHOCOLAT (Marchand de) en gros	3	20
CHOCOLAT (Marchand de) en détail	5	20
CIDRE (Marchand de) en gros	3	20
CIDRE (Marchand et débitant de) en détail	6	20
CIERGES (Voir Bougies)	»	»
CIMENTIER employant moins de cinq ouvriers	6	20
(Pour fabrique de ciment, voir Mastics.)		
CIRAGE ou encostique (Marchand fabricant de)	7	40
	fixe.	
CIRE (Blanchisserie de) ayant cinq ouvriers et au-dessous	25	20/25
Et trois francs par chaque ouvrier en sus, jusqu'au maximum de 200 fr.		
CIRE (Blanchisseur de) employant moins de six ouvriers	4	20

CIRE BRUTE (Marchand de) (Voir *Miel*)................. » »
CIRE A CACHETER (Fabricant de)..................... 4 20
CIRIER (Marchand)............................... 4 20
CISELEUR....................................... 6 20
CITRONS (Marchand de) (Voir *Oranges*)........... » »
CLAVECINS (Facteur de) (Voir *Pianos*)............ » »
CLINQUANT (Fabricant de), pour son compte......... 6 20
CLIQUANT (Fabricant de), à façon.................. 8 40
CLOCHES de toutes dimension (Marchand de).......... 5 20
CLOCHES ET CLOCHETTES (Fondeur de) sans boutique ni magasin................................. 6 20
CLOUS ET POINTES (Fabrique de) par procédés mécaniques. fixe.
    Pour dix métiers et au-dessous.............. 50 20/10
    Plus 5 fr. pour chaque métier en sus de dix, jusqu'au maximum de 400 fr.
CLOUTIER (Marchand) en gros................... 1 15
CLOUTIER (Marchand) en demi-gros.............. 2 20
CLOUTIER (Marchand) en détail................. 5 20
CLOUTIER au marteau, pour son compte.......... 7 40
CLOUTIER au marteau, à façon................. 8 40
    fixe.
COCHES D'EAU (Entreprise de)................. 100 f 15
COCONS (Filerie de) 1 fr. 50 et par bassine ou tour, jusqu'au maximum de 400 fr..................... » 20/40
COFFRETIER-MALLETIER en cuir................. 5 20
COFFRETIER-MALLETIER en bois................. 6 20
COIFFES DE FEMMES (Faiseuse et marchande de)...... 7 40
COIFFEUR...................................... 6 20
COCHONS (Marchand de)......................... 4 20
    fixe.
COLLE-FORTE, ayant cinq ouvriers et au-dessous......... 25 20/25
    Et trois francs par chaque ouvrier en sus, jusqu'au maximum de 100 fr.
COLLE DE PATE ET DE PEAU (Fabricant de)........... 7 40
COLLE pour la clarification des liqueurs (Fabricant de)..... 5 20
COLLEUR D'ÉTOFFES............................ 5 20
COLLEUR de chaines pour fabrication de tissus.......... 7 40
COLLEUR de papiers peints...................... 8 40
COLS (Fabricant de), pour son compte............. 6 20
COLS (Marchand de)............................ 6 20
COLS (Fabricant de), à façon................... 8 40
COMBUSTIBLES (Marchand de) en boutique.......... 6 20
COMBUSTIBLES (Marchand de)................... 3 20
COMMISSAIRES-PRISEURS........................ exempts.
COMMISSIONNAIRE entrepositaire, COMMISSIONNAIRE de transports par terre et par eau.................. fixe.
    A Paris................................ 250 15
    Dans les villes de cinquante mille ames et au-dessus. 200 15
    Dans les villes de trente mille à cinquante mille ames, et dans celles de quinze mille à trente mille ames qui ont un entrepôt réel.............. 150 15
    Dans les villes de quinze mille à trente mille ames,

et dans les villes d'une population inférieure à quinze mille âmes qui ont un entrepôt réel.................. 100 15

  Dans toutes les autres communes................ 50 15

  Les commissionnaires entrepositaires de vins ne sont assujétis qu'au 30e sur la valeur du loyer servant à l'entrepôt.

COMMISSIONNAIRE EN MARCHANDISES   fixe.

  A Paris......................... 400 15

  Dans les villes d'une population de cinquante mille âmes et au-dessus........................ 300 15

  Dans les villes de trente mille à cinquante mille âmes, et dans celles de quinze mille à trente mille âmes qui ont un entrepôt réel................ 200 15

  Dans les villes de quinze mille à trente mille âmes, et dans les villes d'une population inférieure à ... ze mille âmes qui ont un entrepôt réel.............. 150 15

  Dans toutes les autres communes.............. 75 15

COMMISSIONNAIRE au Mont-de-Piété.............. 4 20

COMMISSIONNAIRES porteurs pour les fabricants de tissus.... 6 20

COMPTOIR d'avances et recettes (Voir Caisse)...... » »

CONDITION pour les soies (Entrepreneur ou Fermier d'une).. 2 20

CONFISEUR......................... 3 20

CONSERVES ALIMENTAIRES (Marchand de).......... 3 20

               fixe.

CONVOIS MILITAIRES (Entreprise générale des)......... 1000 20,40

CONVOIS MILITAIRES (Entreprise particulière des) pour une   fixe.
  division militaire:..................... 100 20,30

               fixe.

CONVOIS MILITAIRES, entreprise particulière pour gîtes d'étapes 25 20,40

COQUETIER avec voiture.................... 6 20

COQUETIER avec bêtes de somme................ 7 40

CORALE (Préparateur de)................... 3 20

CORDES BRUTS (Marchand de)................. 3 20

CORDES HARMONIQUES (Fabricant de), pour son compte..... 6 20

CORDES HARMONIQUES (Fabricant de), à façon........ 7 40

CORDES MÉTALLIQUES (Fabricant de), pour son compte...... 6 20

CORDES MÉTALLIQUES (Fabricant de), à façon......... 7 40

CORDES A PUITS et liens d'écorce (Fabricant de),.......... 8 40

CORDIER, fabricant de câbles et cordages pour la marine ou la navigation intérieure...................... 4 20

CORDIER (Marchand).................... 6 20

CORDIER, fabricant de menus cordages, tels que cordes, ficelles, longes, traits, etc................... 7 40

CORDONNIER (Marchand)................... 4 20

CORDONNIER en chambre. (Voir Bottier.).......... » »

CORDONS en fil, soie, laine, etc. (Fabricant de), pour son compte........................... 7 40

CORDONS,   dito.   dito, à façon......... 8 40

CORNE (Apprêteur de), pour son compte............ 6 20

CORNE (Apprêteur de), à façon................ 8 40

CORNE (Fabricant de feuilles transparentes de), pour son compte........................... 6 20

CORNE,   dito.   à façon............... 8 40

CORNES battues (Marchand de)............... 5 20

CORROYEUR (Marchand)....................................	4	20
CORROYEUR, à façon..	7	40
CORSETS (Fabricant et marchand de).....................	6	20
COSMÉTIQUES (Marchand de)...............................	7	40
COSMORAMA (Directeur de).................................	6	20
COSTUMIER...	6	20
COTON CARDÉ OU GOMMÉ (Marchand de)................	7	40
COTON FILÉ (Marchand de) en gros......................	1	15
COTON FILÉ (Marchand de) en détail.....................	4	20
COTON EN LAINE (Marchand de) en gros.................	1	15
COTRETS SUR BATEAUX (Marchand de)..................	4	20
COTRETS (Débitant de).....................................	8	40
COULEURS ET VERNIS (Fabricant et marchand de).......	4	20
COUPEUR DE POILS (Marchand et fabricant), pour son compte.	6	20
COUPEUR DE POILS, à façon...............................	7	40
COURROIES (Apprêteur de), pour son compte.............	7	40
COURROIES (Apprêteur de), à façon.......................	8	40
COURTIER d'assurances, de navires, de marchandises.	fixe.	
A Paris....................................	250	15
Dans les villes de cinquante mille ames et au-dessous....................................	200	15
Dans les villes de trente à cinquante mille ames, et dans celles de quinze mille à trente mille ames, qui ont un entrepôt réel...............	150	15
Dans les villes de quinze mille à trente mille ames, et dans les villes d'une population inférieure à quinze mille ames, qui ont un entrepôt réel....	100	15
Dans toutes les autres communes...............	50	15
COURTIER de bestiaux......................................	7	40
COURTIER-GOURMET-PIQUEUR de vins.....................	6	20
COUTELIER (Marchand et fabricant).......................	5	20
COUTELIER, à façon..	7	40
COUTURIÈRE (Marchande)...................................	6	20
COUTURIÈRE en corsets, en robes ou en linge............	7	40
COUVERTS et autres objets, en fer battu ou étamé (Fabricant et marchand de) en gros, par procédés ordinaires.	4	20
COUVERTS et autres objets, en fer battu ou étamé (Fabricant et marchand de), en détail.................	6	20
COUVERTS et autres objets en fer battu (Fabricant de), à façon..	8	40
COUVERTURES de soie, bourre, laine et coton, etc. (Marchand de)...	4	20
COUVREUR, entrepreneur....................................	4	20
COUVREUR (Maître)...	6	20
COUVREUR, en paille ou en chaume........................	7	40
CRAVACHE (Fabricant et marchand de). (Voir *Fouets*.)....	»	»
	fixe.	
CRAYONS (Fabrique de), ayant cinq ouvriers et au-dessous...	25	20/25
Et 3 fr. par chaque ouvrier en sus, jusqu'au maximum de 300 fr.		
CRAYONS (Marchand de).....................................	6	20
CRÉMIER-GLACIER..	5	20
CRÉMIER OU LAITIER...	7	40

Crépins (Marchand de)	6	20
Crépin en bois (Fabricant d'articles de), pour son compte	7	40
Crépin en bois (Fabricant d'articles de), à façon	8	40
	fixe.	
Creusets (Fabrique de)	25	20/25
Crics (Fabricant et marchand de)	5	20
Criblier	7	40
Crin (Apprêteur, crêpeur ou friseur de), à façon	8	40
Crin frisé (Apprêteur de)	5	20
Crin frisé (Marchand de) en gros	1	15
Crin frisé (Marchand de) en demi-gros	2	20
Crin frisé (Marchand de)	4	20
Crins plats (Marchand de)	6	20
Crinières (Fabricant de), pour son compte	6	20
Crinières (Fabricant de), à façon	8	40
	dxe.	
Cristaux (Manufacture de)	300	20/40
Cristaux (Marchand de) en gros	1	15
Cristaux (Marchand de) en demi-gros	2	20
Cristaux (Marchand de) en détail	5	20
Cristaux (Tailleur de)	7	40
Crochets pour les fabriques d'étoffes (Fabricant de, pour son compte	7	40
Crochets pour les fabriques d'étoffes (Fabricant de), à façon	8	40
Cuillers d'étain (Fondeur de), ambulant	8	40
Cuir bouilli et verni (Fabricant ou marchand d'objets en)	6	20
Cuirs tannés, corroyés, lissés, vernissés (Marchand de) en gros	1	15
Cuirs tannés, corroyés, lissés, vernissés (Marchand de) en détail	4	20
Cuirs en vert étrangers (Marchand de) en gros	1	15
Cuirs en vert du pays (Marchand de) en gros	3	20
Cuirs et Pierres a rasoirs (Fabricant et marchand de)	6	20
Cuivre de navires (Marchand de vieux)	6	20
Cuivre vieux (Marchand de)	7	40
Culottier en peau (Marchand)	5	20
Curiosité (Marchand en boutique d'objets de)	5	20
Cuves, Foudres, Barriques et Tonneaux (Fabricant de)	7	40
Dalles (Marchand de)	6	20
Damasquineur	6	20
Décatisseur	5	20
Déchets de coton (Marchand de)	7	40
Déchireur ou Dépeceur de bateaux	5	20
Décors et Ornements d'architecture Marchand de)	4	20
Découpeur d'étoffes ou de papiers	8	40
Découpoirs (Fabricant de), pour son compte	6	20
Découpoirs (Fabricant de), à façon	8	40
Décrotteur en boutique	8	40
Décrueur de fil	7	40
	fixe.	
Défrichement ou desséchement Compagnie de)	300	15
Dégraisseur	7	40
Déménagements (Entrepreneur de). S'il a plusieurs voitures	3	20

DÉMÉNAGEMENTS (Entrepreneur de). S'il a une seule voiture.	6	20
DENRÉES COLONIALES (Marchand de) en gros.	1	15
DENTELEUR de scies.	7	40
DENTELLES (Marchand de) en gros.	1	15
DENTELLES (Marchand de) en demi-gros.	2	20
DENTELLES (Marchand de).	4	20
DENTELLES (Facteur de).	6	20
DÉPEÇEUR de bateaux. (Voir Déchireur.)	»	»
DÉPEÇEUR de voitures.	6	20
DÉS A COUDRE en métal autre que l'or et l'argent (Fabricant de), pour son compte.	5	20
DÉS A COUDRE en métal autre que l'or et l'argent (Fabricant de), à façon.	8	40

Proportionnel sur le loyer d'habitation seulement.

		fixe.
DESSÉCHEMENT (Entrepreneur de travaux de).	50	15
DESSINATEUR pour fabrique.	6	20
DESSINATEUR (Artiste), ne vendant que le produit de son art.		exempt.
DIAMANTS ET PIERRES FINES (Marchand de).	1	15
DILIGENCES partant à jours et heures fixes (Entrepreneur de), parcourant une distance de deux myriamètres et u dessous.	fixe	25 20/40

Pour chaque myriamètre complet en sus des deux premiers, cinq francs jusqu'au maximum de 1,000 fr.

DIORAMA, PANORAMA, NÉORAMA, GÉORAMA (Directeur de).	2	20

Proportionnel sur le loyer d'habitation seulement.

DISTILLATEUR-LIQUORISTE.	3	20
DISTILLATEUR d'essences, eaux-parfumées et médicinales.	5	20
DOREUR ET ARGENTEUR.	6	20
DOREUR sur bois.	6	20
DOREUR sur cristaux et porcelaines. (Voir Peintre.)	»	»
DOREUR sur tranches.	7	40
DORURES ET ARGENTURES sur métaux (Fabricant ou marchand de) en détail.	4	20
DORURES pour passementeries (Marchand de).	4	20
DOUBLÉ D'OR ET D'ARGENT. (Voir Plaqué.)	»	»
DRAGUEUR (Entrepreneur).	50	15

Proportionnel sur le loyer d'habitation seulement.

DRAPS. (Voir Tissus.)	»	»
DROGUISTE (Marchand) en gros.	1	15
DROGUISTE (Marchand) en demi-gros.	2	20
DROGUISTE (Marchand) en détail.	3	20
DROGUISTE-HERBORISTE. (Voir Herboriste-droguiste.)	»	
DUVET (Marchand de). (Voir Plumes.)	»	»
EAU-DE-VIE (Marchand d') en gros.	1	15
EAU-DE-VIE (Marchand d') en demi-gros.	2	20
d') en détail.	5	20
Voir Liqueurs.)	»	»

Eau vitrage ou clarifiée et dépurée (Entrepreneur d'un établissement d')	3	20 fixe.
Eaux minérales et thermales (Exploitation d')	150	20/40
Eaux minérales factices (Marchand d')	4	20
Ébéniste (Marchand), ayant boutique ou magasin	5	20
Ébéniste (Fabricant), pour son compte, sans magasin.....	6	20
Ébéniste (Fabricant), à façon	7	40
Écailles d'ables ou ablettes (Marchand d')	7	40
Échalas (Marchand d')	7	40
Échoppe (Marchand sous). (Voir *Ambulants*.)	»	»
Éclairage à l'huile (Entrepreneur d'), pour le compte des particuliers	8	20
Éclairage à l'huile pour les grandes entreprises. (Voir *Entrepreneur*.)	»	»
Écorces de bois pour tan (Marchand d')	4	20
Écorcheur ou équarisseur d'animaux	7	40
Échans (Fabricant d'), pour son compte	6	20
Échans (Fabricant d'), à façon	8	40
Écrivains publics	exempt.	
Éditeur de feuilles périodiques	exempt.	
Élastiques pour bretelles, jarretières, etc. (Fabricant d')..	8	40
Émailleur, pour son compte	6	20
Émailleur, à façon	7	40
Emballeur non layetier	6	20
Embouchoirs (Faiseur d')	7	40
Émeri et rouge à polir (Marchand d')	8	40
Employés à appointements	exempls.	
Encaustique. (Voir *Cirage*.)	»	»
Enclumes, essieux et gros étaux (Manufacture d') jusqu'au maximum de 130 fr.	25	fixe. par fer. 20/40
Encre d'impression (Fabricant d'), ayant cinq ouvriers et au-dessous	25	20/25
Et trois francs par chaque ouvrier en sus, jusqu'au maximum de 200 fr.		
Encre à écrire (Fabricant et marchand d') en gros	3	20
Encre à écrire (Fabricant et marchand d') en détail	6	20
Enduit contre l'oxydation (Applicateur d')	6	20
Engrais (Marchand d')	25	20/25
Enjoliveur (Marchand)	6	20
Enjoliveur (Fabricant), pour son compte	7	40
Enjoliveur (Fabricant), à façon	8	40
Enlèvement des roues. (Voir *Entreprise d'*.)	»	»
Entrepôt (Concessionnaire, exploitant, ou fermier des droits d'emmagasinage dans un)	2	20
Proportionnel sur le loyer d'habitation seulement.		
Entrepreneur d'éclairage à l'huile		fixe.
A Paris	300	15
Dans les villes de cinquante mille âmes et au-dessus	150	15
Dans les villes de trente à cinquante mille âmes.	100	15
Dans les villes de quinze mille à trente mille âmes.	50	15

Dans toutes les autres communes................	25	15
ENTREPRISE générale du balayage, de l'arrosage ou de l'enlèvement des boues...........................	2	20
EPERONNIER, pour son compte....................	5	20
EPERONNIER, à façon........................	7	40
EPICERIE (Marchand d') en gros........	1	15
EPICERIE (Marchand d') en demi-gros............	2	20
EPICIER en détail........................	5	20
EPICIER-REGRATTIER, s'il ne vend qu'au petit poids et à la petite mesure quelques articles d'épicerie, et joint à ce commerce la vente de quelques autres objets, comme poterie de terre, charbon en détail, bois à la falourde, etc.........................	7	40
EPINGLES (Manufacture d') par procédés mécaniques, ayant dix ouvriers et au-dessous...................	fixe. 25 20/40	
Plus, trois francs par chaque ouvrier en sus, jusqu'au maximum de 300 fr................		
EPINGLES (Fabric. d') par les procédés ordinaires........	6	20
EPINGLIER-GRILLAGEUR....................	7	40
EPONGES (Marchand d') en gros................	3	20
EPONGES (Marchand d') en détail............	5	20
EQUARRISSEUR d'animaux. (Voir *Ecorcheurs*.).......	»	»
EQUARRISSEUR de bois....................	7	40
EQUIPAGE (Maître d').....................	5	20
EQUIPEMENTS MILITAIRES (Marchand d'objets d').........	3	20
EQUIPEUR-MONTEUR.......................	7	40
ESCOMPTEUR,........................	1	15
ESPRIT OU EAU-DE-VIE DE VIN (Fabrique d')............	fixe. 0 25/20	
ESPRIT OU EAU-DE-VIE DE MARC de raisin, cidre, poiré, fécules et autres substances analogues (Fabrique d')...	fixe. 25 25/20	
ESSAYEUR pour le commerce.....................	3	20
ESSAYEUR DE BOIS..........................	6	20
ESSENCE D'ORIENT (Fabricant d')................	7	40
ESTAMINET (Maître d').....................	4	20
ESTAMPES ET GRAVURES (Marchand d')..............	6	20
ESTAMPEUR en or et argent....................	4	20
ESTAMPEUR en métaux autres que l'or et l'argent.........	7	40
ETALAGISTE. (Voir *Ambulants*.)...............	»	»
ETAIN (Fabrique d') pour glaces, ayant dix ouvriers et au-dessous.........................	fixe. 50 20/25	
Et trois francs par chaque ouvrier en sus, jusqu'au maximum de 300 fr.		
ETAIN (Fabricant de feuilles d')...............	5	20
ETAMEUR de glaces..........................	6	20
ETAMEUR ambulant d'ustensiles de cuisine............	8	40
ETOFFES de toute nature (Marchand d'). (Voir *Nouveautés*.)	»	»
ETOUPES (Marchand d').....................	8	40
ETRIERS (Fabricant d'), pour son compte............	5	20
ETRIERS (Fabricant d'), à façon...............	7	40
ETRILLES (Fabricant d'), pour son compte..............	5	20
ETRILLES (Fabricant d'), à façon................	7	40
ÉVENTAILLISTE (Marchand fabricant), ayant boutique ou magasin.........................	6	20

Éventailliste (Fabricant), pour son compte.	7	40°
Éventailliste (Fabricant), à façon.	8	40
Expert pour le partage et l'estimation des propriétés.	7	0
Fabrication dans les prisons (Entrepreneur de), pour un ate- lier de vingt-cinq détenus et au-dessous.	fixe. 25	15
Par chaque détenu en sus, cinquante centimes jusqu'au maximum de 500 fr.		
Proportionnel sur le loyer d'habitation seulement.		
Fabrication dans les dépôts de mendicité (Entrepreneur de). Moitié du droit ci-dessus fixé pour les entrepre- neurs de fabrication dans les prisons.	fixe. »	»
dito. dito.		
Facteur aux halles de Paris.		
•Pour les farines, le beurre, les œufs, les fromages et le poisson salé.	fixe. 150	15
Pour les grains, graines et grenailles, la marée, les huitres et les cuirs.	100	15
Pour le poisson d'eau douce, la volaille, le gibier, les agneaux, cochons de lait, veaux de rivière et de présalé, les veaux, les charbons de bois arrivés par eau, les draps, les toiles, les fourrages.	75	15
Pour le charbon de bois arrivé par terre ou pour le charbon de terre.	50	15
Pour les fruits et légumes.	25	15
Facteur de denrées et marchandises (partout ailleurs qu'à Paris.	4	20
Facteur de fabrique.	6	20
Fagots et bourrées (Marchand de), vendant par voiture. . .	6	20
Fagots (Marchand de) en détail, vendant au fagot.	8	40
	fixe par four.	
Faïence (Manufacture de), par four.	25 20/40	
Jusqu'au maximum de 150 fr.	»	»
Faïence (Marchand de).	6	20
Faïanxe (Marchand de).	8	40
Falourdes (Débitant de).	8	40
Fanons ou barbes de baleine (Marchand de) en gros.	1	15
Fanons (Marchand de) en demi-gros.	2	20
Farines (Marchand de) en gros.	4	20
Farines (Marchand de) en détail.	6	20
	fixe.	
Faulx et faucilles (Fabrique de). Dix ouvriers et au-dessous.	25 20/40	
Et 3 fr. par chaque ouvrier en sus, jusqu'au maxi- mum de 300 fr.		
Fécules de pomme de terre (Fabrique de), ayant dix ou- vriers et au-dessous.	fixe. 25 20/25	
Plus 3 fr. par chaque ouvrier en sus, jusqu'au maximum de 200 fr.		
Fendeur de brins de baleine.	7	40
Fer en barres (Marchand de) en gros. Celui qui vend habi- tuellement par parties d'au moins cinq cents ki- logrammes.	1	15

Fer en barres (Marchand de) en détail. Celui qui vend habituellement par quantité inférieure à cinq cents kilogrammes 4 20

Fer en meubles (Marchand de)............................ 3 40

fixe.
Ferblanc (Fabrique de). Jusqu'à vingt ouvriers........... 100 40/20
      Plus trois francs par chaque ouvrier en sus, jusqu'au maximum de 400 fr.

Ferblantier-lampiste... 5 20
Ferblantier.......................... .... 7 40
Ferblantier en chambre.... .... 7 40
Ferrailleur 7 40
Ferronnerie, serrurerie et clous forgés (Fabricant de), ayant dix ouvriers et au-dessous 25 20/40
      Et trois francs par chaque ouvrier en sus, jusqu'au maximum de 300 fr.

Ferronnier..............•................................ 5 20
Feuilles de blé de Turquie (Marchand de)............... 8 40
Feutre (Fabricant et marchand de), pour la papeterie, le doublage des navires, plateaux vernis 6 20
Fiacre (Loueur de), s'il a plusieurs voitures............. 5 20
Fiacre (loueur de), s'il n'a qu'une voiture............... 7 40
Figures en cire (Mouleur de), à façon.................. 8 40
Fil de coton, chanvre, lin (Fabrique de)............... fixe.
    Pour un ou deux moulins.................... 10 20 50
      Plus, dix francs par chaque moulin en sus, jusqu'au maximum de 400 fr.

Filagraniste 6 20
Filasse de nerfs (Fabricant de), pour son compte........ 6 20
Filasse de nerfs (Fabricant de), à façon................ 8 40
Filature de coton au-dessous de cinq cents broches (non compris les métiers préparatoires)............... fixe. 10 20/50
    Pour chaque centaine de broches au-dessus de cinq cents, un franc cinquante centimes, jusqu'au maximum de 400 fr.

Filature de laine, chanvre, lin au-dessous de cinq cents broches (non compris les métiers préparatoires)... fixe. 15 20, 50
    Plus, trois francs par chaque centaine de broches au-dessus de cinq cents, jusqu'au maximum de 400 fr.

Filets pour la pêche, la chasse, etc. (Fabricant de)........ 6 20
Filtor (Entrepreneur)............................. 6 20
Filoselle (Marchand de). (Voir *Fleurets.*)
Filotier... 5 20
Fils de chanvre ou de lin (Marchand de) en détail........ 4 20
Finisseur en horlogerie.............................. 7 40
Fleurets et filoselle (Marchand de) en gros............. 1 15
Fleurets et filoselle (Marchand de) en demi-gros......... 2 20
Fleurets et filoselle (Marchand de) en détail............ 4 20
Fleurs artificielles (Fabricant et marchand de)........ 5 20
Fleurs artificielles (Marchand d'apprêts et papier pour) 6 20

FLEURS D'ORANGER (Marchand de)...................... 6 20ᵉ
FLEURISTE travaillant pour le compte des marchands...... 7 40
                                                                           fixe.

FLOTTAGE (Entrepreneur de)........................ 25 15
     Au droit proportionnel sur le loyer d'habitation seule-
     ment

FONDERIE DE CUIVRE (Entrepreneur de).   fixe.
     Ayant plusieurs laminoirs................... 300 20/40
     Un laminoir ou plusieurs martinets.......... 200 20/40
     Se bornant à convertir le cuivre rouge en cui-
     vre jaune..................................... 100 20/40

FONDERIE DE CUIVRE ET BRONZE (Entrepreneur de)..........
     Fondant des objets de grande dimension , tels que
     cylindres ou rouleaux d'impression pour les manu- fixe.
     factures , ou grandes pièces de mécanique, etc..... 200 20/40
     Ne fondant que des ornements d'art ou d'ornemen-
     tation , ou des pièces de mécanique de petite
     dimension.................................. 100 20/40
     Ne fondant que des objets d'un usage commun et
     de petite dimension, comme robinets, clochet-
     tes, anneaux, etc........................... 50 20/40

FONDERIE EN FER DE SECONDE FUSION (Entrepreneur de).
     Fabriquant des objets de grande dimension ; tels
     cylindres , grilles , colonnes , pilastres , bornes et fixe.
     grandes pièces de mécanique , etc............ 200 20/40
     Ne fabriquant que des objets de petite dimen-
     sion pour l'ornementation, ou de petites pièces
     de mécanique............................... 100 20/40

FONDEUR d'étain, de plomb, ou fonte de chasse........... 6 20
FONDEUR d'or et d'argent............................ 3 20
FONDEUR en fer, en bronze ou en cuivre (avec des creusets
     ordinaires).................................. 5 20
FONTAINES à filtrer (Fabricant et marchand de)........... 6 20
FONTAINES en grès, à sable (Marchand de)............... 7 40
FONTAINES PUBLIQUES (Fermier de).................... 6 20
     Au proportionnel sur le loyer d'habitation seulement.

                                                                         fixe.
FONTAINIER, sondeur et foreur de puits artésiens.......... 50 20/25
FONTE OUVRAGÉE (Marchand de)..................... 4 20
FORAIN (Marchand). (Voir Marchands forains.)
FORCES (Fabricant de), pour son compte................ 5 20
FORCES (Fabricant de), à façon....................... 7 40
FORATS (Fabricant de)............................... 7 40
FORGES ET HAUTS FOURNEAUX (Maître de), ayant au moins fixe.
     trois hauts-fourneaux au coke.................. 500 20/50
     Plusieurs hauts-fourneaux au coke, avec fonderies,
     forges et laminoirs........................... 500 20/40
     Deux hauts-fourneaux au coke................. 400 20/40
     Un haut-fourneau au coke, avec forges et laminoirs. 400 20/40
     Un haut-fourneau au coke, avec une fonderie.... 300 20/40
     Un haut-fourneau au coke..................... 200 20/40
     Trois hauts-fourneaux au bois, et plus......... 400 20/50

Un établissement ou un ensemble d'établissement réunissant à plus de quatre feux d'affinerie, ou quatre fours à pudler, une fabrication de tôle, ou deux autres systèmes au moins de sous-fabrication de métaux, soit fonderie, tréfilerie, ferblanterie, métiers à clous, à pointes............... 400 20/40

Un haut-fourneau au bois, avec plusieurs forges, ou deux hauts-fourneaux au bois, avec une seule forge....................... 300 20/40

Plus de deux hauts-fourneaux au bois, avec une ou plusieurs forges..................... 400 20 40

Deux hauts-fourneaux au bois.................. 250 20/40

Un haut-fourneau au bois, avec une fonderie...... 250 20/40

Un haut-fourneau au bois, avec une forge........ 200 20,40

Une ou plusieurs forges avec laminoirs, tréfilerie et tout autre système de sous-fabrication métallurgique........................... 200 20/40

Un haut-fourneau au bois................. 150 20/40

Une forge à trois marteaux et plus........... 100 20/40

Trois forges à la catalane et plus............. 100 20/40

Une forge où l'action des marteaux est remplacée par celle d'un laminoir cingleur............. 100 20/40

Une forge à deux marteaux................. 50 20/40

Deux forges à la catalane................. 50 20/40

Une forge à un seul marteau............... 25 20 40

Une forge dite catalane................. 25 20/40

Ces droits seront réduits de moitié pour les forges dites catalanes, et pour les forges à un ou deux marteaux, lorsqu'elle seront forcées, par manque ou par crue d'eau, de chômer, pendant une partie de l'année équivalente au moins à quatre mois.

FORGERON de petites pièces (canons, platines)............. 5 20

FORMAIRE pour la fabrication du papier, pour son compte. 6 20

FORMAIRE pour la fabrication du papier, à façon........... 8 40

FORMES A SUCRE (Fabrique de)........................ fixe. 25 20 25

Vingt-cinq francs pour cinq ouvriers et au-dessous, et trois francs par chaque ouvrier en sus, jusqu'au maximum de 100 fr.

FORMIER................................ 7 40

FOSSES MOBILES INODORES (Entrepreneur de)............. 4 20

FOUDRES (Fabricant de). (Voir *Cuves.*)

FOUETS, CRAVACHES (Fabricant ou marchand de), pour son compte..................... 7 40

FOUETS ET CRAVACHES (Fabricant de), à façon........... 8 40

FOULEUR de bas et autres articles de bonneterie........... 6 20

FOULEUR DE FEUTRE pour les chapeliers................ 6 20

FOULONNIER................................ 5 20

FOURBISSEUR (Marchand)..................... 6 20

FOURNALISTE................................ 6 20

FOURNEAUX POTAGERS (Fabricant et marchand de)........ 6 20

FOURNIER................................ 7 40

FOURNISSEUR GÉNÉRAL dans les prisons et dépôts de mendi-

cité. A forfait et par tête de détenu, pour une population de trois cents détenus et au-dessous.......	fixe. 150	15

Par cent détenus en sus. 25 fr., jusqu'au maximum de 500 fr.

Proportionnel sur le loyer d'habitation seulement.

FOURNISSEURS GÉNÉRAUX d'objets concernant l'habillement, l'armement, la remonte, le harnachement et l'équipement des troupes, etc......	fixe. 1,000	15
De subsistances aux armées..............	1,000	15
De bois et lumières aux troupes..............	1,000	15
FOURNISSEUR des objets ci-dessus indiqués, par division militaire......	fixe. 150	15
FOURNISSEUR de fourrages aux troupes, dans les garnisons...	fixe. 100	15
FOURNISSEUR de vivres et fourrages, dans un gîte d'étape...	fixe. 25	15
FOURNISSEUR de bois et lumière aux troupes, dans les garnisons....	fixe. 25	15
FOURRAGES (Marchand de), par bateaux, charrettes ou voitures....	5	20
FOURRAGE (Débitant de), à la botte ou en petite partie au poids.	6	20
FOURREAUX pour sabres, épées, baïonnettes (Fabricant de), pour son compte....	7	40
FOURREAUX pour sabres, épées, baïonnettes (Fabricant de), à façon....	8	40
FOURREUR....	4	20
FOURRURES (Marchand de). (Voir *Pelleteries*.)		
FRANGIER (Marchand)....	5	20
FRANGIER (Fabricant), pour son compte....	7	40
FRANGIER (Fabricant), à façon....	8	40
FRIPPEUR de gaze....	8	40
FRETIN (Marchand de)....	7	40
FRIPIER....	6	20
FRISEUR ou FRITURIER, en boutique....	7	40
FRISEUR DE DRAP, et autres étoffes de laine....	7	40
FROMAGES SECS (Marchand de) en gros....	1	15
FROMAGES DE PATE GRASSE (Marchand de) en gros....	4	20
FROMAGES DE PATE GRASSE (Marchand de) en détail....	6	20
FROMAGES SECS (Marchand de) en demi-gros....	4	20
FROMAGES SECS (Marchand de) en détail....	6	20
FRUITIER....	7	40
FRUITIER ORANGER....	6	20
FRUITS SUR BATEAUX (Marchand de)....	fixe. 50	15

Proportionnel sur le loyer d'habitation seulement.

FRUITS SECS (Marchand de) en gros....	1	15
FRUITS SECS (Marchand de) en demi-gros....	3	20
FRUITS SECS (Marchand de) en détail....	6	20
FRUITS SECS pour boissons (Marchand de)....	6	20
FUMISTE....	6	20
FUSEAUX (Fabricant de)....	8	40
GABARE (Maître de) ou Gabier....	-	40
GAINIER (Fabricant) pour son compte....	7	40

GAINIER, à façon... 8 40

GALETTES, Gaufres, Brioches et Gâteaux (Marchand de) en
    boutique.. 7 40

GALOCHIER.. 7 40

GALONNIER (Marchand).. 5 20

GALONNIER (Fabricant), pour son compte........................ 7 40

GALONNIER, à façon.. 8 40

GANTIER (Marchand-fabricant)................................... 3 20

GANTIER (Marchand)... 5 20

GARDE DU COMMERCE... 4 20

GARDE-MALADE... exempt.

GARDE-ROBES ISODORES (Fabricant et marchand de....... 6 20

                                    fixe.

GARE (Entrepreneur de).. 100 15
    Proportionnel sur le loyer d'habitation seulement.

GARGOTIER... 7 40

GARNISSEUR d'étuis pour instruments de musique............... 8 40

GARNITURES de parapluies et cannes, telles que bouts, an-
    neaux, cannes, manches (fabricant de)....................... 8 40

GATEAUX ET GAUFRES (Marchand et fabricant de). (Voir Ga-
    lette).

GAUFREUR d'étoffes, de rubans, etc............................ 7 40

GAULES ET PERCHES (Marchand de)........................... 7 40

GAZ POUR L'ÉCLAIRAGE (Fabrique de)........................

    Pour les fabriques qui fournissent l'éclairage de   fixe.
        tout ou partie de la ville de Paris.............. 600 15/40
    Des villes de cinquante mille ames et au-dessus. 400 15/40
    Des Villes de trente mille ames et au-dessus..... 200 15/40
    Des villes de quinze mille à trente mille ames.... 150 15/40
    Des villes au dessous de quinze mille ames....... 75 15/40
    Au 15 sur le loyer d'habitation.
    Au 40 sur les locaux servant à l'exercice de la profession

                                    fixe.
GÉLATINE Fabrique de), ayant cinq ouvriers et au-dessous.. 25 20/25
    Et 3 fr. par chaque ouvrier en sus, jusqu'au maximum
    de 200 fr.

GÉORAMA Directeur de). (Voir Diorama.)

GIBERNES (Fabricant de), pour son compte..................... 6 20

GIBERNES (Fabricant de), à façon............................... 8 40

GIBIER (Marchand de). (Voir Volailles.)

                                    fixe.
GLACES (Manufacture de)....................................... 40 20/40

GLACES (Marchand de) (miroitier).............................. 5 20

GLACES, eau congelée (Marchand de)........................... 6 20

GLACIER... 5 20

GLACIER-LIMONADIER... 3 20

                                      fixe.
GLACIÈRES (Maître de).. 50 20/25

GLOBES TERRESTRES ET CÉLESTES (Fabricant et marchand de). 6 20

GOBELETERIE (Manufacture de)................................ 60 20/40
    Par four de fusion, jusqu'au maximum de 300 fr.
    (Pour les marchands, voir Verroterie.)

GOMMEUR d'étoffes.. 6 20

◄ Horlogerie (Fabricant de pièces d'), à façon   7   40ᵉ

Horloges en bois (Fabricant ou marchand de).   7   40

Hotel garni (Maître d'), tenant un restaurant à la carte. . .   3 20/40

      Au 20ᵉ sur le loyer d'habitation et sur la partie servant au
      restaurant.
      Au 40ᵉ sur les locaux servant à l'exercice de la profession.

Hotel garni (Maître d') 4 20/40

      Au 2oᵉ sur le loyer d'habitation.
      Au 4oᵉ sur la partie occupée par le garni.

Houblon (Marchand de) en gros.   3   20

Houblon (Marchand de) en demi-gros   4   20

Huiles (Marchand d') en gros 1 15/30

      Au 15 sur le loyer d'habitation, au 3oᵉ sur les locaux ser-
      vant à l'exercice de la profession.

Huiles (Marchand d') en demi-gros   2   20

Huiles (Marchand d') en détail   4   20

Huissier . . . .   exempt.

Huitres (Marchand expéditeur d'), avec voitures servies par   fixe.
      des relais 100 20/40

Huitres (Marchand d').   6   20

Hydromel (Fabricant et marchand d').   3   20

Ifs a bouteilles. (Voir *Planches*).

Images (Fabricant ou marchand d')   6   20

                                              fixe.

Imprimeur d'étoffes. Pour vingt-cinq tables et au-dessous.   50 20/50
      Plus, 3 fr. par table en sus, jusqu'au maximum de
      400 francs.

      Un rouleau comptera pour 25 tables, et quatre pé-
      rotines pour un rouleau.

Imprimeur—libraire.   3   20

Imprimeur—lithographe éditeur.   6   20

Imprimeur—lithographe non éditeur.   7   40

Imprimeur sur porcelaine, faïence, verre, cristaux, émail, etc.   7   40

Imprimeur en taille-douce pour objets dits *de ville*.   7   40

Imprimeur—typographe.   3   20

      S'il emploie des presses mécaniques, il ne sera passible
      que du 40ᵉ pour le droit proportionnel.

                                              fixe.

Inhumations et pompes funèbres de Paris (Entreprises de)   1000   15

Inhumations et pompes funèbres dans les villes autres que
      Paris.   1   15

Instituteur primaire. . . . .   exempt.

Institution (Chef d'). . . . .   exempt.

Instruments aratoires (Fabricant d').   6   20

Instruments de chirurgie en métal (Fabricant et march. d')   5   20

Instruments de chirurgie en gomme élastique (Fabricant d').   6   20

Instruments de musique à vent, en bois ou cuivre (Fact. d').   6   20

Instruments pour les sciences (Facteur et marchands),
      ayant boutique et magasin.   4   20

Instruments pour les sciences (Facteur et marchand d'), sans
      boutique ni magasin.   6   20

Ivoire (Marchand d'objets en).   5   20

Ivoire (Fabricant d'objets en), pour son compte.......... 6 20°
Ivoire (Fabricant d'objets en), à façon.................. 7 40
Jais ou Jayet (Fabricant ou marchand d'objets en)......... 6 20
Jambons (Marchand-expéditeur de)... .... 3 20
Jardin public (Tenant un)................................ 4 20/40

    Au 20° sur le loyer d'habitation ; au 40° sur les locaux
    servant à l'exercice de la profession.

Jarretières (Voir *Bretelles*).
Jaugeage des liquides (Adjudicataire des droits de)...... 4 20
    Proportionnel sur le loyer d'habitation seulement.

Jaugeur juré pour les liquides......................... 5 20
Jeu de paume (Maître de)............................... 5 20/40
    Au 20° sur le loyer d'habitation ;
    Au 40° sur les locaux servant à l'exercice de la profession.

Joaillier (Fabricant et marchand), ayant atelier et magasin 2 20
Joaillier (Marchand), n'ayant point d'atelier............ 3 20
Joaillier (Fabricant), pour son compte................ 5 20
Joaillier, à façon.................................. 7 40
Kaolin (Exploitant une usine à pulvériser le). fixe.
    Par chaque usine.......................... 15 20/40
    Jusqu'au maximum de 100 fr.

    Ce droit sera réduit de moitié pour les usines qui
    sont forcées, par manque ou par crue d'eau, de
    chômer pendant une partie de l'année équivalente
    au moins à quatre mois.

Kaolin et pétunzé (Marchand de)...................... 6 20
Laboureur et cultivateur............................. exempts.

    Seulement pour la vente et la manipulation des
    récoltes et fruits provenant des terrains qui leur
    appartiennent ou par eux exploités, et pour le bé-
    tail qu'ils y élèvent et engraissent.

Laine brute ou lavée (Marchand de) en gros............. 1 15
Laine brute ou lavée (Marchand de) en détail........... 4 20
Laine filée ou peignée (Marchand de) en gros........... 1 15
Laine filée ou peignée (Marchand de) en demi-gros........ 2 20
Laine filée (Marchand de) en détail.................... 4 20
Laineur... 4 20
Lait d'anesse (Marchand de)......................... 7 40
Laitier. (Voir *Crémier*).

Laminier-rotier, par procédés mécaniques.............. fixe.
Laminier-rotier, par procédés mécaniques.............. 50 20/40
Laminier-rotier, pour son compte..................... 7 40
Laminier-rotier, à façon............................. 8 40
Laminerie (Entrepreneur de).. .... fixe.
    Ayant 3 paires de cylindres et au-dessus.... 300 20/40
    Ayant 2 paires de cylindres de grande dimension. 250 20/40
    Ayant une seule paire de cylindres de grande di-
    mension, ou deux paires de cylindres de petite
    dimension, au-dessous d'un mètre de longueur 200 20/40
    Ayant une seule paire de cylindres de petite di-

mension, au-dessous d'un mètre de longueur	100	20/40
LAMINEUR, par les procédés ordinaires.................	6	20
LAMPISTE	5	20
LANGUEYEUR DE PORCS.............................	8	40
LANTERNIER.......................................	6	20
LAPIDAIRE en pierres fausses (Fabricant ou marchand), ayant boutique ou magasin........................	5	20
LAPIDAIRE, à façon................................	7	40
LATTES (Marchand de) en gros......................	3	20
LATTES (Marchand de) en détail....................	6	20
LAVEUR de laines.................................	5	20
LAVOIR PUBLIC (Tenant un)........................	6	20
LAYETIER..	6	20
LAYETIER-EMBALLEUR.............................	5	20
LAYETTES D'ENFANT (Marchand de)..............	7	40
LÉGUMES SECS (Marchand de) en gros.............	4	20
LÉGUMES SECS (Marchand de) en détail............	7	40
LEVURE OU LEVAIN (Marchand de)...............	6	20
LIBRAIRE..	5	20
LIBRAIRE-ÉDITEUR................................	3	20
LIE DE VIN (Marchand de).........................	7	40
LIÈGE BRUT (Marchand de) en gros................	1	15
LIÈGE BRUT (Marchand de) en détail..............	5	20
LIMAILLES (Marchand de).........................	8	40
	fixe.	
LIMES (Fab. de), ayant dix ouvriers et au-dessous........	25	20/40

Et 3 fr. par chaque ouvrier en sus, jusqu'au maximum de 300 fr.

LIMES (Tailleur de)..............................	8	40
LIMONADIER NON GLACIER........................	4	20
LIN OU CHANVRE BRUT OU FILÉ (Marchand de), en gros......	1	15
LIN OU CHANVRE BRUT OU FILÉ (Marchand de) en demi-gros..	2	20
LIN OU CHANVRE BRUT OU FILÉ (Marchand de) en détail......	6	20
LIN OU CHANVRE BRUT OU FILÉ (Fabricant de)............	7	40
LINGE (Marchand de vieux)........................	7	40
LINGE de table et de ménage (Loueur de)..............	6	20
LINGER fournisseur...............................	3	20
LINGER...	6	20
LIQUEURS (Fabricant de)..........................	3	20
LIQUEURS (Marchand de) en gros..................	1	15
LIQUEURS (Marchand de) en détail................	4	20
LIQUEURS ET EAUX-DE-VIE (Débitant de)...........	7	40
LITHOCHROME (Imprimeur).......................	6	20
LITHOCHROMIES (Marchand de)...................	6	20
LITHOGRAPHIES (Marchand de)...................	6	20
LITHOPHANIES pour stores (Fab. et marchand de).......	6	20
	fixe.	
LITS MILITAIRES (Entreprise générale des).............	1,000	20/40
LIVRETS (Fabricant de) pour les batteurs d'or et d'argent...	8	40
LOGEUR...	7	40
LOUEUR en garni..................................	6	20/40

Au 20e sur le loyer d'habitation.
Au 40e sur la partie occupée par le garni.

Loueur en garni, s'il ne loue qu'une chambre............	8	40
Loueur de livres...............................	7	40
Loueur de tableaux et dessins...................	6	20
Loueur de voitures suspendues..................	5	20
Lunetier (Marchand)...........................	5	20
Lunetier (Fabricant,...........................	6	20
Lustres Fabrique de verres de).................	7	40
Lustres Fabricant et marchand de)..............	4	20
Lustrier de fourrures..........................	6	20
Luthérie (Marchand de fournitures de)..........	5	20
Luthier (Fabricant, pour son compte...........	5	20
Luthier Fabricant), à façon....................	7	40
Machines à vapeur, presses pour l'imprimerie, métters mécaniques pour la filature et pour le tissage, et autres grandes machines (Constructeur de)	fixe.	
Employant moins de vingt-cinq ouvriers......	100	20,50
De cinquante ouvriers......................	200	2,50
Plus de cinquante ouvriers.................	300	20,50
Maçons (Maître)...............................	6	20
Maçonnerie (Entrepreneur de)...................	4	20
	fixe.	
Marnières (Fermier de............................	25	15
Proportionnel sur le loyer d'habitation seulement		
Magasin de plusieurs espèces de marchandises (Tenant un),		
lorsqu'il occupe habituellement au moins 25 per—	fixe	
sonnes préposées à la vente..................	1,000	15
Magasinier....................................	5	20,40
Au 20° sur le loyer d'habitation		
Au 30 sur les locaux servant à l'exercice de la profession		
Maison particulière de retraite (Tenant une)...........	6	20,40
dito. dito.		
	fixe.	
Maison particulière de santé (Tenant une)............	100	20,40
dito dito		
Maître ou patron de barque ou de bateau, naviguant pour son compte sur les fleuves, rivières ou canaux, soit que la barque ou le bateau lui appartienne, soit qu'il l'ait loué. Si le conducteur n'est qu'un homme à gages la patente est due par le proprié— taire de la barque ou bateau....................	5	20
Mallettier. Voir Coffretier		
Manège d'équitation (Tenant un)................ ...	4	20,40
Au 20° sur le loyer d'habitation, au 30° sur les locaux servant à l'exercice de la profession		
Manufacturiers Propriétaires et fermiers des.......	exempts.	
Marbrier Marchand de, en gros	3	20
Marbrier en Fabricant et marchand d'objets en)......	6	20
Marbrier sur tranches.........................	7	40
Marbrier	6	20
Marchand d'habits	fixe.	
Avec voiture attelée d'un seul cheval	60	15
À deux colliers....	120	15

À trois colliers et au-dessus, ou ayant plus d'une
voiture... 200 15ᵉ
    Avec bête de somme.................................. 40 15
    Avec balle.. 15 15

Les droits ci-dessus sont réduits de 1,2 lorsque le marchand forain ne vend que de la boisselterie, poterie, vannerie et balais.

MARCHANDE à la toilette............................... 7 40
MARÉCHAL expert.. 5 20
MARÉCHAL ferrant....................................... 6 20
    fixe.
MAREYEUR, expéditeur, avec voitures servies par des relais. 100 20/40
MAROQUIN (Fabrique de), avec machine à vapeur ou moteur
hydraulique.. 100 20/40
MAROQUINIER, pour son compte........................ 5 20
MAROQUINIER, à façon................................. 7 40
MARRONS ET CHÂTAIGNES (Marchand expéditeur de)........ 5 20
MARRONS (Marchand de) en détail...................... 8 40
    fixe.
MARTINETS, par arbre de camage...................... 15 20/40
    jusqu'au maximum de 200 fr.

Ce droit sera réduit de moitié pour les fabriques qui sont forcées, par manque ou par crue d'eau, de chômer pendant une partie de l'année équivalente au moins à quatre mois.

MASQUES (Fabricant et marchand de).................... 6 20
MASTICS ET CIMENTS (Fabrique de)..................... 50 20/25
MATELASSIER.. 8 40
MATÉRIAUX (Marchand de vieux)........................ 6 20
MATS (Constructeur de)................................ 4 20
MÉCANICIEN... 4 20
MÈCHES et veilleuses (Marchand et fabricant de)........ 8 40
MÉDECIN... exempt
MÉGISSIER, pour son compte........................... 5 20
MÉGISSIER, à façon.................................... 7 40
MENUISIER (Entrepreneur)............................. 4 20
MENUISIER-MÉCANICIEN................................. 5 20
MENUISIER... 6 20
MERCERIES (Marchand de) en gros..................... 1 15
MERCERIES (Marchand de) en demi-gros................ 2 20
MERCERIES (Marchand de) en détail................... 4 20
MERCERIE (Marchand de menue)........................ 6 20
MESURAGE (Fermier des droits de). (Voir Pesage.)
MESURES LINÉAIRES, règles et équerres (Fabricant de), pour
son compte... 7 40
MESURE LINÉAIRES, règles et équerres (Fabricant de), à façon. 8 40
MESUREUR (Juré). (Voir Peseur.)
MÉTAUX (Marchand de) en gros, autres que l'or, l'argent, le
fer en barre et la fonte............................. 1 15
MÉTAUX (Marchand en demi-gros de) autre que l'or, l'argent,
le fer en barres et la fonte......................... 2 20
MÉTAUX (Marchand de) en détail, autre que l'or, l'argent, le
fer en barres, la fonte.............................. 4 20

Métiers (Fabrique à). Pour les métiers réunis dans un corps   fixe
     de fabrique.
     Jusqu'à cinq métiers......................   10   20/50
     Et 2 fr. 50 en sus, par métier, jusqu'au maximum
     de 400 fr.
     Pour les mét. non réunis dans un corps de fabrique.   20/50
     2 fr. 50, par chaque métier, jusqu'au maximum de
     300 fr.
     Les fabricants à métiers résidant dans les communes d'une
     population inférieure à vingt mille âmes ayant moins de dix
     métiers, et ne travaillant qu'à façon, seront exempts de tout
     droit proportionnel.
     Ces droits seront réduits de moitié pour les fabricants à
     façon.

Métiers a bas (Forgeur de), pour son compte...........	5	20
Métiers a bas (Forgeur de), à façon....................	7	40
Metteur en œuvre, pour son compte...................	6	20
Metteur en œuvre, à façon............................	7	40
Meubles (Marchand de)...............................	5	20
Meubles (Marchand de) d'occasion....................	6	20
Meules à aiguiser (Marchand et Fabricant de)..........	5	20
Meules de moulins (Fabricant de).....................	4	20
Miel et cire brute (Marchand expéditeur de)...........	1	15
Miel et cire brute (Marchand non-expéditeur de)........	4	20
Mine de plomb (Marchand de) en gros.................	1	15
Mine de plomb (Marchand de) en détail...............	5	20
Mines (Concessionnaire de)......................	exempts.	

     Pour le seul fait de l'extraction et de la vente des
     matières par eux extraites.

Minerai de fer (Marchand de), ayant magasin...........	5	20
Minières non concessibles (Exploitant de), ayant moins de	fixe.	
dix ouvriers...................................	25	15

     Plus trois francs par chaque ouvrier en sus, jusqu'au
     maximum de 200 fr.

     Proportionnel sur le loyer d'habitation seulement.

Miroitier...................................	5	20
Modes (Marchand de).......................	3	20
Modiste...................................	5	20
Modiste, à façon...........................	8	40
Moireur d'étoffes, pour son compte..............	6	20
Moireur d'étoffes, à façon.....................	8	40
Monnaies (Directeur des)	fixe.	
A Paris...................................	1,000	20
Dans toutes les autres villes...................	500	20

     Proportionnel sur le loyer d'habitation seulement.

Monteur de métiers...........................	6	20
Monteur en bronze...........................	7	40
Monuments funèbres (Entrepreneur de).............	5	20
Mosaïques (Marchand de).......................	6	20
Moules de boutons (Fabricant de)................	8	40
Moulin à blé, à l'huile, à garance, à tan. etc.	fixe.	

     Six francs pour une seule paire de meules ou de cylindres 6 20/40

Quinze francs pour deux paires de meules ou de cylindres.................................... 15 20/40

Vingt-cinq francs pour trois paires de meules ou de
cylindres 25 20/40

Quarante francs pour quatre paires de meules ou de
cylindres 40 20/40

Et vingt francs par paire de meules ou de cylindres
en sus, jusqu'au maximum de 360 fr.

Ce droit sera réduit de moitié pour les moulins
à vent et pour les moulins à eau qui, par manque
ou par crue d'eau , sont forcés de chômer pendant
une partie de l'année équivalente au moins à quatre mois.

		fixe.
MOULINIER EN SOIE, par cent lavelles.	10	20/40
Jusqu'au maximum de 200 fr.		
MOULURES (Fabricant de), pour son compte..............	5	20
MOULURES (Marchand de) en boutique..................	5	20
MOULURES (Fabricant de), à façon....................	7	40
MOUTARDIER (Marchand) en gros.....................	4	20
MOUTARDIER (Marchand) en détail....................	7	40
MOUTONS ET AGNEAUX (Marchand de)	4	20
MULETIER	7	40
MULETS ET MULES (Marchand de)....................	4	20
MULQUINIER. Celui qui prépare le fil pour les chaînes ser-		
vant à la fabrication des tissus..................	6	20
MUSIQUE (Marchand de)............................	5	20
NACRE BRUTE (Marchand de)........................	3	20
NACRE DE PERLES (Fabricant d'objets en), pour son compte	5	20
NACRE DE PERLES (Marchands d'objets en).............	5	20
NACRE DE PERLES (Fabricant d'objets en), à façon..........	7	40
NATATION (Tenant une école de).....................	5	20/40

Au 20ᵉ sur le loyer d'habitation.
Au 40ᵉ sur les locaux servant à l'exercice de la profession.

NATTIER	8	40
NATURALISTE (Marchand)...........................	6	20
NAVETIER (Fabricant)	7	40
NAVIRES (Constructeur de).........................	3	20
NÉGOCIANT.	fixe.	
A Paris..	400	15
Dans les villes de cinquante mille ames et au-dessus	300	15
Dans les villes de trente mille à cinquante mille		
ames et dans celles de quinze à trente mille ames,		
qui ont un entrepôt réel.....................	200	15
Dans les villes de quinze mille à trente mille ames,		
et dans les villes d'une population inférieure à		
quinze mille ames, qui ont un entrepôt réel.....	150	15
Dans toutes les autres communes.................	100	15
NÉCESSAIRES (Marchand de)......	4	20
NÉCESSAIRES (Fabricant de), pour son compte..........	6	20
NÉCESSAIRES (Fabricant de) , à façon...............	8	40
NÉORAMA (Directeur de). (Voir Dìorama).		

Nerfs (Batteur de).. 8 40
                                                             fixe.
Noir animal (Fabrique de)................................. 50 20/25
Notaire.. exempt.
Nougat (Fabricant expéditeur de)........................... 4 20
Nourrisseur de vaches et de chèvres pour le commerce du lait 6 20
Nouveautés (Marchand de).................................. 2 20
Octroi (Adjudicataire des droits d').......................... 1 20
    Au droit proportionnel sur le loyer d'habitation seulement.

Œillets métalliques (Fabricant d')......................... 8 40
Œufs (Marchand expéditeur d').............................. 1 15
Œufs (Marchand d') en détail. (Voir *Coquetier*.)
Officier de santé.. exempt.
Oiselier.. 7 40
Omnibus et autres voitures semblables (Entreprise d')...... 2 20
Or et argent (Marchand d')................................. 2 20
Oranges, citrons (Marchand expéditeur d').................. 4 20
Oranges, citrons (Marchand d'), en boutique et en détail.. 6 20
Orfèvre (Marchand fabricant), avec atelier et magasin.... 2 90
Orfèvre (Marchand), sans atelier........................... 3 20
Orfèvre (Fabricant), pour son compte....................... 5 20
Orfèvre, à façon.. 7 40
Orge (Exploitant un moulin à perler l')..................... 7 40
Orgues d'église (Facteur d')................................ 4 20
Orgues portatives (Facteur d'), pour son compte............ 5 20
Orgues portatives (Facteur d'), à façon..................... 7 40
Ornements (Faiseur et marchand d')......................... 8 40
Ornemaniste.. 4 20
Ornements (Marchand d') d'architecture. (Voir *Décors*.)
                                                             fixe.
Orthopédie (Tenant un établissement d').................... 100 20/40
    Au 20e sur le loyer d'habitation; au 50e sur les locaux ser-
    vant à l'exercice de la profession.
Os pour la fabrication du noir animal (Marchand d') en gros 1 15
Os (Fabricant d'objets en), pour son compte................ 6 20
Os (Fabricant d'objets en), à façon........................ 8 40
Oseille (Marchand d')....................................... 8 40
Ouate (Fabricant et marchand de).......................... 7 40
Oudisseur de fils.. 8 40
Outres (Marchand d')....................................... 6 20
Outres (Fabricant d'), pour son compte..................... 6 20
Outres (Fabricant d'), à façon............................. 7 40
Ouvrier, à façon et à la journée........................... exempt.

    On entend par ouvrier à façon celui qui travaille chez lui
    et chez les particuliers, sans compagnons, apprentis, enseigne
    ni boutique. Ne sont point considérés comme compagnons ou
    apprentis, la femme travaillant avec son mari, ni les enfants
    non mariés travaillant avec leurs père et mère, ni le simple
    manœuvre dont le concours est indispensable à l'exercice de la
    profession.

Oculiste... 7 40
Paillassons (Fabricant de)................................. 8 40
Paille (Fabricant de tissus pour les chapeaux de), pour son

compte...	6	20
PAILLE (Fabricant de tissus pour les chapeaux de) à façon..	7	40
PAILLE (Fabricant de tresses, cordonnets, etc., en).........	7	40
PAILLE teinte (Fabricant et marchand de)...............	7	40
PAILLETTES ET PAILLONS (Fabricant de), pour son compte...	6	20
PAILLETTES ET PAILLONS (Fabricant de), à façon...........	8	40
PAIN à cacheter et à chanter (Fabricant et marchand de)...	6	20
PAIN (Marchand de) en boutique......................	7	40
PAIN D'ÉPICES (Fabricant ou marchand de) en boutique....	6	20
PANORAMA (Directeur de). (Voir *Diorama*.)		
PAPETERIE à la cuve.	fixe.	
Par cuve..................................	15	20/40
Jusqu'au maximum de 100 fr.		

Ce droit sera réduit de moitié pour les papeteries à la cuve qui sont forcées, par manque ou par crue d'eau, de chômer pendant une partie de l'année équivalente au moins à quatre mois.

PAPETERIE à la mécanique.	fixe.	
La première machine........................	150	20/40
Plus 50 fr. par machine, jusqu'au maximum de 400 fr.		
PAPETIER (Marchand) en gros......................	1	15
PAPETIER (Marchand) en détail.....................	4	20
PAPIERS de fantaisie (Fabricant de), pour son compte.......	6	20
PAPIERS de fantaisie (Fabricant de), à façon.............	7	40
PAPIERS peints pour tenture (Fabrique de).	fixe	
Pour quinze tables et au-dessous.................	40	20/40
Et trois francs par table en sus, jusqu'au maximum de 300 fr.		
Un cylindre sera compté pour 25 tables.		
PAPIERS peints pour tentures (Marchand de)..............	5	20
PAPIERS verrés ou émerisés (Fabricant de)..............	8	40
PAQUEBOTS à vapeur. (Voir *Bateaux*.)		
PARAPLUIES (Fabricant et marchand de).................	6	20
PARC AUX CHARRETTES (Tenant un)...................	5	20/40

Au 20e sur le loyer d'habitation.
Au 40e sur les locaux servant à l'exercice de la profession.

PARCHEMINIER, pour son compte.....................	6	20
PARCHEMINIER, à façon............................	8	40
PARFUMEUR (Marchand) en gros.....................	1	15
PARFUMEUR (Marchand) en détail....................	5	20
PARQUETEUR (Menuisier)...........................	6	20
PASSEMENTIER (Marchand).........................	5	20
PASSEMENTIER (Fabricant), pour son compte.............	7	40
PASSEMENTIER (Fabricant), à façon...................	8	40
PASTEL (Marchand de) en gros......................	1	15
PASTEL (Marchand de) en détail.....................	4	20
PATACHIER....................................	7	40
PATES ALIMENTAIRES (Fabrique de), ayant cinq ouvriers et au-dessous............................	fixe. 25	20/25
Plus, trois francs par chaque ouvrier en sus, jusqu'au maximum de 200 fr...........		

Pates alimentaires (Marchand de)........................	6	20
Pain de rose (Fabricant de bijoux en)......................	8	40
Patissier expéditeur.............................	3	20
Patissier non-expéditeur.............................	4	20
Patissier-briolfer.............................	7	40
Pavage des villes (Entrepreneur de)...................	3	20
Pavés (Marchand de)..............................	5	20
Paveur..............................	6	20
Peaossier (Marchand) en gros.....................	1	15
Peaussier (Marchand) en détail.....................	4	20
Peaux en vert ou crues (Marchand de)....................	4	20
Peaux de lièvres et lapins (Marchand de), en boutique....	6	20
Pêche (Adjudicataire ou fermier de), pour un prix de 2.000 f. et au-dessus..............................	6	20
Pêche (Adjudicataire ou fermier de), pour un prix de ferme de 500 à 2.000 fr..............................	7	40
Pêche (Adjudicataire ou fermier de), pour un prix de ferme au-dessous de 500 fr..............................	8	40
Pêcheur, même lorsque la barque lui appartient.........	exempt.	
Pédicure..............................	7	40
Peignes (Marchand de), en boutique...................	6	20
Peignes d'écaille (Fabricant de), pour son compte.......	6	20
Peignes d'écaille (Fabricant de), à façon................	8	40
Peignes en cannes ou roseaux, pour le tissage (Fabricant et marchand de).............................	8	40
Peignes a séranger (Fabricant de), pour son compte.......	6	20
Peignes a séranger (Fabricant de), à façon...............	8	40
Peignes de soix (Marchand de)......................	5	20
Peigneur de chanvre, de lin ou de laine.................	7	40
Peintre artiste ne vendant que le produit de son art.....	exempt.	
Peintre en armoiries, attributs et décors..............	7	40
Peinture en batiments (Entrepreneur de).........	4	20
Peintre en batiments, non-entrepreneur...............	6	20
Peintre ou doreur, soit sur verre ou cristal, soit sur porcelaine, pour son compte......................	7	40
Peintre ou doreur, soit sur verre ou cristal, soit sur porcelaine, à façon..............................	8	40
Peintre-vernisseur, en voitures ou équipages..........	5	20
Pelleteries et fourrures (Marchand de) en gros.		
S'il tire habituellement des pelleteries de l'étranger, ou s'il en envoie..............................	1	15
Pelleteries et fourrures (Marchand de) en détail......	4	20
Pelles de bois (Fabricant et marchand de).............	8	40
Pendules et bronzes (Marchand de) en gros.............	1	15
Pendules et bronzes (Marchand de) en détail..........	3	20
Pension (Maître de).............................	exempt.	
Pension bourgeoise (Tenant)........................	6	20
Pension particulière de vieillards (Tenant)..............	6	20
Perceur de perles..............................	8	40
Perches (Marchand de) (Voir Gaules)		
Perles fausses (Marchand de)......................	5	20
Perles fausses (Fabricant de), pour son compte...........	6	20
Perles fausses (Fabricant de), à façon..............	8	40

Perruquier	7	40
Pesage et mesurage (Fermiers des droits de)	4	20
Proportionnel sur le loyer d'habitation seulement.		
Peseur et mesureur juré	6	20
Pharmacien	3	20
Pianos et clavecins (Facteurs ou marchands de), en boutique ou magasin	3	20
Pianos et clavecins (Facteurs ou marchands de), sans boutique ni magasin	6	20
Pierre artificielle ou factice (Fabricant d'objets en) . .	4	20
Pierres bleues (Marchand de), pour le blanchissage du linge.	6	20
Pierres à brunir (Fabricant et marchand de)	6	20
Pierres brutes (Marchand de)	5	20
Pierres fausses (Fabricant de)	6	20
Pierres à feu (Fabricant expéditeur de)	fixe. 25	20/25
Pierres fines (Marchand de)	1	15
Pierres lithographiques (Marchand de)	5	20
Pierres à rasoirs (Fabricant et Marchand de) (Voir *Cuirs à rasoirs*).		
Pierres taillées (Marchand de)	6	20
Pierres de touche (Marchand de)	7	40
Pinceaux (Fabricant de) pour son compte	6	20
Pinceaux (Fabricant de), à façon	8	40
Pipes (Fabrique de)	»	20/25
Vingt-cinq francs par four, jusqu'au maximum de 150 fr.		
Pipes (Marchand de)	6	20
Piqueur de cartes à dentelles	8	40
Piqueur de grès	8	4
Piquonnier	7	40
Plafonneur	6	20
Planches (Marchand de) en gros	1	15
Planches (Marchand de) en détail	5	20
Planches ou ifs à bouteilles (Fabricant de)	7	40
Planeur en métaux	7	40
Plaqué ou doublé d'or et d'argent (Fabricant et marchand d'objets en)	3	20
Plaqueur	7	40
Platre (Fabrique de)	fixe.	
Pour un four	15	20/25
Pour deux fours	30	20/25
Pour trois fours et au dessus	50	20/25
Platre (Marchand de)	6	20
Platrier maçon	6	20
Plieur d'étoffes	4	20
Plieur de fil de soie, à façon	8	40
Plomb de chasse (Fabricant ou marchand de) . . .	6	20
Plombier	5	20
Plumassier (Fabricant et marchand)	5	20
Plumassier, à façon	8	40
Plume et duvet (Marchand de) en gros	1	15
Plume et duvet (Marchand de) en détail	5	20
Plumeaux (Marchand fabricant de), pour son compte . .	7	40
Plumeaux (Fabricant de), à façon	8	40

PLUMES à écrire, marchand expéditeur......................	3	20
PLUMES à écrire (Marchand de), non-expéditeur..........	5	20
PLUMES à écrire (Apprêteur de)........................	8	40
PLUMES métalliques (Marchand fabricant de)............	6	20
POÊLIER en faïence, fonte, etc........................	6	20
POIRTES (Fabrique de), par procédés ordinaires.	fixe.	
Ayant dix ouvriers et au-dessous................	25 20,25	
Plus, trois francs par chaque ouvrier en sus, jusqu'au maximum de 300 fr		
POIRES à poudre (Fabricant de), pour son compte..........	7	40
POIRES à poudre (Fabricant de), à façon.................	8	40
Pois d'iris (Fabricant de)...........................	8	40
POISSON frais (Marchand de), vendant par forte partie aux détaillants........................	5	20
POISSON salé, mariné, sec et fumé (Marchand de) en gros...	1	15
POISSON salé, mariné, sec et fumé (Marchand de) ou demi-gros	3	20
POISSON (Marchand de) en détail......................	7	40
POIX (Fabrique de) (Voir Brais).		
POLISSEUR d'objets en or, argent, cuivre, acier, écaille, os, corne........................	6	20
POLYTYPAGE (Fabricant de)........................	4	20
POMPES à incendie (Fabricant de)...................	4	20
POMPES de bois (Fabricant de).....................	7	40
POMPES de métal (Fabricant de)...................	5	20
PONT (Concessionnaire ou fermier de péage sur un).	fixe.	
Dans l'intérieur de Paris.....................	200	20
Dans l'intérieur d'une ville de cinquante mille ames et au-dessus..................	100	20
Dans l'intérieur d'une ville de 20 mille à 30 mille ames......................	75	20
Dans les autres communes d'une population inférieure à vingt mille ames, lorsque le pont réunit deux parties d'une route royale..............	75	20
D'une route départementale..................	50	20
D'un chemin vicinal de grande communication.....	25	20
D'un chemin vicinal.......................	15	20
Proportionnel sur le loyer d'habitation seulement.		
PORCELAINE (Manufacture de) trente francs par four, jusqu'au maximum de 300 fr.	20/40	
PORCELAINE (Marchand de) en gros.	1	15
PORCELAINE (Marchand de) en détail...............	5	20
PORCES pour les papetiers (Fabricant de).............	6	20
PORTEFEUILLES (Marchand de).....................	6	20
PORTEFEUILLES (Fabricant de) pour son compte.........	6	20
PORTEFEUILLES (Fabricant de) à façon...............	8	40
PORTEUR D'EAU filtrée ou non filtrée, avec cheval et voiture	8	40
PORTEUR D'EAU à la bretelle ou avec voiture à bras........	exempt.	
PORERIE (Fabrique de	20/25	
Trois francs par chaque ouvrier, jusqu'au maximum de 300 fr.		
POTERIE de terre (Marchand de)...................	7	40
POTIER d'étain.......................	6	40
POTIER de terre, ayant moins de cinq ouvriers...........	8	40

Poudre d'or (Fabricant et marchand de)	6	20
Poudrette (Marchand de)	5	20
Poulieur (Fabricant)	6	20
Presseur de poisson de mer	4	20
Presseur de sardines	4	20
Pressoir (Maître de) à manége	6	20
Pressoir (Maître de) à bras	8	40
Présurier	7	40
Produits chimiques (Manufacture de).	fixe.	
Ayant cinq ouvriers et au-dessous	25	20/40
Et 3 francs par chaque ouvrier en sus, jusqu'au maximum de 300 fr.		
Professeur de belles-lettres, sciences et arts d'agrément	exempt.	
Propriétaire ou locataire louant accidentellement une partie de leur logement personnel	exempt.	
Pruneaux et prunes sèches (Marchand de), en gros	4	20
Puits (Maître cureur de)	8	40
Queues de billard (Fabricant de) pour son compte	6	20
Queues de billard (Fabricant de) à façon	7	40
Quincaillerie (Fabrique de).	fixe	
Ayant dix ouvriers et au-dessous	25	20/40
Plus, trois francs par chaque ouvrier en sus, jusqu'au maximum de 300 fr.		
Quincailleries (Marchand de) en gros	1	15
Quincaillerie en demi-gros	2	20
Quincaillerie en détail	4	20
Ramonage (Entrepreneur de)	6	20
Rampiste	6	20
Raquettes (Fabricant de), pour son compte	8	40
Raquettes (Fabricant de), à façon	8	40
Receveur de rentes	4	20
Recoupe et remoulage (Marchand de). (Voir Son).		
Registres (Fabricant de)	4	20
Régleur de papier	8	40
Réglisse (Fabrique de).	fixe.	
Ayant cinq ouvriers et au-dessous	25	20/20
Et trois francs par chaque ouvrier en sus, jusqu'au maximum de 200 fr.		
Regrattier	7	40
Relais (Entrepreneur de), même lorsqu'il est maître de poste	5	20
Relieur de livres	7	40
Remouleur ou repasseur de couteaux	8	40
Remouleur ambulant	exempt	
Rentrayeur de couvertures de laine et de coton	7	40
Reperceur	8	40
Résines (Fabrique de). (Voir Brais.)		
Résines et autres matières analogues (Marchand de), en gros	1	15
Résines et autres matières analogues (Marchand de) en détail	5	20
Ressorts de bandage pour les hernies (Fabricant de), pour son compte	6	20
Ressorts de bandage pour les hernies (Fabricant de), à façon	7	40
Ressorts de montres et de pendules (Fabricant de), pour son compte	6	20
Ressorts de montres et de pendules (Fabricant de), à façon.	7	40

Restaurateur à la carte	3	20
Restaurateur et traiteur à la carte et à prix fixe..........	4	20
Restaurateur et traiteur à prix fixe seulement...........	5	20
		fixe.
Restaurateur sur coches et bateaux à vapeur............	30	15
Proportionnel sur le loyer d'habitation seulement.		
Revendeuse à la toilette, pour son compte...............	7	40
Rognures de peaux (Marchand de)......................	8	40
Rogues, ou œufs de morue (Marchand de), en gros....... .	1	15
Rogues ou œufs de morue (Marchand de), en détail........	5	20
Rôtisseur..	5	20
Roseaux (Marchand de)................................	7	40
Rouettes ou harts pour lier les trains de bois (Marchand de).	7	40
Rouge à polir (Marchand de) (Voir *Emeri*).		
Roulage (Entrepreneur de)		fixe.
À Paris..	300	15/40
Dans les villes de cinquante mille ames et au-dessus.	200	15/40
Dans les villes de trente mille à cinquante mille ames, et dans celles de quinze à trente mille ames, qui ont un entrepôt réel......................	150	15/40
Dans les villes de quinze milles à trente mille ames, et dans les villes d'une population inférieure à quinze mille ames, qui ont un entrepôt réel..............	100	15/40
Dans toutes les autres communes................	75	15/40

Au 15ᵉ sur le loyer d'habitation.

Au 40ᵉ sur les locaux servant à l'exercice de la profession.

Rouleaux (Tourneur de) pour la filature.................	8	40
Rubans pour modes (Marchand de) en gros...............	1	15
Rubans pour modes (Marchand de) en demi-gros.........	2	20
Rubans pour modes (Marchand de) en détail.............	4	20
Ruches pour les abeilles (Fabricant de), pour son compte..	7	40
Ruches pour les abeilles (Fabricant de), à façon...........	8	40
Sable (Marchand de).................................	8	40
Sabotier (Fabricant).................................	8	40
Sabots (Marchand de) en gros.........................	4	20
Sabots (Marchand de) en détail........................	8	40
Sacs de toiles (Fabricant et marchand de)..............	6	20
Safran (Marchand de) en gros.........................	1	15
Safran (Marchand de) en demi-gros....................	4	20
Sage-femme..	exempte.	
Saleur d'olives......................................	5	20
Saleur de viandes...................................	3	20
Salpêtrier..	6	40
Sangsues (Marchand de) en gros.......................	1	15
Sarraux ou blouses (Marchand de) en gros.............	3	20
Sarraux ou blouses (Marchand de) en détail.............	6	40
Savetier...	exempt.	
Savon (Fabrique de).................................	» 20	25
Trente francs pour une ou plusieurs chaudières ayant		

une capacité minimum de trente hectolitres.

Un franc en plus par chaque hectolitre excédant le chiffre de trente, jusqu'au maximum de 400 fr.

		fixe.
SCIERIE MÉCANIQUE. Par chaque cadre..............	5	20/40

Jusqu'au maximum de 150 fr.

Ce droit sera réduit de moitié pour les fabriques qui sont forcées de chômer pendant au moins quatre mois de l'année, par manque ou crue d'eau.

SCIFS (Fabrique de)		fixe.
Ayant dix ouvriers et au-dessous...............	25	20,40

Et trois francs par chaque ouvrier en sus, jusqu'au maximum de 300 fr.

SCIEUR DE LONG.......	7	40
SCULPTEUR (Artiste), ne vendant que le produit de son art.	exempt.	
SCULPTEUR en bois, pour son compte.................	6	20
SCULPTEUR en bois, à façon.................	7	40
SEAUX à incendie (Fabricant de)..................	5	20
SEAUX, OU BAQUETS EN SAPIN (Fabricant de), pour son compte.................	7	40
SEAUX, OU BAQUETS EN SAPIN (Fabricant de), à façon........	18	40
		fixe.
SEL (Raffinerie de).................	100	20/25
SEL (Marchand de) en gros.................	4	15
SEL (Marchand de) en demi-gros.................	2	20
SEL (Marchand de) en détail.................	7	40
SELLIER-CARROSSIER.................	3	20
SELLIER-HARNACHEUR.................	5	20
SELLIER à façon.................	7	40
SERRURERIE (Fabricant de). (Voir Ferronnerie.)		
SERRURERIE (Marchand expéditeur d'objets en)............	2	20
SERRURIER entrepreneur.................	4	20
SERRURIER non entrepreneur.................	5	20
SERRURIER mécanicien.................	4	20
SERRURIER en voitures suspendues.................	4	20
SOCIÉTÉS (Fournisseur des objets de consommation dans les). (Voir Cercles.)		
SOCQUES en bois (Fabricant et marchand de)...........	7	40
SOIE (Marchand de) en gros.................	1	15
SOIE (Marchand de) en demi-gros.................	2	20
SOIE (Marchand de) en détail.................	8	20
SOIES de porc ou de sanglier (Marchand de) en gros......	1	15
SOIES de porc ou de sanglier (Marchand de) en demi-gros..	2	20
SOIES de porc ou de sanglier (Marchand de) en détail.....	5	20
SON, RECOUPE ET REMOULAGE (Marchand de)...........	6	20
SONDES (Fabricant de grandes).................	4	20
SOUDES végétales indigènes (Marchand de), en gros......	3	20
SOUFFLETS (Fabricant et marchand de gros) pour les forgerons, bouchers, etc.................	5	20
SOUFFLETS ordinaires (Fabricant et marchand de)........	7	40

Souliers vieux (Marchand de)	8	40
Souricières (Fabricant de) (Voir *Cages*).		
Sparterie pour modes (Fabricant de).	5	20
Sparterie (Fabricant et marchand d'objets en).	6	20
Spectacle (Directeur de).		
1° Le quart d'une représentation complète dans les théâtres où l'on joue tous les jours.	»	15
2° Le huitième, si l'on ne joue pas tous les jours et si la troupe est sédentaire.	»	15
3° Si la troupe n'est pas sédentaire, c'est-à-dire si elle ne réside pas quatre mois consécutifs dans la même ville.	fixe. 50	15
Au droit proportionnel sur le loyer d'habitation seulement.		
Squelles (Fabricant de).	6	20
Stucateur.	6	20
Sucre (Raffinerie de).	fixe. 300	20/40
Sucre de betterave (Fabrique de).		
Pour chaque chaudière à déféquer, contenant moins de dix hectolitres.	fixe. 40	20/40
Pour chaque chaudière à déféquer, contenant dix hectolitres et au-dessus.	60	20/40
Jusqu'au maximum de 400 fr.		
Sucre brut et raffiné (Marchand de) en gros.	1	15
Sucre brut et raffiné (Marchand de) en demi-gros.	2	20
Sucre brut et raffiné (Marchand de) en détail.	5	20
Suif (Fondeur de).	fixe.	
Ayant cinq ouvriers et au-dessous.	10	20/25
Et trois francs par chaque ouvrier en sus, jusqu'au maximum de 100 fr.		
Suif fondu (Marchand de) en gros.	1	15
Suif fondu (Marchand de) en demi-gros.	2	20
Suif fondu (Marchand de) en détail.	4	20
Suif en branches (Marchand de).	4	20
Sumac (Marchand de).	6	20
Tabac (Marchand de) en gros, dans le département de la Corse	1	15
Tabac en feuilles (Marchand de).	1	15
Tabac (Marchand de) en détail, dans le département de la Corse	6	20
Table d'hôte (Tenant une).	6	20
Tableaux (Marchand de).	5	20
Tableaux (Restaurateur de).	7	40
Tabletier (Marchand).	6	20
Tabletterie (Marchand de matières premières pour la). . . .	3	20
Tabletterie (Fabricant d'objets en), pour son compte. . . .	6	20
Tabletterie (Fabricant d'objets en), à façon.	7	40
Taffetas gommés ou cirés (Fabricant de).	fixe. 50	20/25
Taffetas gommés ou cirés (Marchand de).	5	20

Tailleur (Marchand), avec magasin d'étoffes............	5	20*
Tailleur (Marchand), sans magasin, fournissant sur échantillons........................	5	20
Tailleur (Marchand) d'habits neufs................	5	20
Tailleur d'habits, à façon....................	7	40
Taillandier............................	5	20
Tambours, grosses caisses, tambourins (Fabricant de)......	6	20
Tamisier (Fabricant et marchand)...	6	20
Tan (Marchand de)........................	6	20
Tannerie de cuirs forts et mous.....	»	20/40

Par mètre cube de fosses ou de cuves, 25 cent., jusqu'au maximum de 300 fr.

Tapis de laine et tapisseries (Marchand de).............	5	20
		fixe.
Tapis peints ou vernis (Fabricant de).................	50	20,25
Tapis peints ou vernis (Marchand de)............	5	20
Tapissier (Marchand).......................	4	20
Tapissier, à façon........................	6	20
Teinture (Marchand en gros de matière première pour la)..	1	15
Teinturier (Pour les fabricants et les marchands)........	»	20/40

3 francs par ouvrier, jusqu'au maximum de 300 fr.

Teinturier dégraisseur, pour les particuliers............	6	20
Teinturier en peaux.......................	6	20
Têtes en carton, servant aux marchandes de modes (Fabricant de)........................	8	40
Thé (Marchand de) en gros....................	1	15
Thé (Marchand de) en demi-gros..................	2	20
Thé (Marchand de) en détail...................	4	20
Tireur d'or et d'argent......................	6	20
Tissage mécanique. Par chaque métier, 2 f. 50............	»	20/50

Jusqu'au maximum de 400 francs.

Tisserand............................	8	40
Tissus de laine, de fil, de coton ou de soie (Marchand de) en gros..........................	1	15
Tissus de laine, de fil, de coton ou de soie (Marchand de) en demi-gros.......................	2	20
Tissus de laine, de fil, de coton ou de soie (Marchand de) en détail..........................	3	20
Toiles cirées ou vernies (Fabricant de)..............	50	20/25
Toiles cirées ou vernies (Marchand de).............	5	20
Toiles grasses (Fabricant de), pour emballage..........	7	40
Toiles métalliques (Fabricant de), pour son compte.......	5	20
Toiles métalliques (Fabricant de), à façon............	7	40
Toiseur de bâtiments.......................	7	40
Toiseur de bois..........................	7	40
Tôle vernie (Marchand d'ouvrages en).............	5	20
Tôle vernie (Fabricant d'ouvrages en)........	4	20
Tôlier.............................	6	20
Tondeur de draps et autres étoffes de laine............	7	40
Tonneaux (Marchand et fabricant de)................	7	40

TONNELIER.. 7 40
fixe.

TONTINE (Société de)...................................... 300 15
TORCHER... 7 40
fixe.

TOURBES CARBONISÉES (Fabrique de)......................... 25 20/25
TOURBE (Marchand de) en gros.............................. 4 20
TOURBE (Marchand de) en détail... .... 8 40
TOURBIÈRES (Exploitant de)   fixe
   Ayant moins de dix ouvriers..................... 25 15

   Plus trois francs par chaque ouvrier, jusqu'au maximum de 200 francs.

   Proportionnel sur le loyer d'habitation seulement.

TOURNERIE DE SAINT-CLAUDE (Marchand expéditeur d'articles
   de).. 3 20
TOURNEUR sur métaux....................................... 6 20
TOURNEUR en bois (Marchand) vendant en boutique divers
   objets en bois, faits au tour..................... 7 40
TOURNEUR en bois (Fabricant) sans boutique................ 8 40
TOURTEAUX (Marchand de)................................... 3 20
TOURTEAUX (Marchand de) en détail......................... 6 20
TRAÇONS (Maître de)....................................... 5 20
fixe.

TRANSPORT de la guerre (Entreprise générale du).......... 1000 20/40
TRANSPORT de la guerre (Entreprise particulière de), pour   fixe.
   une division militaire............................ 100 20/40
TRANSPORT de la guerre (Entreprise particulière de), pour   fixe.
   gîtes d'étape..................................... 25 20/40
fixe.

TRANSPORTS militaires (Entreprise générale des).......... 1000 20/40
fixe.

TRANSPORTS des tabacs (Entreprise générale de)........... 1000 20/40
TRAVAUX publics (Entrepreneur de)......................... 50 15

   Au droit proportionnel sur le loyer d'habitation seulement.

TRÉFILERIE en fer ou laiton.   fixe.
   Dix bobines et au-dessous......................... 25 20 40
   Vingt bobines..................................... 50 20/40

   Et quatre francs par chaque bobine en gros numéro, et un franc par bobine d'un numéro fin, jusqu'au maximum de 400 fr.

TRÉFILEUR par les procédés ordinaires..................... 6 20
TREILLAGEUR... 7 40
TRIPIER... 7 40
TRUFFES (Marchand de)..................................... 4 20
TUILES Fabrique de)   fixe.
   Ayant cinq ouvriers et au-dessous................. 15 20,25

   Et deux francs par chaque ouvrier en sus, jusqu'au maximum de 100 fr.

Tuiles (Marchand de)...	6	20
Tulles (Marchand de) en détail...	4	20
Tuyaux (Fabricant de) en fil de chanvre pour les pompes à incendie et les arrosements...	4	20
Ustensiles de chasse et de pêche (Marchand d')...	5	20
Ustensiles de ménage (Marchand de vieux)...	7	40
Vaches ou veaux (Marchand de)...	4	20
Vaisselles et ustensiles de bois (Fabricant et marchand de)	7	40
Vanneries (Marchand, expéditeur de)...	4	20
Vannerie (Marchand de) en détail...	6	20
Vannier-emballeur pour les vins...	5	20
Vannier. Fabricant en vannerie fine...	6	20
Vannier. Fabricant en vannerie commune...	8	40
Veilleuses (Marchand et fabricant de) (Voir *Mèches*).		
Ventes à l'encan (Directeur d'un établissement de)...	1	15
Vérificateur de bâtiments...	6	20
Vernis (Fabricant et marchand de) (Voir *Couleurs*).		
Vernisseur sur cuivre, feutre, carton et métaux...	6	20
Verrerie. Cinquante francs par four de fusion...	»	20/40
Jusqu'au maximum de 300 fr.		
Verres blancs et cristaux (Marchand de) en gros...	1	15
Verres blancs et cristaux (Marchand de) en demi-gros...	2	20
Verres blancs et cristaux (Marchand de) en détail...	5	20
Verres bombés (Marchand de)...	6	20
Verres à vitre (Marchand de)...	4	20
Verroterie et gobleterie (Marchand de) en demi-gros...	2	20
Verroterie et gobleterie (Marchand de) en détail...	6	20
Vétérinaire...	exempt.	
Vidange (Entrepreneur de)...	5	20
Vignettes et caractères a jour (Fabricant de), pour son compte...	6	20
Vignettes et caractères a jour (Marchand de) en boutique	6	20
Vignettes et caractères a jour (Fabricant de) à façon...	8	40
Vinaigre (Marchand de) en gros...	1	15
Vinaigrier en détail...	4	20
Vins (Marchand de) en gros.		
Vendant habituellement des vins par pièces ou paniers de vins fins, soit aux marchands en détail et aux cabaretiers, soit aux consommateurs...	1	15/30
Au 15e sur le loyer d'habitation ; au 30e sur les locaux servant à l'exercice de la profession.		
Vins (Marchand de) en détail, ...		
Vendant habituellement, pour être consommés hors de chez lui, des vins au panier ou à la bouteille	4	20
Vins (Voiturier, marchand de)...	4	20
Vins (Marchand de) en détail.		
Donnant à boire chez lui et tenant billard...	5	20
Vins (Marchand de) en détail.		
Donnant à boire chez lui et ne tenant pas billard...	6	20

Vis (Manufacture de) par procédés mécaniques.   fixe.
        Ayant dix ouvriers et au-dessous............. 25 20/40°
        Plus , 3 francs par chaque ouvrier en sus, jusqu'au
           maximum de 300 fr.

	fixe	prop.
Vis (Fabricant de), par procédés ordinaires, pour son compte	6	20
Vis (Fabricant de), par procédés ordinaires, à façon...../.....	8	40
Vitrier, en boutique..............................	6	20
Voilier, pour son compte...........................	3	20
Voilier, à façon............................;	6	20
Voiturier..	8	40
Volailles truffées (Marchand de).................,....	4	20
Volaille ou gibier (Marchand de).....................	6	20

SONT EXEMPTS DE TOUS DROITS PROPORTIONNELS :

Les patentables des septième et huitième classes, résidant dans les communes d'une population inférieure à vingt mille ames, et les fabricants à métiers ayant moins de dix métiers, et ne travaillent qu'à façon.

TABLE DES MATIÈRES.

FIN DE LA TABLE.

CONSTITUTION FRANÇAISE.

------◆------

AU NOM DU PEUPLE FRANÇAIS.

L'Assemblée nationale a adopté,

Et, conformément a l'art. 6 du décret du 28 octobre 1848 (1), le président de l'Assemblée nationale promulgue la Constitution dont la teneur suit :

En présence de Dieu, et au nom du peuple français, l'Assemblée nationale proclame .

I.

La France s'est constituée en République. En adoptant cette forme définitive de gouvernement, elle s'est proposée pour but de marcher plus librement dans la voie du progrès et de la civilisation, d'assurer une répartition de plus en plus équitable des charges et des avantages de la société, *d'augmenter* l'aisance de chacun par la réduction graduée des dépenses publiques et des impôts, et de faire parvenir tous les citoyens, sans nouvelle commotion, par l'action successive et constante des institutions et des lois, à un degré toujours plus élevé de moralité, de lumières et de bien-être.

II.

La République française est démocratique, une et indivisible.

III.

Elle reconnaît des droits et des devoirs antérieurs et supérieurs aux lois positives.

IV.

Elle a pour principes la Liberté, l'Égalité et la Fraternité.

Elle a pour bases la famille, le travail, la propriété, l'ordre public.

V.

Elle respecte les nationalités étrangères, comme elle entend faire respecter la sienne; n'entreprend aucune guerre dans des vues de

------

(1) *Art. 6 du décret du 28 octobre 1848.*

Aussitôt après qu'il aura été proclamé par l'Assemblée nationale, le président de la République exercera les pouvoirs qui lui sont conférés par la Constitution, à l'exception toutefois des droits qui lui sont attribués par les art. 55, 56, 57 et 58, le droit de promulgation étant réservé au président de l'Assemblée nationale.

L'Assemblée nationale constituante conservera, jusqu'à l'installation de la prochaine Assemblée législative, tous les pouvoirs dont elle est saisie aujourd'hui, sauf le pouvoir exécutif confié au président, qu'elle ne pourrait, en aucun cas, révoquer.

La durée des fonctions du président de la République sera, pour cette fois seulement, diminuée du nombre de mois nécessaire pour que l'élection subséquente ait lieu le deuxième dimanche de mai.

conquête, et n'emploie jamais ses forces contre la liberté d'aucun peuple.

VI.

Des devoirs réciproques obligent les citoyens envers la République, et la République envers les citoyens.

VII.

Les citoyens doivent aimer la patrie, servir la République, la défendre au prix de leur vie, participer aux charges de l'État en proportion de leur fortune; ils doivent s'assurer, par le travail, des moyens d'existence, et, par la prévoyance, des ressources pour l'avenir; ils doivent concourir au bien-être commun en s'entr'aidant fraternellement les uns les autres, et à l'ordre général en observant les lois morales et les lois écrites qui régissent la société, la famille et l'individu.

VIII.

La République doit protéger le citoyen dans sa personne, sa famille, sa religion, sa propriété, son travail, et mettre à la portée de chacun l'instruction indispensable à tous les hommes; elle doit, par une assistance fraternelle, assurer l'existence des citoyens nécessiteux, soit en leur procurant du travail dans les limites de ses ressources, soit en donnant, à défaut de la famille, des secours à ceux qui sont hors d'état de travailler.

En vue de l'accomplissement de tous ces devoirs, et pour la garantie de tous ces droits, l'Assemblée nationale, fidèle aux traditions des grandes assemblées qui ont inauguré la révolution française, décrète ainsi qu'il suit la Constitution de la République.

Constitution.

CHAPITRE 1er. — *De la souveraineté.*

Art. 1er. La souveraineté réside dans l'universalité des citoyens français.

Elle est inaliénable et imprescriptible.

Aucun individu, aucune fraction du peuple ne peut s'en attribuer l'exercice.

CHAPITRE II. — *Droits des citoyens garantis par la Constitution.*

Art. 2. Nul ne peut être arrêté ou détenu que suivant les prescriptions de la loi.

Art. 3. La demeure de toute personne habitant la terre française est inviolable; il n'est permis d'y pénétrer que selon les formes et dans les cas prévus par la loi.

Art. 4. Nul ne sera distrait de ses juges naturels.

Il ne pourra être créé de commissions et de tribunaux extraordinaires, à quelque titre et sous quelque dénomination que ce soit.

Art. 5. La peine de mort est abolie en matière politique.

Art. 6. L'esclavage ne peut exister sur aucune terre française.

Art. 7. Chacun professe librement sa religion et reçoit de l'État, pour l'exercice de son culte, une égale protection.

Les ministres, soit des cultes actuellement reconnus par la loi, soit de ceux qui seraient reconnus à l'avenir, ont le droit de recevoir un traitement de l'État.

Art. 8. Les citoyens ont le droit de s'associer, de s'assembler paisiblement et sans armes, de pétitionner, de manifester leurs pensées par la voie de la presse ou autrement.

L'exercice de ces droits n'a pour limites que les droits d'autrui et la sécurité publique.

La presse ne peut, en aucun cas, être soumise à la censure.

Art. 9. L'enseignement est libre.

La liberté d'enseignement s'exerce selon les conditions de capacité et de moralité déterminées par les lois, et sous la surveillance de l'État.

Cette surveillance s'étend à tous les établissements d'éducation et d'enseignement, sans aucune exception.

Art. 10. Tous les citoyens sont également admissibles à tous les emplois publics, sans autre motif de préférence que leur mérite, et suivant les conditions qui seront fixées par les lois.

Sont abolis à toujours tout titre nobiliaire, toute distinction de naissance, de classe, ou de caste.

Art. 11. Toutes les propriétés sont inviolables. Néanmoins l'État peut exiger le sacrifice d'une propriété pour cause d'utilité publique légalement constatée, et moyennant une juste et préalable indemnité.

Art. 12. La confiscation des biens ne pourra jamais être rétablie.

Art. 13. La Constitution garantit aux citoyens la liberté du travail et de l'industrie.

La société favorise et encourage le développement du travail par l'enseignement primaire gratuit, l'éducation professionnelle, l'égalité de rapports entre le patron et l'ouvrier, les institutions de prévoyance et de crédit, les institutions agricoles, les associations volontaires et l'établissement, par l'État, les départements et les communes, de travaux publics propres à employer les bras inoccupés; elle fournit l'assistance aux enfants abandonnés, aux infirmes et aux vieillards sans ressources, et que leurs familles ne peuvent secourir.

Art. 14. La dette publique est garantie.

Toute espèce d'engagement pris par l'État avec ses créanciers est inviolable.

Art. 15. Tout impôt est établi pour l'utilité commune.

Chacun y contribue en proportion de ses facultés et de sa fortune.

Art. 16. Aucun impôt ne peut être établi ni perçu qu'en vertu de la loi.

Art. 17. L'impôt direct n'est consenti que pour un an.

Les impositions indirectes peuvent être consenties pour plusieurs années.

CHAPITRE III. — *Des pouvoirs publics.*

Art. 18. Tous les pouvoirs publics, quels qu'ils soient, émanent du peuple.

Ils ne peuvent être délégués héréditairement.

Art. 19. La séparation des pouvoirs est la première condition d'un gouvernement libre.

CHAPITRE IV. — *Du pouvoir législatif.*

Art. 20. Le peuple français délègue le pouvoir législatif à une assemblée unique.

Art. 21. Le nombre total des représentants du peuple sera de sept cent cinquante, y compris les représentants de l'Algérie et des colonies françaises.

Art. 22. Ce nombre s'élèvera à neuf cents pour les assemblées qui seront appelées à reviser la Constitution.

Art. 23. L'élection a pour base la population.

Art. 24. Le suffrage est direct et universel. Le scrutin est secret.

Art. 25. Sont électeurs, sans condition de cens, tous les Français âgés de vingt-et-un ans, et jouissant de leurs droits civils et politiques.

Art. 26. Sont éligibles, sans condition de domicile, tous les *électeurs* âgés de vingt-cinq ans.

Art. 27. La loi électorale déterminera les causes qui peuvent priver un citoyen français du droit d'élire et d'être élu.

Elle désignera les citoyens qui, exerçant ou ayant exercé des fonctions dans un département ou un ressort territorial, ne pourront y être élus.

Art. 28. Toute fonction publique rétribuée est incompatible avec le mandat de représentant du peuple.

Aucun membre de l'Assemblée nationale ne peut, pendant la durée de la législature, être nommé ou promu a des fonctions publiques salariées dont les titulaires sont choisis à volonté par le pouvoir exécutif.

Les exceptions aux dispositions des deux paragraphes précédents seront déterminées par la loi électorale organique.

Art. 29. Les dispositions de l'article précédent ne sont pas applicables aux assemblées élues pour la revision de la Constitution.

Art. 30. L'élection des représentants se fera par département et au scrutin de liste.

Les électeurs voteront au chef-lieu de canton ; néanmoins, en raison des circonstances locales, le canton pourra être divisé en plusieurs circonscriptions, dans la forme et aux conditions qui seront déterminées par la loi électorale.

Art. 31. L'Assemblée nationale est élue pour trois ans, et se renouvelle intégralement.

Quarante-cinq jours au plus tard avant la fin de la législature, une loi détermine l'époque des nouvelles élections.

Si aucune loi n'est intervenue dans le délai fixé par le paragraphe précédent, les électeurs se réunissent de plein droit le trentième jour qui précède la fin de la législature.

La nouvelle Assemblée est convoquée de plein droit pour le lendemain du jour où finit le mandat de l'Assemblée précédente.

Art. 32. Elle est permanente.

Néanmoins elle peut s'ajourner à un jour qu'elle fixe.

Pendant la durée de la promulgation, une commission composée des membres du bureau et de vingt-cinq représentants nommés par l'Assemblée au scrutin secret et à la majorité absolue, a le droit de la convoquer en cas d'urgence.

Le président de la République a aussi le droit de convoquer l'Assemblée.

L'Assemblée nationale détermine le lieu de ses séances. Elle fixe l'importance des forces militaires établies pour sa sûreté et elle en dispose.

Art. 33. Les représentants sont toujours rééligibles.

Art. 34. Les membres de l'Assemblée nationale sont les représentants, non du département qui les nomme, mais de la France entière.

Art. 35. Ils ne peuvent recevoir de mandat impératif.

Art. 36. Les représentants du peuple sont inviolables.

Ils ne pourront être recherchés, accusés ni jugés en aucun temps pour les opinions qu'ils auront émises dans le sein de l'Assemblée nationale.

Art. 37. Ils ne peuvent être arrêtés en matière criminelle, sauf le cas de flagrant délit, ni poursuivis qu'après que l'Assemblée a permis la poursuite.

En cas d'arrestation pour flagrant délit, il en sera immédiatement référé à l'Assemblée, qui autorisera ou refusera la continuation des poursuites.

Cette disposition s'applique au cas où un citoyen détenu est nommé représentant.

Art. 38. Chaque représentant reçoit une indemnité à laquelle il ne peut renoncer.

Art. 39. Les séances de l'Assemblée sont publiques.

Néanmoins l'Assemblée peut se former en comité secret, sur la demande du nombre de représentants fixé par le règlement.

Chaque représentant a le droit d'initiative parlementaire ; il l'exercera selon les formes déterminées par le règlement.

Art. 40. La présence de la moitié plus un des membres de l'Assemblée est nécessaire pour la validité du vote des lois.

Art. 41. Aucun projet de loi, sauf le cas d'urgence, ne sera voté définitivement qu'après trois délibérations, à des intervalles qui ne peuvent pas être moindres de cinq jours.

Art. 42. Toute proposition ayant pour but de déclarer l'urgence est précédée d'un exposé des motifs.

Si l'Assemblée est d'avis de donner suite à la proposition d'urgence, elle en ordonne le renvoi dans les bureaux, et fixe le moment où *le rapport sur l'urgence lui sera présenté*.

Sur ce rapport, si l'Assemblée reconnaît l'urgence, elle le déclare et fixe le moment de la discussion.

Si elle décide qu'il n'y a pas urgence, le projet suit le cours des propositions ordinaires.

CHAPITRE V. — *Du pouvoir exécutif.*

Art. 43. Le peuple français délègue le pouvoir exécutif à un citoyen qui reçoit le titre de président de la République.

Art. 44. Le président doit être né Français, âgé de trente ans au moins, et n'avoir jamais perdu la qualité de Français.

Art. 45. Le président de la République est élu pour quatre ans, et n'est rééligible qu'après un intervalle de quatre années.

Ne peuvent, non plus, être élus après lui, dans le même intervalle, ni le vice-président, ni aucun des parents ou alliés du président jusqu'au sixième degré inclusivement.

Art. 46. L'élection a lieu de plein droit le deuxième dimanche du mois de mai.

Dans le cas où, par suite de décès, de démission ou de toute autre cause, le président serait élu à une autre époque, ses pouvoirs expireront le deuxième dimanche du mois de mai de la quatrième année qui suivra son élection.

Le président est nommé, au scrutin secret et à la majorité absolue des votants, par le suffrage direct de tous les électeurs des departements français et de l'Algérie.

Art. 47. Les procès-verbaux des opérations électorales sont transmis immédiatement à l'Assemblée nationale, qui statue sans délai sur la validité de l'élection et proclame le président de la République.

Si aucun candidat n'a obtenu plus de la moitié des suffrages exprimés, et au moins deux millions de voix, ou si les conditions exigées par l'article 44 ne sont pas remplies, l'Assemblée nationale élit le président de la République, à la majorité absolue et au scrutin secret, parmi les cinq candidats éligibles qui ont obtenu le plus de voix.

Art. 48. Avant d'entrer en fonctions, le président de la République prête au sein de l'Assemblée nationale le serment dont la teneur suit :

« En présence de Dieu et devant le peuple français, représenté par » l'Assemblée nationale, je jure de rester fidèle à la République une et » indivisible, et de remplir tous les devoirs que m'impose la Constitution. »

Art. 49. Il a le droit de faire présenter des projets de loi à l'Assemblée nationale par les ministres.

Il surveille et assure l'exécution des lois.

Art. 50. Il dispose de la force armée, sans pouvoir la commander jamais en personne.

Art. 51. Il ne peut céder aucune portion du territoire, ni dissoudre ni proroger l'Assemblée nationale, ni suspendre, en aucune manière l'empire de la Constitution et des lois.

Art. 52. Il présente, chaque année, par un message à l'Assemblée nationale, l'exposé de l'état général des affaires de la République.

Art. 53. Il négocie et ratifie les traités.

Aucun traité n'est définitif qu'après avoir été approuvé par l'Assemblée nationale.

Art. 54. Il veille à la défense de l'État; mais il ne peut entreprendre aucune guerre sans le consentement de l'Assemblée nationale.

Art. 55. Il a le droit de faire grâce, mais il ne peut exercer ce droit qu'après avoir pris l'avis du conseil d'État.

Les amnisties ne peuvent être accordées que par une loi.

Le président de la République, les ministres, ainsi que toutes autres personnes condamnées par la haute cour de justice, ne peuvent être graciés que par l'Assemblée nationale.

Art. 56. Le président de la République promulgue les lois au nom du peuple français.

Art. 57. Les lois d'urgence sont promulguées dans le délai de trois jours, et les autres lois dans le délai d'un mois, à partir du jour où elles auront été adoptées par l'Assemblée nationale.

Art. 58. Dans le délai fixé pour la promulgation, le président de la République peut, par un message motivé, demander une nouvelle délibération.

L'Assemblée délibère : sa résolution devient définitive; elle est transmise au président de la République.

En ce cas, la promulgation a lieu dans le délai fixé par les lois d'urgence.

Art. 59. A défaut de promulgation par le président de la République dans les délais déterminés par les articles précédents, il y serait pourvu par le président de l'Assemblée nationale.

Art. 60. Les envoyés et les ambassadeurs des puissances étrangères sont accrédités auprès du président de la République.

Art. 61. Il préside aux solennités nationales.

Art. 62. Il est logé aux frais de la République, et reçoit un traitement de six cent mille francs par an.

Art. 63. Il réside au lieu où siège l'Assemblée nationale et ne peut sortir du territoire sans y être autorisé par une loi.

Art. 64. Le président de la République nomme et révoque les ministres.

Il nomme et révoque, en conseil des ministres, les agens diplomatiques, les commandants en chef des armées de terre et de mer, les préfets, le commandant supérieur des gardes nationales de la Seine, les gouverneurs de l'Algérie et des colonies, les procureurs généraux et fonctionnaires d'un ordre supérieur.

Il nomme et révoque, sur la proposition du ministre compétent, dans les conditions réglementaires déterminées par la loi, les agents secondaires du gouvernement.

Art. 65. Il a le droit de suspendre, pour un terme qui ne pourra excéder trois mois, les agents du pouvoir exécutif élus par les citoyens.

Il ne peut les révoquer que de l'avis du conseil d'État.

La loi détermine les cas où les agents révoqués peuvent être déclarés inéligibles aux mêmes fonctions.

Cette déclaration d'inéligibilité ne pourra être prononcée que par un jugement.

Art. 66. Le nombre des ministres et leurs attributions sont fixés par le pouvoir législatif.

Art. 67. Les actes du président de la République, autres que ceux par lesquels il nomme et révoque les ministres, n'ont d'effet que s'ils sont contresignés par un ministre.

Art. 68. Le président de la République, les ministres, les agents et dépositaires de l'autorité publique, sont responsables, chacun en ce qui le concerne, de tous les actes du gouvernement et de l'administration.

Toute mesure par laquelle le président de la République dissout l'Assemblée nationale, la proroge ou met obstacle à l'exercice de son mandat, est un crime de haute trahison.

Par ce seul fait, le président est déchu de ses fonctions; les citoyens sont tenus de lui refuser obéissance; le pouvoir exécutif passe de plein droit à l'Assemblée nationale; les juges de la haute cour de justice se réunissent immédiatement, à peine de forfaiture; ils convoquent les jurés dans le lieu qu'ils désignent, pour procéder au jugement du président et de ses complices; ils nomment eux-mêmes les magistrats chargés de remplir les fonctions du ministère public.

Une loi déterminera les autres cas de responsabilité, ainsi que les formes et les conditions de la poursuite.

Art. 69. Les ministres ont entrée dans le sein de l'Assemblée nationale; ils sont entendus toutes les fois qu'ils le demandent, et peuvent se faire assister par des commissaires nommés par un décret du président de la République.

Art. 70. Il y a un vice-président de la République nommé par l'Assemblée nationale, sur la présentation de trois candidats faite par le président dans le mois qui suit son élection.

Le vice-président prête le même serment que le président.

Le vice-président ne pourra être choisi parmi les parents et alliés du président jusqu'au sixième degré inclusivement.

En cas d'empêchement du président, le vice-président le remplace.

Si la présidence devient vacante par décès, démission du président, ou autrement, il est procédé, dans le mois, à l'élection d'un président.

CHAPITRE VI. — *Du conseil d'État.*

Art. 71. Il y aura un conseil d'État, dont le vice-président de la République sera de droit président.

Art. 72. Les membres de ce conseil sont nommés pour six ans par l'Assemblée nationale. Ils sont renouvelés par moitié dans les deux premiers mois de chaque législature, au scrutin secret et à la majorité absolue.

Ils sont indéfiniment rééligibles.

Art. 73. Ceux des membres du conseil d'État qui auront été pris dans le sein de l'Assemblée nationale seront immédiatement remplacés comme représentants du peuple.

Art. 74. Les membres du conseil d'État ne pourront être révoqués que par l'Assemblée, et sur la proposition du président de la République.

Art. 75. Le conseil d'État est consulté sur les projets de loi du gouvernement qui, d'après la loi, devront être soumis à son examen préalable, et sur les projets d'initiative parlementaire que l'Assemblée lui aura renvoyés.

Il prépare les règlements d'administration publique; il fait seul ceux de ces règlements à l'égard desquels l'Assemblée nationale lui a donné une délégation spéciale.

Il exerce, à l'égard des administrations publiques, tous les pouvoirs de contrôle et de surveillance qui lui sont déférés par la loi.

La loi réglera ses autres attributions.

CHAPITRE VII. — *De l'administration intérieure.*

Art. 76. La division du territoire en départements, arrondissements, cantons et communes, est maintenue. Les circonscriptions actuelles ne pourront être changées que par la loi.

Art. 77. Il y a : 1º dans chaque département, une administration composée d'un préfet, d'un conseil général, d'un conseil de préfecture ;

2º Dans chaque arrondissement, un sous-préfet ;

3º Dans chaque canton, un conseil cantonal ; néanmoins un seul conseil cantonal sera établi dans les villes divisées en plusieurs cantons ;

4º Dans chaque commune, une administration composée d'un maire, d'adjoints et d'un conseil municipal.

Art. 78. Une loi déterminera la composition et les attributions des conseils généraux, des conseils cantonaux, des conseils municipaux, et le mode de nomination des maires et des adjoints.

Art. 79. Les conseils généraux et les conseils municipaux sont élus par le suffrage direct de tous les citoyens domiciliés dans le département ou dans la commune ; chaque canton élit un membre du conseil général.

Une loi spéciale réglera le mode d'élection dans le département de la Seine, dans la ville de Paris et dans les villes de plus de vingt mille âmes.

Art. 80. Les conseils généraux, les conseils cantonaux et les conseils municipaux peuvent être dissous par le président de la République, de l'avis du conseil d'État. La loi fixera le délai dans lequel il sera procédé à la réélection.

CHAPITRE VIII. — *Du pouvoir judiciaire.*

Art. 81. La justice est rendue gratuitement au nom du peuple français.

Les débats sont publics, à moins que la publicité ne soit dangereuse pour l'ordre ou les mœurs ; et, dans ce cas, le tribunal le déclare par un jugement.

Art. 82. Le jury continuera d'être appliqué en matière criminelle.

Art. 83. La connaissance de tous les délits politiques et de tous les délits commis par la voie de la presse appartient exclusivement au jury.

Les lois organiques détermineront la compétence, en matière de délits d'injures et de diffamation contre les particuliers.

Art. 84. Le jury statue seul sur les dommages-intérêts réclamés pour faits ou délits de presse.

Art. 85. Les juges de paix et leurs suppléants, les juges de première instance et d'appel, les membres de la cour de cassation et de la cour des comptes, sont nommés par le président de la République, d'après u 1 ordre de candidature ou d'après des conditions qui seront réglés par les lois organiques.

Art. 86. Les magistrats du ministère public sont nommés par le président de la République.

Art. 87. Les juges de première instance et d'appel, les membres de la cour de cassation et de la cour des comptes sont nommés à vie.

Ils ne peuvent être révoqués ou suspendus que par un jugement, ni mis à la retraite que pour les causes et dans les formes déterminées par les lois.

Art. 88. Les conseils de guerre et de révision des armées de terre et de mer, les tribunaux maritimes, les tribunaux de commerce, les prud'hommes et autres tribunaux spéciaux conservent leur organisation et leurs attributions actuelles jusqu'à ce qu'il y ait été dérogé par une loi.

Art. 89. Les conflits d'attribution entre l'autorité administrative et l'autorité judiciaire seront réglés par un tribunal spécial de membres de la cour de cassation et de conseillers d'Etat, désignés tous les trois ans en nombre égal par leurs corps respectifs.

Ce tribunal sera présidé par le ministre de la justice.

Art. 90. Les recours pour incompétence et excès de pouvoirs contre les arrêts de la cour des comptes seront portés devant la juridiction des conflits.

Art. 91. Une haute cour de justice juge, sans appel ni recours en cassation, les accusations portées par l'Assemblée nationale contre le président de la République ou les ministres.

Elle juge également toutes personnes prévenues de crimes, attentats ou complots contre la sûreté intérieure ou extérieure de l'Etat, que l'Assemblée nationale aura renvoyées devant elle.

Sauf le cas prévu par l'art. 68, elle ne peut être saisie qu'en vertu d'un décret de l'Assemblée nationale, qui désigne la ville où la cour tiendra séance.

Art. 92. La haute cour est composée de cinq juges et de trente-six jurés.

Chaque année, dans les quinze premiers jours du mois de novembre, la cour de cassation nomme, parmi ses membres, au scrutin secret et à la majorité absolue, les juges de la haute cour, au nombre de cinq et deux suppléants. Les cinq juges appelés à siéger feront choix de leur président.

Les magistrats remplissant les fonctions du ministère public sont désignés par le président de la République, et, en cas d'accusation du président ou des ministres, par l'Assemblée nationale.

Les jurés, au nombre de trente-six, et quatre jurés suppléants, sont pris parmi les membres des conseils généraux des départements.

Les Représentants du peuple n'en peuvent faire partie.

Art. 93. Lorsqu'un décret de l'Assemblée nationale a ordonné la formation de la haute cour de justice, et, dans le cas prévu par l'art. 68, sur la réquisition du président ou de l'un des juges, le président de la cour d'appel, et, à défaut de cour d'appel, le président du tribunal de première instance du chef-lieu judiciaire du département tire au sort, en audience publique, le nom d'un membre du conseil général.

Art. 94. Au jour indiqué pour le jugement, s'il y a moins de soixante jurés présents, ce nombre sera complété par des jurés supplémentaires tirés au sort par le président de la haute cour parmi les membres du conseil général du département où siégera la cour.

Art. 95. Les jurés qui n'auront pas produit d'excuse valable seront condamnés à une amende de mille à dix mille francs, et à la privation des droits politiques pendant cinq ans au plus.

Art. 96. L'accusé et le ministère public exercent le droit de récusation, comme en matière ordinaire.

Art. 97. La déclaration du jury portant que l'accusé est coupable ne peut être rendue qu'à la majorité des deux tiers des voix.

Art. 98. Dans tous les cas de responsabilité des ministres, l'Assemblée nationale peut, selon les circonstances, renvoyer le ministre inculpé, soit devant la haute cour de justice, soit devant les tribunaux ordinaires, pour les réparations civiles.

Art. 99. L'Assemblée nationale et le président de la République peuvent, dans tous les cas, déférer l'examen des actes de tout fonctionnaire, autre que le président de la République, au conseil d'Etat, dont le rapport est rendu public.

Art. 100. Le président de la République n'est justiciable que de la haute cour de justice.

Il ne peut, à l'exception du cas prévu par l'art. 68, être poursuivi que sur l'accusation portée par l'Assemblée nationale et pour crimes et délits qui seront déterminés par la loi.

CHAPITRE IX. — *De la force publique.*

Art. 101. La force publique est instituée pour défendre l'Etat contre les ennemis du dehors, et pour assurer au dedans le maintien de l'ordre et l'exécution des lois.

Elle se compose de la garde nationale et de l'armée de terre et de mer.

Art. 102. Tout Français, sauf les exceptions fixées par la loi, doit le service militaire et celui de la garde nationale.

La faculté pour chaque citoyen de se libérer du service militaire personnel sera réglée par la loi du recrutement.

Art. 103. L'organisation de la garde nationale et la constitution de l'armée seront réglée par la loi.

Art. 104. La force publique est essentiellement obéissante.

Nul corps armé ne peut délibérer.

Art. 105. La force publique employée pour maintenir l'ordre à l'intérieur n'agit que sur la réquisition des autorités constituées, suivant les règles déterminées par le pouvoir législatif.

Art. 106. Une loi déterminera les cas dans lesquels l'état de siège pourra être déclaré, et réglera les formes et les effets de cette mesure.

Art. 107. Aucune troupe étrangère ne peut être introduite sur le territoire français sans le consentement préalable de l'Assemblée nationale.

CHAPITRE X. — *Dispositions particulières.*

Art. 108. La Légion d'honneur est maintenue ; ses statuts seront révisés et mis en harmonie avec la Constitution.

Art. 109. Le territoire de l'Algérie et des colonies est déclaré territoire français et sera régi par des lois particulières, jusqu'à ce qu'une loi spéciale les place sous le régime de la présente Constitution.

Art. 110. L'Assemblée nationale confie le dépôt de la présente Constitution et des droits qu'elle consacre à la garde et au patriotisme de tous les Français.

CHAPITRE XI. — *De la révision de la Constitution.*

Art. 111. Lorsque, dans la dernière année d'une législature, l'Assemblée nationale aura émis le vœu que la Constitution soit modifiée en tout ou en partie, il sera procédé a cette révision de la manière suivante :

Le vœu exprimé par l'Assemblée ne sera converti en resolution définitive qu'après trois délibérations consécutives, prises chacune à un mois d'intervalle et aux trois quarts des suffrages exprimés. Le nombre des votants devra être de cinq cents au moins.

L'Assemblée de révision ne sera nommée que pour trois mois.

Elle ne devra s'occuper que de la révision pour laquelle elle aura été convoquée.

Néanmoins elle pourra, en cas d'urgence, pourvoir aux nécessités législatives.

CHAPITRE XII. — *Dispositions transitoires.*

Art. 112. Les dispositions des codes, lois et règlements existants, qui ne sont pas contraires à la présente Constitution, restent en vigueur jusqu'à ce qu'il y soit légalement dérogé.

Art. 113. Toutes les autorités constituées par les lois actuelles demeurent en exercice jusqu'à la promulgation des lois organiques qui les concernent.

Art. 114. La loi d'organisation judiciaire déterminera le mode spécial de nomination pour la première composition des nouveaux tribunaux.

Art. 115. Après le vote de la Constitution, il sera procédé, par l'Assemblée nationale constituante, à la rédaction des lois organiques dont l'énumération sera déterminée par une loi spéciale.

Art. 116. Il sera procédé à la première élection du président de la République conformément a la loi spéciale rendue par l'Assemblée nationale le 28 octobre 1848.

Délibéré en séance publique, à Paris, le 4 novembre 1848.

Le président et les secrétaires,

ARMAND MARRAST, LÉON ROBERT, LANDRIN, BÉNARD, EMILE PÉAN, PEUPIN, F. DEGEORGE.

Le président de l'Assemblée nationale.

ARMAND MARRAST.

Poursuites commerciales. Sursis.

DÉCRET.

Le Gouvernement provisoire décrète :

Art. 1er. Provisoirement, les tribunaux de commerce pourront, sur requête à laquelle sera jointe la copie des assignations, accorder à tout commerçant, par un jugement en dernier ressort, un sursis de trois mois au plus contre les poursuites de ses créanciers. Le sursis pourra être révoqué sur la demande de tout intéressé.

Art. 2. Le sursis ne pourra être accordé que sous les conditions portées aux articles suivants :

Art. 3. Le jugement de sursis nommera parmi les créanciers un commissaire ou plusieurs, que le tribunal pourra révoquer ou remplacer : le débiteur pourra faire partie du commissariat sans pouvoir être nommé seul commissaire.

Art. 4. Les commissaires feront, dans l'intérêt des créanciers, tous les actes utiles même en justice ; néanmoins, pour continuer le commerce du débiteur et pour faire tous actes excédant l'administration, les commissaires devront être autorisés par le tribunal.

Art. 5. Durant le sursis judiciaire, aucun créancier ne pourra être payé ni préféré au préjudice des autres. Les répartitions seront faites sans frais par le tribunal ou par un de ses membres délégués dans le jugement de sursis, sur un état qui sera présenté tous les dix jours par un commissaire.

Art. 6. Les diverses dispositions de la loi du 28 mai 1858 concernant la revendication, l'exigibilité des créances non échues à l'égard du débiteur en sursis (les autres souscripteurs ou endosseurs, ou garants, ne devant être tenus de payer qu'aux échéances), la validité des actes, paiement et compensation, les privilèges et hypothèques sont applicables quand il y a sursis judiciaire.

Art. 7. Les actions des créanciers contre les associés seront intentées directement par les commissaires devant le tribunal de commerce. Dans tous les cas, le créancier peut intervenir pour la conservation de ses droits, sans autres frais que ceux de la demande ou de l'acte en intervention, les autres demeurant à la charge du débiteur.

Fait à Paris, à l'Hôtel-de-Ville, en séance du Gouvernement.

Les membres du Gouvernement provisoire.

16 mars 1848.

Protêts. Frais.

DÉCRET.

Voulant venir en aide aux embarras momentanés du commerce, en diminuant les frais de protêt, le droits d'enregistrement et les émoluments attachés à chacun de ces actes,

Décrète :

Art. 1er. Provisoirement, et jusqu'à ce qu'il en soit autrement ordonné, le tarif actuel est modifié comme il suit :

Dénonciation du protêt.

	Emoluments.	Déboursés.
Original,	2 »	
Copie de l'exploit,	» 50	
Copie du billet,	» 40	
Copie du protêt,	» 75	
Copie d'intervention,	» 25	
Copie de compte de retour,	» 50	
Timbre,		1 05
Enregistrement,		2 20

NOUVEAU TARIF.

Protêt simple.

Original et copie,	4 60	
Droit de copie de l'effet sur l'original et la copie, } Transcription sur le répertoire,	» 75	
Timbre du protêt,		» 70
Timbre du registre,		» 25
Enregistrement,		2 10

Protêt à deux domiciles ou avec besoin.

Le protêt simple,		
Emoluments pour le deuxième effet,	» 50	
Timbre,		» 15

Protêt de perquisition.

Original et copie,	» 5	
Droit de copies,	1 25	
Les copies du titre,	» 50	
Visa,	1 »	
Timbre des copies,		1 75
Enregistrement,		1 10
Transcription du titre au registre, } Transcription du procès-verbal de perquisition et du protêt,	» 75	
Papier du registre pour la transcription,		» 40

Protêt du parquet.

Le protêt simple,	4 50	
2e copie au parquet,	» 60	
3e au tribunal et droit de la copie de titre,	1 50	
Visa,	1 »	
Timbre,		» 70

Intervention.

Original et copie,	2 »	
Transcription au registre,	» 25	
Papier du registre,		» 15
Enregistrement,		1 10

Protêt simple.

	Émoluments.	Déboursés.
Original et copie,	2 »	
Droit de copie de l'effet sur l'original et la copie du protêt,	} 1 50	
Transcription de l'effet et du protêt sur le répertoire,		
Timbre du protêt,		» 70
Timbre du registre des protêts,		» 40
Enregistrement,		2 20

Protêt à deux domiciles ou avec besoin.

	Émoluments.	Déboursés.
Protêt simple,		6 50
Pour le second domicile ou le besoin,		
Timbre,	» 55 }	2 »
Émoluments,	1 65 }	

Protêt de deux effets.

	Émoluments.	Déboursés.
Le protêt simple,		6 80
Copie du deuxième effet sur l'original et la copie,	» 50 }	
Transcription de l'effet sur le registre,	» 25 }	» 90
Papier timbré du registre,	» 15 }	

Protêt de perquisition

	Émoluments.	Déboursés.
Original et copie du procès-verbal et du protêt,	5 »	
Droit de deux copies à afficher au tribunal de commerce et au tribunal civil,	2 50	
Les copies du titre,	1 »	
Visa du parquet,	1 »	
Timbre de l'original et des copies au parquet et pour les affiches,		2 10
Enregistrement,		2 20
Transcription du titre au registre,	» 25	
Transcription du procès-verbal de perquisition et du protêt,	1 25	
Papier du registre pour la transcription,		» 10

Protêt au parquet.

	Émoluments.	Déboursés.
Le protêt simple,	6 80	
Pour une deuxième copie au parquet,	» 50	
Pour une troisième au tribunal,	» 50	
Droit de copie de l'effet sur les deuxième et troisième copies,	» 50	
Vacation au visa,	1 »	
Timbre de la copie du parquet et de l'affiche,		1 05

Intervention.

	Émoluments.	Déboursés.
Original,	2 »	
Transcription au registre,	» 50	
Papier du registre,		» 50
Enregistrement,		2 20

Dénonciation de protêt.

	Emoluments.	Déboursés.
Original,	2 »	
Copie de l'exploit,	» 50	
Copie de billet,		
Copie du protet,	(» 75	
Copie d'intervention,	» 25	
Copie de compte de retour,	» 25	
Timbre,		1 05
Enregistrement,		1 10

Art. 2. Les actes de protêt seront désormais dressés sans assistance de témoin.

Fait à Paris, en séance du Gouvernement, à l'Hôtel-de-Ville, le 25 mars 1848.

Compte de retour.

DÉCRET.

Le Gouvernement provisoire,

Considérant les abus du compte de retour qui pèsent sur le commerce, et qui, dans les circonstances actuelles surtout, aggraveraient ses charges,

Décrète :

Provisoirement les articles 178 et 189 du Code de commerce sont modifiés de la manière suivante :

« Art. 178. La retraite comprend, avec le bordereau détaillé et signé du tireur seulement, et transcrit au dos du titre :

» 1° Le principal du titre protesté ;

» 2° Les frais de protêt et de dénonciation, s'il y a lieu ;

» 3° Les intérêts de retard ;

» 4° La perte de change ;

» 5° Le timbre de la retraite qui sera soumis au droit fixe de 35 centimes.

» Art. 179. Le rechange se règle, pour la France continentale, uniformément comme suit :

» 1/4 p. 0/0 sur les chefs-lieux du département ;

» 1/2 p. 0/0 sur les chefs-lieux d'arrondissement ;

» 3/4 p. 0/0 sur toute autre place.

» En aucun cas, il n'y aura lieu à rechange dans le même département.

» Les changes étrangers et ceux relatifs aux possessions françaises en dehors du continent seront régis par les usages du commerce.

» Art. 2. L'exécution des articles 180, 181, 186 du Code de commerce et de toute autre disposition de lois est suspendue. »

Les membres du Gouvernement provisoire.

24 mars 1848.

Paris. — Imprimerie de Cosson, rue du Four-Saint-Germain, 47.

www.ingramcontent.com/pod-product-compliance
Lightning Source LLC
Chambersburg PA
CBHW031724210326
41599CB00018B/2498